GLENCOE FRENCH ②

Bon voyage!

WITH FEATURES BY

NATIONAL
GEOGRAPHIC
SOCIETY

Conrad J. Schmitt • Katia Brillié Lutz

Glencoe
McGraw-Hill

New York, New York   Columbus, Ohio   Chicago, Illinois   Peoria, Illinois   Woodland Hills, California

About the Authors

Conrad J. Schmitt

Conrad J. Schmitt received his B.A. degree magna cum laude from Montclair State University. He received his M.A. from Middlebury College. He did additional graduate work at New York University.

Mr. Schmitt has taught Spanish and French at all levels—from elementary school to university graduate courses. He served as Coordinator of Foreign Languages for the Hackensack, New Jersey Public Schools. He also taught Methods of Teaching a Foreign Language at the Graduate School of Education, Rutgers University. Mr. Schmitt was Editor-in-Chief of Foreign Languages and ESL/EFL materials for the School Division of McGraw-Hill and McGraw-Hill International Book Company.

Mr. Schmitt has authored or co-authored more than one hundred books, all published by Glencoe/McGraw-Hill or by McGraw-Hill. He has addressed teacher groups and given workshops in all states of the United States and has lectured and presented seminars throughout the Far East, Latin America, and Canada. In addition, Mr. Schmitt has traveled extensively throughout France, French-speaking Canada, North Africa, French-speaking West Africa, the French Antilles, and Haiti.

Katia Brillié Lutz

Ms. Lutz has her **Baccalauréat** in Mathematics and Science from the Lycée Molière in Paris and her **Licence ès Lettres** in languages from the Sorbonne. She was a Fulbright scholar at Mount Holyoke College.

Ms. Lutz has taught French language at Yale University and French language and literature at Southern Connecticut State College. She also taught French at the United Nations in New York City.

Ms. Lutz was Executive Editor of French at Macmillan Publishing Company. She also served as Senior Editor at Harcourt Brace Jovanovich and Holt Rinehart and Winston. She was a news translator and announcer for the BBC Overseas Language Services in London.

Ms. Lutz is the author of many language textbooks at all levels of instruction.

Glencoe/McGraw-Hill
A Division of The McGraw-Hill Companies

The feature in this textbook entitled **Reflets** was designed and created by the National Geographic Society's School Publishing Division. Copyright 2002. National Geographic Society. All rights reserved.

The name "National Geographic" and the yellow border are registered trademarks of the National Geographic Society.

Printed in the United States of America.

Send all inquiries to:
Glencoe/McGraw-Hill
8787 Orion Place
Columbus, OH 43240-4027

ISBN 0-07-821257-X (Student Edition)
ISBN 0-07-824343-2 (Teacher Wraparound Edition)

4 5 6 7 8 9   071   06 05 04 03

Teacher Reviewers

We wish to express our appreciation to the numerous individuals throughout the United States and the French-speaking world who have advised us in the development of these teaching materials. Special thanks are extended to the people whose names appear below.

Anne-Marie Baumis
Bayside, NY

Claude Benaiteau
Austin, TX

Sr. M. Elayne Bockey, SND
St. Wendelin High School
Fostoria, OH

Linda Burnette
Rockville Junior/Senior
    High School
Rockville, IN

Linda Butt
Loyola Blakefield
Towson, MD

Betty Clough
Austin, TX

Yolande Helm
Ohio University
Athens, OH

Jan Hofts
Northwest High School
Indianapolis, IN

Kathleen A. Houchens
The Ohio State University
Columbus, OH

Dominique Keith
Lake Forest, CA

Raelene Noll
Delmar, NY

Nancy Price
Fort Atkinson High School
Fort Atkinson, WI

Sally Price
Marysville-Pilchuck
    High School
Marysville, WA

Bonita Sanders
Eisenhower High School
New Berlin, WI

Deana Schiffer
Hewlett High School
Hewlett, NY

Julia Sheppard
Delaware City Schools
Delaware, OH

James Toolan
Tuxedo High School
Tuxedo, NY

Mary Webster
Romeo High School
Romeo, MI

Marian Welch
Austin ISD
Austin, TX

Richard Wixom
Miller Middle School
Lake Katrine, NY

Brian Zailian
Tamalpais High School
Mill Valley, CA

Table des matières

La francophonie

Révision

CHAPITRE ① Les loisirs culturels

Objectifs

In this chapter you will learn to:

✔ *discuss movies, plays, and museums*

✔ *tell what you know and whom you know*

✔ *tell what happens to you or someone else*

✔ *refer to people and things already mentioned*

✔ *talk about some cultural activities in Paris*

CHAPITRE ② La santé et la médecine

Objectifs

In this chapter you will learn to:

✔ *explain a minor illness to a doctor*

✔ *have a prescription filled at a pharmacy*

✔ *tell for whom something is done*

✔ *talk about some more activities*

✔ *give commands*

✔ *refer to people, places, and things already mentioned*

✔ *discuss medical services in France*

CHAPITRE ③ Les télécommunications

Objectifs

In this chapter you will learn to:

✔ *talk about computers, e-mail, the Internet, faxes, and telephones*

✔ *talk about habitual and continuous actions in the past*

✔ *narrate in the past*

✔ *discuss today's telecommunications*

CHAPITRE ④ Des voyages intéressants

Objectifs

In this chapter you will learn to:

✔ *talk about train travel*

✔ *talk about air travel*

✔ *describe past events*

✔ *identify cities, countries, and continents*

✔ *discuss old and modern trains in France*

CHAPITRE ⑤ La banque et la poste

Objectifs

In this chapter you will learn to:

✔ *talk about using the services of the bank*

✔ *use words and expressions related to postal services*

✔ *give more information in one sentence*

✔ *refer to people and things already mentioned*

✔ *tell what you and others do for one another*

✔ *make negative statements*

✔ *talk about teen spending habits*

CHAPITRE ⑥ La gastronomie

Objectifs

In this chapter you will learn to:

✔ *talk about foods and food preparation*

✔ *describe future events*

✔ *refer to people and things already mentioned*

✔ *tell what you have others do*

✔ *discuss the cuisine of various French provinces*

CHAPITRE ⑦ La voiture et la route

Objectifs

In this chapter you will learn to:

✔ *talk about cars and driving*

✔ *give directions on the road*

✔ *talk about what would happen under certain conditions*

✔ *describe future events*

✔ *refer to something already mentioned*

✔ *talk about driving and highways in France*

CHAPITRE ⑧ Un accident et l'hôpital

Objectifs

In this chapter you will learn to:

✔ *talk about accidents and medical problems*

✔ *talk about emergency room procedures*

✔ *ask different types of questions*

✔ *tell people what to do*

✔ *compare people and things*

✔ *talk about a medical emergency in France*

CHAPITRE ⑨ L'hôtel

Objectifs

In this chapter you will learn to:

✔ *check into and out of a hotel*

✔ *ask for things you may need while at a hotel*

✔ *talk about past actions*

✔ *refer to previously mentioned places*

✔ *talk about people and things already mentioned*

✔ *describe how you do things*

✔ *talk about hotels in France*

CHAPITRE ⑩ Les transports en commun

Objectifs

In this chapter you will learn to:

✔ *talk about public transportation*

✔ *request information formally and informally*

✔ *tell what you and others have just done*

✔ *find out how long someone has been doing something*

✔ *talk about taking the bus and subway in Paris*

CHAPITRE 11 À la ville et à la campagne

Objectifs

In this chapter you will learn to:

✔ *talk about life in the city and give directions*

✔ *talk about life in the country*

✔ *ask questions to distinguish between two or more people or things*

✔ *describe some more activities*

✔ *talk about life on a farm in France*

RÉVISION

NATIONAL GEOGRAPHIC

LITTÉRATURE 3

CHAPITRE 12 Les fêtes

Objectifs

In this chapter you will learn to:

✔ *talk about holidays and celebrations*

✔ *talk about things that may or may not happen*

✔ *express what you wish, hope, or would like others to do*

✔ *discuss some family celebrations*

CHAPITRE Le savoir-vivre

Objectifs

In this chapter you will learn to:

✔ *talk about social etiquette*

✔ *introduce people to each other*

✔ *describe some feelings*

✔ *express opinions*

✔ *talk about more things that may or may not happen*

✔ *express emotional reactions to what others do*

✔ *compare etiquette in France and the United States*

CHAPITRE ⑭ Les professions et les métiers

Objectifs

In this chapter you will learn to:

✔ *talk about professions*

✔ *apply for a job*

✔ *express doubt*

✔ *express wishes about yourself and others*

✔ *express certainty and uncertainty*

✔ *discuss the advantages of learning French for future employment*

Vocabulaire

Structure

Conversation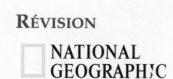

Lectures culturelles

Connexions

C'est à vous

Assessment

Technotour

Literary Companion

Handbook

Guide to Symbols

Throughout **Bon voyage!** you will see these symbols, or icons. They will tell you how to best use the particular part of the chapter or activity they accompany. Following is a key to help you understand these symbols.

 Audio Link This icon indicates conversations in the chapter that are recorded on compact disk format and/or audiocassette.

 Recycling This icon indicates sections that review knowledge from previous chapters and reading sections.

 Paired Activity This icon indicates sections that you can read aloud and practice together in groups of two.

 Group Activity This icon indicates sections that you can read aloud and practice together in groups of three or more.

 Encore Plus This icon indicates additional practice activities that review knowledge from current chapters and reading sections.

 Allez-y! This icon indicates the end of new material in each section and the beginning of the recombination section at the end of the chapter.

 Literary Companion This icon appears in the review lessons to let you know that you are prepared to do the literature selection indicated if you wish.

 Interactive CD-ROM This icon indicates that the material is also on an Interactive CD-ROM.

Le monde francophone

The French geographer Onésime Reclus first coined the word *francophonie* in 1880 to designate geographical entities where French was spoken. Today, *la francophonie* refers to the collective body of over one hundred million people all over the world who speak French, exclusively or in part, in their daily lives. The term *francophonie* refers to the diverse official organizations, governments, and countries that promote the use of French in economic, political, diplomatic, and cultural exchanges. Politically, French remains the second most important language in the world. In some Francophone nations, French is the official language (France), or the co-official language (Cameroon); in others, it is spoken by a minority who share a common cultural heritage (Andorra). The French language is present in Europe, Africa, the Americas, and Oceania.

Le monde

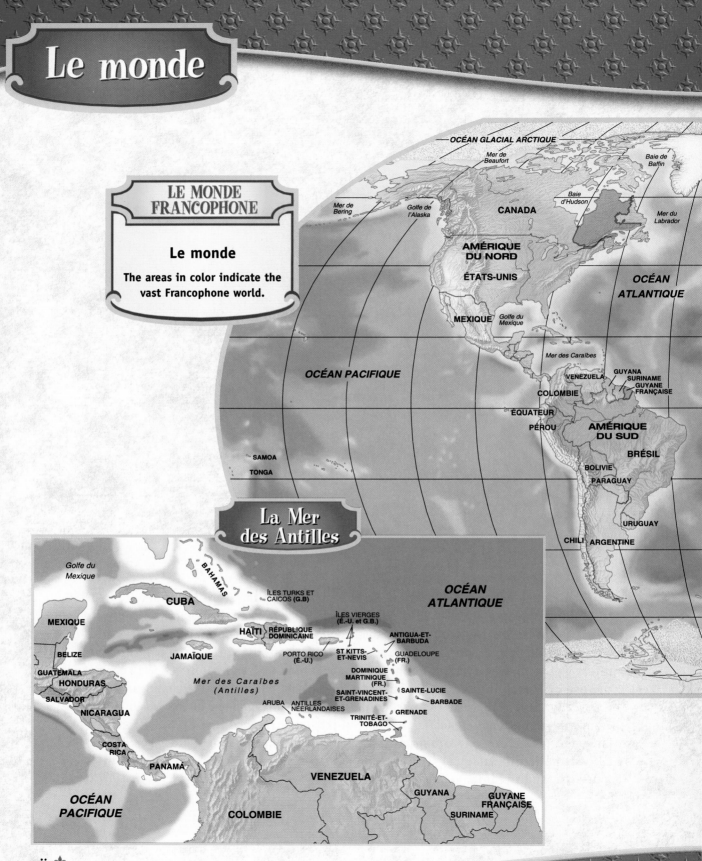

LE MONDE FRANCOPHONE

Le monde

The areas in color indicate the vast Francophone world.

OCÉAN GLACIAL ARCTIQUE

Mer de Beaufort

Baie de Baffin

Mer de Bering

Golfe de l'Alaska

CANADA

Baie d'Hudson

Mer du Labrador

AMÉRIQUE DU NORD

ÉTATS-UNIS

OCÉAN ATLANTIQUE

MEXIQUE

Golfe du Mexique

Mer des Caraïbes

VENEZUELA

GUYANA
SURINAME
GUYANE FRANÇAISE

COLOMBIE

OCÉAN PACIFIQUE

ÉQUATEUR

PÉROU

AMÉRIQUE DU SUD

BRÉSIL

SAMOA

TONGA

BOLIVIE

PARAGUAY

URUGUAY

CHILI   ARGENTINE

La Mer des Antilles

Golfe du Mexique

BAHAMAS

CUBA

ÎLES TURKS ET CAICOS (G.B)

OCÉAN ATLANTIQUE

MEXIQUE

HAÏTI

RÉPUBLIQUE DOMINICAINE

ÎLES VIERGES (É.-U. et G.B.)

ANTIGUA-ET-BARBUDA

BELIZE

JAMAÏQUE

PORTO RICO (É.-U.)

ST KITTS-ET-NEVIS

GUADELOUPE (FR.)

GUATEMALA

HONDURAS

Mer des Caraïbes (Antilles)

DOMINIQUE
MARTINIQUE (FR.)

SAINTE-LUCIE

SALVADOR

SAINT-VINCENT-ET-GRENADINES

BARBADE

NICARAGUA

ARUBA

ANTILLES NÉERLANDAISES

GRENADE

TRINITÉ-ET-TOBAGO

COSTA RICA

PANAMÁ

VENEZUELA

GUYANA

GUYANE FRANÇAISE

OCÉAN PACIFIQUE

COLOMBIE

SURINAME

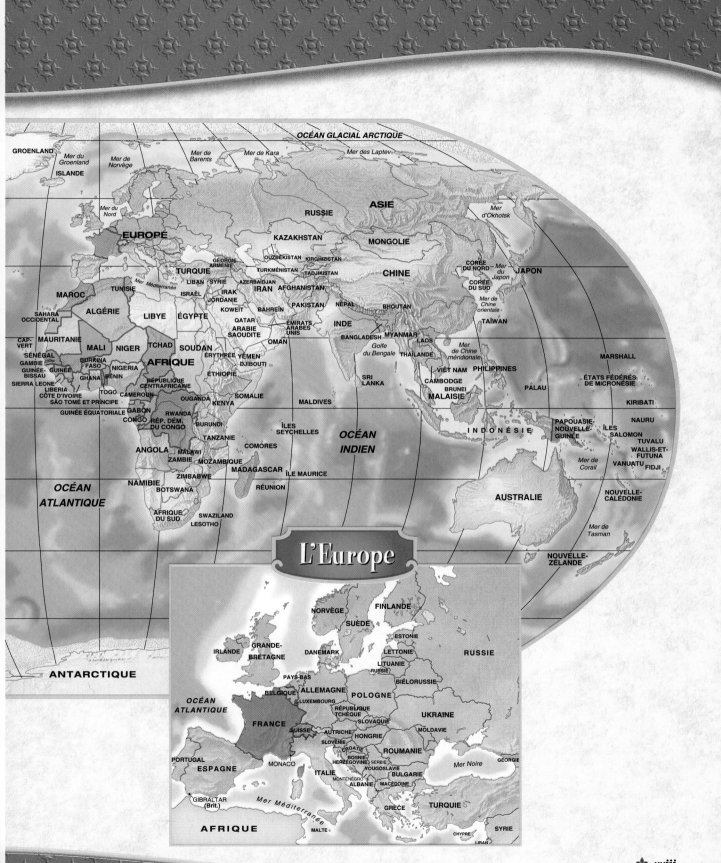

OCÉAN GLACIAL ARCTIQUE

GROENLAND
Mer du
Groenland
Mer de
Norvège
Mer de
Barents
Mer de Kara
Mer des Laptev

ISLANDE

Mer du
Nord

ASIE

Mer
d'Okhotsk

RUSSIE

EUROPE

KAZAKHSTAN

MONGOLIE

TURQUIE

GÉORGIE
ARMÉNIE
OUZBÉKISTAN
KIRGHIZISTAN

CORÉE
DU NORD
Mer du
Japon
JAPON

TURKMÉNISTAN
TADJIKISTAN

CHINE

CORÉE
DU SUD

Mer Méditerranée
LIBAN
SYRIE
AZERBAÏDJAN

MAROC
TUNISIE
ISRAËL
IRAK
IRAN
AFGHANISTAN

Mer de
Chine
orientale

JORDANIE
TAÏWAN

SAHARA
OCCIDENTAL
ALGÉRIE
LIBYE
ÉGYPTE
KOWEÏT
BAHREÏN
PAKISTAN
NÉPAL
BHOUTAN

CAP-
VERT
QATAR
ÉMIRATS
ARABES
UNIS
INDE

MAURITANIE
ARABIE
SAOUDITE
OMAN
BANGLADESH
MYANMAR
Mer de Chine
méridionale

MARSHALL

SÉNÉGAL
MALI
NIGER
TCHAD
SOUDAN
ÉRYTHRÉE
YÉMEN
Golfe
du Bengale
LAOS

GAMBIE
BURKINA
FASO
NIGERIA
DJIBOUTI
AFRIQUE
THAÏLANDE
VIÊT NAM
PHILIPPINES

GUINÉE-
BISSAU
GUINÉE
BENIN
ÉTHIOPIE
SRI
LANKA
CAMBODGE

ÉTATS FÉDÉRÉS
DE MICRONÉSIE

SIERRA LEONE
GHANA
RÉPUBLIQUE
CENTRAFRICAINE
BRUNEI
PÁLAU

LIBERIA
TOGO
CAMEROUN
OUGANDA
SOMALIE
MALDIVES
MALAISIE

CÔTE D'IVOIRE
KENYA

KIRIBATI

SÃO TOMÉ ET PRINCIPE
GABON
NAURU

GUINÉE ÉQUATORIALE
CONGO
RWANDA
RÉP. DÉM.
DU CONGO
BURUNDI
ÎLES
SEYCHELLES
OCÉAN
INDIEN
INDONÉSIE
PAPOUASIE-
NOUVELLE-
GUINÉE
ÎLES
SALOMON

TANZANIE
TUVALU

ANGOLA
MALAWI
COMORES
WALLIS-ET-
FUTUNA

ZAMBIE
MOZAMBIQUE
MADAGASCAR
ÎLE MAURICE
Mer de
Corail
VANUATU
FIDJI

ZIMBABWE

NAMIBIE
BOTSWANA
RÉUNION
AUSTRALIE
NOUVELLE-
CALÉDONIE

OCÉAN
ATLANTIQUE

AFRIQUE
DU SUD
SWAZILAND
LESOTHO

Mer de
Tasman

L'Europe

NOUVELLE-
ZÉLANDE

NORVÈGE
FINLANDE

SUÈDE

ESTONIE

IRLANDE
GRANDE-
BRETAGNE
DANEMARK
LETTONIE
RUSSIE

LITUANIE
RUSSIE

PAYS-BAS
BIÉLORUSSIE

BELGIQUE
ALLEMAGNE
POLOGNE

LUXEMBOURG

OCÉAN
ATLANTIQUE
RÉPUBLIQUE
TCHÈQUE
UKRAINE

FRANCE
SLOVAQUIE

SUISSE
AUTRICHE
MOLDAVIE

SLOVÉNIE
HONGRIE
ROUMANIE

CROATIE
PORTUGAL
BOSNIE-
HERZÉGOVINE
SERBIE
MONACO
YOUGOSLAVIE
GÉORGIE

ESPAGNE
Mer Noire

ITALIE
MONTÉNÉGRO
BULGARIE

GIBRALTAR
(Brit.)
ALBANIE
MACÉDOINE

Mer Méditerranée
TURQUIE

AFRIQUE
GRÈCE

MALTE
CHYPRE
SYRIE
LIBAN

ANTARCTIQUE

✦ xxiii

La francophonie

L'Afrique

Les Comores

CAPITAL
Moroni
POPULATION
563,000
FUN FACT
The beautiful Comores Islands in the Indian Ocean are known for their lovely, isolated beaches. These islands are among the few areas in the world where natural beauty reigns.

Le Burkina Faso

CAPITAL
Ouagadougou
POPULATION
11,576,000
FUN FACT
Burkina Faso is known for its friendly people. Villagers are fond of allowing foreigners to live in their homes and take part in village life.

Le Bénin

CAPITAL
Porto-Novo
POPULATION
6,186,000
FUN FACT
Benin has one of the most popular tourist attractions in all of West Africa—the fishing village of Ganvié built on stilts in the middle of a lagoon not far from the capital, Porto Novo.

La République du Congo

CAPITAL
Brazzaville
POPULATION
2,717,000
FUN FACT
Seventy percent of the population lives in the capital city or near the railroad between it and Pointe-Noire about 250 miles to the west.

Le Burundi

CAPITAL
Bujumbura
POPULATION
5,736,000
FUN FACT
Burundi was first under German control. It then became Ruanda-Urundi under Belgian control. It became independent in 1962.

Le Cameroun

CAPITAL
Yaoundé
POPULATION
15,456,000
FUN FACT
Cameroon is known for its fantastic landscapes: Saharan desert, equatorial rain forest, tree-laden savannah, grassy plains, volcanic mountains with crater lakes, the swampy basin of Lake Chad, and one of the highest mountains in Africa.

L'Algérie

CAPITAL
Algiers
POPULATION
30,774,000
FUN FACT
Algeria is called "the geographic giant" of the Maghreb. It is four times the size of France. Most of the country lies in the Sahara desert.

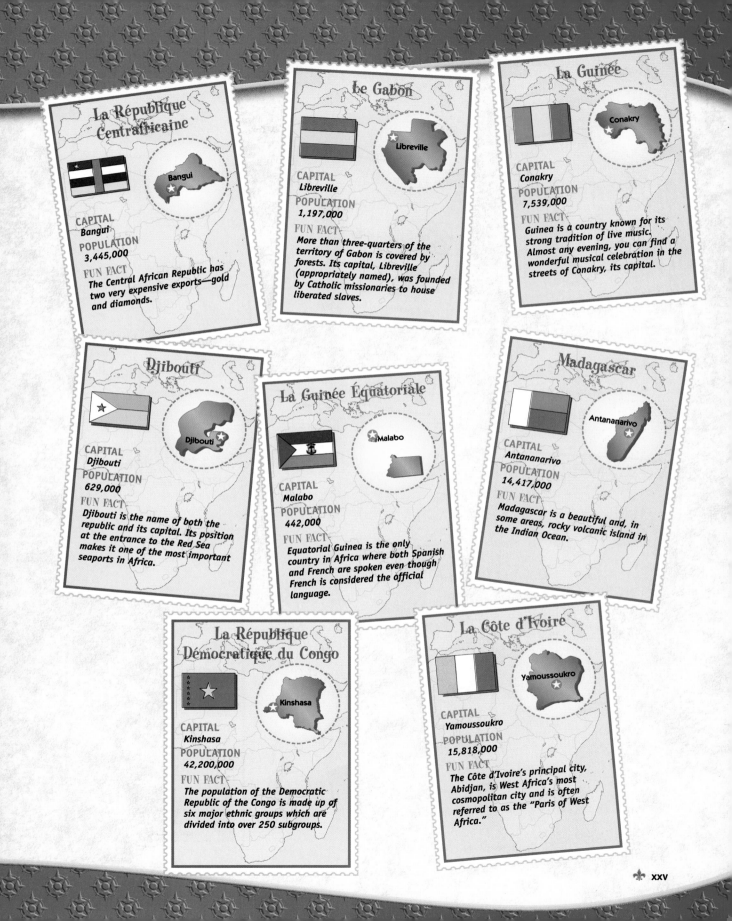

La République Centrafricaine

CAPITAL
Bangui

POPULATION
3,445,000

FUN FACT
The Central African Republic has two very expensive exports—gold and diamonds.

Le Gabon

CAPITAL
Libreville

POPULATION
1,197,000

FUN FACT
More than three-quarters of the territory of Gabon is covered by forests. Its capital, Libreville (appropriately named), was founded by Catholic missionaries to house liberated slaves.

La Guinée

CAPITAL
Conakry

POPULATION
7,539,000

FUN FACT
Guinea is a country known for its strong tradition of live music. Almost any evening, you can find a wonderful musical celebration in the streets of Conakry, its capital.

Djibouti

CAPITAL
Djibouti

POPULATION
629,000

FUN FACT
Djibouti is the name of both the republic and its capital. Its position at the entrance to the Red Sea makes it one of the most important seaports in Africa.

La Guinée Équatoriale

CAPITAL
Malabo

POPULATION
442,000

FUN FACT
Equatorial Guinea is the only country in Africa where both Spanish and French are spoken even though French is considered the official language.

Madagascar

CAPITAL
Antananarivo

POPULATION
14,417,000

FUN FACT
Madagascar is a beautiful and, in some areas, rocky volcanic island in the Indian Ocean.

La République Démocratique du Congo

CAPITAL
Kinshasa

POPULATION
42,200,000

FUN FACT
The population of the Democratic Republic of the Congo is made up of six major ethnic groups which are divided into over 250 subgroups.

La Côte d'Ivoire

CAPITAL
Yamoussoukro

POPULATION
15,818,000

FUN FACT
The Côte d'Ivoire's principal city, Abidjan, is West Africa's most cosmopolitan city and is often referred to as the "Paris of West Africa."

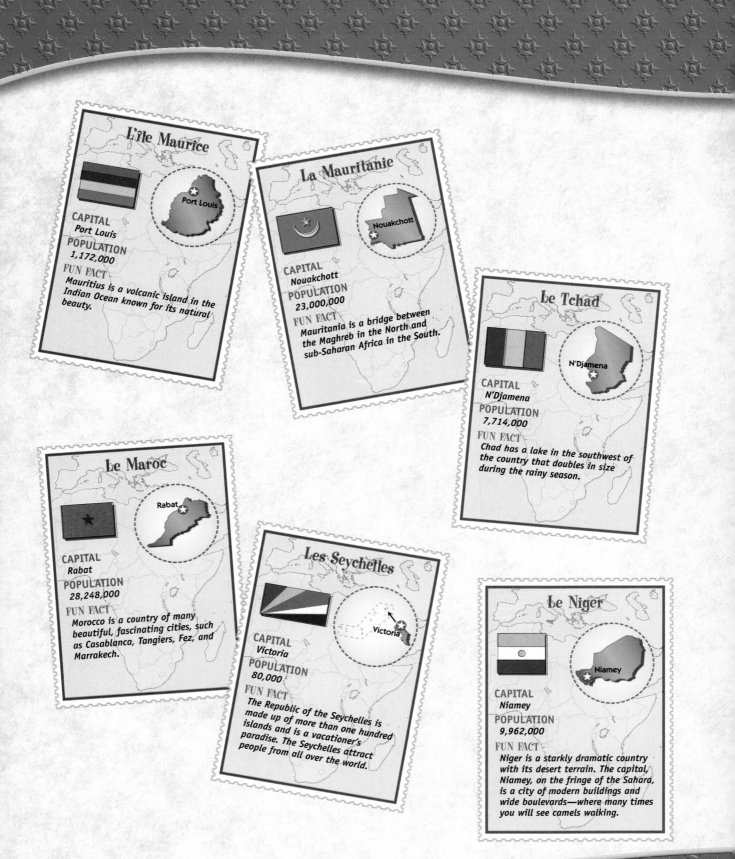

L'île Maurice

CAPITAL
Port Louis

POPULATION
1,172,000

FUN FACT
Mauritius is a volcanic island in the Indian Ocean known for its natural beauty.

Port Louis

La Mauritanie

CAPITAL
Nouakchott

POPULATION
23,000,000

FUN FACT
Mauritania is a bridge between the Maghreb in the North and sub-Saharan Africa in the South.

Nouakchott

Le Tchad

CAPITAL
N'Djamena

POPULATION
7,714,000

FUN FACT
Chad has a lake in the southwest of the country that doubles in size during the rainy season.

N'Djamena

Le Maroc

CAPITAL
Rabat

POPULATION
28,248,000

FUN FACT
Morocco is a country of many beautiful, fascinating cities, such as Casablanca, Tangiers, Fez, and Marrakech.

Rabat

Les Seychelles

CAPITAL
Victoria

POPULATION
80,000

FUN FACT
The Republic of the Seychelles is made up of more than one hundred islands and is a vacationer's paradise. The Seychelles attract people from all over the world.

Victoria

Le Niger

CAPITAL
Niamey

POPULATION
9,962,000

FUN FACT
Niger is a starkly dramatic country with its desert terrain. The capital, Niamey, on the fringe of the Sahara, is a city of modern buildings and wide boulevards—where many times you will see camels walking.

Niamey

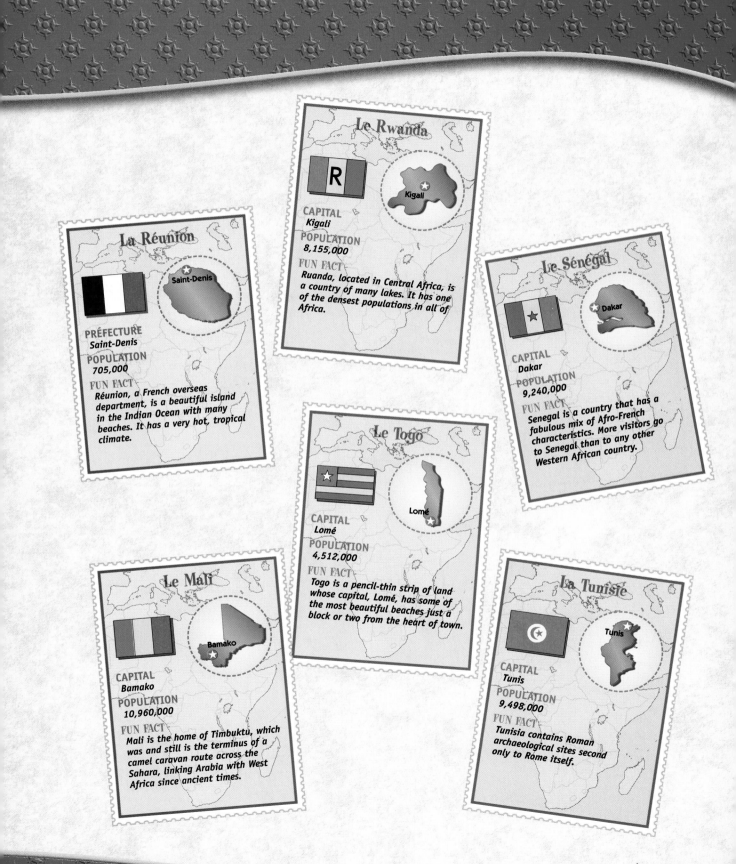

Le Rwanda

CAPITAL
Kigali

POPULATION
8,155,000

FUN FACT
Ruanda, located in Central Africa, is a country of many lakes. It has one of the densest populations in all of Africa.

La Réunion

PRÉFECTURE
Saint-Denis

POPULATION
705,000

FUN FACT
Réunion, a French overseas department, is a beautiful island in the Indian Ocean with many beaches. It has a very hot, tropical climate.

Le Sénégal

CAPITAL
Dakar

POPULATION
9,240,000

FUN FACT
Senegal is a country that has a fabulous mix of Afro-French characteristics. More visitors go to Senegal than to any other Western African country.

Le Togo

CAPITAL
Lomé

POPULATION
4,512,000

FUN FACT
Togo is a pencil-thin strip of land whose capital, Lomé, has some of the most beautiful beaches just a block or two from the heart of town.

Le Mali

CAPITAL
Bamako

POPULATION
10,960,000

FUN FACT
Mali is the home of Timbuktu, which was and still is the terminus of a camel caravan route across the Sahara, linking Arabia with West Africa since ancient times.

La Tunisie

CAPITAL
Tunis

POPULATION
9,498,000

FUN FACT
Tunisia contains Roman archaeological sites second only to Rome itself.

L'Amérique du Nord et du Sud

La Guadeloupe

PRÉFECTURE
Basse-Terre

POPULATION
387,000

FUN FACT
Guadeloupe, a French overseas department in the Caribbean, is made up of two major islands in addition to some smaller ones. It is known for its jungle highlands and beautiful seaside resorts.

Basse-Terre

La Guyane française

PRÉFECTURE
Cayenne

POPULATION
185,000

FUN FACT
French Guyana on the east coast of South America is an overseas French department. It is famous for its Devil's Island, which once served as a French penal colony.

Cayenne

Haïti

CAPITAL
Port-au-Prince

POPULATION
7,751,000

FUN FACT
Haiti shares the island of Hispaniola with the Dominican Republic. Its friendly people are known for their musical and artistic talents. Haitian art is sought after in art galleries around the world.

Port-au-Prince

La province de Québec

CAPITAL
Québec

POPULATION
7,040,000

FUN FACT
Quebec is the oldest and largest of Canada's provinces. About 90 percent of Quebec's inhabitants are French-speaking.

Québec

La Martinique

PRÉFECTURE
Fort-de-France

POPULATION
359,500

FUN FACT
Martinique, like Guadeloupe, is a French overseas department in the Caribbean Sea. It is a highly developed island famous for its beautiful, exotic flowers—orchids, hibiscus, and flamingo flowers.

Fort-de-France

Saint-Pierre-et-Miquelon

PRÉFECTURE
Saint-Pierre

POPULATION
6,966

FUN FACT
Saint-Pierre-et-Miquelon are two French-speaking islands in the Atlantic Ocean, south of Newfoundland. Many residents work in the cod-fishing industry.

St. Pierre

L'Europe

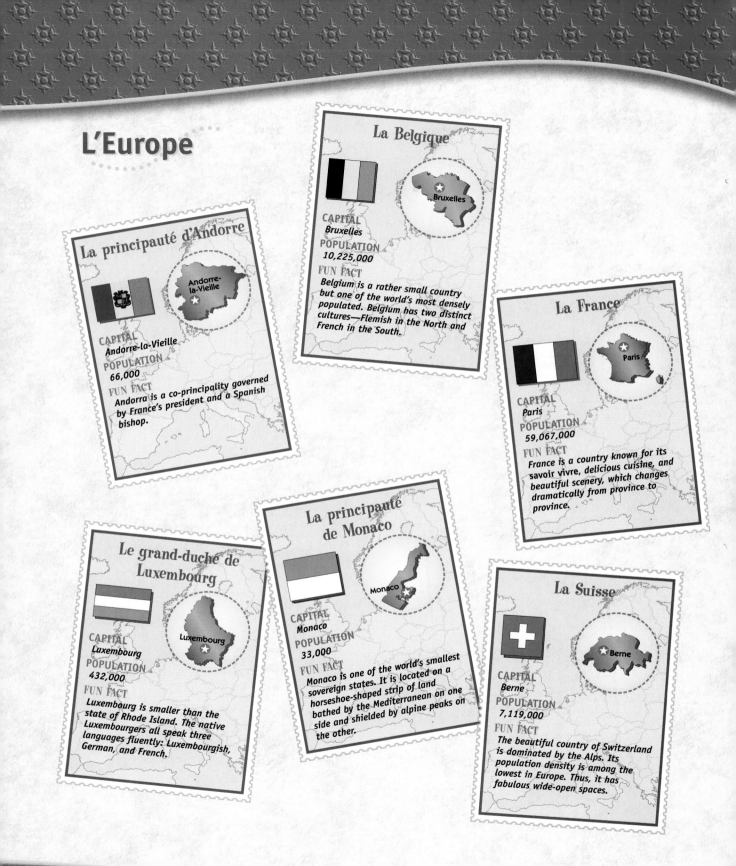

La principauté d'Andorre

CAPITAL
Andorre-la-Vieille

POPULATION
66,000

FUN FACT
Andorra is a co-principality governed by France's president and a Spanish bishop.

La Belgique

CAPITAL
Bruxelles

POPULATION
10,225,000

FUN FACT
Belgium is a rather small country but one of the world's most densely populated. Belgium has two distinct cultures—Flemish in the North and French in the South.

La France

CAPITAL
Paris

POPULATION
59,067,000

FUN FACT
France is a country known for its savoir vivre, delicious cuisine, and beautiful scenery, which changes dramatically from province to province.

Le grand-duché de Luxembourg

CAPITAL
Luxembourg

POPULATION
432,000

FUN FACT
Luxembourg is smaller than the state of Rhode Island. The native Luxembourgers all speak three languages fluently: Luxembourgish, German, and French.

La principauté de Monaco

CAPITAL
Monaco

POPULATION
33,000

FUN FACT
Monaco is one of the world's smallest sovereign states. It is located on a horseshoe-shaped strip of land bathed by the Mediterranean on one side and shielded by alpine peaks on the other.

La Suisse

CAPITAL
Berne

POPULATION
7,119,000

FUN FACT
The beautiful country of Switzerland is dominated by the Alps. Its population density is among the lowest in Europe. Thus, it has fabulous wide-open spaces.

L'Océanie

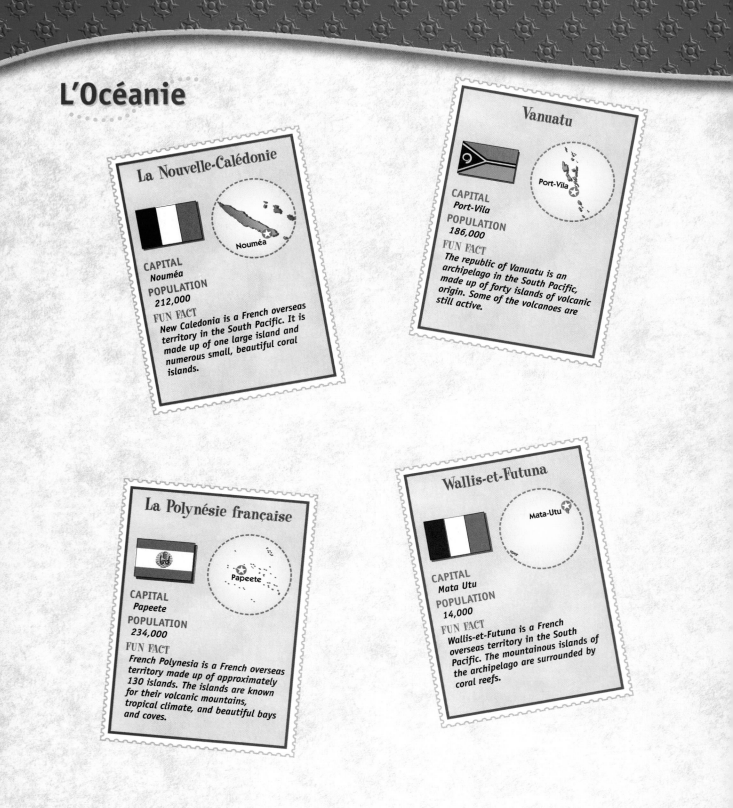

La Nouvelle-Calédonie

CAPITAL
Nouméa

POPULATION
212,000

FUN FACT
New Caledonia is a French overseas territory in the South Pacific. It is made up of one large island and numerous small, beautiful coral islands.

Vanuatu

CAPITAL
Port-Vila

POPULATION
186,000

FUN FACT
The republic of Vanuatu is an archipelago in the South Pacific, made up of forty islands of volcanic origin. Some of the volcanoes are still active.

La Polynésie française

CAPITAL
Papeete

POPULATION
234,000

FUN FACT
French Polynesia is a French overseas territory made up of approximately 130 islands. The islands are known for their volcanic mountains, tropical climate, and beautiful bays and coves.

Wallis-et-Futuna

CAPITAL
Mata Utu

POPULATION
14,000

FUN FACT
Wallis-et-Futuna is a French overseas territory in the South Pacific. The mountainous islands of the archipelago are surrounded by coral reefs.

Paris

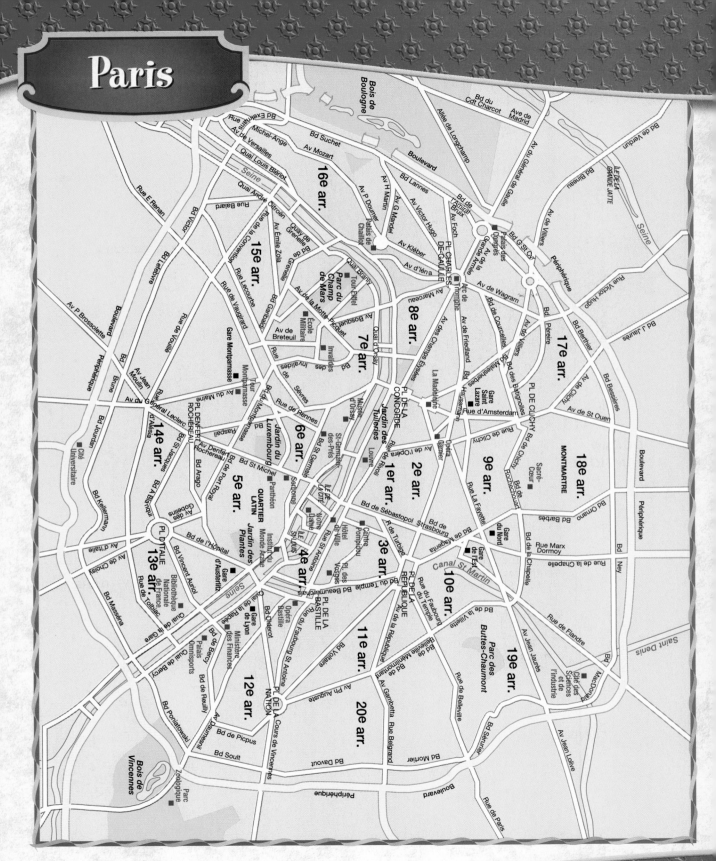

Métro

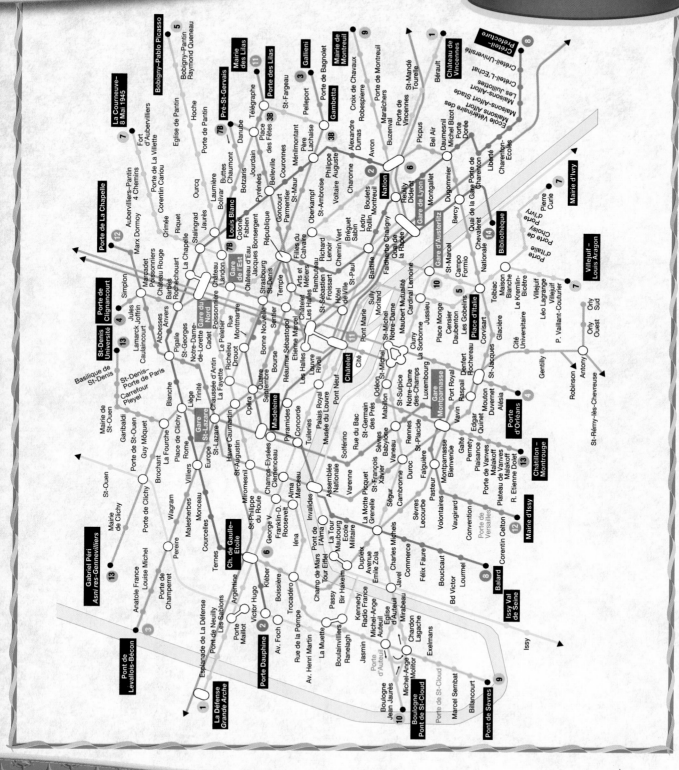

Le Canada

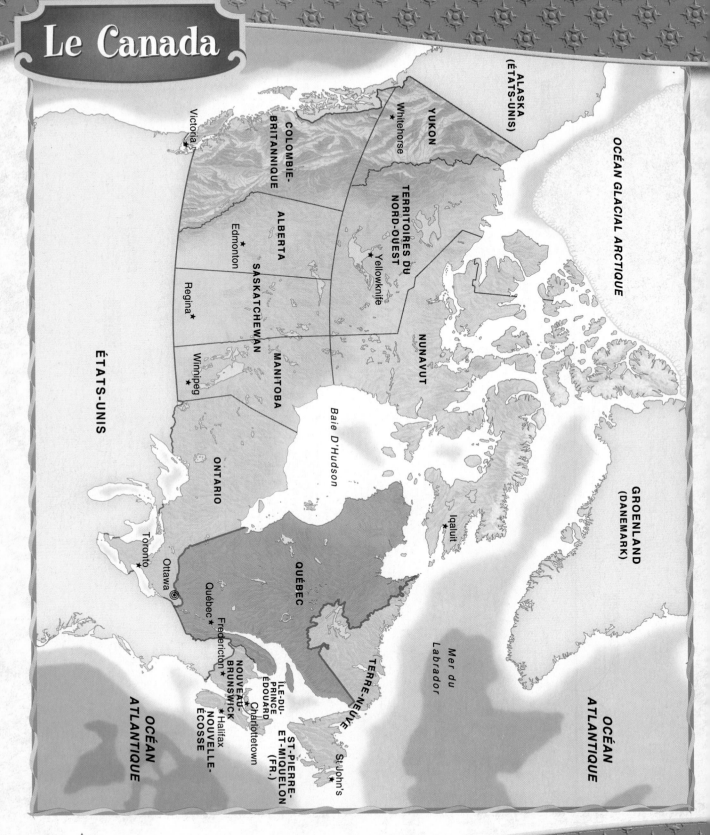

OCÉAN GLACIAL ARCTIQUE

ALASKA (ÉTATS-UNIS)

YUKON
★ Whitehorse

COLOMBIE-BRITANNIQUE
★ Victoria

TERRITOIRES DU NORD-OUEST
★ Yellowknife

ALBERTA
★ Edmonton

SASKATCHEWAN
★ Regina

MANITOBA
★ Winnipeg

NUNAVUT

ÉTATS-UNIS

Baie D'Hudson

GROENLAND (DANEMARK)

OCÉAN ATLANTIQUE

ONTARIO
★ Toronto
Ottawa ⊛

QUÉBEC
★ Québec

Iqaluit ★

Mer du Labrador

★ Fredericton
NOUVEAU-BRUNSWICK

ÎLE-DU-PRINCE-ÉDOUARD
★ Charlottetown

★ Halifax
NOUVELLE-ÉCOSSE

TERRE-NEUVE

ST-PIERRE-ET-MIQUELON (FR.)

St-John's ★

OCÉAN ATLANTIQUE

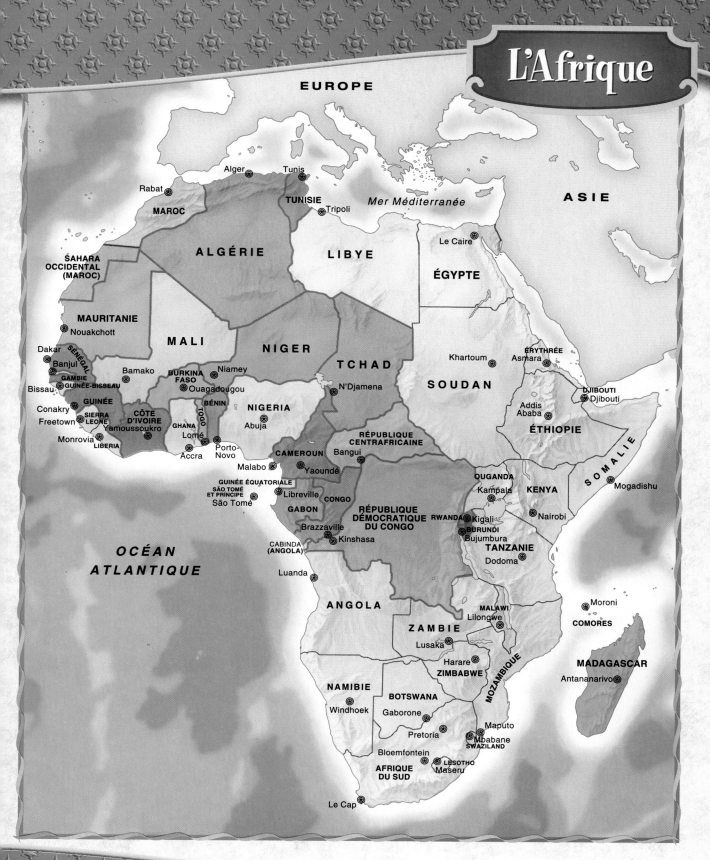

L'Afrique

EUROPE

ASIE

Mer Méditerranée

OCÉAN ATLANTIQUE

MAROC · Rabat · Alger · Tunis · **TUNISIE** · Tripoli

SAHARA OCCIDENTAL (MAROC)

ALGÉRIE

LIBYE

ÉGYPTE · Le Caire

MAURITANIE · Nouakchott

MALI · Bamako

Dakar · **SÉNÉGAL** · Banjul · **GAMBIE** · **GUINÉE-BISSEAU** · Bissau

NIGER · Niamey

BURKINA FASO · Ouagadougou

TCHAD · N'Djamena

SOUDAN · Khartoum

ÉRYTHRÉE · Asmara

DJIBOUTI · Djibouti

Conakry · **GUINÉE** · **SIERRA LEONE** · Freetown · **CÔTE D'IVOIRE** · Yamoussoukro · Monrovia · **LIBERIA**

BÉNIN · **GHANA** · **TOGO** · Lomé · Accra · Porto-Novo

NIGERIA · Abuja

CAMEROUN · Yaoundé · Malabo · **GUINÉE ÉQUATORIALE** · **SÃO TOMÉ ET PRINCIPE** · São Tomé · Libreville

RÉPUBLIQUE CENTRAFRICAINE · Bangui

Addis Ababa · **ÉTHIOPIE**

SOMALIE · Mogadishu

CONGO · **GABON** · Brazzaville

RÉPUBLIQUE DÉMOCRATIQUE DU CONGO · Kinshasa

OUGANDA · Kampala · **RWANDA** · Kigali · **BURUNDI** · Bujumbura

KENYA · Nairobi

CABINDA (ANGOLA)

Luanda

TANZANIE · Dodoma

ANGOLA

ZAMBIE · Lusaka

MALAWI · Lilongwe

Moroni · **COMORES**

MADAGASCAR · Antananarivo

Harare · **ZIMBABWE**

MOZAMBIQUE

NAMIBIE · Windhoek

BOTSWANA · Gaborone

Pretoria · Maputo · Mbabane · **SWAZILAND**

Bloemfontein · **LESOTHO** · Maseru

AFRIQUE DU SUD

Le Cap

Les copains et l'école

Vocabulaire

Voilà Sandrine.
Sandrine est française. Elle n'est pas américaine.
Elle est très intelligente.
Elle est élève au lycée Louis-le-Grand à Paris.
Elle va au lycée Louis-le-Grand.

Aurélien et Sandrine sont copains.
Ils vont tous les deux au même lycée.
Aurélien et Sandrine sont très amusants.

1 **Historiette** Une fille française Inventez des réponses.

1. Caroline est française?
2. Elle est de Paris, la capitale de la France?
3. Elle est élève au lycée Louis-le-Grand?
4. Elle va au lycée Louis-le-Grand?
5. Caroline est intelligente?
6. Les copains de Caroline sont intelligents aussi?
7. Ils sont amusants?
8. Ils vont tous au même lycée?

Des copains au lycée

2 **Historiette** Guillaume
Répondez d'après les indications.

1. Guillaume est de quelle nationalité? (américain)
2. Il est d'où? (de New York)
3. Qui est élève? (Guillaume)
4. Il est élève où? (dans une école secondaire à New York)
5. Il va à l'école à quelle heure le matin?
   (à sept heures et demie)
6. Comment est Guillaume?
   (intelligent et amusant)

Conversation

De bons copains

Marc: Salut!

Léa: Salut!

Marc: Tu es une amie de Carole Bertrand, non?

Léa: Oui, je suis une amie de Carole.

Marc: Je m'appelle Marc. Marc Legrand. Et toi?

Léa: Je m'appelle Léa. Léa David.

Marc: Tu es d'où?

Léa: De Rouen. Et toi, tu es de Versailles?

Marc: Oui, moi je suis d'ici comme Carole. Carole et moi, nous sommes bons copains aussi.

Après la conversation

Répondez.

1. Léa est une amie de qui?
2. Marc aussi est un ami de Carole?
3. Léa est d'où?
4. Et Marc et Carole, ils sont d'où?

Structure

L'accord des adjectifs

1. Adjectives must agree with the noun they describe or modify. Review the following.

	Féminin	Masculin
Singulier	une fille intelligente une amie timide	un garçon intelligent un ami timide
Pluriel	des filles intelligentes des amies timides	des garçons intelligents des amis timides

2. Note that adjectives such as **intelligent** that end in a consonant in the masculine form, change pronunciation in the feminine and have four written forms. Adjectives that end in **e,** such as **timide,** do not change pronunciation and have only two written forms.

 3 **Julie** Décrivez Julie.

 4 **Les copains** Décrivez les copains.

Julie Latour

Les copains

Les verbes être et aller

1. Review the forms of the verbs **être** (to be) and **aller** (to go).

ÊTRE	
je suis	nous sommes
tu es	vous_z êtes
il/elle/on_n est	ils/elles sont

ALLER	
je vais	nous_z allons
tu vas	vous_z allez
il/elle/on va	ils/elles vont

2. To make a sentence negative, you put **ne (n')… pas** around the verb.

Je suis française.   **Je ne suis pas américaine.**
Fabien est amusant.   **Il n'est pas timide.**

5 **Paul est de Montréal.** Répétez la conversation.

Maude: Bonjour Paul, ça va?
Paul: Ça va. Et toi?
Maude: Ça va… Paul, tu es américain, non?
Paul: Non, je suis canadien.
Maude: Ah oui, tu es d'où?
Paul: De Montréal.
Maude: Et tu vas à l'université à Montréal?
Paul: Non, je suis toujours à l'école secondaire.

6 **Historiette** **Américain ou canadien?**
Répondez d'après la conversation.

1. Paul est américain?
2. Il est de quelle nationalité?
3. Il est de quelle ville?
4. Il va à l'université?

Un lycée à Montréal

7 **Moi!** Donnez des réponses personnelles.

1. Tu t'appelles comment?
2. Tu es d'où?
3. Tu es de quelle nationalité?
4. Tu vas à quelle école?
5. Tu vas à l'école avec des copains?
6. Tes copains et toi, vous allez à l'école à pied ou en car scolaire?
7. Où est votre école?
8. Comment sont les professeurs?

Des copains à Pointe-à-Pitre

8 **Historiette** **Au restaurant**
Complétez en utilisant le verbe **être**
ou **aller.**

1. C'____ un petit restaurant. Il ____
   vraiment bon.
2. Les serveurs ____ vietnamiens.
3. La cuisine vietnamienne ____
   délicieuse.
4. Les copains de Mélanie ____
   au restaurant.
5. Qui ____ demander l'addition
   au restaurant?
6. Qui ____ payer?
7. Vous ____ laisser un pourboire?

Un restaurant vietnamien à Paris

Les contractions

1. The preposition **à** can mean "in," "to," or "at." Remember that **à** contracts with the articles **le** and **les** to form **au** and **aux**.

à + la = à la	Je parle à la fille.
à + l' = à l'	Je parle à l'élève.
à + le = au	Je parle au professeur.
à + les = aux	Je parle aux élèves.

2. The preposition **de** can mean "of" or "from." **De** is also a part of longer prepositions such as **près de** and **loin de**. **De** contracts with **le** and **les** to form **du** and **des**.

Le prof parle à un élève.

de + la = de la	Il habite près de la station de métro.
de + l' = de l'	Il habite loin de l'université.
de + le = du	Il habite près du collège.
de + les = des	Il habite loin des magasins.

Une classe au lycée Janson de Sailly à Paris

9 **On y va ou on n'y va pas?**
Complétez.

   Aujourd'hui on ne va pas __1__ parc; on ne va pas __2__ restaurant; on ne va pas __3__ maison; on ne va pas __4__ pâtisserie. Où est-ce qu'on va alors? On va __5__ école. On va __6__ cours de français. On va parler __7__ professeur et __8__ élèves.

10 **Tu habites où?** Donnez des réponses personnelles.

1. Tu habites près ou loin de l'école?
2. Tu vas à l'école à quelle heure?
3. Tu habites près ou loin des magasins?
4. Tu vas souvent aux magasins?
5. Tu es un copain ou une copine du frère de Nathalie?
6. Tu habites près du magasin des parents de Nathalie?

11 **À la Martinique** You are spending your spring vacation with a family in Martinique. Tell your "brother" or your "sister" (your partner) all you can about your French class and your French teacher. Answer any questions your partner asks. Then reverse roles.

12 **Les cours** You are speaking with an exchange student from France (your partner). You want to know all about his or her school, class schedule, and classes. Ask him or her all about school life in France.

La Martinique

Nom: BRILLIÉ		LUNDI	MARDI	MERCREDI	JEUDI	VENDREDI
	8h - 8h 30					
Prénom: Claire	8h 30 - 9h 30	HIST/GÉO	SC. NAT	MATH	PHYSIQUE	MATH/DESSIN
Classe: 4e2	9h 30 - 10h 30	MATH	ALLEMAND	ED. CIVIQUE	ANGLAIS	HIST/GÉO
Ext. 1/2 P	10h 30 - 11h 30	TECHNO	ANGLAIS		MUSIQUE	
	11h 30 - 12h 30		LATIN	EPS/DESSIN	ALLEMAND	E.P.S.
	12h 30 - 13h					

	13h 30 - 14h					
	14h - 15h	FRANÇAIS	HIST/GÉO	4 er Semaine! 2e		
	15h - 16h	ALLEMAND	FRANÇAIS		FRANÇAIS	LATIN
	16h - 17h	ANGLAIS			LATIN	
	17h - 18h				FRANÇAIS	

Signature: père   mère   Visa de la Direction

Révision B

La famille

R11

Vocabulaire

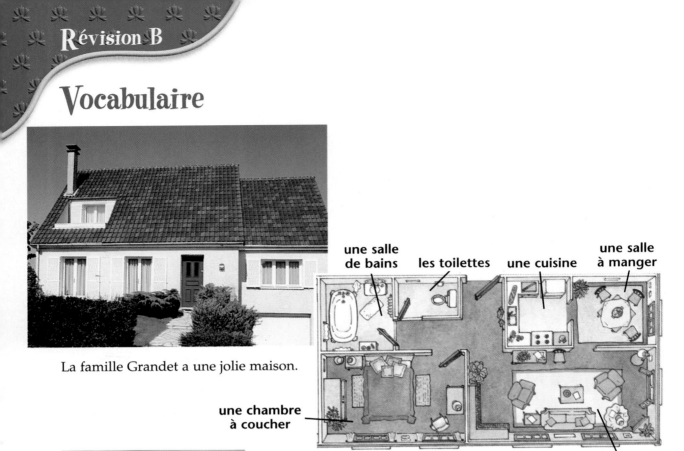

La famille Grandet a une jolie maison.

une salle de bains   **les toilettes**   **une cuisine**   **une salle à manger**

une chambre à coucher

La maison a cinq pièces.

une salle de séjour

Les Grandet ont un chien.
Leur chien est adorable.
Il est très jeune. Il a six mois.
Il joue toujours dans le jardin.

C'est l'anniversaire de Jennifer.
Elle donne une fête.
Ses copines ont des cadeaux pour elle.

1 Historiette   La famille Aragon

Inventez une histoire.

Un dîner en famille

1. La famille Aragon est une grande famille?
2. M. et Mme Aragon ont combien d'enfants?
3. Ils ont une maison ou un appartement?
4. Ils habitent en ville ou en banlieue?
5. Leur maison ou leur appartement a combien de pièces sans compter la cuisine et la salle de bains?
6. Qui prépare le dîner?
7. Les Aragon dînent dans la salle à manger ou dans la cuisine?
8. Après le dîner, ils regardent la télévision? Dans quelle pièce?
9. Qui parle très souvent au téléphone?
10. Qui fait bien ses devoirs? Qui ne fait pas ses devoirs?

2 Qu'est-ce qu'on fait?   Choisissez le mot.

1. On _____ la télé dans la salle de séjour.
   a. regarde   **b.** donne   **c.** prépare
2. On _____ au téléphone.
   a. paie   **b.** joue   **c.** parle
3. On _____ à la cantine.
   a. joue   **b.** déjeune   **c.** étudie
4. On _____ un cahier dans une papeterie.
   a. coûte   **b.** achète   **c.** travaille
5. On _____ l'école à trois heures.
   a. arrive   **b.** rentre   **c.** quitte
6. On _____ après les cours.
   a. travaille   **b.** déjeune   **c.** demande

Conversation

Le cours d'espagnol

Carl: Salut!

Hugo: Salut!

Carl: Tu fais de l'espagnol, non?

Hugo: Oui, je fais de l'espagnol.

Carl: Tu as qui comme prof?

Hugo: Mme Lesage.

Carl: Moi aussi. Elle est sympa, hein!

Hugo: Oui, je suis d'accord, elle est très sympa.

Carl: Justement j'ai cours avec elle aujourd'hui.

Hugo: Et moi, demain.

Après la conversation

Répondez.

1. Qui parle?
2. Qui fait de l'espagnol?
3. Comment s'appelle le professeur d'espagnol de Hugo?
4. Comment s'appelle le professeur d'espagnol de Carl?
5. D'après les deux garçons, comment est Mme Lesage?
6. Qui a cours avec elle aujourd'hui?
7. Qui a cours avec elle demain?

Structure

Les verbes réguliers en -er

The infinitive of many regular French verbs ends in **-er.** Review the present tense forms of regular **-er** verbs.

PARLER		AIMER	
je parle	nous parlons	j' aime	nous‿aimons
tu parles	vous parlez	tu aimes	vous‿aimez
il/elle/on parle	ils/elles parlent	il/elle/on‿aime	ils‿/elles‿aiment

Saint-Paul-de-Vence en Provence

3   **Moi!**   Donnez des réponses personnelles.

1. Tu habites dans quelle ville?
2. Tu habites dans une petite ou une grande ville?
3. Tu arrives à l'école à quelle heure le matin?
4. Tu parles à tes copains?
5. Tes copains et toi, vous étudiez le français?
6. Vous aimez le cours de français?

4   **Historiette**   **On dîne au restaurant.**   Complétez.

1. Ce soir, Juliette ne _____ pas le dîner. (préparer)
2. Elle _____ à sa copine. (téléphoner)
3. Elle _____ sa copine au restaurant. (inviter)
4. Elles _____ dans un restaurant italien. (aller)
5. Les deux amies _____ au restaurant à sept heures. (arriver)
6. Le serveur _____ à leur table. (arriver)
7. Les deux amies _____ une pizza. (commander)
8. Juliette _____ l'addition. (demander)
9. Tu _____ la pizza? (aimer)
10. Quand tes copains et toi, vous _____ dans un restaurant italien, qu'est-ce que vous _____?
    (aller, commander)

5 **Historiette** **Une fête** Donnez des réponses personnelles.

1. Tu aimes donner des fêtes?
2. Tu donnes des fêtes?
3. Tu invites qui?
4. Tu téléphones à tes copains?
5. Ils acceptent toujours ton invitation?
6. Quel soir est-ce que tu donnes une fête?
7. Tes amis arrivent à quelle heure?

Le partitif

C'est l'anniversaire de Julie.

1. In French, you use the definite article when talking about something in a general sense.

Le chocolat, c'est très bon.
J'aime les fruits.

2. However, when you refer to only a part or a certain quantity of an item, the partitive construction is used. The partitive is expressed in French by **de** + the definite article.

de + le = du	Je voudrais du pain.
de + la = de la	Je voudrais de la viande.
de + l' = de l'	Je voudrais de l'eau.
de + les = des	Je voudrais des pommes.

3. When a partitive follows a negative word, all forms change to **de.**

Je voudrais { du pain. / de la viande. / de l'eau. / des pommes. }   Je ne veux pas { de pain. / de viande. / d'eau. / de pommes. }

6   Le dîner en famille   Répondez.

1. Tu dînes toujours en famille?
2. Tu manges souvent des légumes au dîner?
3. Tu aimes les légumes?
4. Tu manges aussi de la viande?
5. Tu manges du bœuf ou du porc?
6. Tu préfères le bœuf ou le porc?
7. Tu aimes boire de l'eau au dîner?
8. Après le dîner, tu aimes boire du café?

Un coq au vin, de la soupe à l'oignon et une tarte à l'orange

7   Ils vont où?   Complétez.

1. Adrien et son frère n'ont pas _____ classeurs. Ils vont à la papeterie pour acheter _____ classeurs.
2. C'est l'anniversaire de Cédric. Tout le monde a _____ cadeaux pour Cédric. Cédric, il veut _____ argent!
3. Il n'y a pas _____ viande dans le frigo. Madame Delon va à la boucherie où elle achète _____ bœuf et _____ poulet. Tout le monde aime beaucoup _____ bœuf.

Les verbes **avoir** et **faire**

1. Review the forms of the irregular verbs **avoir** (*to have*) and **faire** (*to do, to make*).

AVOIR	
j' ai	nous_z_avons
tu as	vous_z_avez
il/elle/on_n_a	ils_z_/elles_z_ont

FAIRE	
je fais	nous faisons
tu fais	vous faites
il/elle/on fait	ils/elles font

2. You use the verb **avoir** to express age.

—**Tu as quel âge?**
—**Moi? J'ai quatorze ans.**

3. The verb faire is used in many expressions such as: **faire du français, faire la cuisine, faire de la gymnastique, faire les courses.**

Rappelez-vous que...

In negative sentences, **un, une, du, de la,** and **des** change to **de (d').**
J'ai un frère.
Je n'ai pas de sœur.
Elle fait du sport.
Elle ne fait pas de danse.
Tu as des cahiers.
Tu n'as pas de classeurs.

8 **Historiette** **Les Pelleray** Complétez en utilisant le verbe **avoir.**

1. La famille Pelleray _____ un appartement à Paris.
2. L'appartement des Pelleray _____ cinq pièces.
3. M. et Mme Pelleray _____ deux enfants.
4. Jean-Claude _____ quatorze ans et Catherine _____ seize ans.
5. Les Pelleray _____ un chien.
6. Vous _____ un chien?
7. Non, nous n'_____ pas de chien, mais nous _____ un chat.

Un quartier résidentiel à Paris

9 **Moi!** Donnez des réponses personnelles.

1. Tu as une grande famille?
2. Tu as combien de frères?
3. Tu as combien de sœurs?
4. Ta famille et toi, vous avez un chat ou un chien?
5. Tu as une voiture?

10 **Qu'est-ce qu'on fait?** Complétez en utilisant le verbe **faire**.

1. Tes copains et toi, vous _____ souvent de la cuisine?
2. Qui _____ du latin? Ta sœur ou ton frère?
3. Qu'est-ce qu'ils _____, tes parents? Ils travaillent où?
4. Madame Morin _____ ses courses le matin?
5. Tu _____ de la gymnastique?
6. Moi? Non. Je ne _____ pas de gymnastique.

11 **Quand?** Work with a classmate. He or she will suggest an activity. You will tell where and when your friends typically take part in this activity.

12 **Des appartements** Work with a classmate. Look at these plans of apartments. A different family lives in each one. Give each family a name. Then say as much about each family as you can. Don't forget to describe their apartment. Be as original as possible.

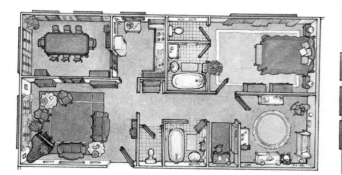

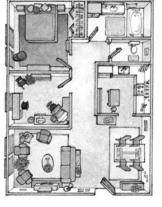

13 **Au café** Work in groups of three or four. You are all friends from school. Since two of you are exchange students from Quebec, you speak French together. After school you go to a café where you talk about lots of things—school, teachers, friends, home, family. Have a conversation together.

Révision

C

Les courses

Vocabulaire

La nourriture

des fruits   des légumes   de la viande   des poissons   un jambon

Luc fait les courses.
Il veut acheter une baguette.
Il va à la boulangerie.

Chloé est à l'épicerie.
Elle va acheter une bouteille d'eau minérale.
Elle veut aussi six tranches de jambon.
Chloé va faire un pique-nique.

Les vêtements

Vous faites quelle taille?

Je fais du 39.

la manche

la caisse

une chemise

Romain est au rayon des vêtements pour hommes.
Il veut acheter une chemise à manches longues.

Madame Leclerc paie à la caisse.

1 **Des aliments** Identifiez.

1. 2. 3. 4.

5. 6. 7. 8.

2 **Un fruit, un légume ou de la viande?**
Identifiez.

1. du bœuf
2. une orange
3. des haricots verts
4. des épinards
5. du porc
6. une pomme

3 **Historiette** **Au grand magasin**
Inventez une histoire.

1. Paul veut acheter des vêtements?
2. Il va aux Galeries Lafayette?
3. Il est au rayon des vêtements pour hommes?
4. Il va acheter une chemise?
5. Il veut une chemise à manches longues ou
   à manches courtes?
6. Il fait quelle taille?
7. Il achète une chemise?
8. Il paie où?

4 **Sport ou habillé?** Identifiez.

1. des baskets
2. un complet
3. un chemisier
4. un survêtement
5. une jupe plissée
6. une cravate
7. un polo à manches courtes
8. un anorak

Les Galeries Lafayette à Paris

Conversation

Un achat

Vendeuse: Bonjour, mademoiselle. Vous voulez voir quelque chose?

Christine: Bonjour. Oui, je voudrais un jean, s'il vous plaît.

Vendeuse: Vous faites quelle taille?

Christine: Du 36.
(Christine essaie le jean.)

Vendeuse: Ça va, la taille?

Christine: Je crois que c'est un peu petit.

Vendeuse: Vous voulez essayer la taille au-dessus?

Christine: Oui, s'il vous plaît.

Après la conversation

Répondez.

1. Christine est où?
2. Elle parle à qui?
3. Qu'est-ce qu'elle veut acheter?
4. Elle fait quelle taille?
5. Le jean est un peu petit?
6. Christine veut la taille au-dessus?

Structure

Les verbes **vouloir** et **pouvoir**

Review the verbs **vouloir** *(to want)* and **pouvoir** *(to be able)*.

VOULOIR	
je veux	nous voulons
tu veux	vous voulez
il/elle/on veut	ils/elles veulent

POUVOIR	
je peux	nous pouvons
tu peux	vous pouvez
il/elle/on peut	ils/elles peuvent

5 **Je veux bien, mais je ne peux pas.**
Répondez d'après le modèle.

—**Tu veux aller au restaurant?**
—**Je veux bien. Quand?**
—**Vendredi soir.**
—**Ah non, je ne peux pas.**

1. Tu veux aller au café?
2. Tu veux dîner avec Caroline?
3. Tu veux travailler avec moi?
4. Ta sœur veut faire des courses avec nous?
5. Et vous deux, vous voulez aller au cinéma avec nous?

Un petit restaurant à Paris

6 **Qui peut préparer le dîner?** Complétez.

Marie: Je voudrais bien faire le dîner ce soir, mais vraiment, je ne __1__ (pouvoir) pas.

Julien: Tu ne __2__ (pouvoir) pas? Pourquoi?

Marie: Je __3__ (être) très fatiguée! Je __4__ (être) vraiment crevée.

Julien: On __5__ (pouvoir) aller au restaurant, si tu __6__ (vouloir).

Marie: Oh, je ne __7__ (vouloir) pas aller au restaurant ce soir.

Julien: On __8__ (pouvoir) faire des sandwichs.

Marie: Oui, ou… toi, tu __9__ (pouvoir) faire le dîner.

Julien: Je __10__ (vouloir) bien, mais ce n'__11__ (être) pas une très bonne idée.

Marie: Pourquoi?

Julien: Parce que je __12__ (faire) très mal la cuisine!

L'infinitif

1. The infinitive form of the verb often follows verbs such as **aimer, détester, vouloir,** and **pouvoir.**

   J'aime faire les courses mais je déteste faire la cuisine.
   Il veut dîner mais il ne peut pas aller au restaurant ce soir.

2. You can use the infinitive after the verb **aller** to tell what you or others are going to do in the near future.

   Je vais donner une fête samedi soir.

7 **Historiette** **Au magasin** Répondez.

1. Tu vas aller au magasin Paramètre?
2. Tu veux acheter un cadeau?
3. Tu vas donner le cadeau à ta mère?
4. Tu aimes acheter des cadeaux pour ta mère?
5. Tu vas avoir assez d'argent pour payer?

Le verbe **prendre**

1. Review the forms of the verb **prendre** (to take).

Le magasin Paramètre à Paris

PRENDRE			
je	prends	nous	prenons
tu	prends	vous	prenez
il/elle/on	prend	ils/elles	prennent

2. Remember that the verbs **apprendre** (to learn) and **comprendre** (to understand) are conjugated the same way as **prendre.**

   On apprend le français à l'école.
   Je comprends bien le français.

Au pluriel Mettez au pluriel.

1. *Je prends* le car scolaire pour aller à l'école.
2. *Je prends* l'ascenseur pour monter au 6e étage.
3. *Tu prends* le bus ou le métro pour aller en ville?
4. *Tu prends* beaucoup de notes en classe?
5. *L'élève apprend* beaucoup de choses.
6. *Elle comprend* le professeur.

Un marché à Saint-Rémy-de-Provence

 Ce que je prends Donnez des réponses personnelles.

1. Qu'est-ce que tu prends quand tu as soif?
2. Qu'est-ce que tu prends quand tu as faim?

Qu'est-ce qu'on veut acheter?
You and your friend are in an open-air market in France. Make a list of the items you want to buy. Take turns being the vendor and the customer as you shop for the items on your list.

 Qu'est-ce qu'on va manger?
Work with a classmate. Prepare a menu in French for tomorrow's meals—**le petit déjeuner, le déjeuner et le dîner.** Based on your menus, prepare a shopping list. Be sure to include the quantities you need.

 C'est qui? Work with a classmate. One of you describes what someone in the class is wearing and the other has to guess who it is. Take turns.

LES COURSES

Révision

D

En voyage

Vocabulaire

À la gare

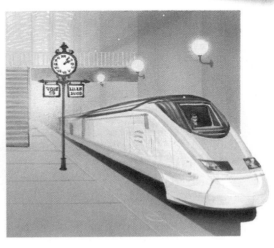

un billet

un guichet

Les voyageurs n'attendent pas le train.
Ils descendent du train sur le quai.

Le train part à l'heure.
Il arrive à l'heure.
Il n'a pas de retard.

À l'aéroport

un aéroport

un avion

une carte
d'embarquement

une valise

Marie sort son billet de son sac à dos.
Elle choisit sa place dans l'avion.
Elle veut une place côté couloir.

1 Historiette À la gare Inventez une histoire.

1. Il y a beaucoup de voyageurs dans la gare?
2. Il y a souvent une queue devant le guichet?
3. On vend des billets de train au guichet?
4. Les voyageurs entendent l'annonce du départ de leur train?
5. Le train arrive sur quelle voie?
6. Le train part à l'heure?

La gare de l'Est à Paris

Une hôtesse de l'air sert une collation.

2 À l'aéroport Vrai ou faux?

1. Un aéroport est toujours dans le centre d'une ville.
2. Les avions atterrissent sur une piste.
3. Les avions décollent d'une porte d'embarquement.
4. Les passagers ont une carte d'embarquement.
5. Les stewards et les hôtesses de l'air travaillent à l'aéroport.

Conversation

Tu vas à Casablanca?

L'avenue Hassan II à Casablanca au Maroc

Olivier: Tiens Anne! Mais qu'est-ce que tu fais là?

Anne: Salut! Ben, j'attends mon avion! Bizarre, hein?

Olivier: Toujours aussi sarcastique! Non, mais, tu vas au Maroc?

Anne: Oui, je vais à Casablanca.

Olivier: Moi aussi. C'est sympa d'être ensemble.

Anne: Oui. Tu as quelle place?

Olivier: 22A. Et toi?

Anne: 15B.

Olivier: Oh, on va pouvoir changer après le décollage.

Anne: Oui. C'est sûr. Mais il faut d'abord partir!

Après la conversation

Répondez.

1. Où sont Olivier et Anne?
2. Qu'est-ce qu'ils attendent?
3. Ils partent pour quel pays?
4. Anne a quelle place? Et Olivier?
5. Est-ce qu'ils veulent être ensemble dans l'avion?
6. Est-ce qu'ils vont pouvoir changer de place?
7. D'après vous, l'avion va partir à l'heure?

Structure

Les verbes en -ir et -re

Review the following forms of regular **-ir** and **-re** verbs in French.

FINIR			ATTENDRE		
je	finis	nous finissons	j'	attends	nous_z attendons
tu	finis	vous finissez	tu	attends	vous_z attendez
il/elle/on	finit	ils/elles finissent	il/elle/on_n attend		ils/elles_z attendent

3 **Un voyage en avion** Donnez des réponses personnelles.

1. Quand tu voyages en avion, tu choisis Air France comme compagnie?
2. Tu choisis une place côté couloir ou côté fenêtre?
3. En général, les passagers choisissent des places côté couloir?
4. Ta famille et toi, vous attendez longtemps à l'aéroport?
5. Vous remplissez vos cartes de débarquement avant l'arrivée?
6. Vous atterrissez en général à l'heure?

Un steward sert un café.

4 **À la gare** Complétez.

1. À la gare, on ＿＿＿ les billets de train au guichet et on ＿＿＿ des magazines et des journaux au kiosque. (vendre)
2. Quelques voyageurs ＿＿＿ dans la salle d'attente et d'autres voyageurs ＿＿＿ sur le quai. (attendre)
3. Nous, nous ＿＿＿ sur le quai. (attendre)
4. Et vous, vous ＿＿＿ le train où? (attendre)
5. J'＿＿＿ l'annonce du départ de notre train. (entendre)

Un kiosque à la gare de Lyon à Paris

Les verbes **sortir, partir, dormir, servir**

Review the forms of the following **-ir** verbs.

SORTIR		PARTIR		DORMIR		SERVIR	
je	sors	je	pars	je	dors	je	sers
tu	sors	tu	pars	tu	dors	tu	sers
il/elle/on	sort	il/elle/on	part	il/elle/on	dort	il/elle/on	sert
nous	sortons	nous	partons	nous	dormons	nous	servons
vous	sortez	vous	partez	vous	dormez	vous	servez
ils/elles	sortent	ils/elles	partent	ils/elles	dorment	ils/elles	servent

5 **Historiette** **En voiture!** Répondez d'après les indications.

1. Le train part de quelle voie? (numéro deux)
2. Il part à quelle heure? (18 h 16)
3. On sert des repas dans le train? (oui)
4. Qui sert les repas? (des serveurs)
5. Les voyageurs dorment? (oui)
6. Quand le contrôleur arrive, tu sors ton billet? (oui)

6 **Historiette** **Caroline fait un voyage.** Complétez.

Caroline est à la gare. Où est-ce qu'on __1__ (vendre) les billets? Ah, voilà le guichet. Caroline achète son billet. Elle __2__ (sortir) de l'argent de son sac à dos et paie. Son train __3__ (partir) de la voie numéro quatre. Tous les trains __4__ (partir) à l'heure. Beaucoup de voyageurs __5__ (dormir) dans le train. Mais Caroline ne __6__ (dormir) pas. Elle aime bien voyager en train.

L'Eurostar fait Paris-Londres.

7 **En avion** Make a list of words associated with airline travel. Write a short paragraph using these words to describe a plane trip you'd like to take.

8 **La gare** Describe the illustration in your own words.

Révision

Les sports

Vocabulaire

Julie a passé l'été dernier au bord de la mer.
Elle a pris des bains de soleil.
Elle a mis de la crème solaire.
Elle a bronzé.

L'hiver dernier Marc a appris à faire du ski.
Il a descendu la piste verte.

Samedi dernier, notre équipe a joué au foot.
Fabien a donné un coup de pied dans le ballon.
Il a marqué un but.
Notre équipe a gagné 6 à 4.
Nous avons joué contre Orsay.

Aimée a beaucoup nagé.

Lisette a fait du ski nautique.

Magali a fait du patin à glace.
Elle a eu un petit accident.

1 **Historiette** **Un voyage à la montagne**
Répondez d'après les indications.

1. Quand est-ce que Nicole a fait un voyage à la montagne? (en février)
2. Qu'est-ce qu'elle a pris? (des leçons de ski)
3. Elle a eu un moniteur? (oui)
4. Elle a beaucoup appris? (oui)
5. Elle a descendu quelle piste? (la piste verte)
6. Elle a eu un accident? (non)
7. Où est-ce qu'elle a fait du patin? (à la patinoire)

Une leçon de ski

Courchevel, France

2 **Un match de foot** Répondez d'après les indications.

1. Vous avez joué au foot hier? (oui)
2. Lafitte a passé le ballon? (oui)
3. Garros a bloqué le ballon? (non)
4. Lafitte a marqué un but? (oui)
5. Les spectateurs ont applaudi? (oui)
6. L'équipe de Lafitte a perdu le match? (non)

Un match de foot

Conversation

Au bord de la mer

Julie: Qu'est-ce que tu as fait pendant les vacances?

Sophie: J'ai passé un mois au bord de la mer.

Julie: Super! Tu as de la chance.

Sophie: Oui. J'ai passé tout mon temps à la plage. J'ai beaucoup nagé et j'ai appris à faire de la planche à voile.

Julie: Et je vois que tu as bien bronzé!

Après la conversation

Répondez.

1. Sophie a passé ses vacances d'été où?
2. Elle a passé combien de temps au bord de la mer?
3. Elle a beaucoup nagé?
4. Qu'est-ce qu'elle a appris à faire?
5. Elle a pris des bains de soleil?
6. Elle a bien bronzé?

Structure

Le passé composé des verbes réguliers avec **avoir**

1. In French, you use the **passé composé** to talk about an action completed in the past. The **passé composé** of most French verbs is formed by using the present tense of the verb **avoir** and the past participle of the verb. Review the formation of the past participle of regular verbs.

-er → é		-ir → i		-re → u	
parler	parlé	finir	fini	perdre	perdu
jouer	joué	choisir	choisi	vendre	vendu

2. Now review the forms of the **passé composé** of regular French verbs.

JOUER	CHOISIR	PERDRE
j' ai joué	j' ai choisi	j' ai perdu
tu as joué	tu as choisi	tu as perdu
il/elle/on a joué	il/elle/on a choisi	il/elle/on a perdu
nous avons joué	nous avons choisi	nous avons perdu
vous avez joué	vous avez choisi	vous avez perdu
ils/elles ont joué	ils/elles ont choisi	ils/elles ont perdu

3. In the **passé composé**, the negative words, **ne... pas**, go around the verb **avoir**.

> **Je n'ai pas parlé aux joueurs.**
> **Je n'ai pas choisi cette équipe.**
> **Ils n'ont pas perdu le match.**

LES SPORTS

3 **Historiette** **Lyon contre Bordeaux**
Inventez une histoire.

1. Lyon a joué contre Bordeaux?
2. Vous avez regardé le match?
3. Lamart a donné un coup de pied dans le ballon?
4. Raglan a passé le ballon à Lamart?
5. Raglan a renvoyé le ballon?
6. Les Lyonnais ont marqué un but?
7. Le gardien n'a pas arrêté le ballon?
8. Les Bordelais ont égalisé le score?
9. L'arbitre a sifflé?
10. Il a déclaré un penalty contre Lyon?
11. Lyon a perdu le match?
12. Vous avez applaudi les gagnants?

Le stade Vélodrome à Marseille

4 **Historiette** **Au grand magasin**
Complétez en utilisant le passé composé.

1. Hier j'_____ avec ma sœur. (parler)
2. Nous _____ d'acheter un cadeau pour mon père. (décider)
3. Nous _____ la maison à midi pour aller à La Samaritaine. (quitter)
4. J'_____ le prix d'une chemise au vendeur. (demander)
5. Le vendeur _____ à ma question. (répondre)
6. J'_____ une chemise blanche pour mon père. (choisir)
7. J'_____ la chemise. (acheter)
8. Ma sœur et moi, nous n'_____ pas _____ la même chose pour lui. (acheter)
9. Elle _____ des tennis pour lui. (choisir)
10. Nous _____ à la caisse. (payer)
11. Mon père _____ son anniversaire. (célébrer)

Le grand magasin
La Samaritaine
à Paris

Les participes passés irréguliers

1. The past participles of regular verbs end in the sounds /é/, /i/, or /ü/. Note that many irregular past participles also end in the sounds /i/ or /ü/ even though they are not all spelled the same way.

Infinitif →	participe passé /i/	Infinitif →	participe passé /ü/
dire	dit	avoir	eu
écrire	écrit	croire	cru
		voir	vu
mettre	mis	boire	bu
permettre	permis	devoir	dû
		pouvoir	pu
prendre	pris	lire	lu
apprendre	appris	recevoir	reçu
comprendre	compris	vouloir	voulu

Elle a appris à jouer au tennis.
Elle a pris des leçons.
Il a voulu prendre des leçons de tennis aussi.

2. The verbs **être** and **faire** have irregular past participles.

être → été	faire → fait

Il a fait beaucoup de progrès.
Le moniteur a été très content de ses progrès.

5 **Historiette** **À la plage** Répondez que oui.

1. Mathilde et ses copines ont passé la journée à la plage?
2. Mathilde a pris un bain de soleil?
3. Elle a mis de la crème solaire?
4. Elles ont fait du ski nautique?
5. Elles ont appris à faire de la planche à voile?
6. Elles ont pris des leçons?
7. Elles ont eu une bonne monitrice?
8. Elles ont pu faire du surf?

6 Historiette En route! Complétez en utilisant le passé composé.

Mon ami Stéphane __1__ (dire) que Pralognan est une belle station de sports d'hiver. Il __2__ (lire) le guide Michelin et il __3__ (voir) Pralognan sur une carte de France. Pralognan est loin de Paris, mais il __4__ (vouloir) y aller tout de même. Les parents de Nicolas lui __5__ (permettre) de prendre leur voiture. Il __6__ (prendre) leur voiture. Il __7__ (faire) le voyage avec son copain Fabrice. Ils __8__ (mettre) leurs skis sur la voiture. Ils __9__ (prendre) l'autoroute. Ils n' __10__ pas __11__ (avoir) de problème.

Pralognan-la-Vanoise, une station de sports d'hiver

7 Vacances d'été Donnez des réponses personnelles.

1. Tu as nagé?
2. Tu as nagé où?
3. Tu as pris des leçons de planche à voile?
4. Tu as eu un bon moniteur/une bonne monitrice?
5. Tu as beaucoup appris?
6. Tu as joué au tennis?
7. Tu as pris des leçons?
8. Tu as compris tout ce que le moniteur/la monitrice a dit?
9. Tu as vu la Coupe Davis à la télévision?
10. Tu as lu des articles sur le tennis?

Cédric Pioline, un joueur de tennis français professionnel

8 **L'été dernier** Get together with a classmate. Tell one another what you did last summer. Tell if you are going to do the same things next summer **(l'été prochain).**

9 **Ma saison préférée** Work with a classmate. Discuss your favorite season. Explain why you like it so much.

Des cyclistes en Provence

10 **Jeu** **Les sports** Divide into small groups. Take turns describing a sport without mentioning its name. The others have to guess what sport is being described.

FRENCH Online

For more information about sports in the Francophone world, go to the Glencoe French Web site: french.glencoe.com

Révision F

La routine quotidienne

Vocabulaire

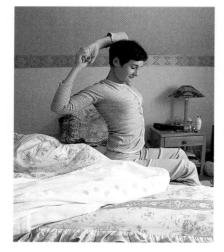

Laure s'est réveillée tôt ce matin. Elle s'est levée tout de suite.

une glace
du savon
une brosse
un peigne

Elle s'est lavé la figure et les mains.

Ensuite, elle est sortie.

mettre la table

débarrasser la table

faire la vaisselle

Après le dîner, Jean a fait ses devoirs.

Il a allumé (mis) la télévision.

À onze heures, il s'est couché.

1 Historiette Le matin

Inventez une histoire.

1. Ce matin, Cédric s'est réveillé tôt?
2. Il s'est levé tout de suite?
3. Il est allé dans la salle de bains?
4. Il s'est lavé les mains et la figure?
5. Il s'est lavé les dents?
6. Il s'est peigné?
7. Il s'est regardé dans une glace quand il s'est peigné?
8. Il est sorti?
9. Il est allé à l'école?
10. Il est arrivé à l'école à l'heure?

Les élèves arrivent à l'école à Paris.

Julie aide sa mère à faire la vaisselle.

2 Historiette Vrai ou faux? Répondez.

1. On met la table après le dîner.
2. Le lave-vaisselle est presque toujours dans la cuisine.
3. On débarrasse la table avant le dîner.
4. Pour regarder une émission il faut éteindre la télévision.
5. On peut zapper pour éviter les publicités à la télévision.

LA ROUTINE QUOTIDIENNE

Conversation

La matinée de Jean-Marc

Laurent: Tu te lèves à quelle heure le matin?

Jean-Marc: À quelle heure je me lève ou je me réveille?

Laurent: À quelle heure tu te lèves?

Jean-Marc: Je me lève à six heures et demie.

Laurent: Et tu quittes la maison à quelle heure?

Jean-Marc: À sept heures.

Laurent: Tu te laves, tu te laves les dents, tu te rases et tu prends ton petit déjeuner en une demi-heure!

Jean-Marc: Oui.

Laurent: Tu ne peux pas faire tout ça en une demi-heure!

Des lycéens devant le lycée Talma de Brunoy, près de Paris

Après la conversation

Répondez.

1. Jean-Marc se lève à quelle heure le matin?
2. Il quitte la maison à quelle heure?
3. Qu'est-ce qu'il fait avant de quitter la maison?
4. Il fait tout ça en combien de temps?

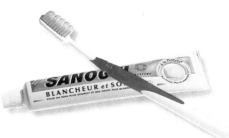

Structure

 ## Les verbes réfléchis au présent

1. A verb is reflexive when the subject both performs and receives the action of the verb. Since the subject also receives the action, an additional pronoun is needed. This is called the reflexive pronoun. Review the following.

SE LAVER		S'HABILLER	
je	me lave	je	m'habille
tu	te laves	tu	t'habilles
il/elle/on	se lave	il/elle/on	s'habille
nous	nous lavons	nous	nous‿habillons
vous	vous lavez	vous	vous‿habillez
ils/elles	se lavent	ils/elles	s'habillent

Note that **me, te,** and **se** become **m', t',** and **s'** before a vowel or a silent **h.**

2. In the negative, **ne** comes before the reflexive pronoun. **Pas** follows the verb.

> **Je me réveille, mais je ne me lève pas tout de suite.**
> **Il se lève, mais il ne s'habille pas tout de suite.**

3. When a reflexive verb follows another verb, the reflexive pronoun agrees with the subject.

> **Demain, nous allons nous lever tôt.**
> **Tu peux te réveiller tout seul?**

3 Historiette Mon horaire Donnez des réponses personnelles.

1. Comment t'appelles-tu?
2. Tu te réveilles à quelle heure le matin?
3. Tu te lèves tout de suite?
4. Tu t'habilles avant ou après le petit déjeuner?
5. Quand est-ce que tu te laves les dents?
6. Tu te brosses les cheveux ou tu te peignes?
7. Tu te couches à quelle heure le soir?
8. Et ce soir, tu vas te coucher à quelle heure?
9. Demain matin tu vas te lever tôt ou tard?

4 Historiette La matinée de Chloé Complétez.

Bonjour! Je __1__ (s'appeler) Chloé et mon frère __2__ (s'appeler) Jérôme. Lui et moi, nous __3__ (se lever) à sept heures du matin. Quand je __4__ (se lever), je vais tout de suite dans la salle de bains. Là, je __5__ (se laver), je __6__ (se brosser) les dents et je __7__ (se peigner). Le matin, je __8__ (se dépêcher), je n'ai pas de temps à perdre. Je ne reste pas longtemps dans la salle de bains. Je sors, et tout de suite après, mon frère entre dans la salle de bains. Il __9__ (se laver), __10__ (se brosser) les dents et __11__ (se raser).

À quelle heure est-ce que tu __12__ (se lever) le matin? Tu as le même problème que nous? Tu __13__ (se dépêcher) pour ne pas être en retard à l'école?

Le passé composé avec **être**

1. Certains verbs form their **passé composé** with **être** instead of **avoir**. Many verbs that are conjugated with **être** express motion to or from a place.

ARRIVER	**Il est arrivé.**	PARTIR	**Il est parti.**
ENTRER	**Il est entré.**	SORTIR	**Il est sorti.**
MONTER	**Il est monté.**	DESCENDRE	**Il est descendu.**
ALLER	**Il est allé.**	RENTRER	**Il est rentré.**

2. The past participle of verbs conjugated with **être** must agree with the subject in number (singular or plural) and gender (masculine or feminine). Study the following forms.

Masculin	Féminin
je suis parti	je suis partie
tu es parti	tu es partie
il est parti	elle est partie
on est partis	on est parties
nous sommes partis	nous sommes parties
vous êtes parti(s)	vous êtes partie(s)
ils sont partis	elles sont parties

3. Although the following verbs do not express motion to or from a place, they are also conjugated with **être**.

RESTER	**Il est resté huit jours.**	*He stayed a week.*
TOMBER	**Il est tombé.**	*He fell.*
NAÎTRE	**Elle est née en France.**	*She was born in France.*
MOURIR	**Elle est morte en 1991.**	*She died in 1991.*

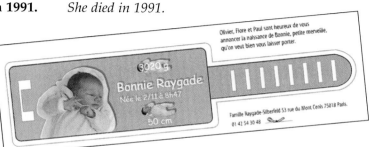

Olivier, Flore et Paul sont heureux de vous annoncer la naissance de Bonnie, petite merveille, qu'on veut bien vous laisser porter.

3020 g
Bonnie Raygade
Née le 2/11 à 8h47
50 cm

Famille Raygade-Silberfeld 53 rue du Mont Cenis 75018 Paris.
01 42 54 30 48

Bonnie est née à Paris.

5 Historiette Un voyage à Grenoble

Répondez que oui.

1. Charlotte est allée à Grenoble?
2. Elle est arrivée à la gare de Lyon à 10 h?
3. Elle est allée sur le quai?
4. Elle est montée dans le train?
5. Le train est parti à l'heure?
6. Le train est arrivé à Grenoble à l'heure?
7. Charlotte est descendue du train à Grenoble?
8. Elle est sortie de la gare?
9. Elle est allée chez ses amis?

La ville de Grenoble au pied des Alpes

6 Historiette À l'école

Donnez des réponses personnelles.

1. Tu es allé(e) à l'école ce matin?
2. Tu es arrivé(e) à quelle heure?
3. Tu es entré(e) immédiatement?
4. Tu es sorti(e) de l'école à quelle heure hier?
5. Tu es allé(e) manger quelque chose avec tes copains après les cours?
6. Tu es rentré(e) chez toi à quelle heure?

7 Historiette Où est-ce qu'elle est allée?

Complétez en utilisant le passé composé.

1. Marine _____ de la maison. (sortir)
2. Je _____ avec elle. (sortir)
3. Nous _____ au gymnase. (aller)
4. Nous _____ au deuxième étage. (monter)
5. Tu _____ au gymnase aussi, Hugo? (aller)
6. Tu y _____ avec un copain? (aller)
7. Vous _____ au gymnase à quelle heure? (arriver)
8. Marine a fait de l'aérobic et ensuite elle _____ à la piscine. (descendre)
9. Marine et moi, nous _____ du gymnase vers six heures. (sortir)
10. Elle _____ à la maison à six heures et demie et moi, je _____ à sept heures moins le quart. (rentrer)

Les verbes réfléchis au passé composé

1. You form the **passé composé** of reflexive verbs with the verb **être**. Note the agreement of the past participle.

SE LAVER

Masculin		Féminin	
je	me suis lavé	je	me suis lavée
tu	t'es lavé	tu	t'es lavée
il	s'est lavé	elle	s'est lavée
on	s'est lavés	on	s'est lavées
nous	nous sommes lavés	nous	nous sommes lavées
vous	vous êtes lavé(s)	vous	vous êtes lavée(s)
ils	se sont lavés	elles	se sont lavées

2. Note that when a part of the body follows a reflexive verb, there is no agreement.

Agreement	No agreement
Marie s'est lavée.	Marie s'est lavé les mains.
Nous nous sommes brossés.	Nous nous sommes brossé les cheveux.

3. In a negative sentence, you put the negative words around the reflexive pronoun and the verb **être**.

Je ne me suis pas levée tard.
Mes amis ne se sont jamais amusés chez Paul.

8 **Historiette** Tôt!

Donnez des réponses personnelles.

1. Tu t'es réveillé(e) tôt ce matin?
2. Tu t'es levé(e) tout de suite?
3. Tu as pris une douche ou tu t'es lavé seulement la figure et les mains?
4. Tu t'es habillé(e) avant ou après le petit déjeuner?
5. Tu t'es peigné(e) ou tu t'es brossé les cheveux?
6. Tu t'es lavé les dents après le petit déjeuner?
7. Tes copains et toi, vous vous êtes bien amusés à l'école?
8. Vous vous êtes dépêchés de rentrer chez vous pour regarder la télévision?

9 **Mes cousins** Mettez au pluriel.

1. Il s'est levé.
2. Il s'est lavé.
3. Il s'est rasé.
4. Il s'est habillé.
5. Elle s'est levée tard.
6. Elle s'est maquillée.
7. Elle s'est vite habillée.
8. Elle s'est dépêchée.

10 **Aujourd'hui** Work with a classmate. Tell each other what you did today. Did you do anything different from your ordinary routine? If so, tell what.

Du sport au lycée Janson de Sailly à Paris

11 **Madame Nette** Madame Nette is a very organized woman whose daily routine is always the same. With your classmates, take turns describing Madame Nette's day from morning to night. The first student suggests her first activity of the day. The next student repeats that activity and adds another.

> —**Madame Nette se réveille à six heures.**

> —**Madame Nette se réveille à six heures. Elle se lève tout de suite.**

12 **Hier soir** You look really tired this morning. You got to bed quite late last night. Tell a classmate why. Tell what you did. Your classmate will then tell you if he or she had the same type of night.

13 **La révolte du samedi et du dimanche** When the weekend comes, everybody wants a change of pace. In small groups, discuss some of the things you do on weekends that are different from the things you do during the week. Then compare results with those of another group.

> —**Le samedi et le dimanche, je ne me lève pas à sept heures. Je me lève à neuf heures.**

> —**Je ne prends pas le petit déjeuner à huit heures mais à onze heures.**

FRENCH Online

For more information about daily life in the Francophone world, go to the Glencoe French Web site: french.glencoe.com

CHAPITRE

Les loisirs culturels

La Valse

Camille **Claudel** 6,70 F 1,02 €

La Poste 2000

RF

Objectifs

In this chapter you will learn to:

✓ *discuss movies, plays, and museums*

✓ *tell what you know and whom you know*

✓ *tell what happens to you or someone else*

✓ *refer to people and things already mentioned*

✓ *talk about some cultural activities in Paris*

Des statues béninoises du seizième siècle

Vocabulaire

Au cinéma

un cinéma
une séance
un guichet

Une place, s'il vous plaît.

Pierre est devant le guichet.
La prochaine séance est à treize heures.

une salle de cinéma
l'écran
un acteur célèbre (connu)
les sous-titres
une actrice

Qui joue dans ce film?
On joue un film étranger au Rex.
Le film est en V.O. (version originale).
On le voit avec des sous-titres.
Dans un autre cinéma, le film est doublé.
On peut le voir en français.

Qu'est-ce que tu veux voir?

Ça m'est égal.

Qu'est-ce qu'on joue au Rex?

Je ne sais pas. On peut regarder dans *l'Officiel des Spectacles*.

Les places coûtent combien?

un film de science-fiction

un film d'horreur

un film policier

un documentaire

un film en vidéo

louer une vidéo

un film d'amour

un dessin animé

un film d'aventures

Au théâtre 🎧

Roméo et Juliette

ballet en trois actes
d'après William Shakespeare

musique
Sergueï Prokofiev

chorégraphie et mise en scène
Rudolf Noureev

réglées par
Patricia Ruanne
Frederick Jahn

choréologue
Kristin Johnson

décors
Ezio Frigerio
avec la collaboration de
Alexandre Beliaev

*nouvelle présentation pour
la production de 1995*

costumes
Ezio Frigerio et Mauro Pagano

lumières
Vinicio Cheli

production créée pour le Ballet
de l'Opéra en 1984

Orchestre de l'Opéra National de Paris

direction
Vello Pähn

fin du spectacle vers 22 h 40

Roméo et Juliette

OPÉRA NATIONAL DE PARIS

BASTILLE

chanter

un chanteur

une chanteuse

danser

une danseuse

On va monter *Roméo et Juliette.*
C'est une pièce de théâtre en
trois actes.
Chaque acte a deux scènes.
Entre deux actes, il y a un entracte.
Roméo et Juliette est aussi un ballet.

Voici d'autres genres de
pièces:
une tragédie
une comédie
un drame
une comédie musicale

Commençons
Let's use our new words

1 Fana de cinéma ou pas?
Donnez des réponses personnelles.

1. Tu vas souvent au cinéma?
2. Qu'est-ce que tu aimes comme films?
3. Quel est ton acteur préféré? Et ton actrice préférée? Il/Elle est très connu(e)?
4. Il y a un cinéma près de chez toi?
5. La première séance est à quelle heure?
6. Où est-ce que tu achètes les billets?
7. Tu fais souvent la queue devant le guichet?
8. Dans la salle de cinéma, tu aimes mieux une place près de l'écran ou loin de l'écran?
9. Si tu vas voir un film étranger, tu aimes mieux voir le film doublé ou en version originale avec des sous-titres?

Le cinéma Champollion, Paris

2 Historiette Au cinéma Complétez.

Ce soir, on __1__ un très bon film au Wepler. C'est un film étranger. Il n'est pas doublé. Il y a des __2__. Le film est en __3__ originale. La prochaine __4__ est à quelle heure? Les __5__ coûtent combien?

3 Tu aimes mieux quels genres de film?
Donnez des réponses personnelles.

1. Tu aimes mieux (préfères) les documentaires ou les westerns?
2. Tu aimes mieux les films policiers ou les films d'horreur?
3. Tu aimes mieux les films comiques ou les films d'amour?
4. Tu aimes mieux les films d'aventures ou les films de science-fiction?
5. Tu vas voir quelquefois des dessins animés?
6. Tu loues quelquefois des films en vidéo? Quels genres de film?

4 **Des pièces et des films** Complétez.

1. Au lycée les élèves _____ une pièce tous les ans.
2. On voit un film au cinéma. On voit une pièce au _____.
3. Une _____ a des actes et les actes sont divisés en _____.
4. Entre deux actes, il y a un _____.
5. Un _____ joue le rôle de Roméo.
6. Une _____ joue le rôle de Juliette.
7. Dans une comédie musicale, les _____ chantent et les _____ dansent.

Comédie-Française

Molière
Le Malade imaginaire

5 **Historiette** **Au théâtre** Donnez des réponses personnelles.

1. Tu aimes le théâtre?
2. Tu vas souvent au théâtre?
3. Il y a un théâtre là où tu habites?
4. Ton école a un club d'art dramatique?
5. Tu es membre de ce club?
6. Le club monte combien de pièces par an?
7. Cette année, le club va monter quelle pièce?
8. C'est quel genre de pièce?
9. Il y a combien d'actes?
10. Il y a combien d'entractes?

6 **Mon film préféré** Find out what a classmate's favorite movies are and why. Then find out which movies he or she dislikes and why. Take turns.

 For more practice using words from Mots 1, do Activity 1 on page H2 at the end of this book.

Au musée 🎧

Une exposition de peinture et sculpture

un tableau

une peintre

un sculpteur

une sculpture, une statue

Je sais que le peintre s'appelle Duval.
Je ne le connais pas personnellement.
Je connais son œuvre (ses tableaux).
Ses tableaux, je les trouve extraordinaires!

Moi, je connais bien le musée du Centre
Pompidou. Je le visite souvent. Je sais que le
musée est fermé le mardi.

Le musée n'est pas ouvert le mardi.
Il est ouvert tous les jours sauf le mardi.

Commençons
Let's use our new words

7 **Un peu de culture** Répondez d'après les dessins.

1. C'est un musée ou un théâtre?

2. Le musée est ouvert ou fermé?

3. Elle est peintre ou sculpteur?

4. C'est un tableau ou une statue?

8 **Historiette** **Au musée**
Inventez des réponses.

1. Michel sait comment s'appelle le peintre?
2. Il connaît le peintre personnellement?
3. Il connaît l'œuvre du peintre?
4. Annick sait dans quel musée il y a une exposition de Monet?
5. Elle trouve ses tableaux extraordinaires?
6. Elle connaît le musée de l'Orangerie?
7. Elle le visite souvent?
8. Elle sait que le musée est fermé le mardi?
9. Le musée de l'Orangerie est ouvert tous les jours sauf le mardi?

Claude Monet *Le bassin aux nymphéas*

9 **L'art français** Work with a classmate. Discuss together what you have learned so far about French art and French artists. Find out who appreciates art more and who knows more about art.

Paul Cézanne *Pommes et oranges*

Tours et crypte archéologique
de **Notre-Dame**   −12 ans : gratuit

Rue de Cloître, Paris 4e. **M°**: Cité, ou **RER C**: St. Michel. Tours: **tél**: 01 44 32 16 72, groupes: 01 44 32 16 72. **Horaires**: 9h30-19h30 du 1.04 au 30.09; 10h-17h du 1.10 au 31.03. Fermeture des caisses 45mn plus tôt. Crypte: **tél**: 01 43 29 83 51. **Horaires**: 9h30-18h du 1.04 au 30.09; 10h-16h30 du 1.10 au 31.03.
Du haut des tours: une vue exceptionnelle sur la cathédrale et la ville. . . Dans la crypte archéologique: l'histoire de Paris de l'époque gallo-romaine au XIXe s.

Musée de l'**Ordre de la Libération**
                                              −12 ans : gratuit

Hôtel national des Invalides, 51 bis, boulevard de Latour-Maubourg, Paris 7e. **Tél**: 01 47 05 35 15. **M°**: Invalides. **Horaires**: 10h-17h.
Musée de la France Libre, de la Résistance et de la Déportation.

Musée d'**Orsay**
                                              − 18 ans : gratuit

1, rue de Bellechasse, Paris 7e. **Tél**: 01 40 49 48 14. **M°**: Solférino, ou **RER C**: Musée d'Orsay. **Horaires**: 10h-18h, nocturne le jeudi jusqu'à 21h45. Le dimanche, et du 20.06 au 20.09: 9h-18h. Fermé le lundi.
Peintures impressionnistes et ensemble de la création artistique de 1848 à 1914.

10 **Renseignements** You're in Paris and you'd like to visit one of the museums listed in the brochure on the left. Call the museum and find out from the museum employee (your partner) where it's located, what time it opens and closes, what day it's closed, and how much a ticket costs. Your partner can use the information in the brochure to answer your questions.

For more practice using words from **Mots 2**, *do Activity 2 on page H3 at the end of this book.*

Structure

Telling whom and what you know
Les verbes **savoir** et **connaître**

1. Study the following present-tense forms of the verbs **savoir** and **connaître**, both of which mean "to know."

SAVOIR		CONNAÎTRE	
je	sais	je	connais
tu	sais	tu	connais
il/elle/on	sait	il/elle/on	connaît
nous	savons	nous	connaissons
vous	savez	vous	connaissez
ils/elles	savent	ils/elles	connaissent

Note the **passé composé** of these verbs: **j'ai su, j'ai connu.**

2. You use **savoir** to indicate that you know a fact or that you know something by heart.

> **Tu sais à quelle heure la séance commence?**
> **Tu sais le numéro de téléphone de Philippe?**

3. You use **savoir** + infinitive to indicate that you know how to do something.

> **Tu sais danser le tango?**
> **Il ne sait pas nager.**

4. **Connaître** means "to know" in the sense of "to be acquainted with." You can use **connaître** only with nouns—people, places, and things. Compare the meanings of **connaître** and **savoir** in the sentences below.

> **Je sais comment elle s'appelle. Nathalie.**
> **Je sais où elle habite. À Grenoble.**
> **Je sais le nom de l'auteur. Victor Hugo.**

> **Je connais bien Nathalie.**
> **Je connais bien Grenoble.**
> **Je connais son œuvre.**

Grenoble, France

Continuons
Let's put our words together

11 **Qu'est-ce que tu sais?** Donnez des réponses personnelles.

1. Tu sais où habite ton ami(e)? Il/Elle habite dans quelle ville?
2. Tu connais bien cette ville?
3. Tu sais où on peut bien manger pour pas cher?
4. Tu sais le nom de l'auteur de *Hamlet?*
5. Tu connais les pièces de Shakespeare?
6. Tu connais *Hamlet?*

12 **On sait tout!** Complétez.

1. Moi, je _____ où se trouve le théâtre.
2. Paul, tu _____ quel est le numéro de téléphone?
3. Nous ne _____ pas l'adresse exacte.
4. Nos amis _____ à quelle heure la pièce commence.
5. Vous _____ quelle pièce on joue en ce moment à la Comédie-Française?
6. Il faut demander à Julie. Elle _____ tout.

13 **Qu'est-ce que tu connais?** Complétez.

1. Je _____ bien la France.
2. Les élèves de Mme Benoît _____ bien la peinture française.
3. Mais ils ne _____ pas très bien la littérature française.
4. Tu _____ la culture française?
5. Et Paul, il _____ la peinture française contemporaine?
6. Vous _____ les sculptures de Rodin?
7. Nous _____ des impressionnistes comme Monet, Manet et Renoir.
8. Tu _____ l'œuvre du peintre Edgar Degas?
9. Oui, je _____ son œuvre. J'adore ses danseuses.

Edgar Degas *Deux danseuses en scène*

14 **Tu le/la connais bien!** Work with a classmate. Think of someone in the class whom you know quite well.

Tell your partner some things you know about this person. Don't say who it is. Your partner will guess. Take turns.

*For more practice using **savoir** and **connaître**, do Activity 3 on page H4 at the end of this book.*

ENCORE
PLUS

Telling who does what for whom
Les pronoms **me, te, nous, vous**

1. The pronouns **me, te, nous,** and **vous** are object pronouns.

Marie **t'**invite au théâtre?	Oui, elle **m'**invite au théâtre.
Elle **te** parle au téléphone?	Oui, elle **me** parle au téléphone.
Le prof **vous** regarde?	Oui, il **nous** regarde.
Il **vous** explique la leçon?	Oui, il **nous** explique la leçon.

2. The object pronoun **me, te, nous,** or **vous** always comes right before the verb it is linked to.

Il	me	parle.
Il ne	me	parle pas.
Il veut	me	parler.
Il ne veut pas	me	parler.

Continuons
Let's put our words together

15 Historiette **Une invitation**
Répondez que oui.

1. Jean te téléphone?
2. Il te parle longtemps?
3. Il t'invite au cinéma?
4. Il te demande quel film tu veux voir?
5. Il te paie la place?
6. Après le film il t'invite au café?

16 Historiette **En classe** Répondez que oui.

1. En classe, la prof vous parle, à toi et aux autres élèves?
2. Elle vous apprend à lire et écrire en français?
3. Elle vous explique la grammaire?
4. Elle vous présente le vocabulaire?
5. Elle vous donne beaucoup de devoirs?
6. Elle vous donne trop de devoirs?
7. Elle vous parle toujours en français?

Une conversation au café

17 **Au rayon des chemisiers** Complétez avec **me** ou **vous**.

Je suis au rayon des chemisiers des Galeries Lafayette. La vendeuse __1__ parle. Elle __2__ demande:

La vendeuse: Vous désirez?

Moi: Je voudrais ce chemisier, s'il __3__ plaît. Je fais du 40.

La vendeuse: Je __4__ donne quelle couleur?

Moi: Qu'est-ce que vous __5__ proposez?

La vendeuse: Je ne sais pas. En bleu marine, il __6__ plaît?

Moi: Oui, il __7__ plaît.

La vendeuse: Mais je __8__ suggère d'essayer un 38.

Moi: D'accord. Je peux __9__ payer par carte de crédit?

La vendeuse: Mais bien sûr, mademoiselle!

18 **Pourquoi ça?** Répondez d'après le modèle.

> Il me regarde!

> Il te regarde? Pourquoi?

1. Il me pose des questions!
2. Il me parle!
3. Il me téléphone!
4. Il me dit son numéro de téléphone!
5. Il me donne son adresse!

19 **Historiette** **C'est ton anniversaire.**
Inventez une histoire.

1. Tes copains vont te téléphoner le jour de ton anniversaire?
2. Ils vont te voir?
3. Ils vont t'inviter au cinéma ou au concert?
4. Ils vont te dire «Joyeux anniversaire!» ?
5. Ils vont te faire un gâteau?
6. Ils vont te donner des cadeaux?

Referring to people and things already mentioned

Les pronoms **le, la, les**

1. You have already learned to use **le, la, l'**, and **les** as definite articles. These words are also used as direct object pronouns. A direct object receives the action of the verb. A direct object pronoun can replace either a person or a thing.

Singulier	Je connais ce film.	Je le connais.
	Je connais cet acteur.	Je le connais.
	J'admire cet acteur.	Je l'admire.
	Je connais cette pièce.	Je la connais.
	Je connais cette actrice.	Je la connais.
	J'admire cette actrice.	Je l'admire.
Pluriel	Je connais les tableaux de Monet.	Je les connais.
	Je connais les pièces de Molière.	Je les connais.
	Je connais ces actrices.	Je les connais.
	J'admire ces acteurs.	Je les‿admire.

2. Just as with the pronouns **me, te, nous, vous**, the pronouns **le, la, l'**, and **les** come right before the verb they are linked to.

> **Attention!**
>
> Note the elision and liaison with the direct object pronouns.
> **Vous l'admirez.** **Vous les‿admirez.**

Je le vois.
Je ne le vois pas.
Je veux le voir.
Je ne veux pas le voir.

Opéra Garnier, Paris

Continuons
Let's put our words together

20 **Contacts** Répondez d'après le modèle.

Tu vois toujours Mélanie?

Oui, je la vois de temps en temps.

1. Tu vois toujours Sylvie?
2. Tu vois toujours tes copains tunisiens?
3. Tu vois toujours Marc?
4. Tu vois toujours tes cousines de Lyon?
5. Tu vois toujours tes professeurs de l'année dernière?

21 **En version originale** Complétez.

Paul: On va voir le film doublé ou en V.O.?
Annick: On va __1__ voir en V.O.
Paul: Tu connais l'actrice principale?
Annick: Tu rigoles! Bien sûr que je ne __2__ connais pas, mais je sais qui c'est!
Paul: Tu comprends l'espagnol?
Annick: Oui, je __3__ comprends un peu.
Paul: Tu __4__ comprends assez bien pour comprendre le film?
Annick: Non, mais il y a des sous-titres. Alors je __5__ lis quand je ne comprends pas les dialogues.

GAUMONT   PARNASSE
PARIS
12 Cinémas

PARIS-
SCOLAIRE   FF32.00
18H05
G

MARIUS ET JEANNETF
06.0217:36 003242 2
Ni repris, ni échangé

22 **Tout est très beau!**
Répondez d'après le modèle.

—**Tu vois la statue?**

—**Oui, je la trouve très belle.**

1. Tu vois le théâtre?
2. Tu vois les tableaux?
3. Tu vois l'acteur?
4. Tu vois l'actrice?
5. Tu vois les sculptures?

Jean-Antoine Houdon *Molière*

23 **Tout n'est pas très beau.** Refaites l'Activité 22
d'après le modèle.

—**Tu vois la statue?**

—**Oui, mais je ne la trouve pas très belle.**

Pierre Auguste Renoir *Bal du moulin de la Galette*

*For more practice using pronouns, do Activity 4
on page H5 at the end of this book.*

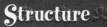

24 **Demain** Répondez d'après le modèle.

—**Tu as vu ce film?**
—**Non, mais je vais le voir demain.**
1. Tu as vu cette pièce?
2. Tu as vu cette exposition?
3. Tu as vu ces sculptures de Rodin?
4. Tu as vu ces tableaux?
5. Tu as vu l'exposition des tableaux de Gauguin?

25 **Devinettes** Devinez ce que c'est.

1. On le présente quand on va dans un pays étranger.
2. On le prend pour voyager très loin.
3. On les lave avant de manger.
4. On les lave avec une brosse à dents.
5. On la remplit avant de débarquer.
6. On l'écoute attentivement en classe.

Auguste Rodin *Le penseur*

26 **Jeu** **Encore des devinettes** Work in groups and make up riddles similar to those in Activity 25. Ask other groups your riddles. The group that guesses the most riddles wins.

27 **L'artiste** Have some fun. Pretend you are an artist. Draw something. Have a classmate give a critique of your artwork. Take turns.

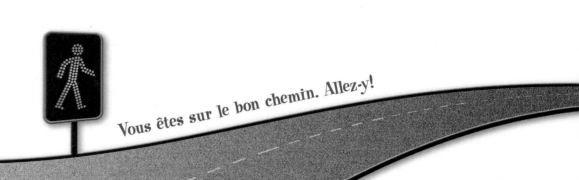

Vous êtes sur le bon chemin. Allez-y!

Conversation

On va au cinéma? ♻ 🎧 💿

Bruno: Qu'est-ce que tu veux faire?

Léa: Je ne sais pas, moi. Aller au cinéma.

Bruno: Qu'est-ce que tu veux voir?

Léa: Ça m'est égal. Comme tu veux. Qu'est-ce qu'il y a de bien?

Bruno: Attends. Je vais te dire… *(Il prend l'Officiel des Spectacles, il l'ouvre et il le lit…)* Il y a un film avec Ricki Dean.

Léa: Ah non, pas Ricki Dean. Je le déteste, ce type. Il est parfaitement ridicule et il ne le sait même pas!

Bruno: Il y a un film espagnol au Ciné-Élysées. Ça t'intéresse?

Léa: Oui, un film espagnol, ça me dit. On va pouvoir travailler notre espagnol.

Bruno: Alors, il faut se dépêcher. La prochaine séance est à seize heures.

Après la conversation

Répondez.

1. Qu'est-ce que Léa veut faire?
2. Qui a *l'Officiel des Spectacles*?
3. Qui le lit?
4. Léa aime Ricki Dean? Pour quelle raison?
5. Bruno et Léa vont voir quel film?
6. Pourquoi est-ce que Léa veut voir un film espagnol?
7. Ils vont aller à quelle séance?

Parlons un peu plus
Let's talk some more

On va au cinéma? Look at the movie guide. Decide which movie you'd like to see and invite a classmate to see it with you. Tell your partner when and where the movie is playing, whether it is dubbed or in the original language with subtitles. Discuss whether or not you both want to see the movie or figure out an alternative.

EXPLICATION DES SIGNES — GENRE DES FILMS

● Films classés X
■ Interdits aux moins de 16 ans.
▲ Interdits aux moins de 12 ans.
◆ Recommendés aux très jeunes.
(vo) : version originale
(va) : version anglaise

Ⓐ Aventure
Ⓑ Biographie
Ⓒ Comédie
Ⓓ Drame
Ⓔ Epouvante Horreur
Ⓕ Fantastique Science-Fiction
Ⓖ Guerre
Ⓗ Historique
Ⓙ Dessin animé Vie animaux
Ⓚ Karaté
Ⓜ Film musical
Ⓞ Comédie dramatique
Ⓟ Policier Espionnage
Ⓢ Erotisme
Ⓦ Western
Ⓧ Divers

Les Films dont le titre commence par un nombre sont classés en tête de liste.

Ⓙ ◆ **1001 PATTES** Amér., (1h35). Film d'animation, de John Lasseter, et Andrew Stanton: Aussi maladroit que sympathique, Tilt met en péril la colonie de fourmis à laquelle il appartient en détruisant la récolte de la saison et exposant les siens aux représailles des sauterelles. La réplique des studios Walt Disney à « Fourmiz ». **Studio Galande 5ᵉ, Cinoches 6ᵉ, 5 Caumartin 9ᵉ, Denfert 14ᵉ, Grand Pavois 15ᵉ, Saint-Lambert 15ᵉ.**

Ⓟ **ARLINGTON ROAD** - Amér., (1h57). Thriller, de Mark Pellington: Dans une banlieue résidentielle de Washington, un professeur d'histoire spécialisé dans le terrorisme et ébranlé depuis la mort de sa femme, enquête sur les activités de ses nouveaux voisins. Avec Tim Robbins, Jeff Bridges, Joan Cusack, Hope Davis, Robert Gossett, Mason Gamble, Spencer Treat Clark, Stanley Anderson, Vivianne Vives, Lee Stringer. **Grand Pavois 15ᵉ (vo).**

Ⓞ **BARRIO** - Espagnol, (1h40). Comédie dramatique, de Fernando Leon de Aranoa : Un « barrio », une cité perdue quelque part en Espagne, l'été. Manu, Javi et Raï, trois copains, traînent entre les squares desséchés et les vitrines inaccessibles, rêvant d'ailleurs... Avec Crispulo Cabezas, Timy, Eloi Yebra, Marieta Orozco, Alicia Sanchez, Enrique Villen. **Latina 4ᵉ (vo).**

Ⓞ **CASABLANCA** - Amér., noir et blanc (1h42). Aventure dramatique, de Michael Curtiz: Traqué par la Gestapo, un couple de résistants se cache chez Rick, le propriétaire d'un bar de Casablanca, qui viendra en aide aux fugitifs à cause de la femme qu'il aima jadis à Paris. D'après une pièce de Murray Burnett. 3 Oscars en 1943. Avec Humphrey Bogart, Ingrid Bergman, Paul Henreid, Claude Rains, Conrad Veidt, Sydney Greenstreet, Peter Lorre, S.Z. Sakall, Madeleine Lebeau, Dooley Wilson, John Qualen, Marcel Dalio. **Action Ecoles 5ᵉ (vo).**

Prononciation

Le son /ü/ 🎧

1. To say the sound /ü/, first say the sound /i/, then round your lips. Repeat the following words.

une statue	**une sculpture**	**une peinture**
une voiture	**un musée**	

2. The sound /ü/ also occurs in combination with other vowels. Repeat the following words.

aujourd'hui   **depuis**   **je suis**   **huit**

3. Now repeat the following sentences.

Tu as vu ces statues?
C'est une sculpture très connue?
Le musée est rue Sully depuis huit ans.

une statue

Lectures culturelles

Les loisirs culturels en France

Les musées

Les musées en France sont toujours très fréquentés par les Français et par les touristes qui visitent la France. Tu connais les impressionnistes? Tu apprécies leurs tableaux? Alors il faut aller au musée d'Orsay. Le musée d'Orsay est une ancienne gare qui a été transformée en musée. C'est le musée du dix-neuvième siècle[1]. On trouve des tableaux, des sculptures, des meubles[2], tout du dix-neuvième siècle. Il y a une exposition permanente de tableaux des impressionnistes.

Si tu es fana d'art moderne, tu vas beaucoup aimer le centre Pompidou. Là, il y a toujours des expositions d'art moderne. Il y a aussi une vue extraordinaire sur Paris.

Mais la perle des musées français, c'est le Louvre. Au Louvre, tu peux admirer des tableaux et des sculptures de grands artistes de tous les siècles.

Le premier dimanche de chaque mois, l'entrée des musées nationaux est gratuite. Les autres dimanches, elle est demi-tarif[3]. C'est pourquoi les musées sont toujours combles le dimanche.

[1] siècle *century*
[2] meubles *furniture*
[3] demi-tarif *half-price*

Centre Pompidou

Musée d'Orsay

Haïti

Opéra Garnier

Les ballets et l'opéra

Si tu aimes la danse classique, il faut aller voir un ballet à l'opéra Garnier.

Si tu aimes l'opéra, il faut aller à l'opéra Bastille. On a inauguré le nouvel opéra sur la place de la Bastille en 1989 pour commémorer le bicentenaire de la Révolution française de 1789. Tu préfères l'architecture de quel opéra? De l'ancien opéra Garnier ou du nouvel opéra Bastille? L'architecture, c'est un art aussi, tu sais.

Le théâtre

Tu connais les grands auteurs dramatiques du dix-septième siècle: Racine, Corneille, Molière? Si tu as envie[4] d'aller voir une de leurs pièces, tu peux aller à la Comédie-Française, le plus vieux théâtre national du monde.

[4] as envie *feel like*

Opéra Bastille

Comédie-Française

Après la lecture

A Les musées Répondez.

1. Qui fréquente les musées français?
2. Tu connais quelques peintres impressionnistes?
3. Tu apprécies leurs tableaux?
4. Tu connais leur œuvre?
5. Il y a une exposition permanente des impressionnistes dans quel musée?
6. Quel est le musée d'art moderne?
7. Quel est un autre musée très célèbre à Paris?
8. Qu'est-ce qu'il y a dans ce musée?
9. Les musées sont presque toujours combles le dimanche. Pourquoi?

B D'autres loisirs Répondez.

1. Tu es à Paris et tu veux voir un ballet. Tu vas où?
2. Tu veux voir un opéra. Tu vas où?
3. Tu veux voir une tragédie de Racine ou une comédie de Molière. Tu vas où?

La musique africaine

Quand on parle de musique africaine, on parle de deux sortes de musique—la musique traditionnelle et la musique moderne pop. Il y a une grande différence entre les deux.

La musique traditionnelle

La musique traditionnelle est la musique de la brousse[1], des villages ruraux. Cette musique traditionnelle accompagne toutes les activités de la vie quotidienne ainsi que[2] les événements mémorables de la vie sociale. Il y a de la musique pour les femmes, par exemple, de la musique pour les jeunes, pour les chasseurs[3], etc. À toutes ces festivités, les griots, des poètes musiciens, racontent des histoires et jouent de la musique. Tous les instruments de musique sont souvent faits à la main par les griots eux-mêmes[4].

Un griot

La musique moderne

La musique pop africaine est devenue[5] très populaire au-dehors des pays africains, surtout en Europe. La première fois que vous l'entendez, vous pensez que c'est un mélange de rythmes latins et afro-américains des États-Unis comme le rock et le jazz. C'est vrai. Pourquoi? Parce que la musique africaine est à l'origine de la musique latino-américaine et de la musique afro-américaine d'aujourd'hui.

[1] brousse *brush*
[2] ainsi que *as well as*
[3] chasseurs *hunters*
[4] eux-mêmes *themselves*
[5] est devenue *has become*

Un musicien joue du kora, Gambie

Youssou N'Dour

Le chanteur sénégalais Youssou N'Dour a un très grand succès. Il est né dans le quartier pauvre de la Médina à Dakar. Il est fils et petit-fils de griots, les poètes musiciens en Afrique. C'est lui le plus grand interprète de la musique «fusion pop». C'est une fusion d'un rythme africain, le m'balax, avec des rythmes de reggae, de rock et de jazz.

Après la lecture

La musique traditionnelle Vrai ou faux?

1. La musique traditionnelle d'Afrique, c'est la musique des grandes villes cosmopolites.
2. La musique traditionnelle varie selon l'événement.
3. Les griots sont des poètes et des musiciens.
4. Les griots jouent toujours de la guitare électrique.
5. La musique moderne africaine est très populaire aux États-Unis.
6. Le rock et le jazz ont influencé la musique africaine.
7. Youssou N'Dour est un chanteur sénégalais très connu.
8. La musique latino-américaine est une fusion de musique africaine avec du reggae, du rock et du jazz.

CONNEXIONS

Les Beaux-Arts

La musique

Like painting and literature, music is a form of art. Think of all the times you hear music each day. Music has been an integral part of the daily lives of people since the beginning of recorded history.

Before reading some general information about music, let's take a look at some of the many cognates that exist in the language of music.

un ballet

un opéra

une fanfare

un chœur

un orchestre symphonique

The names of many musical instruments are also cognates.

un piano	un saxophone	une trompette
une guitare	une flûte	une clarinette
un accordéon	un violon	une harpe

La musique

Les instruments musicaux

On classifie les instruments musicaux en quatre groupes principaux—les instruments à cordes, les instruments à vent, les instruments à percussion et les instruments à clavier.

Un orchestre ou une fanfare

Quelle est la différence entre un orchestre et une fanfare? Une fanfare n'a pas d'instruments à cordes. Il n'y a pas de violons, par exemple. Et dans une fanfare, il n'y a pas de flûtes ni de hautbois[1]. Les fanfares qui jouent de la musique pendant les événements sportifs et qui participent aux défilés[2] sont plus populaires aux États-Unis qu'en France.

[1] hautbois *oboes*   [2] défilés *parades*

L'opéra *Carmen*

L'orchestre symphonique

Un orchestre symphonique est un grand orchestre composé d'instruments de tous les groupes musicaux. Une symphonie est une composition musicale pour orchestre. Une symphonie est en général une composition ambitieuse qui dure de vingt à quarante-cinq minutes.

L'opéra

Un opéra est une composition dramatique sans dialogue parlé. Dans un opéra, les acteurs chantent; ils ne parlent jamais. Ils chantent des airs d'une beauté extraordinaire. L'orchestre les accompagne. L'histoire est en général très tragique. Un opéra comique est un opéra avec des dialogues parlés. Un opéra comique n'est pas nécessairement très amusant. Un opéra bouffe est un opéra dont l'histoire est une comédie. *Carmen* de Georges Bizet et *Dialogue des Carmélites* de Francis Poulenc sont deux opéras français très célèbres.

La musique populaire

Il y a toutes sortes de musique populaire. Il y a des groupes de jazz, de rock et de rap, par exemple. De nos jours, le rap et la musique techno sont très populaires. Les chansons populaires ont souvent des thèmes romantiques. Il y a toujours une relation intime entre la musique populaire et la danse.

La chanteuse Céline Dion

Après la lecture

A Des instruments Nommez.

1. un instrument à cordes
2. quelques instruments à vent

B Vous le savez? Répondez.

1. Quelle est la différence entre un orchestre et une fanfare?
2. Qu'est-ce qu'un opéra?
3. Quels sont quelques types de musique populaire?

C'est à vous

Use what you have learned

1 Pour t'amuser
✔ *Discuss movies, plays, and museums*

Work with a classmate. Pretend you're on vacation in Brussels in Belgium. You meet a Belgian teenager (your partner) who's interested in what you do for fun in your free time. Tell him or her about your leisure activities. Then your partner will tell you about what he or she does.

Maison du Roi, Bruxelles, Belgique

PARLER

2 Une journée au musée
✔ *Ask and answer questions about a museum visit*

Work in groups of three or four. Several of you spent the day at a museum last Saturday. Other friends have some questions. Describe your museum visit and be sure to answer all their questions.

Musée du Louvre

ÉCRIRE

3 Une affiche
✔ *Make a poster for a play*

Prepare a poster in French for your school play.
Give all the necessary information to advertise **le spectacle.**

ÉCRIRE

4

Des renseignements, s'il vous plaît.

✔ *Write for information about cultural events*

You're going to spend a month in the French city of your choice. Write a letter or an e-mail to the tourist office **(le syndicat d'initiative)** asking for information about cultural events during your stay. Be sure to mention your age, what kind of cultural activities you like, and the dates of your stay.

Une colonne Morris, Paris

Les Grandes Heures du Parlement

L'Assemblée nationale présente dans l'aile du Midi du Château de Versailles un musée qui vous permet de découvrir la salle des séances du Congrès du Parlement, troisième hémicycle de la République, dans laquelle vous assisterez à un spectacle audiovisuel sur les grands débats de la Nation.

Sur le pourtour de cette salle, vous revivrez deux cents ans d'histoire parlementaire et vous vous familiariserez avec le travail au quotidien du député. Vous découvrirez l'activité internationale du Parlement français et ses liens avec les différents parlements du monde.

Prix d'entrée

Individuel:visite libre avec audioguide
Tarif normal: 20 F - Tarif réduit 15 F - Gratuit pour les scolaires

Group de 30 personnes au plus: visite commentée
Tarif normal: 200 F - Tarif réduit 150 F - Gratuit pour les scolaires

Writing Strategy

Persuasive writing Persuasive writing is writing that encourages a reader to do something or to accept an idea. Newspaper and magazine advertisements, as well as certain articles, are examples of persuasive writing. As you write, present a logical argument to encourage others to follow your line of thinking. Your writing should contain sufficient evidence to persuade readers to "buy into" what you are presenting. Explain how your evidence supports your argument; end by restating your argument.

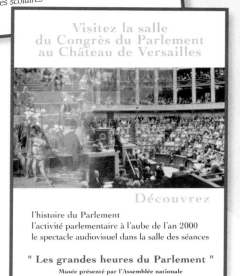

Visitez la salle
du Congrès du Parlement
au Château de Versailles

Découvrez

l'histoire du Parlement
l'activité parlementaire à l'aube de l'an 2000
le spectacle audiovisuel dans la salle des séances

" Les grandes heures du Parlement "

Musée présenté par l'Assemblée nationale
du mardi au samedi de 9h00 à 17h30

ÉCRIRE

5

Un reportage

Your local newspaper has asked you to write an article to attract French-speaking readers to a cultural event taking place in your community. You can write about a real or fictitious event. You have seen the event and you really liked it. Tell why as you try to convince or persuade your readers to go see it.

Vocabulaire

1 Choisissez.

To review **Mots 1**, turn to pages 2–3.

1. On joue des films où?
   a. dans une séance
   b. dans une salle de cinéma
   c. dans un théâtre

2. Qui joue dans un film?
   a. des acteurs et des actrices
   b. des sous-titres
   c. des joueurs

3. Une pièce de théâtre est divisée en quoi?
   a. en version originale
   b. en entractes
   c. en actes et en scènes

4. Le film est doublé?
   a. Oui, il y a deux films.
   b. Non, il est en V.O.
   c. Oui, il y a des sous-titres.

5. Qu'est-ce que *l'Officiel des Spectacles?*
   a. un magazine
   b. une place
   c. un film

2 Identifiez.

To review **Mots 2**, turn to pages 6–7.

6. 7.

8. 9. 10.

Structure

3 Récrivez.

11. Je sais le numéro.
    Vous _____.
12. Vous connaissez mon ami?
    Il _____?

To review the verbs **savoir** and **connaître**, turn to page 10.

4 Complétez avec «savoir» ou «connaître».

13. Je ____ son numéro de téléphone.
14. Vous ____ où il habite, non?
15. Je ____ très bien l'œuvre de cet artiste.
16. Tu ____ Paris?
17. Ils ____ danser le tango.

5 Répondez avec un pronom.

18. Il te parle au téléphone? Oui, ____.
19. Tu invites Jean? Oui, ____.
20. Tu vas inviter sa petite amie aussi? Oui, ____.
21. Le prof vous donne beaucoup de devoirs? Oui, ____.
22. Tu vois la petite fille? Oui, ____.
23. Tu connais les pièces de Molière? Oui, ____.

To review the object pronouns, turn to pages 12–14.

Culture

6 Identifiez.

24. un musée à Paris
25. un auteur français dramatique du dix-septième siècle

To review this cultural information, turn to pages 20–21.

Musée du Louvre, Paris

Vocabulaire

Discussing a movie

un cinéma	un film comique	un documentaire	jouer un film
une salle de cinéma	policier	un dessin animé	louer une vidéo
un guichet	d'horreur	étranger	
une place	de science-fiction	en V.O.	
une séance	d'aventures	doublé	
un écran	d'amour	avec des sous-titres	

Describing a play

un théâtre	un danseur	une comédie
une pièce	une danseuse	un drame
un acteur	une scène	monter une pièce
une actrice	un acte	chanter
un chanteur	un entracte	danser
une chanteuse	une tragédie	

How well do you know your vocabulary?

- Choose the name of a cultural event or artistic profession.
- Have a classmate tell you his or her favorite in the category you chose.

Describing a museum visit

un musée	une œuvre
une exposition	la peinture
un tableau	la sculpture
une sculpture	une peintre
une statue	un sculpteur *(m. et f.)*

Other useful words and expressions

connaître	célèbre
savoir	connu
ouvert	sauf
fermé	ça (m')est égal

Technotour

BON VOYAGE!

VIDÉO • Épisode 1

Avant de visionner

In this video episode, Chloé visits the Musée d'Orsay and puts her artistic skills to work. She later meets up with Vincent, where they experience other cultural wonders.

Chloé visite le musée d'Orsay. Elle trouve les tableaux fabuleux.

Chloé et Vincent sur la place Igor Stravinsky

FRENCH ONLINE

À découvrir

Learn more about the Centre Pompidou online.

Centre Pompidou, Paris

FRENCH Online

In the Chapter 1 Internet activity, you'll have a chance to learn more about cultural activities in the Francophone world. To begin your virtual adventure, go to the Glencoe French Web site: **french.glencoe.com**

CHAPITRE
2

La santé et la médecine

Objectifs

In this chapter you will learn to:

- explain a minor illness to a doctor
- have a prescription filled at a pharmacy
- tell for whom something is done
- talk about some more activities
- give commands
- refer to people, places, and things already mentioned
- discuss medical services in France

Édouard Vuillard *Le docteur Viau dans son cabinet*

Vocabulaire

On est malade. 🎧

la tête

l'oreille

un œil

le nez

la bouche

la gorge

le ventre

avoir de la fièvre

À tes souhaits!

Atchoum!

un mouchoir

Paul a un rhume.
Il est enrhumé.
Il éternue.
Il a besoin d'un kleenex
    ou d'un mouchoir.

David tousse.

Christophe a très mal à la gorge.
Il a une angine.

un médicament

La pauvre Miriam, qu'est-ce qu'elle a?
Elle a la grippe.
Elle a de la fièvre.
Elle a des frissons.

Martin n'est pas en bonne santé.
Il est en mauvaise santé.
Il est très malade, le pauvre.
Il ne se sent pas bien. Il se sent très mal.

Note 🎧

Study the following cognates related to health and medicine:

allergique
bactérien(ne)
viral(e)
une allergie
un antibiotique

un sirop
de l'aspirine
une infection
de la pénicilline
la température

Elle a mal à la tête.

Elle a mal au
ventre.

Elle a mal aux
oreilles.

Elle a le nez qui
coule.

Elle a les yeux
qui piquent.

Elle a la gorge
qui gratte.

Commençons

Let's use our new words

1 **Qu'est-ce que c'est?**
Identifiez.

2 **Historiette** **Qu'est-ce qu'il a?**
Inventez une histoire.

1. David est malade?
2. Il ne se sent pas bien?
3. Qu'est-ce qu'il a?
4. Il a de la fièvre et des frissons?
5. Il a la gorge qui gratte?
6. Il a les yeux qui piquent et le nez qui coule?
7. Il a mal à la tête?
8. Il a mal au ventre?
9. Il a mal aux oreilles?

3 **Historiette** **La santé** Donnez des réponses personnelles.

1. Tu es en bonne santé ou en mauvaise santé?
2. Quand tu es enrhumé(e), tu as le nez qui coule?
3. Tu as les yeux qui piquent?
4. Tu as la gorge qui gratte?
5. Tu tousses?
6. Tu éternues?
7. Qu'est-ce qu'on te dit quand tu éternues?
8. Tu as mal à la tête?
9. Tu ne te sens pas bien?
10. Tu as de la fièvre quand tu as un rhume?
11. Et quand tu as la grippe, tu as de la fièvre?
12. Quand tu as de la fièvre, tu as quelquefois des frissons?

4 **On a mal.** Complétez.

1. On prend de l'aspirine quand on a mal à la ____.
2. Si on a très mal à la gorge, on a une ____.
3. La ____ est un antibiotique.
4. L'aspirine et les antibiotiques sont des ____.
5. On ne peut pas prendre de pénicilline quand on est ____ à la pénicilline.
6. Si on a une température de 40° Celsius, on a de la ____.
7. Quand on est toujours malade, on est en ____.
8. On donne des antibiotiques comme la pénicilline pour combattre des infections bactériennes, pas des infections ____.
9. Quand on a le nez qui coule, on a besoin d'un ____ ou d'un ____.
10. Quand on a un rhume, on ____ et on ____.
11. Quand on est enrhumé ou quand on écoute la musique trop fort, on a mal aux ____.

5 **Qu'est-ce que tu as?** Work with a classmate. Ask him or her what the matter is. Your classmate will tell you. Then suggest something he or she can do to feel better. Take turns.

6 **Devinette** Have some fun! Work with a classmate and look at the following illustrations and French sayings. Together come up with some English equivalents.

Je ne suis pas dans mon assiette aujourd'hui.

Tu vas vite être sur pied.

Il a une fièvre de cheval.

J'ai un chat dans la gorge.

Ça fait mal. Aïe aïe aïe!

*For more practice using words from **Mots 1**, do Activity 5 on page H6 at the end of this book.*

Vocabulaire

Chez le médecin 🎧

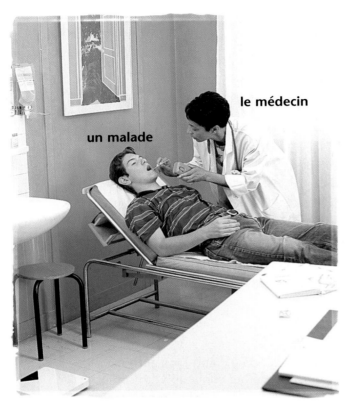

le médecin

un malade

Le médecin examine le malade.
Le malade ouvre la bouche.
Le médecin examine la gorge du malade.

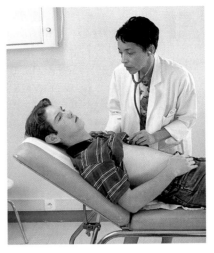

Elle ausculte le malade.
Il souffre, le pauvre.

Où avez-vous mal?

Là!

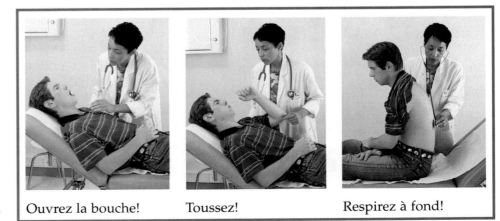

Le médecin parle.   Ouvrez la bouche!   Toussez!   Respirez à fond!

une ordonnance

Le médecin fait un diagnostic.
Sébastien a une sinusite aiguë.
Le médecin lui prescrit des antibiotiques.
Elle lui fait une ordonnance.

À la pharmacie 🎧

le pharmacien

la pharmacienne

un comprimé

avaler un comprimé

Sébastien prend les médicaments.
Il va mieux.

Qu'est-ce que la pharmacienne donne à Sébastien?
Elle lui donne des médicaments.

Commençons
Let's use our new words

7 **Il est malade.** Choisissez.

1. Où est le malade?
   - **a.** au travail
   - **b.** à la crémerie
   - **c.** chez le médecin

2. Qui souffre?
   - **a.** le médecin
   - **b.** le malade
   - **c.** le pharmacien

3. Qu'est-ce que le médecin examine?
   - **a.** la fièvre
   - **b.** la grippe
   - **c.** la gorge

4. Qu'est-ce que le malade ouvre?
   - **a.** le ventre
   - **b.** la bouche
   - **c.** l'oreille

5. Quand le médecin l'ausculte, comment respire le malade?
   - **a.** à fond
   - **b.** rien
   - **c.** bien

6. Qui est-ce que le médecin ausculte?
   - **a.** le malade
   - **b.** le pharmacien
   - **c.** la pharmacienne

7. Que fait le médecin?
   - **a.** des comprimés
   - **b.** des médicaments
   - **c.** des diagnostics

8. Qu'est-ce qu'il a, le malade?
   - **a.** une cassette
   - **b.** une sinusite aiguë
   - **c.** un grand nez

9. Que fait le médecin?
   - **a.** un pharmacien
   - **b.** une ordonnance
   - **c.** des antibiotiques

10. Qu'est-ce qu'elle prescrit?
    - **a.** des yeux
    - **b.** des ordonnances
    - **c.** des comprimés

8 **Historiette** **Chez le médecin**
Donnez des réponses personnelles.

1. Tu vas chez le médecin quand tu es malade?
2. Le médecin te demande où tu as mal?
3. Qu'est-ce que tu réponds au médecin?
4. Quand tu as une angine, tu as mal où?
5. Qu'est-ce que le médecin te dit quand il t'ausculte?
6. Le médecin fait un diagnostic?
7. Il te prescrit des antibiotiques?
8. Tu vas à la pharmacie pour acheter des médicaments?
9. Tu prends quelquefois de l'aspirine? Quand?
10. Pour avaler des comprimés, qu'est-ce que tu bois?
11. Après quelques jours, tu vas mieux?

Une pharmacie

9 **Je ne suis pas dans mon assiette.** Work with a classmate. Yesterday you did something that made you feel ill today. Using the first list below, tell a classmate what you did. He or she has to guess what's wrong with you, choosing from the second list.

trop regarder la télé
—Hier, j'ai trop regardé la télé.
—Tu as mal aux yeux.

lire pendant six heures	être enrhumé(e)
manger trop de chocolat	avoir mal aux yeux
passer beaucoup d'examens	avoir mal aux pieds
faire une longue promenade	être fatigué(e)
étudier jusqu'à trois heures du matin	avoir mal aux oreilles
écouter de la musique trop fort	avoir mal à la tête
jouer dans la neige en t-shirt	avoir mal au ventre

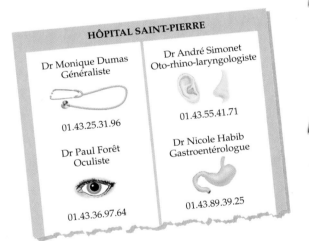

HÔPITAL SAINT-PIERRE

Dr Monique Dumas
Généraliste

01.43.25.31.96

Dr Paul Forêt
Oculiste

01.43.36.97.64

Dr André Simonet
Oto-rhino-laryngologiste

01.43.55.41.71

Dr Nicole Habib
Gastroentérologue

01.43.89.39.25

10 **Qu'est-ce que tu as?** You were absent from school today. Your classmate, a French exchange student, is concerned about you and calls to find out how you are feeling. Let him or her know and tell all that you are doing to get better.

11 **Quel médecin?** While on a trip to France, you get sick. Describe your symptoms. A classmate will look at the list of doctors at the Hôpital Saint-Pierre and tell you which one to call and what the phone number is.

—J'ai mal à la gorge.
—On va appeler le docteur Simonet au 01.43.55.41.71.

12 **Au cabinet de consultation** Work with a classmate. You're sick. The doctor (your partner) will ask you questions about your symptoms. Answer the doctor's questions as completely as you can. Then reverse roles.

For more practice using words from Mots 2, do Activity 6 on page H7 at the end of this book.

Structure

Telling what you do for others
Les pronoms **lui, leur**

1. You have already learned the direct object pronouns **le, la,** and **les.** Now, you will learn the indirect object pronouns **lui** and **leur.** Observe the difference between a direct and an indirect object in the following sentences.

Paul lance le ballon à Luc.

Paul lance ⟶ **le ballon.**

Paul lance ⟶ **le ballon** ⟋ **à Luc.**

In the preceding sentence, **le ballon** is the direct object because it is the direct receiver of the action of the verb. What does Paul throw? The ball. The indirect object indicates to whom the ball was thrown. **Luc** is the indirect object of the verb. To whom does Paul throw the ball? To Luc. Note that the indirect object is preceded by the preposition **à—à Luc.**

2. The indirect object pronouns in French are **lui** and **leur.** Note that the masculine and feminine forms are the same. Study the following chart.

Singulier	Le médecin parle à Pierre. Le médecin parle à Marie.	} Il lui parle.
Pluriel	Le médecin parle à ses patients. Le médecin parle à ses patientes.	} Il leur parle.

Just like the direct object pronouns, the indirect object pronouns **lui** and **leur** come right before the verb they are linked to.

> Je lui parle.
> Je ne lui parle pas.
> Je veux lui parler.
> Je ne veux pas lui parler.

Rappelez-vous que...

The object pronouns **me, te, nous, vous** are both direct and indirect.
Je te vois.
Je te parle.

Continuons
Let's put our words together

13 **Historiette** **Une consultation**
Répondez en utilisant un pronom.

Pour te souhaiter une meilleure santé

1. Le médecin parle à Paul?
2. Il demande à Paul s'il a de la fièvre?
3. Paul explique ses symptômes au médecin?
4. Le médecin dit à Paul qu'il a de la fièvre?
5. Il donne une ordonnance à Paul?
6. Paul téléphone à la pharmacienne?

14 **Un match de foot** Complétez avec **lui** ou **leur**.

1. Il lance le ballon à Marianne? Oui, il ____ lance le ballon.
2. Les joueurs parlent à l'arbitre? Oui, ils ____ parlent.
3. Et l'arbitre parle aux joueurs? Oui, il ____ parle.
4. L'arbitre explique les règles aux joueuses? Oui, il ____ explique les règles.
5. L'employée au guichet parle à un spectateur? Oui, elle ____ parle.

15 **Personnellement** Répondez en utilisant **lui** ou **leur**.

1. Tu parles souvent à tes professeurs?
2. Tu dis toujours bonjour à ton professeur de français?
3. Tu vas téléphoner à ton copain/ta copine ce week-end?
4. Tu aimes parler à tes copains au téléphone?
5. Tu parles souvent à tes copains?
6. Tu vas écrire à tes grands-parents?

16 **Des cadeaux pour tout le monde?** Work with a classmate. Describe your favorite friends or relatives. Then tell what you buy or give to each one as a gift.

ENCORE PLUS

*For more practice using using **lui** and **leur**, do Activity 7 on page H8 at the end of this book.*

Describing more activities
Les verbes **souffrir** et **ouvrir**

1. The verbs **souffrir** and **ouvrir** are conjugated the same way
as regular **-er** verbs in the present.

SOUFFRIR	OUVRIR
je souffre	j' ouvre
tu souffres	tu ouvres
il/elle/on souffre	il/elle/on ouvre
nous souffrons	nous ouvrons
vous souffrez	vous ouvrez
ils /elles souffrent	ils /elles ouvrent

DOCTEUR G.M. ROBERT
MEDECINE GENERALE
MALADIES DU TUBE DIGESTIF
SUR RENDEZ-VOUS   TEL.493.89.76

2. Note the past participles.

souffrir ⟶ **souffert**   **Ils ont beaucoup souffert.**
ouvrir ⟶ **ouvert**   **Il a ouvert la bouche.**

Continuons
Let's put our words together

17 ## Historiette **Elle est malade.**
Inventez des réponses.

1. Caroline souffre d'une angine?
2. Quand tu souffres d'une angine, tu as mal où?
3. Caroline va chez le médecin?
4. Quand le médecin lui examine la gorge, Caroline ouvre la bouche?
5. Le médecin lui donne une ordonnance?
6. Caroline va à la pharmacie?
7. Elle donne l'ordonnance au pharmacien?
8. Le pharmacien lui donne un paquet de comprimés?
9. Caroline ouvre le paquet?
10. Elle avale un comprimé?
11. Elle ne souffre plus?

À la pharmacie

Telling people what to do
L'impératif

1. You use the imperative to give commands and make suggestions. The forms are usually the same as the **tu, vous,** and **nous** forms. Note that the **nous** form means "Let's . . ."

PARLER	FINIR	ATTENDRE
Parle à ton prof!	Finis tes devoirs!	Attends ton ami.
Parlez à votre prof!	Finissez vos devoirs!	Attendez votre ami.
Parlons à notre prof!	Finissons nos devoirs!	Attendons notre ami.

2. Note that with **-er** verbs, you drop the final **s** of the **tu** form. The same is true for **aller** and verbs like **ouvrir.**

   Regarde!
   Va voir le médecin!
   Ouvre la bouche!

3. In negative commands, you put the **ne... pas** or any other negative expression around the verb.

   Ne respirez plus!
   Ne dis rien.

le stress

Laboratoire Conseil Oberlin

Stressé? N'oubliez pas de vous relaxer!

Continuons

Let's put our words together

18 **La loi, c'est moi!** Donnez un ordre à un copain ou à une copine d'après le modèle.

 —regarder
—**Regarde!**

1. téléphoner à Jean
2. passer l'examen
3. parler français
4. travailler plus
5. préparer le dîner
6. ouvrir la porte
7. mettre la table
8. choisir un film
9. faire le travail
10. écrire l'exercice

19 **Et vous aussi**
Donnez un ordre d'après le modèle.

 —regarder
—**Regardez.**

1. téléphoner à Jean
2. passer l'examen
3. parler français
4. travailler plus
5. préparer le dîner
6. ouvrir la porte
7. mettre la table
8. choisir un film
9. faire le travail
10. écrire l'exercice

Hôpitaux de Toulouse

La Santé sans tabac

Avec l'aimable autorisation de la M.N.H.

Afin de protéger votre santé et par mesure de sécurité, nous vous prions de ne pas fumer. Merci de votre compréhension

Décret n°92/478 du 29-5-92 Règlement intérieur du CHU de TOULOUSE

20 **Ne fais pas ça!** Donnez un ordre à un copain ou à une copine d'après le modèle.

—regarder
—**Ne regarde pas!**

1. lire le journal
2. écrire une lettre
3. prendre le métro
4. attendre devant la porte
5. descendre
6. aller plus vite
7. faire attention
8. entrer
9. sortir

21 **Ne faites pas ça!**
Refaites l'Activité 20 d'après le modèle.

—regarder
—**Ne regardez pas!**

22 **Allons-y!** Répondez d'après le modèle.

On invite Marie?

D'accord, invitons Marie!

1. On va à la plage?
2. On nage?
3. On fait du ski nautique?
4. On prend notre petit déjeuner?
5. On dîne au restaurant?
6. On sort?

YEUX ROUGES, YEUX IRRITES

DÉCOUVREZ CE COLLYRE EN MONODOSES!

Une monodose stérile, pratique, évitant la contamination

ANTALYRE®

Ceci est un médicament. Lire attentivement la notice. Pas en-dessous de 36 mois. Contre-indiqué en cas de glaucome. Demandez conseil à votre pharmacien.

ANTALYRE®
Collyre en monodoses

23 **Jeu** **Jacques a dit...** This game is called "Simon Says" in English. Play in groups of five people or more. Give orders to your classmates. If you say **Jacques a dit** first, they have to obey the order. If you don't say **Jacques a dit** first, they should not obey your order. If they do, they are eliminated.

For more practice using the commands, do Activity 8 on page H9 at the end of this book.

Referring to people, places, and things already mentioned
Le pronom **en**

1. The pronoun **en** is used to replace a noun that is introduced by **de** or any form of **de**—**du, de la, de l', des. En** refers mostly to things.

Tu as de l'aspirine?	Oui, j' en ai.
Il parle de sa santé?	Oui, il en parle.
Vous sortez de l'hôpital?	Oui, j' en sors.
Tu prends des médicaments?	Oui, j' en prends.

2. You also use the pronoun **en** with numbers or expressions of quantity. Note that in this case **en** refers not only to things but also to people.

Tu as des frères?	**Oui, j'en ai deux.**
Il prend combien de comprimés?	**Il en prend trois par jour.**
Il a combien de CD?	**Il en a beaucoup.**

3. Just like other pronouns, **en** comes directly before the verb whose meaning it is linked to.

Il **en parle.**
Il n'**en parle** pas.
Il veut **en parler.**
Il ne veut pas **en parler.**

Savez-vous que... ?

En comes after **y** in the expression **il y a.**
Il y en a deux.
Il y en a beaucoup.
Il n'y en a pas.

Continuons
Let's put our words together

24 **Historiette** **La fête de Laurence** Répondez.

—**Laurence sert du coca?**
—**Oui, elle en sert.**

1. Elle sert de l'eau minérale?
2. Elle sert des sandwichs?
3. Elle sert de la pizza?
4. Elle sert de la salade?
5. Elle sert du fromage?
6. Elle sert des chocolats?
7. Elle sert de la glace?
8. Elle sert de la mousse au chocolat?

25 **Dans le frigo** Répondez d'après le modèle.

du coca
—Il y a du coca dans ton frigo?
—Non, il n'y en a pas.

1. de l'eau minérale
2. de la glace
3. des légumes surgelés
4. du jambon
5. des tartes
6. de la viande

26 **Historiette** **Tu es malade?**
Répondez d'après le modèle.

Tu manges du chocolat? (trop)

Oui, j'en mange trop!

1. Tu prends combien de comprimés? (trois)
2. Tu bois de l'eau? (un litre)
3. Tu manges des fruits? (beaucoup)
4. Tu lis des magazines? (deux ou trois)
5. Tu regardes des vidéos? (trop)

27 **Devinettes** Devinez ce que c'est.

1. On en prend quand on est malade.
2. On en boit beaucoup quand on a de la fièvre.
3. On en utilise pour se laver les mains.
4. On en met sur une brosse à dents pour se laver les dents.
5. On en donne au vendeur quand on achète quelque chose.

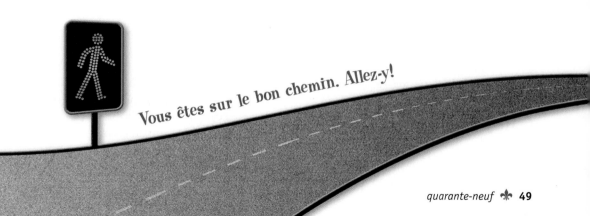

Vous êtes sur le bon chemin. Allez-y!

Conversation

Chez le médecin

Sylvie: Bonjour, docteur.

Médecin: Bonjour, Sylvie. Alors, qu'est-ce qui ne va pas?

Sylvie: Je ne sais pas… Je ne me sens pas bien du tout.

Médecin: Tu as mal où?

Sylvie: Ben, j'ai mal un peu partout, mais surtout à la gorge.

Médecin: Tu as mal à la tête?

Sylvie: Oui, à la tête aussi. Et j'ai froid, j'ai des frissons…

Médecin: Tu dois avoir de la fièvre. Ouvre la bouche, s'il te plaît. Dis «Aaa… »

Sylvie: Aaa…

Médecin: Tu as la gorge très rouge. C'est certainement une angine.

Sylvie: Une angine!

Médecin: Oui, mais ce n'est pas grave. Je vais te donner des antibiotiques. Tu vas en prendre trois par jour pendant une semaine.

Après la conversation

Répondez.

1. Qui est malade?
2. Quels sont ses symptômes?
3. Elle a mal où?
4. Sylvie ouvre la bouche. Pourquoi?
5. Qu'est-ce que le médecin lui donne?
6. Sylvie doit prendre combien de comprimés par jour?
7. Pendant combien de temps?

Parlons un peu plus
Let's talk some more

 A **Tu dois ou tu ne dois pas être médecin.** Work with a classmate. Interview each other and decide who would make a good doctor. Make a list of questions for your interview. One question you may want to ask is: **Tu as beaucoup de patience ou très peu de patience?**

 B **Je suis très malade.** Imagine you're sick with a cold, the flu, or a sore throat. Tell the doctor (your partner) what your symptoms are. He or she makes a diagnosis and tells you what to do to get better. Use the model as a guide.

J'ai de la fièvre et des frissons.

Vous avez la grippe. Restez au lit et prenez de l'aspirine.

Prononciation

Les sons /u/ et /ü/

1. It is important to make a distinction between the sounds /u/ and /ü/, since many words differ only in these two sounds. Repeat the following pairs of words.

vous / vu	dessous / dessus	roux / rue
loue / lu	tout / tu	

2. Now repeat the following sentences.

Tu as beaucoup de température?
J'éternue toutes les deux minutes.

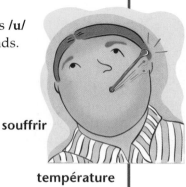

souffrir

température

Lectures culturelles

Une consultation 🔄 🎧

La pauvre Mélanie. Elle est très malade! Elle tousse. Elle éternue. Elle a mal à la tête. Elle a de la température. Elle a des frissons. Elle n'est pas du tout dans son assiette. Elle veut appeler le médecin, mais c'est le week-end et son médecin ne donne pas de consultations le week-end. La seule solution, c'est d'appeler S.O.S. Médecins.

S.O.S. Médecins est un service qui envoie des médecins à domicile[1]. Un médecin arrive chez Mélanie et l'examine. Elle l'ausculte, elle lui prend sa température. Elle lui dit qu'elle a la grippe. Mais ce n'est pas grave. Elle va être vite sur pied. Le médecin lui fait une ordonnance. Elle prescrit des

[1] à domicile *to the home*

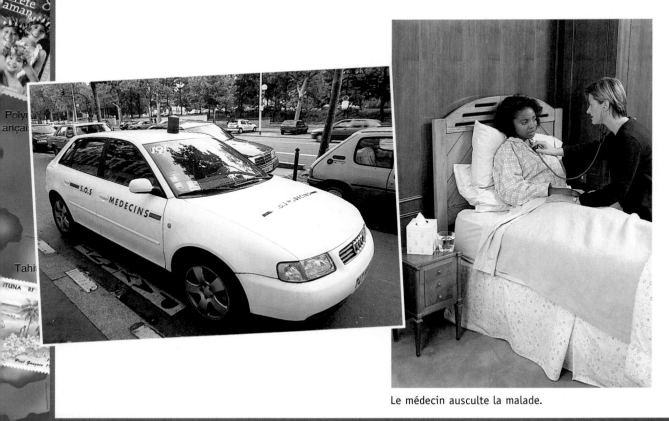

Le médecin ausculte la malade.

Haïti

antibiotiques: trois comprimés par jour pendant une semaine. Mélanie va en prendre un à chaque repas.

Mélanie paie le médecin. Mais en France, la Sécurité Sociale rembourse les honoraires des médecins, c'est-à-dire l'argent qu'on donne aux médecins. Les honoraires et tous les frais[2] médicaux sont remboursés de 80 à 100% (pour cent) par la Sécurité Sociale.

[2] frais *expenses*

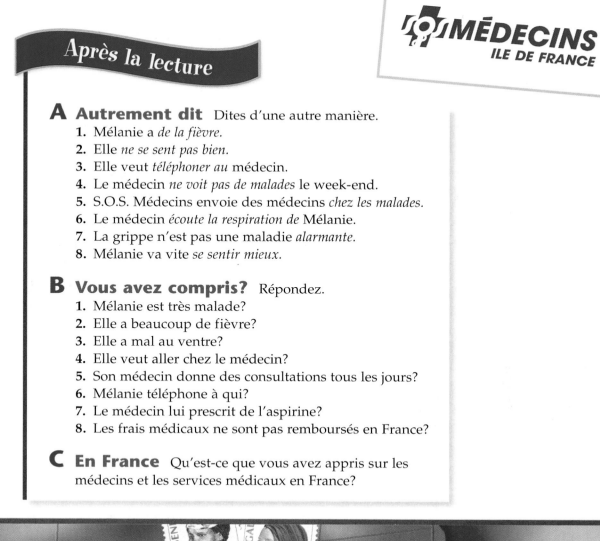

MÉDECINS
ILE DE FRANCE

La Tunis

Le Maroc

Après la lecture

A **Autrement dit**   Dites d'une autre manière.
1. Mélanie a *de la fièvre.*
2. Elle *ne se sent pas bien.*
3. Elle veut *téléphoner au* médecin.
4. Le médecin *ne voit pas de malades* le week-end.
5. S.O.S. Médecins envoie des médecins *chez les malades.*
6. Le médecin *écoute la respiration de* Mélanie.
7. La grippe n'est pas une maladie *alarmante.*
8. Mélanie va vite *se sentir mieux.*

B **Vous avez compris?**   Répondez.
1. Mélanie est très malade?
2. Elle a beaucoup de fièvre?
3. Elle a mal au ventre?
4. Elle veut aller chez le médecin?
5. Son médecin donne des consultations tous les jours?
6. Mélanie téléphone à qui?
7. Le médecin lui prescrit de l'aspirine?
8. Les frais médicaux ne sont pas remboursés en France?

C **En France**   Qu'est-ce que vous avez appris sur les médecins et les services médicaux en France?

Le Mali

Le Sénégal

Culture et santé

LES TROUBLES DIGESTIFS

La culture influence la santé et la médecine? Certainement. Par exemple, en France tout le monde parle de son foie[1]. Les Français disent souvent, «J'ai mal au foie.» Aux États-Unis, on n'entend jamais dire ça. Pourquoi? Parce qu'aux États-Unis, une maladie du foie, c'est grave. Mais quand un Français dit qu'il a mal au foie, il veut dire tout simplement qu'il a un trouble digestif. Rien de grave. Il n'est peut-être pas dans son assiette aujourd'hui, mais il va vite être sur pied!

Aux États-Unis, par contre, on parle beaucoup d'allergies. De nombreux Américains souffrent d'une petite allergie. Les symptômes d'une allergie ressemblent aux symptômes d'un rhume. On éternue et on a souvent mal à la tête. Une allergie, c'est désagréable, mais ce n'est pas grave. En France, on parle moins souvent d'allergies. Pourquoi? Qui sait? Vive la différence!

[1] foie *liver*

Amis ou ennemis?

Après la lecture

Des différences Répondez.
1. On dit souvent qu'on a mal au foie dans quel pays?
2. Que veut dire un Français quand il dit qu'il a mal au foie?
3. Et pour un Américain, qu'est-ce que cela veut dire «J'ai mal au foie»?
4. Qui parle souvent d'allergies?
5. Quels sont les symptômes d'une allergie?

Lecture supplémentaire 2

Les services médicaux en France

En France, il y a de grands hôpitaux avec tout l'équipement haut de gamme[1] nécessaire à la pratique d'une médecine moderne. On compte plus de 3 500 établissements de soins polyvalents[2]. Il y a à peu près 900 établissements hospitaliers publics et plus de 2 500 cliniques privées. Beaucoup de ces cliniques ressemblent à des hôtels.

En France, on fait beaucoup de recherches médicales et pharmaceutiques. C'est à l'Institut Pasteur de Paris que le docteur Montagnier a isolé le virus du sida. Aujourd'hui à l'Institut Pasteur on continue à faire des recherches contre cette terrible maladie.

[1] haut de gamme *state of the art*
[2] soins polyvalents *general care*

Un laboratoire de recherche à l'Institut Pasteur

L'Institut Pasteur, Paris

Après la lecture

Des mots apparentés Trouvez les mots apparentés dans la lecture.

Le Mali

CONNEXIONS

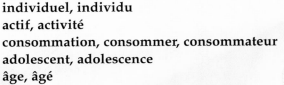

Les sciences naturelles

La diététique

Good nutrition is very important. What we eat can determine if we will enjoy good health or poor health. For this reason, it is most important to have a balanced diet and avoid the temptation to eat "junk food."

Read the following information about nutrition in French. Before reading this selection, however, look at the following groups of related words. Often if you know the meaning of one word you can guess the meaning of several words related to it.

individuel, individu
actif, activité
consommation, consommer, consommateur
adolescent, adolescence
âge, âgé

Un bon régime[1]

Il est très important d'avoir une alimentation équilibrée[2] pour être en bonne santé. Un régime équilibré comporte une variété de légumes et de fruits, des céréales, de la viande et du poisson.

Tout le monde a besoin de calories, mais le nombre idéal dépend de l'individu—de son métabolisme, de sa taille, de son âge et de son activité physique. Les adolescents, par exemple, ont besoin de plus de calories que les personnes âgées. Ils ont besoin de plus de calories parce qu'ils sont plus actifs et ils sont en période de croissance[3].

Les protéines

Les protéines sont particulièrement importantes pour les enfants et les adolescents parce qu'ils sont en pleine croissance. Les protéines aident à fabriquer des cellules. La viande et les œufs contiennent des protéines.

[1] régime *diet*   [2] équilibrée *balanced*   [3] croissance *growth*

Les glucides (les hydrates de carbone)

Les glucides (les pommes de terre, les pâtes comme les spaghettis, le riz[4]) sont la source d'énergie la plus efficace pour le corps humain.

Les lipides (les graisses)

Les lipides sont aussi une bonne source d'énergie. Mais pour les personnes qui ont un taux de cholestérol élevé[5], les graisses ne sont pas bonnes. Il faut faire un régime sans graisse. Il faut les éliminer.

Les minéraux

Beaucoup de minéraux sont essentiels pour le corps humain. Le calcium est absolument nécessaire pour les os[6] et les dents.

L'eau

L'eau est absolument essentielle au corps humain qui est fait de 65% d'eau.

Les vitamines

Les vitamines sont indispensables au bon fonctionnement du corps humain. Ce tableau indique la source de quelques vitamines importantes.

[4] riz *rice*   [5] élevé *elevated, high*   [6] os *bones*

Vitamines	Sources
A	légumes, lait, quelques fruits
B	viande, œufs, céréales, légumes verts
C	fruits, tomates, salade verte
D	lait, œufs, poisson
E	huiles, légumes, œufs, céréales

Après la lecture

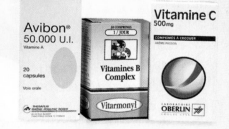

A La diététique Répondez.

1. Qu'est-ce qu'on doit manger tous les jours?
2. Le nombre de calories pour chaque individu dépend de quoi?
3. Qui a particulièrement besoin de calories? Pourquoi?
4. Quelle est une source importante d'énergie?
5. Pourquoi faut-il contrôler la consommation de graisses?
6. Quel est un minéral important pour les os et les dents?
7. Qu'est-ce qui est indispensable au bon fonctionnement du corps humain?

B Assez de vitamines? Faites une liste de tout ce que vous avez mangé hier. Vous avez eu toutes les vitamines nécessaires?

C'est à vous

Use what you have learned

1

Tout le monde est malade.
✔ *Describe cold symptoms and minor ailments*

Work with a classmate. Choose one of the people in the illustrations. Describe him or her. Your partner will guess which person you're talking about and say what's the matter with the person. Take turns.

1.

2.

3.

4.

PARLER

2

Une ordonnance
✔ *Discuss a prescription with a pharmacist*

You are in a pharmacy in Bordeaux. Your classmate will be the pharmacist. Make up a conversation about your prescription. Explain why and how you have to take the medicine.

PARLER

3 **Jeu** **Je suis malade comme un chien!**
✔ *Talk about how you are feeling*

Work with a partner. Make gestures to indicate how you're feeling today. Your partner will ask you why you feel that way. Tell him or her. Be as creative and humorous as possible.

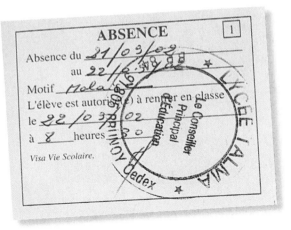

4 Excusez-moi...

✔ *Write a note describing a minor illness*

You're supposed to take a French test today but you're not feeling well. Write a note to your French teacher explaining why you can't take the test, and mention some symptoms you have.

Une ambulance du SAMU

Writing Strategy

Writing a personal essay In writing a personal essay, a writer has several options: to tell a story, describe something, or encourage readers to think a certain way or to do something. Whatever its purpose, a personal essay allows a writer to express a viewpoint based on his or her own experience. Your essay will be much livelier if you choose interesting details and vivid words to relay your message.

---

5 Des bénévoles

Your French club has a community service requirement. You have decided to work in the emergency room **(le service des urgences)** at your local hospital. You serve as a translator or interpreter for patients who speak only French. Write a flyer for your French club. Tell about your experience with one or more patients. Give your feelings about the work you do and try to encourage other club members to volunteer their services, too.

Vocabulaire

1 Choisissez.

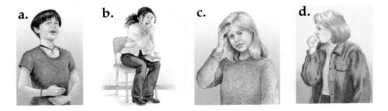

a.   b.   c.   d.

1. _____ Elle a mal à la tête.
2. _____ Elle a mal au ventre.
3. _____ Elle tousse.
4. _____ Elle est enrhumé.

To review **Mots 1**, turn to pages 34–35.

2 Identifiez.

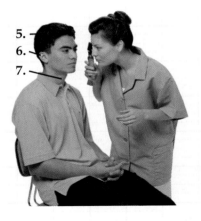

5. —
6. —
7. —

3 Complétez.

8. Le médecin _____ le malade.
9. Le malade ouvre la _____ quand le médecin lui examine la gorge.
10. Le médecin fait un _____. Il dit que Nathalie a une sinusite aiguë.
11. Le médecin lui fait une _____ pour des antibiotiques.
12. Elle va à la _____ pour acheter ses médicaments.

To review **Mots 2**, turn to pages 38–39.

CHAPITRE 2

Structure

4 **Complétez.**

13. Le médecin parle au malade?
    Oui, il _____ parle.
14. Le médecin donne une ordonnance à ses patients?
    Oui, il _____ donne une ordonnance.
15. Paul donne son ordonnance à la pharmacienne?
    Oui, il _____ donne son ordonnance.

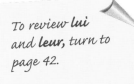
To review **lui** and **leur,** turn to page 42.

5 **Complétez.**

16. Ils _____ beaucoup, les pauvres. (souffrir)
17. J'_____ le livre à la page 100. (ouvrir)
18. Vous _____ la bouche quand le médecin vous examine? (ouvrir)

To review **souffrir** and **ouvrir,** turn to page 44.

6 **Complétez avec l'impératif.**

19. (ouvrir) Paul, _____ ton livre.
    Luc et Louise, _____ vos livres aussi.
20. (attendre) Carole, _____ un moment.
    Sandrine et Maïa, _____ avec Carole.
21. (dire) Luc, _____ au médecin où tu as mal.
    Vous deux, _____ au médecin où vous avez mal.

To review commands, turn to page 45.

7 **Répondez avec un pronom.**

22. Tu as de l'aspirine?
    Oui, _____.
23. Tu as douze comprimés?
    Oui, _____.
24. Tu peux sortir de l'hôpital demain?
    Oui, _____.
25. Il a beaucoup d'argent?
    Oui, _____.

To review the use of **en,** turn to page 48.

Vocabulaire

Describing minor health problems

la santé
  en bonne santé
  en mauvaise santé
une infection
un frisson
la grippe
un rhume
une angine

une sinusite aiguë
une allergie
un mouchoir
un kleenex
se sentir bien
    mal
être enrhumé(e)
tousser

éternuer
avoir mal
  à la tête
  au ventre
  aux oreilles
  à la gorge

avoir de la fièvre
  le nez qui coule
  les yeux qui piquent
  la gorge qui gratte
malade
viral(e)
bactérien(ne)
allergique

Speaking with the doctor

le médecin
le/la malade
un diagnostic
une ordonnance

souffrir
ouvrir
examiner
ausculter

respirer
prescrire

> **How well do you know your vocabulary?**
> - **Find as many cognates as you can in the list.**
> - **Use five cognates to write several sentences.**

Identifying more parts of the body

la tête
un œil, des yeux
le nez
la bouche

une oreille
la gorge
le ventre

Speaking with a pharmacist

un(e) pharmacien(ne)
une pharmacie
un médicament
un comprimé
un antibiotique

un sirop
de la pénicilline
de l'aspirine (f.)
avaler

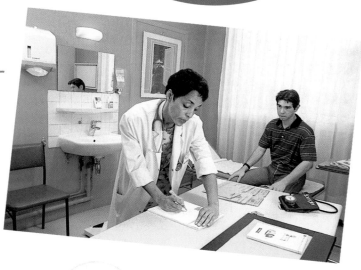

Other useful words and expressions

À tes souhaits!
Qu'est-ce qu'il a?

le/la pauvre
à fond

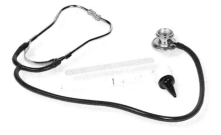

Technotour

BON VOYAGE!

Avant de visionner

In this video episode, Vincent experiences a strange nightmare. The next day he pays a visit to his doctor.

Le docteur Nguyen est très sympa.

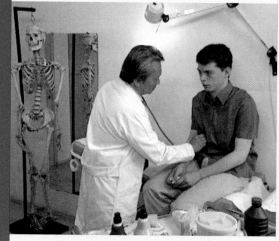

Vincent n'est pas en bonne santé.

À découvrir

Learn more about l'Institut Pasteur online.

L'Institut Pasteur

FRENCH *Online*

In the Chapter 2 Internet activity, you will have a chance to learn more about health and medicine in the Francophone world. To begin your virtual adventure, go to the Glencoe French Web site: **french.glencoe.com**

CHAPITRE 3

Les télécommunications

Objectifs

In this chapter you will learn to:

- *talk about computers, e-mail, the Internet, faxes, and telephones*

- *talk about habitual and continuous actions in the past*

- *narrate in the past*

- *discuss today's telecommunications*

Maurice de Vlaminck *La route*

Vocabulaire

L'ordinateur 🎧

un écran

un clavier

un logiciel, un software

un ordinateur

une disquette

La jeune fille allume l'ordinateur.
Elle met une disquette dans le lecteur.

une imprimante

une souris

Elle utilise l'ordinateur pour faire ses devoirs.
Elle tape son texte (ses données).

Elle ne perd pas son texte.
Elle le sauvegarde.

un CD-ROM

Elle retire la disquette.

Ensuite, elle va sur Internet.
Elle clique sur ses messages.
Elle répond à quelques messages.
Elle envoie quelques (e-)mails.

Enfin, elle éteint son ordinateur.

Le télécopieur, le fax 🎧

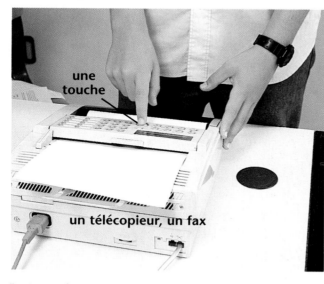

une touche

un télécopieur, un fax

une télécopie, un fax

Le jeune homme envoie un document par
télécopieur (fax).
Il met le document face écrite non visible.
Il ne le met pas face écrite visible.
Il appuie sur la touche.

Il transmet (envoie) le document.

VOCABULAIRE

Commençons
Let's use our new words

1 **L'ordinateur** Donnez des réponses personnelles.

1. Tu as un ordinateur chez toi ou tu utilises un ordinateur à l'école?
2. Tu utilises un ordinateur pour faire tes devoirs?
3. Tu as un dictionnaire ou une encyclopédie sur CD-ROM?
4. Quand tu tapes ton texte, tu regardes l'écran ou le clavier?
5. Quand tu commences à travailler, tu allumes ou tu éteins l'ordinateur?
6. Tu mets ta disquette où?
7. Tu vas quelquefois sur Internet?
8. Tu envoies des e-mails à tes amis?
9. Tu retires la disquette quand tu as fini tes devoirs?
10. Tu as une imprimante? Tu imprimes tes devoirs?

2 **Les instructions à suivre** Mettez les phrases suivantes en ordre.

1. On met une disquette dans le lecteur.
2. On tape les données.
3. On allume l'ordinateur.
4. On retire la disquette.
5. On éteint l'ordinateur.
6. On sauvegarde les données.
7. On clique sur l'icône du logiciel avec la souris.

3 **Historiette** **Au bureau**
Inventez une histoire.

1. La femme veut envoyer un fax?
2. Elle utilise un ordinateur ou un télécopieur?
3. Le télécopieur est allumé?
4. La femme met le document face écrite visible ou non visible?
5. Elle appuie sur quoi?
6. Qu'est-ce qu'elle fait de son document?

4 Comment utiliser un ordinateur
Un(e) élève du Québec passe un an dans votre école. Il/Elle veut savoir comment utiliser votre ordinateur. Vous lui expliquez ce qu'il faut faire.

5 Comment envoyer un fax Vous travaillez quelques heures par semaine dans un bureau. Un copain y travaille aussi. Pour travailler votre français, vous discutez en français de tout ce qu'il faut faire pour envoyer un fax (une télécopie).

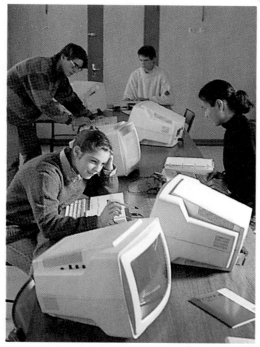

Un cours d'informatique

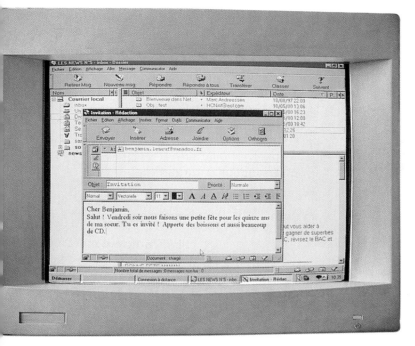

6 Logiciels Avec un copain, parlez de tout ce que vous faites sur votre ordinateur. Vous faites vos devoirs? Vous jouez à des jeux? Vous envoyez des e-mails à vos amis? Quels sont les logiciels que vous utilisez? Ensuite, regardez l'écran à gauche. Décrivez ce que vous voyez sur l'écran.

For more practice using words from Mots 1, do Activity 9 on page H10 at the end of this book.

Vocabulaire

Le téléphone 🎧

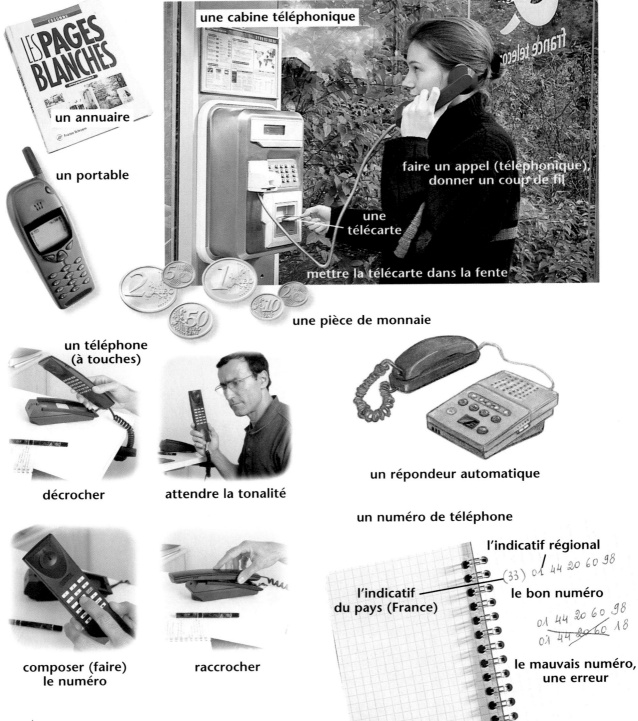

un annuaire

un portable

une cabine téléphonique

faire un appel (téléphonique), donner un coup de fil

une télécarte

mettre la télécarte dans la fente

une pièce de monnaie

un téléphone (à touches)

décrocher

attendre la tonalité

un répondeur automatique

un numéro de téléphone

l'indicatif régional

(33) 01 44 20 60 98

l'indicatif du pays (France)

le bon numéro

01 44 20 60 98
01 44 20 60 18

composer (faire) le numéro

raccrocher

le mauvais numéro, une erreur

Quel est le numéro de téléphone de Manu?

C'est le 01 44 20 60 98.

Zut! Ça sonne occupé.

Quand Nathalie était petite, elle aimait bien parler au téléphone.
Elle se servait souvent du téléphone.
Elle voulait toujours téléphoner à son grand-père.
Mais elle ne savait pas faire le numéro.
Alors son père l'aidait à faire le numéro.

Allô. Bonjour, madame. Je voudrais parler à M. Berthollet, s'il vous plaît.

C'est de la part de qui?

De Christophe Dupont.

Un instant, monsieur. Ne quittez pas.

Désolée, monsieur, mais il n'est pas là. Je regrette…

Ce n'est pas grave. Je vais rappeler demain.

VOCABULAIRE

Commençons
Let's use our new words

7 **Des coups de fil**
Donnez des réponses personnelles.

1. Tu téléphones souvent?
2. Tu te sers d'un portable?
3. De temps en temps, tu téléphones d'une cabine téléphonique?
4. Tu donnes des coups de fil à qui?
5. Quel est ton numéro de téléphone?
6. Quel est ton indicatif régional?
7. Tu fais un mauvais numéro de temps en temps?
8. Tu vérifies un numéro de téléphone dans quoi?
9. Si tu téléphones à quelqu'un qui habite dans un autre pays, qu'est-ce que tu dois savoir?
10. Tu as un répondeur automatique?
11. Quand il n'y a pas de réponse, tu laisses un message sur le répondeur automatique?

8 **Comment faire un appel téléphonique**
Mettez les phrases suivantes en ordre.

1. À la fin de la conversation, on raccroche le téléphone.
2. On compose le numéro.
3. On commence à parler.
4. Si c'est un téléphone public, on met la télécarte dans la fente.
5. On attend la tonalité.
6. La personne à qui on téléphone répond.
7. On décroche le téléphone.

9 **Conversations téléphoniques** Choisissez la réponse la plus logique.

1. Allô?
   a. Allô, oui!
   b. C'est de la part de qui?
   c. Il est là?

2. Je voudrais parler à Monsieur Delacroix, s'il vous plaît.
   a. Zut! Ça sonne occupé.
   b. Je suis désolé, il n'est pas là.
   c. Raccrochez, s'il vous plaît.

3. Monsieur Caron est là, s'il vous plaît?
   a. Oui, de la part de qui, s'il vous plaît?
   b. Oui, raccrochez, s'il vous plaît.
   c. Oui, composez le numéro.

4. C'est de la part de qui, s'il vous plaît?
   a. Il est parti.
   b. Ça sonne occupé.
   c. De Bernard Gaye.

5. Madame Burth, s'il vous plaît.
   a. Un instant, ne quittez pas.
   b. C'est occupé.
   c. De son mari.

6. Allô, Marc?
   a. Je regrette, mais c'est une erreur.
   b. Je voudrais parler à Marc.
   c. Ça sonne occupé.

7. Vous avez fait un mauvais numéro, monsieur.
   a. Je peux laisser un message?
   b. Oh, excusez-moi, madame.
   c. C'est de la part de qui?

10 **Comment faire?** Vous êtes dans la rue, dans une ville américaine. Vous voyez un(e) touriste français(e)—votre camarade de classe—qui essaie de faire un appel téléphonique dans une cabine.

- Le/La touriste vous demande comment faire pour téléphoner.
- Vous lui dites ce qu'il faut faire: s'il faut mettre une carte téléphonique ou des pièces de monnaie.
- Vous lui demandez de répéter les instructions pour être sûr(e) qu'il/elle a bien compris.

11 **On sort ensemble?** Vous êtes en France et vous avez rencontré un garçon ou une fille avec qui vous voulez sortir. Vous lui téléphonez pour voir s'il/si elle est libre. Avec un(e) autre élève, préparez votre conversation téléphonique.

Structure

Narrating in the past
L'imparfait

1. In French, several tenses are used to express past actions. You have already learned the **passé composé**. The **passé composé** is used to express actions that started and ended at a specific time in the past. You are now going to learn the imperfect tense.

2. First, let's look at how the imperfect tense is formed. To get the stem for the imperfect, you drop the **-ons** ending from the **nous** form of the present tense. You add the imperfect endings to this stem. Study the following.

	PARLER	FINIR	ATTENDRE
Present	nous parlons	nous finissons	nous attendons
Stem	parl-	finiss-	attend-
	je parlais	je finissais	j' attendais
	tu parlais	tu finissais	tu attendais
	il/elle/on parlait	il/elle/on finissait	il/elle/on attendait
	nous parlions	nous finissions	nous attendions
	vous parliez	vous finissiez	vous attendiez
	ils/elles parlaient	ils/elles finissaient	ils/elles attendaient

Note that the **je, tu, il,** and **ils** forms of the imperfect are pronounced the same way. They are, however, spelled differently.

3. The imperfect of all verbs, except for the verb **être,** is formed the same way.

AVOIR	nous avons	→	j'avais
COMMENCER	nous commençons	→	je commençais
FAIRE	nous faisons	→	je faisais
MANGER	nous mangeons	→	je mangeais
CROIRE	nous croyons	→	je croyais

4. Note the forms of **être.**

j'étais	nous étions
tu étais	vous étiez
il était	ils étaient

5. In French, you use the imperfect to describe or reminisce about habitual or continuous actions. You also use the imperfect to describe emotional and physical conditions or states in the past. The time at which these actions or states began or ended is not important.

> **Quand j'étais au collège, j'avais un très bon professeur de français. Elle s'appelait Madame Castex. Elle était un peu stricte, mais nous l'aimions beaucoup. Elle nous racontait toujours des histoires intéressantes et nous l'écoutions pendant des heures avec beaucoup d'attention.**

Continuons
Let's put our words together

12 **Tu parlais français?** Répétez la conversation.

> *Nina, tu parlais français quand tu étais petite, non?*

> *Pas vraiment. On parlait anglais à la maison. Mes grands-parents parlaient français, mais ils habitaient à Québec.*

> *Alors, tu parlais français quand tu allais les voir.*

> *Bien sûr, parce que, eux, ils ne savaient pas un mot d'anglais.*

13 **Le français ou l'anglais?** Répondez d'après la conversation.

1. On parlait anglais ou français chez Nina?
2. Qui parlait français dans sa famille?
3. Où habitaient ses grands-parents?
4. Quand est-ce que Nina parlait français?
5. Pourquoi est-ce qu'elle ne pouvait pas parler anglais avec ses grands-parents?

14 **Historiette** **Quand j'étais petit(e)**

Donnez des réponses personnelles.

1. Quand tu étais petit(e), tu téléphonais souvent à tes grands-parents?
2. Tu leur écrivais de temps en temps?
3. Tu les voyais souvent?
4. Tu leur achetais de petits cadeaux?
5. Qui choisissait les cadeaux pour ta grand-mère?
6. Qui choisissait les cadeaux pour ton grand-père? C'était toi, ton frère ou ta sœur?
7. Tes grands-parents t'invitaient souvent chez eux?

15 **Historiette** **Gilles adorait sa grand-mère.** Complétez.

Quand Gilles __1__ (être) petit, il __2__ (habiter) à Paris. Sa grand-mère __3__ (habiter) à Saint-Malo en Bretagne. Gilles __4__ (adorer) sa grand-mère et sa grand-mère l'__5__ (adorer) aussi. Il __6__ (aimer) téléphoner à sa grand-mère. Il lui __7__ (téléphoner) presque toujours de la maison. Mais quand il __8__ (vouloir) lui dire un secret, il l'__9__ (appeler) d'une cabine téléphonique. Sa grand-mère __10__ (être) toujours contente quand Gilles lui __11__ (donner) un coup de fil. Quand le téléphone __12__ (sonner), elle __13__ (entendre) la sonnerie et elle __14__ (répondre) tout de suite.

Saint-Malo en Bretagne

16 **On va parler au prof.** Posez des questions à votre professeur d'après le modèle.

aller à quelle école
Quand vous étiez jeune, vous alliez à quelle école?

1. parler quelle langue
2. aimer vos cours
3. faire du français
4. recevoir de bonnes notes
5. lire beaucoup
6. écrire beaucoup
7. avoir beaucoup d'amis
8. sortir beaucoup
9. aller souvent au cinéma
10. s'amuser

17 **Les loisirs** Donnez des réponses personnelles.

1. Quand tu étais petit(e), où est-ce que tu allais en vacances? À la mer, à la montagne, chez tes grands-parents, ou est-ce que tu restais chez toi?
2. En hiver, qu'est-ce que tu faisais comme sport(s)? Du ski? Du hockey? Du patin à glace?
3. En été, tu faisais de la natation? Du ski nautique? De la planche à voile?
4. Tu aimais mieux les sports d'hiver ou les sports d'été?
5. Tu prenais quelquefois le train ou l'avion? Pour aller où?
6. Ta famille et toi, qu'est-ce que vous faisiez ensemble?
7. Vous vous amusiez bien?

Tu jouais dans la neige quand tu étais petit(e)?

Describing things in the past
Les emplois de l'imparfait

1. As you have already learned, the imperfect is used to describe continuous, repeated, or habitual actions in the past.

> **Quand Germain était enfant, il se couchait toujours de bonne heure et il se levait très tôt pour aller à l'école.**

2. You also use the imperfect to describe persons, things, places, situations, and physical and emotional conditions or states in the past.

location	**Il habitait à Paris.**
age	**Il avait 10 ans.**
appearance	**Il était très grand pour son âge.**
physical condition	**Il était en bonne santé.**
attitude, emotions, and desires	**Il voulait toujours faire du sport.**
time	**C'était le mois de décembre.**
weather	**Il faisait froid.**

3. Verbs that describe mental or emotional states are often used in the imperfect. The following are some of the most common.

> **aimer (mieux) = préférer**
> **vouloir**
> **pouvoir**
> **savoir**
> **croire**

Germain fait
toujours du sport!

Continuons
Let's put our words together

18 Historiette **Un petit garçon bien triste**
Complétez à l'imparfait.

Quel âge __1__ (avoir) le petit garçon? Il __2__ (être) très jeune. Il n'avait pas quatre ans. Il __3__ (habiter) tout près de Paris. Sa famille __4__ (avoir) une maison en banlieue. Mais le petit garçon __5__ (être) souvent triste. Il __6__ (vouloir) apprendre à lire, mais il ne __7__ (pouvoir) pas. Pourquoi? Il n'__8__ (être) pas intelligent? Au contraire, il __9__ (être) très intelligent. Mais il ne __10__ (pouvoir) pas lire parce qu'il ne __11__ (pouvoir) pas voir: il __12__ (être) aveugle. Et il __13__ (avoir) très envie d'apprendre à lire comme les autres enfants de son âge.

Plus tard, quand il __14__ (avoir) vingt ans, il __15__ (avoir) une idée fixe: il __16__ (être) professeur à l'institut des aveugles et il __17__ (vouloir) inventer un système d'écriture (un alphabet) pour ses élèves. Il __18__ (travailler) nuit et jour pour développer et perfectionner son alphabet.

Monument à Louis Braille à Coupvray

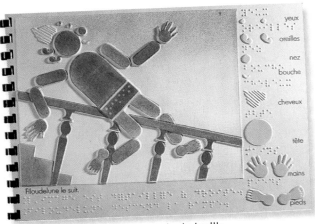

Un livre pour apprendre le braille

Tous ses collègues __19__ (croire) qu'il __20__ (essayer) de faire quelque chose d'impossible. Mais le jeune homme ne les __21__ (écouter) pas. Il __22__ (continuer) son travail. Mais qui __23__ (être) donc ce jeune homme? Vous voulez le savoir? Eh bien, il __24__ (s'appeler) Louis Braille. C'est lui qui a créé le système d'écriture pour les aveugles. Ce système porte son nom: le système Braille. Vous ne __25__ (savoir) pas que l'inventeur du système Braille __26__ (être) un jeune Français?

19 Historiette Le beau jeune homme

Racontez une histoire d'après le dessin.

1. Il était quelle heure?
2. Il faisait quel temps?
3. Où était le jeune homme?
4. Il était comment?
5. Il pensait à qui?
6. Elle s'appelait comment?
7. Elle avait quel âge?
8. C'était sa petite amie?

20 Ce que je ne savais pas faire

Dites des choses que vous ne saviez pas faire quand vous étiez petit(e), mais que vous savez faire maintenant.

Attention!

Note the spelling of the verbs **appuyer, envoyer,** and **payer.**

j'appuie	j'envoie	je paie
tu appuies	tu envoies	tu paies
il appuie	il envoie	il paie
nous appuyons	nous envoyons	nous payons
vous appuyez	vous envoyez	vous payez
ils appuient	ils envoient	ils paient

Complétez.

1. J'_____ sur la touche. J'_____ mon fax et je _____. (appuyer, envoyer, payer)
2. Si vous _____ un fax, vous _____ sur cette touche. (envoyer, appuyer)

21 **Je ne voulais pas.** Travaillez avec un copain ou une copine. Dites tout ce que vous aimiez manger (et ce que vous ne vouliez pas manger) quand vous étiez petit(e). Décidez si vous aviez des goûts en commun.

22 **Qu'est-ce que tu aimais faire?** Demandez à un copain ou à une copine ce qu'il/elle aimait faire quand il/elle était enfant.

Tu allais souvent au parc quand tu étais petit(e)?

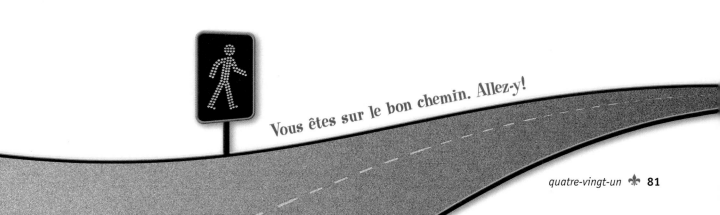

Vous êtes sur le bon chemin. Allez-y!

Conversation

Des devoirs difficiles 🔄 🎧 💿

Hugo: Tu comprends quelque chose, toi?

Joël: Rien du tout.

Hugo: À qui on téléphone?

Joël: À Marie. Elle est bonne en maths.

Hugo: C'est quoi, son numéro?

Joël: C'est le 03 44 51 60 84.

Hugo: Dis donc, tu le sais par cœur. Tu lui téléphones souvent?

Joël: Euh… de temps en temps.

Après la conversation

Répondez.

1. Que font les deux garçons?
2. Ils sont forts en maths?
3. Ils vont téléphoner à qui?
4. Pourquoi est-ce qu'ils vont lui téléphoner?
5. Quel est son numéro de téléphone?
6. Qui savait le numéro de Marie par cœur?
7. D'après vous, pourquoi est-ce qu'il téléphone à Marie assez souvent?

Parlons un peu plus
Let's talk some more

A **Le répondeur** Vous voulez inviter un(e) ami(e) chez vous, mais quand vous lui téléphonez, c'est son répondeur automatique (votre camarade) qui vous répond. Laissez un message. Votre camarade va écrire votre message, puis il/elle va vous relire votre message.

- Laissez votre nom.
- Donnez la date et l'heure.
- Dites pourquoi vous téléphonez.
- Donnez votre numéro de téléphone.

B **La jeunesse de mes grands-parents** Dites tout ce que vous savez de la vie de vos grands-parents quand ils étaient jeunes—comment ils étaient, où ils habitaient, ce qu'ils faisaient, etc. Ensuite, votre camarade va vous parler de ses grands-parents.

C **Les renseignements** Vous n'avez pas d'annuaire et vous voulez savoir le numéro de téléphone de plusieurs personnes. Vous téléphonez au 12, le service des renseignements. Votre camarade vous répond.

—**Les renseignements, bonjour.**
—**Bonjour (madame). Je voudrais le numéro de téléphone de Monsieur Dab, 13 rue Quentin.**
—**Vous pouvez épeler le nom, s'il vous plaît?**
—**D comme Denise, A comme Adèle, B comme Béatrice.**
—**C'est le 01 24 35 57 86.**

> Pour vous aider, voici la liste officielle des noms à utiliser:
>
> | | | | |
> |---|---|---|---|
> | A | comme Adèle | N | comme Noémie |
> | B | comme Béatrice | O | comme Odette |
> | C | comme Caroline | P | comme Pierre |
> | D | comme Denise | Q | comme Quentin |
> | E | comme Eugène | R | comme Robert |
> | F | comme François | S | comme Simone |
> | G | comme Georges | T | comme Thomas |
> | H | comme Hector | U | comme Ursule |
> | I | comme Isidore | V | comme Victor |
> | J | comme Jacques | W | comme William |
> | K | comme Karl | X | comme Xavier |
> | L | comme Léon | Y | comme Yves |
> | M | comme Marie | Z | comme Zoé |

Lectures culturelles

Le téléphone d'hier et d'aujourd'hui

Bonjour. Je m'appelle Jean Charpentier. Je trouve incroyable comme la vie a changé depuis mon enfance. Quand j'étais petit, je me souviens[1] bien que j'aimais utiliser le téléphone. Ça m'amusait beaucoup. Maman me permettait de téléphoner à ma grand-mère. Je composais le numéro moi-même, mais maman m'aidait un peu. Sinon, je composais de temps en temps le mauvais numéro. Notre téléphone était un téléphone à cadran et souvent, mon petit doigt[2] ratait un numéro.

De temps en temps, je téléphonais à ma grand-mère d'une cabine téléphonique publique. Il n'y avait pas encore de télécarte. On devait avoir beaucoup de pièces parce que ma grand-mère

[1] je me souviens *I remember*
[2] doigt *finger*

Quand Jean était petit, il téléphonait toujours à sa grand-mère.

Un téléphone à cadran

Un téléphone public à pièces

Haïti

habitait loin. Papa me prenait dans ses bras et me soulevait[3] parce que je n'arrivais pas à mettre les pièces dans la fente. Papa décrochait et me donnait le téléphone. C'était lui qui faisait le numéro.

    La vie a bien changé! Moi, je ne suis pas vieux. Je suis étudiant à l'université. Quand je parle des coups de téléphone que je donnais à ma grand-mère, il n'y a pas si longtemps de ça[4]. Aujourd'hui, avoir beaucoup de pièces de monnaie pour faire un appel? Absolument pas! Maintenant, on achète une télécarte pour faire des appels d'une cabine téléphonique. À la maison, notre téléphone n'a pas de cadran. C'est un téléphone à touches. Et on peut mettre en mémoire les numéros qu'on appelle souvent.

    Je suis aux Tuileries. J'ai mon portable. Je crois que je vais téléphoner à ma grand-mère. Je l'adorais et je l'adore toujours. «Allô, Mamie? C'est Jean… »

[3] soulevait *lifted*
[4] il n'y a pas si longtemps de ça *it wasn't so long ago*

Un portable

Après la lecture

A Vous avez compris? Répondez.

1. Qui parle?
2. Qu'est-ce qu'il aimait utiliser quand il était petit?
3. À qui est-ce qu'il téléphonait souvent?
4. Sa mère l'aidait à composer le numéro? Pourquoi?
5. Qu'est-ce qu'on devait avoir pour téléphoner d'une cabine téléphonique?
6. Le père de Jean le soulevait. Pourquoi?
7. Qu'est-ce que Jean mettait dans la fente?
8. Qu'est-ce que le père de Jean lui donnait quand il décrochait?
9. Comment est-ce que Jean appelle sa grand-mère?

B Qu'en pensez-vous? Répondez.

1. Comment est-ce qu'on sait que Jean aimait sa grand-mère et qu'il l'aime toujours?
2. Comment est-ce que les parents de Jean l'aidaient à être souvent en contact avec sa grand-mère?
3. À votre avis, quels sont les rapports de Jean et de sa grand-mère?

Le Maroc

DU MALI

La télécarte

De nos jours, on n'a pas besoin de monnaie pour faire un appel d'une cabine téléphonique. On achète une télécarte. On demande la quantité d'unités qu'on désire. Avant de composer le numéro, on introduit la télécarte dans la fente. On peut utiliser une télécarte pour faire des appels urbains, interurbains et internationaux.

On peut acheter une télécarte dans un bureau de tabac ou dans un kiosque à journaux.

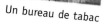

Un bureau de tabac

Un téléphone public à Tahiti

Après la lecture

A **Une comparaison** Expliquez comment on utilisait un téléphone public avant et comment on utilise un téléphone public maintenant.

B **Quel est le mot?** Trouvez l'équivalent en français.
1. local call
2. toll call
3. international call

Les communications avant et maintenant

Depuis toujours, les hommes essaient de communiquer. Les Romains envoyaient des messagers à pied ou à cheval[1]. Les Indiens utilisaient des signaux de fumée[2]. Les Africains, eux, jouaient du tam-tam. Au dix-neuvième siècle[3], on utilisait le morse—inventé par l'Américain Samuel Morse. Puis c'est le télégraphe et enfin… le téléphone. Au début[4], la qualité des communications n'était pas très bonne, mais avec l'invention du microphone, elle s'est beaucoup améliorée[5].

Aujourd'hui, on utilise encore très souvent le téléphone. Mais de plus en plus, c'est l'ordinateur qu'on utilise pour communiquer. Non seulement on peut envoyer des messages à ses amis sur Internet, mais on peut aussi chercher des renseignements, réserver des places de cinéma ou de théâtre, ou acheter toutes sortes de produits. L'Internet offre des possibilités immenses de communication.

Comment donner une adresse e-mail en français? Voici comment on doit dire l'adresse suivante: veronique.perse@wanadoo.fr = Véronique (point) Perse (arrobase) wanadoo (point) fr. Et vous, vous avez une adresse e-mail?

[1] à cheval *on horseback*
[2] fumée *smoke*
[3] siècle *century*
[4] Au début *In the beginning*
[5] s'est… améliorée *got better*

Après la lecture

A Devinez. D'après le contexte, quelle est la signification des mots suivants?
1. des messages de fumée
2. au dix-neuvième siècle
3. le morse

B Votre adresse e-mail Donnez votre adresse e-mail (ou celle de votre école) à votre ami(e) français(e)—votre camarade.

3615 MINITELNET

Mon premier contact avec Internet

Echanger des messages sur Internet avec Minitel

France Telecom

La Belgique

La Tunisie

Le Maroc

Le Mali

CONNEXIONS

La technologie

L'ordinateur

It's hard to imagine life before the computer. The computer has revolutionized many fields, including travel, medicine, architecture, the military, banking, and commerce. Even agriculture and the arts make extensive use of the new technology. The changes have been tremendous. Because the United States has led the way in computer science, much of the vocabulary used worldwide is in English or derived from English. Let's read about some of these changes in technology and the prevalence of English in this domain.

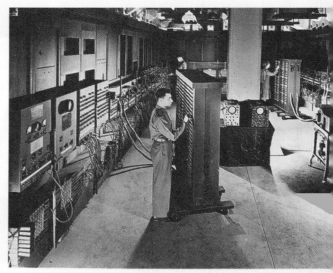

L'ordinateur ENIAC, 1946

Les progrès des télécommunications

Les ordinateurs d'il y a trente ans étaient énormes. Un ancien ordinateur comme le premier ENIAC exécutait moins d'instructions qu'une calculatrice actuelle[1] et occupait toute une salle! Aujourd'hui, il y a des ordinateurs portables qui pèsent moins de deux kilos. Ce qui a facilité le progrès en informatique, c'est la miniaturisation. Une seule micropuce[2] peut emmagasiner[3] des centaines de millions d'informations. Les premiers télécopieurs aussi étaient très grands et les télécopies qu'on recevait étaient souvent illisibles[4].

Marianne Silberfeld travaille pour un ministère du gouvernement français. Le bâtiment[5] est du dix-neuvième siècle, mais les appareils[6]

[1] actuelle *of today*
[2] micropuce *microchip*
[3] emmagasiner *store*
[4] illisibles *illegible*
[5] bâtiment *building*
[6] appareils *machines*

que Marianne utilise sont très modernes.
Elle a un ordinateur et un fax. À l'université,
Marianne a fait des études d'anglais. Une
bonne idée, parce qu'il y a beaucoup de
mots anglais en informatique. Par exemple,
il faut «cliquer» sur une «icône» pour
accéder au «software». Un «virus» peut
infecter les programmes. Voici d'autres
exemples de la prédominance de l'anglais
dans le monde de l'informatique: une
disquette, la mémoire, un format, le
hardware, un processeur, un bogue, un
mail. Vous savez comment on dit tout
ça en anglais?

Un ordinateur aujourd'hui

Un portable

Après la lecture

A **En français** Donnez le mot
en français.

1. e-mail
2. fax
3. software
4. virus
5. hardware
6. format
7. memory
8. to access
9. to click
10. icon

B **Définitions** Dites d'une
autre façon.

1. un petit ordinateur qu'on peut
   transporter facilement
2. qu'on ne peut pas lire
3. des machines
4. accumuler, mettre en réserve
5. un télécopieur ou une télécopie

C'est à vous

Use what you have learned

PARLER
1

Qu'est-ce qu'on fait?
✔ *Talk about computers, e-mail, the Internet, faxes, and telephones*

Choisissez une photo et décrivez-la à votre camarade.

PARLER
2

Les étés de mon enfance
✔ *Talk about past habitual actions*

Demandez à un(e) camarade ce qu'il/elle faisait d'habitude en été quand il/elle était petit(e). Demandez-lui où il/elle allait, avec qui, ce qu'il/elle faisait, etc. Changez ensuite de rôle.

PARLER
3

Vos amis et vous
✔ *Talk about today's telecommunications and how you keep in touch with your friends*

Expliquez à un(e) camarade comment vous restez en contact avec vos amis. Dites-lui si vous avez un portable, un répondeur ou une adresse e-mail. Dites-lui aussi si vous téléphonez à vos amis tous les jours ou si vous leur envoyez des e-mails. Ensuite demandez-lui comment il/elle reste en contact avec ses amis.

PARLER
4

Jeu Le jeu du téléphone
✔ *Describe routine actions*

Divide into teams by row. Using the imperfect, the last person in each row whispers to the person in front of him or her one sentence about what he or she used to do in the past. Each person whispers the sentence to the next person until the message reaches the front of the row. The first person in each row says the sentence to the class. The team whose final sentence most closely resembles the original wins!

ÉCRIRE
5 Souvenirs d'enfance

✔ *Write about people and events in the past*

Quand vous étiez petit(e), est-ce que vous alliez quelquefois chez vos cousins ou chez un(e) ami(e)? En un paragraphe, décrivez chez qui vous alliez, comment étaient les gens et leur maison et ce que vous faisiez d'habitude chez eux.

ÉCRIRE
6 Une petite histoire

✔ *Narrate in the past*

Écrivez une histoire en utilisant les catégories ci-dessous comme guide.

- Date
- Temps
- Personnages et lieu
- Description physique ou émotionnelle des personnages
- Attitudes
- Désirs
- Actions habituelles

C'était le 3 janvier. Il faisait...

ÉCRIRE
7 Un job intéressant

You had a job this past summer with a service organization dealing with French-speaking countries. You got the job because you speak French. Write to Christophe, your French pen pal, and explain some of the things you did in the office and what equipment you used. Since you know that Christophe has never worked in an office and is not familiar with office machines, be as clear and as logical as you can in your explanation.

Writing Strategy

Expository writing Expository writing explains and informs. It helps readers to understand a topic. Before you write, two important questions to ask about your topic are "how to" and "why." Use familiar terms in your definitions and descriptions. Be careful not to omit important facts and steps and to present the steps in order. These measures will help you present a clear and concise explanation that readers will find interesting and informative.

Vocabulaire

1 Identifiez.

To review **Mots 1**, turn to pages 66–67.

1.

2.

3.

4.

5.

To review **Mots 2**, turn to pages 70–71.

2 Choisissez.

6. _____ le numéro

7. _____ le téléphone

8. _____ un coup de fil

9. _____ à quelqu'un

10. _____ la télécarte dans la fente

a. donner

b. téléphoner

c. mettre

d. décrocher

e. composer

Structure

 3 Récrivez à l'imparfait.

11–12. Quand il est petit, il habite à Nice.
13. On va toujours à la plage.
14. Je prends un bain de soleil.
15. Mes copains font du surf.
16. Nous aimons bien aller à la plage.

To review verb forms in the imperfect tense, turn to pages 74–75.

4 Complétez au passé.

Quand Françoise __17__ (avoir) trois ans, elle __18__ (aller) à l'école maternelle. Elle __19__ (vouloir) tout apprendre et elle __20__ (aimer) jouer avec les autres petits enfants. Elle __21__ (habiter) dans une belle maison, tout près de l'école. Quand il __22__ (faire) beau, elle __23__ (aller) à l'école à pied.

To review the use of the imperfect tense, turn to page 78.

Culture

5 Vrai ou faux?

24. Les télécommunications ont beaucoup changé en France.
25. Aujourd'hui, il faut avoir beaucoup de pièces de monnaie pour faire un appel d'un téléphone public.

To review this cultural information, turn to pages 84–85.

Vocabulaire

Describing a computer

un ordinateur	une disquette	une imprimante
un clavier	un lecteur	un CD-ROM
un écran	une souris	un logiciel

Using a computer

allumer	envoyer	sauvegarder
mettre une disquette	un e-mail	retirer
taper	un mail	éteindre
cliquer	un texte	
	des données *(f. pl.)*	

Sending a fax

appuyer (sur)	un document
envoyer, transmettre	face écrite visible
un télécopieur, un fax	face écrite non visible
une télécopie, un fax	une touche

How well do you know your vocabulary?

- Choose words to describe your favorite method of communication.
- Write a brief explanation of either sending an e-mail or making a telephone call to a friend or family member.

Describing a telephone

un téléphone	un répondeur	un portable
à touches	automatique	une cabine
public, publique	une fente	téléphonique

Giving a telephone number

un annuaire	un indicatif régional	une erreur
le numéro	le bon numéro	
l'indicatif du pays *(m.)*	le mauvais numéro	

Making a telephone call

téléphoner à	décrocher	rappeler
faire un appel	composer le numéro	une télécarte
téléphonique	faire le numéro	une pièce de monnaie
donner un coup	sonner	la tonalité
de fil	raccrocher	occupé

Other useful words and expressions

Allô?	Ce n'est pas grave.	se servir de
C'est de la part de qui?	désolé(e)	aider
Ne quittez pas.		

Technotour

BON VOYAGE!

Avant de visionner

In this video episode, Christine films Mme Séguin as she learns to use the new office equipment. Christine then explores the latest technology at the Cité des Sciences.

Mme Séguin apprend à utiliser un ordinateur.

Ensuite, elle envoie un fax.

FRENCH ONLINE

À découvrir

Learn more about the museum attractions at La Cité des Sciences online.

La Cité des Sciences et la Géode, Paris

FRENCH *Online*

In the Chapter 3 Internet activity, you will have the chance to learn more about the use of computers in the French-speaking world. To begin your virtual adventure, go to the Glencoe French Web site: **french.glencoe.com**

CHAPITRE 4

Des voyages intéressants

Objectifs

In this chapter you will learn to:

- ✓ *talk about train travel*
- ✓ *talk about air travel*
- ✓ *describe past events*
- ✓ *identify cities, countries, and continents*
- ✓ *discuss old and modern trains in France*

Claude Monet *La gare Saint-Lazare*

Vocabulaire

Mots 1

Les trains d'hier et d'aujourd'hui 🎧

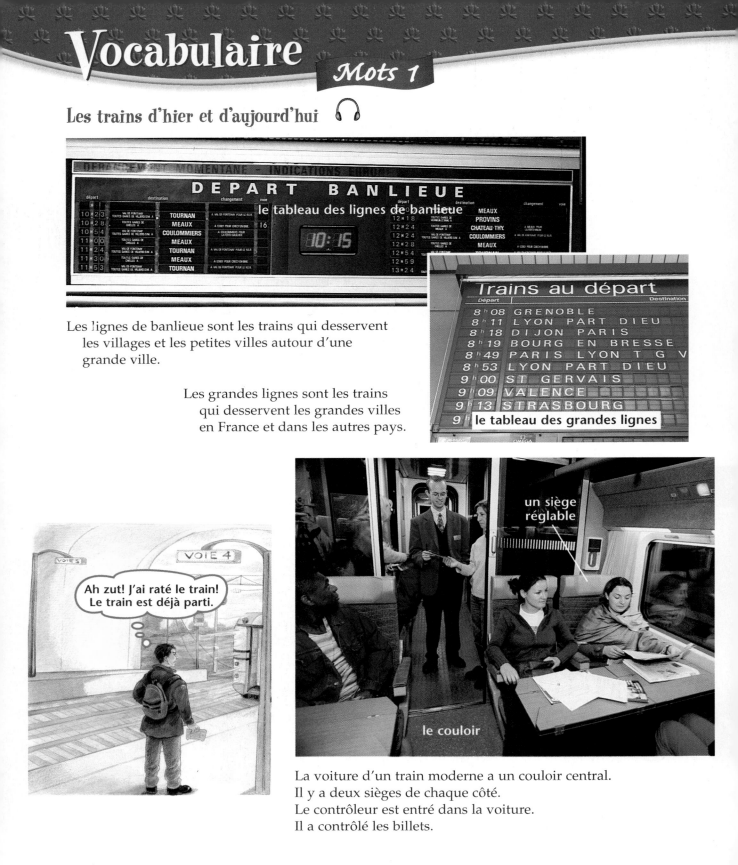

Les lignes de banlieue sont les trains qui desservent les villages et les petites villes autour d'une grande ville.

Les grandes lignes sont les trains qui desservent les grandes villes en France et dans les autres pays.

le tableau des lignes de banlieue

le tableau des grandes lignes

un siège réglable

le couloir

Ah zut! J'ai raté le train! Le train est déjà parti.

La voiture d'un train moderne a un couloir central.
Il y a deux sièges de chaque côté.
Le contrôleur est entré dans la voiture.
Il a contrôlé les billets.

un compartiment

debout

assis

Les vieux trains avaient des compartiments.
De temps en temps, il n'y avait pas de places disponibles.
Tous les compartiments étaient complets.
Il y avait des voyageurs debout dans le couloir.

le paysage

Le TGV est un train à grande vitesse.
Il roule très vite.
Le paysage est splendide.

Commençons
Let's use our new words

1 **Historiette** **Le voyage du père de Sylvain**

Inventez une histoire.

1. Le père de Sylvain a fait un voyage en train quand il était jeune?
2. Il est allé de Paris à Dijon?
3. Le train avait des compartiments?
4. Tous les voyageurs étaient assis?
5. Il y avait des places disponibles?
6. Le père de Sylvain a trouvé une place?
7. Le contrôleur est entré dans le compartiment?
8. Il a contrôlé les billets?
9. Le train est arrivé à Dijon à l'heure?

Un contrôleur dans le train de Paris à Dijon

2 **Historiette** **À la gare** Répondez.

1. Charlotte va voyager en train. Elle est à la gare ou à l'aéroport?
2. Elle va de Paris à Chartres. Elle va consulter le tableau des grandes lignes ou le tableau des lignes de banlieue?
3. Elle va partir. Elle regarde le tableau des arrivées ou le tableau des départs?
4. Charlotte est montée dans le train sur le quai ou dans la salle d'attente?
5. Elle est arrivée à la gare à l'heure. Elle a raté son train ou pas?

Départ Grandes Lignes	train	nº	destination	départ	voie
	TGV 1ª - 2ª CL	8543	IRUN	15 55	1
	TGV 1ª 2ª CL	8143	HENDAYE	15 55	—
	TER-CENTRE	85733	CHARTRES	16 00	—
	TGV 1ª 2ª CL	8645	RENNES	16 30	—
	TER-CENTRE	85737	CHARTRES	16 30	—
	TGV 1ª 2ª CL	8849	NANTES	17 00	—
	TGV 1ª 2ª CL	8453	ANGOULEME	17 15	—
	EXPRESS 1ª 2ª CL	13619	LE MANS	17 19	—
	TGV 1ª 2ª CL	8953	NANTES SAINT-NAZAIRE	17 30	—
	TGV 1ª 2ª CL	8759	BREST	17 35	—

Tableau des départs à la gare Montparnasse à Paris

3 **Les trains** Vrai ou faux?

1. Les vieux trains avaient un couloir avec deux sièges de chaque côté.
2. Il y a beaucoup de places disponibles quand le train est complet.
3. Il y a des voyageurs debout quand il n'y a plus de places disponibles.
4. Les voyageurs aiment avoir un siège réglable s'ils veulent dormir un peu.
5. Les lignes de banlieue desservent toutes les grandes villes.
6. Les voyageurs prennent la correspondance quand ils doivent changer de train.
7. Le TGV est un petit train qui dessert les villages de banlieue.
8. Quand on voyage en train, on peut regarder le paysage.
9. Le TGV roule très vite.

4 **À la gare** Travaillez avec un copain ou une copine. Vous êtes à la gare. Vous allez prendre le train de Nice à Grenoble. Décrivez ce que vous faites à la gare. Vous pouvez utiliser les expressions suivantes.

la gare   le guichet   descendre   monter   le kiosque   le quai   le billet   composter   la salle d'attente

5 **Mon train!** Travaillez avec un(e) camarade. Regardez le dessin et décrivez tout ce que vous y voyez.

*For more practice using words from **Mots 1**, do Activity 10 on page H11 at the end of this book.*

Vocabulaire

À l'aéroport 🎧

embarquer

le décollage

À bord de l'avion 🎧

un oreiller

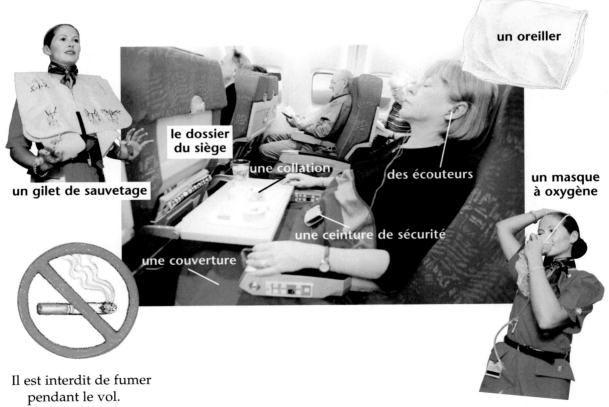

un gilet de sauvetage

le dossier du siège

une collation

des écouteurs

un masque à oxygène

une ceinture de sécurité

une couverture

Il est interdit de fumer
pendant le vol.

À l'arrivée 🎧

l'atterrissage

L'avion atterrit.

FRANCE ⊕ Paris

Dakar ⊕ SÉNÉGAL

C'était un vol sans escale.
Il n'a pas fait escale dans une
seule ville entre Dakar et Paris.

débarquer

Après l'atterrissage, les passagers
débarquent.

Rémi et les autres passagers passent au
contrôle des passeports.
Ils vont en France.
Ils viennent du Sénégal.

Dakar Vol 123

la douane

récupérer
ses bagages

un chariot
(à bagages)

Rémi récupère ses bagages.
Les autres passagers
passent à la douane.

Un ami est venu le chercher
à l'aéroport.

HORS	PROVENANCES	VOL	OBSERVATIONS	GARE
0920	NAIROBI	MD 052	ARRIVE 1009	2A
0920	GENEVE	SR 722	ARRIVE 0952	2B
0925	ZURICH	AF 987	ARRIVE 0942	2B
0930	LON-HEATHROW	AF 807	ARRIVE 0939	2D
0940	DAKAR	AA 123	PREVU 1140	2B
0949	BERNE	LXAF 772	PREVU 1106	2C
0950	ROME	AF 639	ARRIVE 0945	2D
1000	MANCHESTER	AF 909	ARRIVE 0954	2D
1005	BRUXELLES	AF 1221	ANNULE	2B

ARRIVEES AEROGARE TERMINAL **2**
INFORMATIONS GENERALES

Rémi a pris le vol Dakar–Paris.
L'avion est parti avec deux
heures de retard.
Mais le vol n'a pas été annulé.

Commençons
Let's use our new words

6 **Historiette** **Un voyage** Inventez une histoire.

1. Aurélie a pris l'avion de Fort-de-France à Paris?
2. Elle a fait escale à New York?
3. L'avion est parti en retard?
4. Le vol a été annulé?
5. Pendant le vol, Aurélie a dormi un peu?
6. Elle a demandé un oreiller et une couverture à l'hôtesse de l'air?
7. Pendant le vol, on a servi un dîner ou une collation?
8. L'avion a atterri à l'heure?
9. Après le vol, Aurélie a récupéré ses bagages?
10. Elle a mis ses bagages sur un chariot?
11. Aurélie est passée au contrôle des passeports et à la douane?
12. Un ami est venu la chercher à l'aéroport?

Aurélie récupère ses bagages.

7 **À bord de l'avion** Choisissez.

1. En cas d'un changement de pression dans la cabine, _____ tombent automatiquement.
   a. les gilets de sauvetage
   b. les couvertures
   c. les masques à oxygène

2. En cas d'un atterrissage dans la mer ou dans l'océan, c'est-à-dire un amerrissage, il faut mettre _____.
   a. son gilet de sauvetage
   b. le dossier de son siège
   c. sa ceinture de sécurité

3. Pendant le décollage et l'atterrissage, il faut attacher _____.
   a. son masque à oxygène
   b. son gilet de sauvetage
   c. sa ceinture de sécurité

4. _____ de chaque passager doit être en position verticale pendant le décollage et l'atterrissage.
   a. Le masque à oxygène
   b. Le dossier du siège
   c. Le coffre à bagages

5. Une collation, c'est _____.
   a. un petit repas
   b. le départ de l'avion
   c. un grand dîner

6. Pendant le vol, il est interdit de _____.
   a. fumer
   b. parler au personnel de bord
   c. dormir

8 **Pendant le vol** Répondez **Absolument!** ou **J'espère bien que non!**

1. Les passagers vont mettre leur gilet de sauvetage pendant le vol.
2. Les passagers vont attacher leur ceinture de sécurité pendant le décollage et l'atterrissage.
3. Le personnel de bord va servir une collation et des boissons.
4. Les hôtesses de l'air ou les stewards vont distribuer des écouteurs.
5. Les masques à oxygène vont tomber pendant le vol.
6. Les passagers vont débarquer ou embarquer pendant le vol.

À bord d'un avion

9 **À l'aéroport** Travaillez avec un copain ou une copine. Décrivez tout ce que vous voyez sur les dessins. Vous pouvez utiliser les mots suivants.

le comptoir de la compagnie aérienne
l'agent
le billet
les bagages à main

passer par le contrôle de sécurité
la porte d'embarquement
la carte d'embarquement
à bord de l'avion

10 **C'est son premier vol.** Travaillez avec un copain ou une copine. C'est la première fois qu'il/elle prend l'avion et il/elle a beaucoup de questions. Vous, vous avez beaucoup d'expérience. Répondez à toutes ses questions et dites-lui tout ce qui se passe pendant un vol.

Structure

Talking about actions in the past
L'imparfait et le passé composé

1. The decision to use the **passé composé** or the imperfect tense depends upon whether you are describing an action or event that took place at a definite time in the past or whether you are describing or reminiscing about a continuous, recurring action in the past.

2. You use the **passé composé** to relate actions or events that began and ended at a specific time in the past.

   L'été dernier, nous sommes allés en Dordogne.
   Nous avons pris le train.
   Nous y sommes restés quinze jours.

3. You use the imperfect to describe a continuous or repeated action in the past. When the action began or ended is not important.

   Quand j'étais petit nous allions toujours en Dordogne.
   Nous prenions souvent le train.
   Nous y restions quinze jours.

Continuons
Let's put our words together

11 **Avant et après** Inventez des réponses.

1. Avant, le train arrivait à l'heure?
   Et hier, il est arrivé à l'heure?
2. Avant, le train partait toujours de la voie N° 14?
   Et ce matin, il est parti de la voie N° 14?
3. Avant, tu allais au cinéma tous les vendredis soirs?
   Et vendredi dernier, tu es allé(e) au cinéma?
4. Avant, ton prof allait en France tous les étés?
   Et l'été dernier, il est allé en France?
5. Avant, tu regardais la télé tous les soirs?
   Et hier soir, tu as regardé la télé?
6. Avant, tu recevais une lettre de ta grand-mère tous les mois?
   Et le mois dernier, tu as reçu une lettre de ta grand-mère?

Un château en Dordogne

12 **Historiette** **Mes vacances** Donnez des réponses personnelles.
Quand tu étais petit(e), pendant les vacances…

1. tu allais toujours à la montagne?
2. tu prenais le train?
3. tu allais où?
4. tu écrivais des cartes postales?
5. tu faisais du ski?
6. tu avais un bon moniteur?
7. tu jouais dans la neige?
8. tu t'amusais bien?

Et l'année dernière…

1. tu es allé(e) à la montagne?
2. tu as pris le train?
3. tu es allé(e) où?
4. tu as écrit des cartes postales?
5. tu as fait du ski?
6. tu as eu un bon moniteur?
7. tu as joué dans la neige?
8. tu t'es bien amusé(e)?

Un train près de Chamonix dans les Alpes

L'entrée de la station de métro Luxembourg

13 **Historiette** **Hier** Lisez.

Hier, je me suis levé(e) de bonne heure. J'ai fait ma toilette, je me suis habillé(e), j'ai pris mon petit déjeuner et j'ai quitté la maison. Je suis allé(e) à la gare où j'ai attendu le train. Je suis descendu(e) sur le quai. Le train est arrivé et je suis monté(e) en voiture. Je suis arrivé(e) en ville une demi-heure plus tard. Je suis entré(e) dans mon bureau à neuf heures précises.

14 **Avant** Dans l'Activité 13, remplacez **Hier** par **Quand j'habitais en banlieue…**

15 **Pas toujours** Suivez le modèle.

arriver
Avant, tu arrivais toujours à l'heure.
Mais hier, tu es arrivé(e) en retard.

1. **prendre**
   On _____ souvent le train quand on allait en vacances.
   Mais l'été dernier, on _____ l'avion.

2. **aller**
   Tu _____ au cinéma tous les vendredis quand tu étais plus jeune.
   Mais vendredi dernier, tu _____ au théâtre.

3. **passer**
   De temps en temps, Madame Napier _____ ses vacances en Dordogne.
   Mais l'été dernier, Madame Napier _____ ses vacances en Alsace.

4. **voyager**
   Avant, nous _____ toujours en seconde classe.
   Mais cette année, nous _____ en première classe!

5. **arriver**
   Quand nous sortions ensemble, mes amis _____ toujours en retard.
   Mais le week-end dernier, ils _____ à l'heure.

Colmar en Alsace

16 **Avant et hier aussi?** Travaillez avec un copain ou une copine.
Dites-lui ce que vous faisiez quand vous étiez petit(e). Dites-lui si
vous avez fait la même chose récemment. Ensuite, changez de rôle.

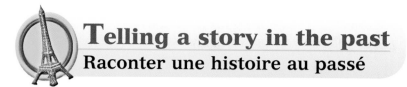

Telling a story in the past
Raconter une histoire au passé

1. When telling a story about any past event, you will almost always use both the imperfect and the **passé composé.** Pretend you are describing a scene from a movie. To describe the setting and scenery, you use the imperfect. To tell what happened (the action), you use the **passé composé.**

Le décor (imparfait)

Il était midi dans le petit village de Barbizon.
Il faisait beau.
Il n'y avait personne dans les rues.

Au Café de la Poste, les clients déjeunaient tranquillement.

L'action (passé composé)

Soudain, une grosse voiture noire est arrivée.
Elle s'est arrêtée devant le Café de la Poste.

Un homme est descendu et est entré dans le café.

Tout le monde l'a regardé.

Et tout le monde a reconnu le grand acteur Gérard Auteuil.
Tout le monde a commencé à applaudir.

2. Study the difference between the imperfect and **passé composé** in the following sentences. The first set tells what you were doing (imperfect) when you heard the explosion. The second set tells what you did when you heard the explosion (**passé composé**).

> **Il y a eu une explosion.**
> **Quand vous avez entendu l'explosion, qu'est-ce que vous faisiez?**
> **Je lisais. (Je regardais la télévision, Je faisais la vaisselle…)**
>
> **Il y a eu une explosion.**
> **Quand vous avez entendu l'explosion, qu'est-ce que vous avez fait?**
> **Je me suis levé(e). (Je suis allé[e] à la fenêtre, J'ai téléphoné à la police…)**

Continuons
Let's put our words together

17 **Historiette** **Quand j'étais petit(e)** Donnez des réponses personnelles.

1. Quand tu étais petit(e), tu allais à quelle école primaire?
2. Quand la maîtresse parlait, tu écoutais?
3. Tu parlais quand elle parlait?
4. Tu levais la main quand elle posait des questions?
5. Maintenant, tu es élève dans une école secondaire. Tu n'as plus de maîtresse, tu as un professeur. Hier, ton professeur t'a posé une question difficile. Tu lui as donné la bonne réponse?
6. Tu as levé la main quand le professeur a posé cette question?
7. Tu as répondu aux autres questions du professeur?
8. Tu as dit au revoir au professeur quand tu as quitté la classe?

Une école primaire à Porto Novo au Bénin

18 **Le téléphone a sonné et…**
Répondez d'après le modèle.

Papa / travailler
Papa n'a pas répondu. Il travaillait.

1. Papa / travailler dans le jardin
2. Maman / faire la cuisine
3. Amélie / lire le journal
4. Paul / écrire un paragraphe
5. Anne et Sylvie / s'habiller
6. Je / prendre une douche
7. Tu / dormir

19 **Historiette** **Dans l'avion** Répondez.

1. Tu écoutais de la musique quand le steward t'a servi une collation? Tu as pris la collation?
2. Ton voisin dormait quand l'hôtesse a fait des annonces? Il s'est réveillé quand il a entendu les annonces?
3. Tu parlais avec ta voisine quand l'hôtesse t'a donné des écouteurs? Tu as mis les écouteurs?
4. Beaucoup de passagers dormaient quand l'avion a commencé à atterrir? Ils se sont réveillés pendant l'atterrissage?
5. Tu as attaché ta ceinture de sécurité quand l'avion a commencé à atterrir?

20 **Historiette** **Dans le petit village de Monéteau**
Complétez en utilisant le passé composé ou l'imparfait.

Il __1__ (être) midi dans le petit village de Monéteau. Il __2__ (faire) très beau et le soleil __3__ (briller) dans le ciel bleu. Il n'y __4__ (avoir) pas beaucoup de monde dans les rues du village. Les rues __5__ (être) presque désertes.

Grégoire __6__ (être) dans son jardin. Il ne __7__ (travailler) pas. Il __8__ (se reposer). Il __9__ (lire) un magazine. Soudain, il __10__ (entendre) quelque chose. Il __11__ (lever) la tête et il __12__ (voir) son amie Séverine dans la rue. Il lui __13__ (dire) d'entrer. Ils __14__ (discuter) tout l'après-midi au soleil!

21 **Ce que je faisais** Vous parlez à un(e) camarade et vous lui racontez quelque chose qui est arrivé hier. Dites-lui ce que vous faisiez quand c'est arrivé.

22 **Une histoire** Avec un(e) camarade inventez une histoire. Utilisez la présentation de l'imparfait et du passé composé à la page 109 comme modèle.

Expressing more actions
Le verbe venir

1. Study the forms of the present tense of **venir** (*to come*).

VENIR			
je	viens	nous	venons
tu	viens	vous	venez
il/elle/on	vient	ils/elles	viennent

Tu viens avec nous au cinéma?
Tous les ans, beaucoup de touristes viennent en France.

2. The verbs **revenir** (*to come back*) and **devenir** (*to become*) are conjugated the same way as **venir.** Their past participles are **venu, revenu,** and **devenu.** These verbs are conjugated with **être** in the **passé composé.**

Elle est devenue très riche et elle est revenue dans son village natal.

Continuons
Let's put our words together

23 **Oui, il vient.** Répondez.

1. Jacques vient ce soir?
2. Il vient avec qui?
3. Il n'est pas venu la semaine dernière avec Mélanie?
4. Ils ne sont pas venus ensemble?
5. Et toi, tu viens ce soir?
6. Ils viennent avec toi?

Les deux copains sont de Chalon-sur-Saône en Bourgogne.

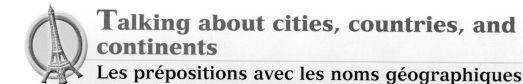

Talking about cities, countries, and continents
Les prépositions avec les noms géographiques

1. With names of cities, you use the preposition **à** to express "in" or "to." You use **de** to express "from."

Il est à Lyon aujourd'hui.	**Il revient de Lyon demain.**
Elle arrive à Nice demain.	**Elle part de Paris.**

2. The names of all continents end in a silent **e** and they are feminine: **l'Europe, l'Asie, l'Afrique.** Almost all countries whose names end in a silent **e** are also feminine. All other countries are masculine.

Féminin	Masculin
la France	le Canada
la Belgique	le Sénégal
la Suisse	le Mali
l'Italie	le Luxembourg
l'Espagne	l'Iran

Savez-vous que... ?

Le Mexique is an exception. It ends in a silent **e**, but it is masculine.

3. You use **en** to express "in" or "to," and **de (d')** to express "from" with all continents and countries with the exception of masculine countries that begin with a consonant.

J'habite en Europe.	Je reviens d'Europe.
Je vais en Belgique.	Je viens de Belgique.

J'habite en Israël.	Je reviens d'Israël.
Je vais en Iran.	Je viens d'Iran.

Savez-vous que... ?

You use the plural **aux** and **des** with **les États-Unis.**
J'habite aux États-Unis.
Je viens des États-Unis.

4. You use **au** to express "to" or "in," and **du** to express "from" with all masculine countries that begin with a consonant.

J'habite au Canada.	Je reviens du Canada.
Je vais au Japon.	Je viens du Japon.

Continuons
Let's put our words together

24 **Les pays** Complétez avec **le, la** ou **l'**.

1. _____ France	7. _____ Côte d'Ivoire
2. _____ Espagne	8. _____ Iran
3. _____ Maroc	9. _____ Canada
4. _____ Chili	10. _____ Grèce
5. _____ Colombie	11. _____ Chine
6. _____ Sénégal	12. _____ Japon

Le marché Djemaa El Fna à Marrakech au Maroc

25 **Un peu de géographie** Répondez.

1. Paris est en France ou au Maroc?
2. Rome est en Italie ou en Israël?
3. Madrid est au Chili ou en Espagne?
4. Tokyo est en Chine ou au Japon?
5. Montréal est au Mexique ou au Canada?
6. Dakar est au Sénégal ou en Tunisie?
7. Chicago est aux États-Unis ou au Panama?

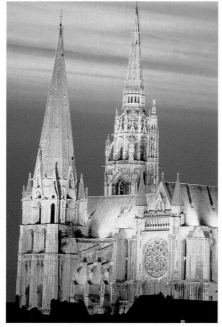

La cathédrale Notre-Dame de Chartres

26 **Pas très fort(e) en géographie**
Répondez.

1. Tu vas à Chartres? C'est dans quel pays?
2. Tu vas à Barcelone? C'est dans quel pays?
3. Tu vas à Ottawa? C'est dans quel pays?
4. Tu vas à Tel-Aviv? C'est dans quel pays?
5. Tu vas à Carthage? C'est dans quel pays?
6. Tu es à Abidjan? C'est dans quel pays?
7. Tu es à Milan? C'est dans quel pays?
8. Tu es à Acapulco? C'est dans quel pays?
9. Tu es à Shanghai? C'est dans quel pays?
10. Tu es à Fort Worth? C'est dans quel pays?

FRENCH Online

For more information about Chartres and other cathedrals in the Francophone world, go to the Glencoe French Web site: french.glencoe.com

27 **C'est quel continent?** Complétez.

1. Le Japon est _____ Asie et la Chine est _____ Asie aussi.
2. L'Italie et l'Espagne sont _____ Europe. Le Portugal est aussi _____ Europe.
3. Le Brésil, le Chili et l'Argentine sont _____ Amérique du Sud.
4. Les États-Unis et le Canada sont _____ Amérique du Nord.
5. Le Sénégal et la Côte d'Ivoire sont _____ Afrique.

Un Bédouin dans le Sahara au Maroc

 28 **D'où viennent ces touristes?**
Répondez d'après le modèle.

 l'Italie
Ces touristes viennent d'Italie.

1. l'Espagne
2. Rome
3. Nice
4. la France
5. Tokyo
6. le Japon
7. le Maroc
8. le Mexique
9. New York
10. les États-Unis

29 **Des voyages** Travaillez avec un copain ou une copine. Dites-lui dans quels pays et dans quelles villes vous voulez aller un jour. Dites-lui aussi les pays et les villes où vous êtes déjà allé(e). Ensuite changez de rôle.

30 **Mes grands-parents** Parlez à un camarade. Dites-lui de quel continent ou de quel(s) pays viennent vos grands-parents.

l'Italie

l'Espagne

le Maroc

la France

le Canada

le Japon

le Mexique

Vous êtes sur le bon chemin. Allez-y!

Conversation

À l'aéroport 🔄 🎧 💿

Vincent: Leïla! Leïla! Par ici!

Leïla: Vincent! Quelle surprise! Tu es venu me chercher à l'aéroport. C'est sympa. Mais mon pauvre, tu as attendu longtemps.

Vincent: Oui, il y avait un problème?

Leïla: Oui. Il faisait très mauvais à Fort-de-France et on est parti avec deux heures de retard.

Vincent: Tu as fait bon voyage?

Leïla: Oui, le personnel était sympa… Le film n'était pas trop mauvais…

Vincent: Tu as faim?

Leïla: Non, j'ai mangé comme douze! On a eu un dîner et une collation. Mais je suis fatiguée.

Vincent: Tu n'as pas dormi?

Leïla: Je ne peux pas dormir dans l'avion. J'ai essayé, mais je n'ai pas pu.

Vincent: Bon, je vais chercher la voiture. Reste ici avec les bagages, je reviens tout de suite.

Après la conversation

Répondez.

1. Qui est arrivé de Fort-de-France?
2. Son vol a eu du retard? Pourquoi?
3. Elle a fait bon voyage?
4. Elle a aimé le film?
5. Elle a mangé?
6. Elle a dormi?
7. Qui va chercher la voiture?

Parlons un peu plus
Let's talk some more

A **Un voyage en avion** Regardez l'horaire et choisissez une destination. Posez des questions au sujet de votre vol à l'agent de la compagnie aérienne (votre camarade). Il/Elle va vous répondre d'après l'horaire. Vous voulez savoir:

- l'heure de départ du vol
- la durée du vol
- l'heure d'arrivée du vol

Jours	Dép.		Arr.	Nº Vol		
PARIS						
→ Florence						
1234567	07.15	F	09.05	AF1216(WX)		
1234567	09.55	F	11.45	AF1516(WX)		
1234567	13.30	F	15.20	AF1816(WX)		
1234567	15.40	F	17.30	AF2116(WX)		
1234567	17.10	F	19.00	AF2216(WX)		
1234567	18.45	F	20.35	AF2316(WX)		
→ Fort-de-France						
1234567	13.30	W	17.05	AF3552		
- 2 - 45 - 7	16.00	A	19.50	AF3548		
1 - - 45 - -	16.00	A	19.50	AF3548		
- 23 - - 67	16.20	W	19.55	AF3554		
→ Fort Lauderdale (FL)						
1234567	10.15	C	17.40	2	AF316/AF8558(DL)	
1234567	14.00	C	22.15	2	AF044(DL)/AF8692(DL)	
123456-	15.55	C	23.58	2	AF300/AF8556(DL)	

B **Un travail intéressant?** Travaillez avec un(e) camarade. Parlez du travail que fait une hôtesse de l'air ou un steward. Décidez si c'est un travail qui vous intéresse ou pas. Si possible, expliquez pourquoi.

La cabine de première classe

Lectures culturelles

Les trains d'hier et d'aujourd'hui

L'été dernier, Ashley et d'autres copains qui faisaient du français avec Madame Carrigan sont allés en France. Ils y ont passé trois semaines fabuleuses. Ils se sont bien amusés.

Ils ont fait plusieurs voyages en train. Une fois, ils ont pris le TGV—le train à grande vitesse. Ils ont pris le TGV de Bordeaux à Paris. C'est un train extrêmement rapide: il roule à plus de 300 kilomètres à l'heure. Pour prendre le TGV, il faut payer un supplément et louer (réserver) sa place à l'avance. Ashley et ses amis ont pris des billets de seconde. Voyager en première classe coûte très cher.

Ce n'était pas la première fois que Madame Carrigan voyageait en France. Quand elle était étudiante, elle y allait souvent. Et elle voyageait toujours en train. Mais les vieux trains étaient bien différents du TGV. D'abord, il n'y avait pas de couloir central. Les vieux trains avaient des compartiments. Dans les compartiments de première, il y avait six places et dans les compartiments de seconde, il y en avait huit.

Le château de Beychevelle, près de Bordeaux

Haïti

Madame Carrigan voyageait toujours en seconde. Elle trouvait ça beaucoup plus sympa. Pourquoi? Parce que tout le monde montait en voiture muni de provisions[1]: un filet ou deux pleins de fromage, de jambon, de pâté, de fruits et un litre de vin[2] rouge. Tous les voyageurs du même compartiment se parlaient et faisaient connaissance[3]. Si quelqu'un n'avait rien à manger, on partageait[4]. De temps en temps, on sortait dans le couloir pour se dégourdir les jambes[5] et bavarder avec les voyageurs des autres compartiments.

Ces vieux trains existent toujours? Oui, il y en a encore quelques-uns. Mais ils commencent à disparaître. Les TGV deviennent de plus en plus nombreux et ils desservent de plus en plus de villes. Tout le monde adore la vitesse.

[1] muni de provisions *loaded with food*
[2] vin *wine*
[3] faisaient connaissance *got to know one another*
[4] partageait *shared*
[5] se dégourdir les jambes *to stretch one's legs*

La gare Saint-Lazare

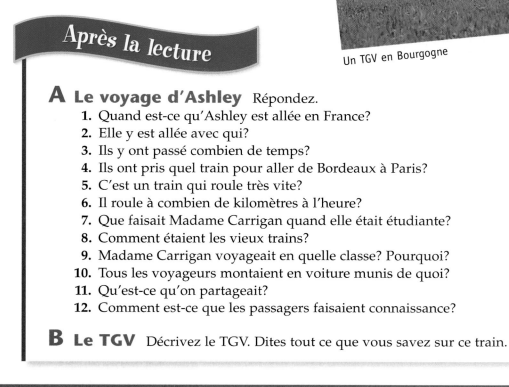
Un TGV en Bourgogne

Après la lecture

A Le voyage d'Ashley Répondez.

1. Quand est-ce qu'Ashley est allée en France?
2. Elle y est allée avec qui?
3. Ils y ont passé combien de temps?
4. Ils ont pris quel train pour aller de Bordeaux à Paris?
5. C'est un train qui roule très vite?
6. Il roule à combien de kilomètres à l'heure?
7. Que faisait Madame Carrigan quand elle était étudiante?
8. Comment étaient les vieux trains?
9. Madame Carrigan voyageait en quelle classe? Pourquoi?
10. Tous les voyageurs montaient en voiture munis de quoi?
11. Qu'est-ce qu'on partageait?
12. Comment est-ce que les passagers faisaient connaissance?

B Le TGV Décrivez le TGV. Dites tout ce que vous savez sur ce train.

Un voyage en Suisse

Thomas a fait un voyage en Suisse. Il a pris l'avion de Paris à Genève. Il a trouvé que c'était une expérience super. L'avion a survolé les Alpes et Thomas a eu des vues superbes des sommets des montagnes couvertes de neige.

Après une courte visite de Genève, il a pris le train pour Lausanne. Pendant le voyage, les vues du lac Léman étaient très belles.

Un train dans le massif de la Bernina en Suisse

De Lausanne, Thomas est passé par la région du Valais. Le paysage alpin de cette région est d'une extrême beauté. Avant, le Valais était un canton (une région) difficilement accessible. Mais maintenant, il y a un très bon réseau[1] de routes, de chemins de fer et de funiculaires.

À Visp, Thomas a pris un autre train pour aller à Zermatt. C'est un chemin de fer à voie étroite[2]. Le train monte les pentes[3] jusqu'à Zermatt, une station de sports d'hiver fabuleuse. Les voitures privées sont interdites dans ce petit village pittoresque.

Thomas a remarqué à Visp que les gens ne parlaient plus français. Ils parlaient allemand. En Suisse, il y a quatre langues officielles: le français, l'allemand, l'italien et le romanche.

Zermatt en Suisse

[1] réseau *network*
[2] à voie étroite *narrow gauge*
[3] pentes *slopes*

Après la lecture

Des renseignements Trouvez les informations suivantes dans la lecture.
1. deux villes suisses francophones
2. quatre langues parlées en Suisse
3. une station de sports d'hiver très connue
4. un canton suisse
5. un lac en Suisse

Le Cervin en Suisse

Lecture supplémentaire 2

Un voyage au Bénin

Regardez une carte d'Afrique. Cherchez le Bénin. Ensuite, cherchez Cotonou, la ville principale du pays. Tout près de Cotonou, sur une jolie lagune, il y a un petit village de 12 000 habitants qui s'appelle Ganvié. Pour aller à Ganvié, on ne prend pas le train. On y va en pirogue—un genre de long canoë en bois. Tous les habitants du village habitent dans des huttes de bambou sur pilotis. Les habitants vivent[1] presque exclusivement de la pêche[2].

Une maison sur pilotis à Ganvié

Que font les femmes du village? Elles vendent les poissons que les hommes attrapent. Elles vendent aussi des légumes, des fruits et des épices[3]. Le matin, il y a un marché, un marché où il y a des pirogues, pas des étals[4]. Les femmes vendent leurs produits dans des pirogues.

Ganvié est très pittoresque et beaucoup de touristes européens qui visitent le Bénin passent par ce village.

[1] vivent *live*
[2] la pêche *fishing*
[3] épices *spices*
[4] étals *stalls*

Après la lecture

Le Bénin Vrai ou faux?
1. Le Bénin est un pays africain.
2. Le Bénin est en Afrique occidentale, sur la côte de l'océan Atlantique.
3. Ganvié est la ville principale du Bénin.
4. Les maisons à Ganvié sont construites sur pilotis.
5. Les femmes de Ganvié vont à la pêche.
6. Une pirogue est un petit train en bois.

Une pirogue à Ganvié

CONNEXIONS

Les sciences sociales

L'archéologie

Archaeology is a fascinating field. Many interesting trips that tourists take include visits to famous ruins discovered by archaeologists. Archaeologists travel to every corner of the globe to excavate and study the ruins of ancient civilizations. The French-speaking world is no exception. There have been excellent finds of Roman ruins, particularly in France and in some of the French-speaking areas of North Africa.

L'archéologie

L'archéologie est la science qui étudie et analyse les vestiges[1] des civilisations anciennes découvertes par les archéologues. Les archéologues font des fouilles[2] pour déterrer[3] des ruines et des objets anciens faits par des êtres humains. En France et en Afrique du Nord, beaucoup de touristes visitent des sites où il y a des ruines magnifiques de l'Empire romain.

En France

Il y a un amphithéâtre à Arles et un autre à Nîmes. Ces amphithéâtres, appelés aussi des arènes, pouvaient recevoir entre vingt mille et vingt-cinq mille spectateurs. C'est là où avaient lieu des combats de gladiateurs. De nos jours on y donne des concerts, des manifestations sportives et des corridas[4].

C'est l'empereur Auguste qui a fait construire le théâtre à Arles. Les deux colonnes qui survivent sont très impressionnantes. Même aujourd'hui on continue à y présenter des spectacles et en été le théâtre accueille des

[1] vestiges *remains*
[2] fouilles *digs*
[3] déterrer *unearth*
[4] corridas *bullfights*

Le théâtre romain à Arles

festivals de musique, de photographie et de film.

La Maison Carrée à Nîmes est un temple construit par Agrippa, un général romain.

Le pont du Gard est un aqueduc romain construit en 19 avant J.-C. pour apporter de l'eau à Nîmes.

En Tunisie

En Tunisie on peut voir beaucoup de vestiges de la civilisation romaine. C'est à Carthage où les Romains ont battu[5] les Carthaginois après la troisième guerre punique en 146 avant J.-C.

À Dougga, il y a les ruines de toute une ville romaine. On peut voir des temples, des bains, des maisons privées et le forum—le marché romain.

[5] ont battu *beat*

La Maison Carrée à Nîmes

Les ruines romaines à Carthage

Les ruines romaines à Dougga

Après la lecture

Un peu d'histoire Discutez.

There is some interesting historical information in this selection about the Roman influence on both France and North Africa. Discuss some of these interesting facts. You can have your discussion in English.

C'est à vous

Use what you have learned

PARLER

1 **Un voyage super**

✔ *Talk about air or train travel*

Vous parlez à des amis d'un voyage que vous avez fait en avion ou en train. Expliquez à vos camarades où vous étiez, avec qui, ce que vous avez fait, etc.

PARLER

2 **Un pays francophone**

✔ *Talk about a French-speaking country you'd like to visit*

Travaillez avec un(e) camarade. Choisissez un pays francophone que vous voulez visiter un jour. Trouvez des renseignements sur ce pays dans une encyclopédie, sur Internet, etc. Ensuite, dites pourquoi vous voulez visiter ce pays, comment vous l'imaginez…

Le château Frontenac à Québec

PARLER

3 **Un peu de géographie**

✔ *Identify French-speaking countries and cities*

Travaillez avec un(e) camarade. Posez des questions sur les villes et pays francophones que vous connaissez. Vous en connaissez beaucoup.

ÉCRIRE

4 **Préparons notre voyage**

✔ *Write for information on a French-speaking country you'd like to visit*

Reprenez le pays que vous avez choisi dans l'Activité 2, page 124. Écrivez un e-mail à une agence de voyage pour demander tous les renseignements nécessaires: quelles villes visiter, en quelle saison, quels vêtements prendre, etc.

Writing Strategy

Identifying sources for a research paper
To write a research paper, you must plan, set goals, and gather information. When you find a source, skim it to see whether it has any useful information. If it does, record the publication information on an index card so you can find the source easily when you begin your research. Be sure to use all resources available to you—both in print and nonprint. Your school library will be an excellent place to begin looking for sources for your research paper.

ÉCRIRE

5 **Mon état**

You have to write a brief description of the interesting sites in your state for a French-speaking audience. Your school librarian will help you select the most appropriate print resources— encyclopedias, almanacs, geography books. The Internet is also an excellent resource. Your state's Web sites are a good place to start. Once you have assembled your resources, scan them for the information you need. Remember to include references at the end of your report. Prepare a draft of your report in French and ask your French teacher to review it for you. After you have seen your teacher's comments, prepare the final version of your report.

Assessment

Vocabulaire

To review **Mots 1**, turn to pages 98–99.

① Complétez.

1. Les lignes ____ desservent les petites villes autour d'une grande ville.
2. Il a ____ son train. Le train est parti une minute avant son arrivée.
3. ____ vérifie ou contrôle les billets dans le train.
4. Toutes les places sont occupées. Il n'y a plus de places ____.
5. Dans une gare il y a ____ qui indique les arrivées et un autre qui indique les départs.

② Identifiez.

To review **Mots 2**, turn to pages 102–103.

6.    7.   8.

9.    10.

Structure

To review the imperfect and the **passé composé**, turn to pages 106, 109–110.

③ Choisissez la bonne réponse.

11–12. Quand ____ petit, les trains ____ des compartiments.
   a. j'étais, avaient
   b. j'ai été, ont eu

13–14. Hier nous ____ dans le train et il ____.
   a. montions, partait
   b. sommes montés, est parti

15. Hier vous ____ le train quand je vous ai vu à la gare?
   a. preniez
   b. avez pris

4 **Complétez avec «venir».**

16. Tes copains ____ à quelle heure?
17. Et vous, vous ____ avec eux?
18. Il est ____ hier.

To review the verb **venir**, turn to page 112.

5 **Complétez.**

19–20. Je suis allé(e) ____ France et ____ Israël.
21. Mais, mes amis sont allés ____ Maroc.
22. Leur vol arrive ____ Canada.
23. Elle vient ____ Espagne.

To review use of prepositions with country names, turn to page 113.

Culture

6 **Choisissez.**

24. Le TGV est ____.
    a. un avion supersonique
    b. un train français qui roule très vite
    c. un compartiment dans un train

25. Tout le monde montait en voiture muni de provisions, c'est-à-dire qu'ils montaient ____.
    a. avec tous leur bagages
    b. avec beaucoup de munitions
    c. avec des choses à manger

To review this cultural information, turn to pages 118–119.

La gare TGV
Lyon-Satolas

Vocabulaire

Getting around a train station

un tableau
une ligne de banlieue
une grande ligne

un TGV (train à grande vitesse)

On board the train

un compartiment
le couloir
un contrôleur
un siège réglable

une place
disponible
complet, complète

assis(e)
debout

Getting around an airport

embarquer
débarquer
récupérer les bagages
le contrôle des passeports

un décollage
un atterrissage
un chariot
la douane

How well do you know your vocabulary?

- **Choose words to describe a train trip.**
- **Write a brief description for someone who is traveling by train for the first time.**

On board the plane

un oreiller
une couverture
des écouteurs *(m. pl.)*
une collation
le dossier du siège

un masque à oxygène
un gilet de sauvetage
une ceinture de sécurité

Other useful words and expressions

desservir
rouler
rater
faire escale

venir
Il est interdit de fumer
un paysage
splendide

de chaque côté
annulé(e)
sans escale

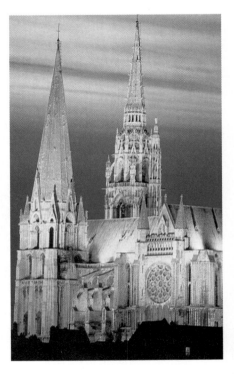

Technotour
BON VOYAGE!

Avant de visionner

In this video episode, Amadou takes the train to Chartres. He's doing a report on the town's famous Gothic cathedral.

Amadou arrive à Chartres.
Il a pris le train de Paris.

Amadou filme la cathédrale de Chartres.

FRENCH ONLINE

À découvrir

Learn more about the history of the Chartres cathedral online.

De beaux vitraux de la cathédrale

FRENCH Online

In the Chapter 4 Internet activity, you will have a chance to learn more about train travel in France. To begin your virtual adventure, go to the Glencoe French Web site: **french.glencoe.com**

Révision

Conversation

Une sortie

Emma: Allô, Julie? Salut, c'est Emma.

Julie: Ah, bonjour, ça va?

Emma: Ça va. On va toujours au concert ce soir?

Julie: Oui, mais Cyril ne peut pas venir avec nous.

Emma: Pourquoi?

Julie: Il m'a envoyé un mail ce matin. Son train arrive à minuit.

Emma: Son train? Où est-ce qu'il est allé?

Julie: Voir sa grand-mère. Et pendant qu'il était chez elle, elle est tombée malade.

Emma: Rien de grave, j'espère.

Julie: Non, elle va mieux maintenant.

Après la conversation

Emma et Julie Choisissez la bonne réponse.

1. Emma _____ à Julie.
   a. envoie un mail
   b. donne un coup de fil
   c. envoie un fax

2. Emma va aller _____ ce soir.
   a. à un concert
   b. au théâtre
   c. chez sa grand-mère

3. Julie a reçu _____ de Cyril.
   a. un mail
   b. une carte postale
   c. un fax

4. Cyril ne peut pas aller au concert parce qu'il _____.
   a. va rester chez sa grand-mère qui est malade
   b. va s'occuper de sa grand-mère
   c. ne va pas arriver à l'heure

5. Le train va arriver _____.
   a. avec du retard
   b. trop tard
   c. à l'heure

6. Quand Cyril était chez sa grand-mère, elle _____.
   a. est tombée malade
   b. est allée à l'hôpital
   c. a eu un accident grave

Structure

Les pronoms

1. **Le, la, (l'), les** are direct object pronouns. A direct object receives the action of the verb. Remember that **le, la, l', les** can replace people or things.

Marie regarde l'horaire.	Elle **le** regarde.
Elle regarde l'ordonnance.	Elle **la** regarde.
Elle regarde les magazines.	Elle **les** regarde.
Elle regarde les cartes postales.	Elle **les** regarde.
Marie regarde Ludovic.	Elle **le** regarde.
Ludovic regarde Marie.	Il **la** regarde.

2. **Lui, leur** are indirect objects. An indirect object is the indirect receiver of the action of the verb. Remember that **lui** and **leur** replace **à** + a person.

Je donne un cadeau **à Éric.**	Je **lui** donne un cadeau.
Je donne un cadeau **à Emma.**	Je **lui** donne un cadeau.
Je donne un cadeau **aux garçons.**	Je **leur** donne un cadeau.
Je donne un cadeau **aux filles.**	Je **leur** donne un cadeau.

3. The pronouns **me (m'), te (t'), nous,** and **vous** can be either direct or indirect objects.

Cyril **te** regarde?	Oui, il **me** regarde, mais il ne **me** parle pas.
Cyril **vous** regarde?	Oui, il **nous** regarde, mais il ne **nous** parle pas.

4. An object pronoun always comes right before the verb it is linked to.

Je	lui	parle.
Je ne	te	parle pas.
Je veux	les	voir.
Je ne veux pas	leur	parler.

1 **Super!** Répondez d'après le modèle.

—**Tu vois le tableau?**
—**Oui, je le vois. Il est très beau.**

1. Tu vois la statue?
2. Tu entends le concert?
3. Tu lis le poème?
4. Tu vois l'actrice?
5. Tu regardes les tableaux?
6. Tu regardes le ballet?

Pierre Auguste Renoir *Portrait de Margot*

Un cinéma à Aix-en-Provence

2 **Historiette** **En version originale**
Répondez d'après le modèle.

—**Tu veux voir ce film? (oui)**
—**Oui, je veux le voir.**

1. Tu vas voir ce film? (oui)
2. Tu vas voir ce film en version originale? (oui)
3. Tu comprends le français? (oui, un peu)
4. Tu comprends le français assez bien pour comprendre le film? (non)
5. Tu lis les sous-titres? (oui)

3 **Qu'est-ce que tu fais?**
Répondez en utilisant **lui** ou **leur**.

1. Tu parles souvent à ton meilleur ami au téléphone?
2. Tu parles souvent à ta meilleure amie aussi?
3. Tu téléphones à tes cousins?
4. Tu donnes un cadeau à ta mère pour son anniversaire?
5. Tu achètes un chemisier à ta mère?

4   **Vraiment?**   Complétez en utilisant un pronom.

Charles: Mélanie, Guillaume __1__ cherche.

Mélanie: Guillaume __2__ cherche? Qu'est-ce qu'il veut?

Charles: Il veut __3__ dire quelque chose.

Mélanie: Qu'est-ce qu'il veut __4__ dire? Il sait bien que je ne veux plus __5__ voir.

Charles: Oui, mais il __6__ adore!

Mélanie: Et moi, je ne __7__ adore pas!

Charles: Et moi, je ne __8__ crois pas!

L'imparfait et le passé composé

1. The use of the imperfect or **passé composé** depends on whether the speaker sees the past action as an event or an action with a beginning and an end; or as an action in progress, a state, a situation with no real beginning or end. Compare the following sentences.

   Jean lisait quand il a entendu l'explosion.
   Jean est allé à la fenêtre quand il a entendu l'explosion.

   The first sentence states what happened **(passé composé)** and describes what was going on (imperfect) when the event occurred. The second sentence tells what the person did **(passé composé)** when the event occurred.

2. The following time expressions are often used with the indicated tenses.

Passé composé	Imparfait
hier	souvent
lundi (l'an) dernier	tous les jours (mois, ans)
pendant une heure (un mois)	de temps en temps
à trois heures	toujours

3. The difference between the imperfect and the **passé composé** is best shown in context. The more you are exposed to examples in context, the more you will get a feel for when to use one tense or the other.

5 **Que faisait-il?** Complétez d'après le modèle.

lire

Quand il a entendu l'explosion, il _____.

Quand il a entendu l'explosion, il lisait.

1. faire une promenade à vélo
2. travailler
3. être au téléphone
4. regarder la télévision
5. écrire un mail
6. prendre un bain
7. mettre le couvert
8. dormir

6 **Qu'avez-vous fait?** Répondez d'après le modèle.

aller à la fenêtre

Quand j'ai entendu l'explosion, je _____.

Quand j'ai entendu l'explosion, je suis allé(e) à la fenêtre.

1. se lever
2. téléphoner à la police
3. sortir dehors
4. regarder par la fenêtre
5. se réveiller

7 **Historiette** **Une rencontre à Paris** Complétez en utilisant le passé composé ou l'imparfait.

Steffi __1__ (rencontrer) Mark à Paris. Quand elle l'__2__ (rencontrer), il __3__ (porter) une chemise bleue. C'est Steffi qui __4__ (parler) la première. Elle __5__ : (dire)

Steffi: Je crois que je vous __6__ déjà __7__ (voir) quelque part (*somewhere*).

Mark: Ah non, je ne crois pas, je ne __8__ jamais __9__ (venir) ici avant. Vous __10__ (voir) quelqu'un qui me ressemble, peut-être.

Steffi: Non, je crois bien que je vous __11__ (voir) quelque part. Mais ce n'est peut-être pas ici que je vous __12__ (voir) la première fois. Voyons, vous __13__ déjà __14__ (aller) à la tour Eiffel?

Mark: Oui, nous y __15__ (aller), ma sœur et moi, hier.

Steffi: Alors, vous voyez, j'__16__ (avoir) raison! Je vous __17__ déjà __18__! (voir) Moi aussi, j'__19__ (être) à la tour Eiffel hier avec mon frère. Nous __20__ (passer) toute la matinée à regarder Paris du haut du deuxième étage. Le temps __21__ (être) magnifique. Il ne __22__ (faire) pas trop froid… Mais vous le savez, vous y __23__ (être) aussi. Vous êtes américain?

Des touristes près de la place de la Concorde à Paris

Mark: Oui. Et vous, allemande?

Steffi: Non, suisse.

Mark: Ah, vraiment? Quelle coïncidence! Nous __24__ (passer) la semaine dernière en Suisse.

Steffi: Et vous __25__ (aimer) la Suisse?

Mark: Beaucoup. Nous __26__ (aller) à Genève, Lausanne, Neuchâtel et aussi à Zermatt. C'est splendide.

Steffi: Oui, mais il faut venir en hiver. C'est là où c'est bien. Vous faites du ski?

Mark: Oui, j'adore le ski. Quand j'__27__ (être) petit, nous __28__ (habiter) dans le Vermont et je __29__ (faire) du ski tout le temps.

8 **Chez le médecin** Travaillez avec un(e) camarade. Parlez de votre dernière visite chez le médecin. Dites comment vous vous sentiez, ce que vous avez dit au médecin et ce qu'il/elle a fait.

9 **Une critique** Vous parlez à des amis d'un film que vous avez vu. Expliquez à vos copains qui jouait dans le film et ce qui s'est passé.

 LITERARY COMPANION *You may wish to read the excerpt about train travel from* **Le livre de mon père**, *written by Émile Henriot. You will find this literary selection on page 476.*

1

3

2

4

5

6

NATIONAL GEOGRAPHIC

REFLETS
de la France

7

8

NATIONAL GEOGRAPHIC

REFLETS
de la France

13

14

La banque et la poste

Objectifs

In this chapter you will learn to:

✓ *talk about using the services of the bank*

✓ *use words and expressions related to postal services*

✓ *give more information in one sentence*

✓ *refer to people and things already mentioned*

✓ *tell what you and others do for one another*

✓ *make negative statements*

✓ *talk about teen spending habits*

Vincent Van Gogh *Le facteur Joseph Roulin*

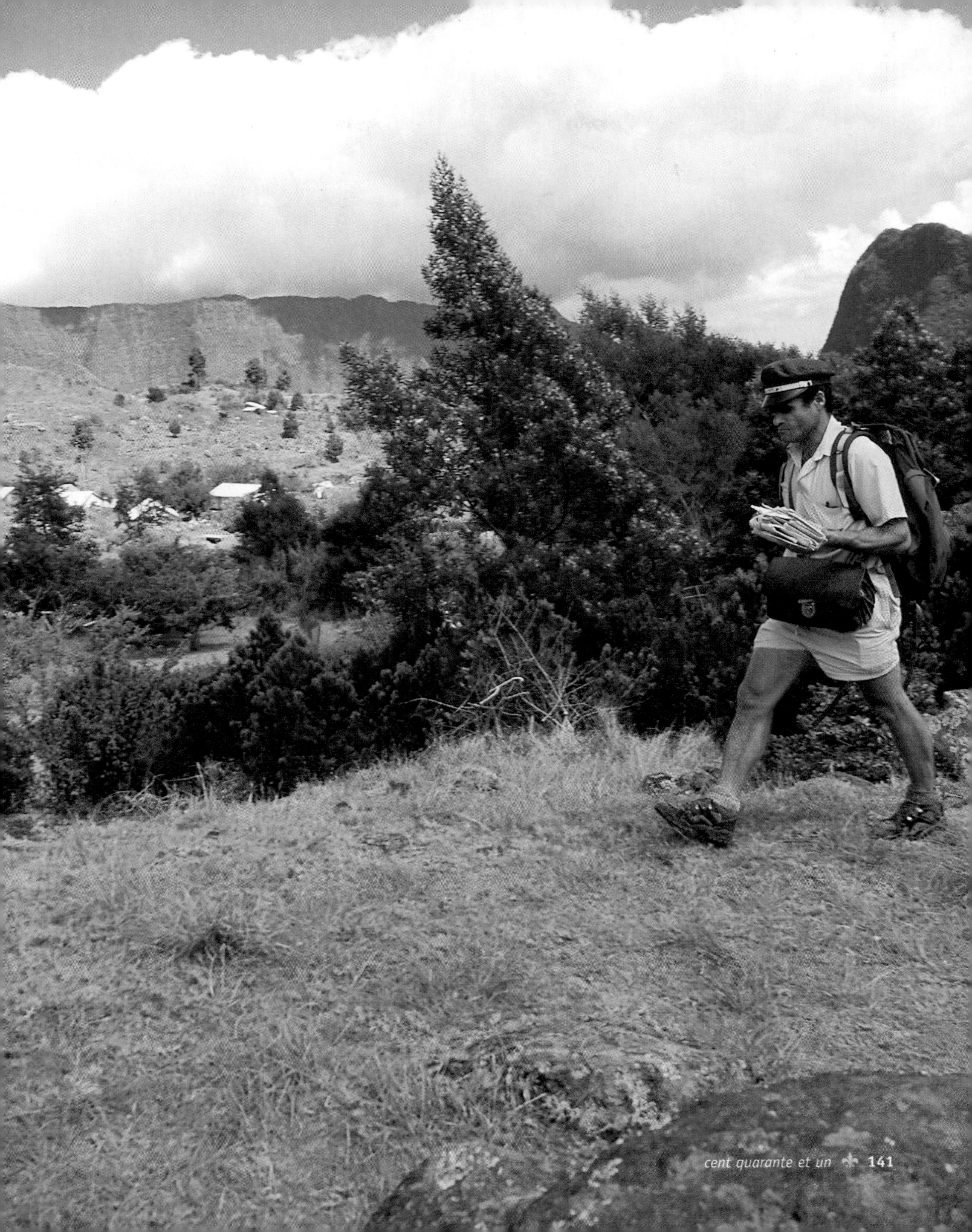

Vocabulaire

Mots 1

À la banque 🎧

de l'argent liquide

un billet

des euros

un chèque

Pour écrire un chèque, il faut avoir un compte courant.
Jean donne le chèque à la caissière et elle lui donne de l'argent liquide.
Il touche le chèque.

Vous pourriez me faire la monnaie de 100 euros?

Mais bien sûr! Cinq billets de 20 euros, ça vous va?

Jean parle à la caissière.

un livret de caisse d'épargne

Magali a ouvert un compte d'épargne.
Elle a versé de l'argent sur son compte.

un distributeur automatique

Distributeur de Billets

Change ❯

Sophie a retiré de l'argent au distributeur automatique.

Au bureau de change 🎧

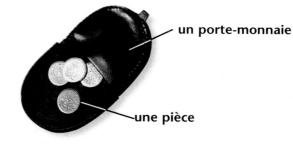

un porte-monnaie

une pièce

Charlene est allée au bureau de change.
Le cours du change: Aujourd'hui, le dollar est
    à un euro dix.
Elle a changé des dollars.
La caissière lui a donné des euros.
Charlene a pris les billets et elle les a comptés.
Elle a pris les pièces et elle les a mises dans
    son porte-monnaie.

Sandrine et Luc 🎧

Sandrine fait toujours des économies.
Elle ne dépense pas tout son argent.
Elle aime mettre de l'argent de côté.
Elle a plein de fric (beaucoup d'argent).

Mais Luc? Il n'a jamais de
    fric (d'argent).
Il est toujours fauché.

Tu peux me prêter
de l'argent?

emprunter   prêter

Luc, tu me dois du fric.
Tu ne m'as pas rendu
l'argent que je t'ai prêté.

Tu es sûre?

Commençons
Let's use our new words

Le bureau de poste à Yerres dans la banlieue parisienne

1 **Historiette** **À la banque**

Répondez que oui.

1. Cédric est allé à la banque?
2. Il a touché un chèque?
3. Il aime mettre de l'argent de côté?
4. Il ne dépense pas tout son argent?
5. Il a ouvert un compte d'épargne?
6. Il a versé de l'argent sur son compte?

2 **Historiette** **Au bureau de change**

Répondez d'après les indications.

1. Le touriste est allé à la banque ou au bureau de change? (au bureau de change)
2. Qu'est-ce qu'il voulait faire? (changer de l'argent)
3. Quel était le cours du change? (un euro dix)
4. Il a changé combien d'argent? (100 dollars américains)
5. Le caissier lui a donné combien d'euros? (110)
6. Il a reçu combien de billets? (onze billets de dix euros)
7. Il les a trouvés beaux? (oui)
8. Il les a comptés? (oui)
9. Le caissier lui a donné des pièces aussi? (oui)
10. Il les a mises où? (dans son porte-monnaie)

Des euros

3 **Les monnaies** Vrai ou faux?

1. La monnaie américaine, c'est le dollar.
2. La monnaie européenne, c'est l'euro.
3. Il y a des billets américains de trois dollars.
4. Il y a des pièces américaines de deux euros.
5. Si on veut toucher (encaisser) un chèque, il faut le signer au verso (l'endosser).
6. Il faut avoir de l'argent dans un compte courant pour pouvoir écrire des chèques.
7. Quelqu'un qui fait des économies dépense tout son argent.
8. Une personne qui aime mettre de l'argent de côté ouvre un compte d'épargne.
9. Une personne qui fait des économies retire souvent de l'argent à un distributeur automatique.

4 **Antonymes** Choisissez.

1. de l'argent liquide
2. faire des économies
3. verser
4. emprunter
5. avoir plein de fric

a. dépenser
b. être fauché(e)
c. un chèque ou une carte de crédit
d. retirer
e. prêter

5 **Au bureau de change** Travaillez avec un(e) camarade. L'un(e) de vous est un(e) touriste, l'autre est un(e) employé(e) dans un bureau de change. Le/La touriste veut changer de l'argent. Conversez ensemble.

Un bureau de change à Paris

6 **Tu me dois de l'argent.** Travaillez avec un copain ou une copine. Décidez qui a prêté de l'argent et qui a emprunté de l'argent. Discutez de ce problème ensemble.

*For more practice using words from **Mots 1**, do Activity 11 on page H12 at the end of this book.*

Vocabulaire

À la poste 🎧

un bureau de poste = la poste

une employée des postes

un colis

une balance

C'est un petit colis.
Il ne pèse pas beaucoup.

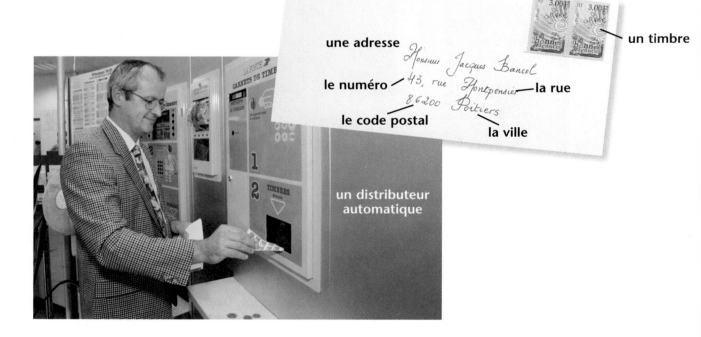

une enveloppe

un timbre

une adresse

Monsieur Jacques Bancel

le numéro — 43, rue Montpensier — **la rue**

86200 Poitiers

le code postal

la ville

un distributeur automatique

C'est combien, une carte postale pour les États-Unis?

un guichet

Serge a acheté des timbres.
Il les a achetés à la poste.

mettre une lettre à la poste

LA POSTE

une boîte aux lettres

Danièle a envoyé une lettre.
Elle l'a mise dans la boîte aux lettres.
Elle l'a envoyée ce matin.

une factrice

C'est la factrice qui distribue le courrier.
C'est aussi le facteur qui le distribue.

Monsieur Vaillant a regardé la lettre
   que la factrice lui a donnée.
Il l'a ouverte et il l'a lue.

Commençons

Let's use our new words

7 **Qu'est-ce que c'est?** Identifiez.

1. C'est un facteur
ou une factrice?

2. C'est un colis ou une
boîte aux lettres?

3. C'est un code postal ou
le numéro de la rue?

4. C'est une boîte aux lettres ou
un distributeur automatique?

5. C'est une enveloppe ou
une carte postale?

8 **Historiette** **Au bureau de poste**
Répondez que oui.

1. Matthieu a écrit une lettre?
2. Il l'a mise dans une enveloppe?
3. Il a écrit le nom et l'adresse sur
   l'enveloppe?
4. Il est allé au bureau de poste?
5. Il a acheté des timbres au guichet?
6. L'employée des postes lui a rendu la
   monnaie?
7. Matthieu a mis la lettre à la poste?
8. Il l'a mise dans la boîte aux lettres?
9. Le facteur a distribué le courrier?
10. La petite amie de Matthieu a reçu la
    lettre qu'il lui a écrite?

Le facteur distribue le courrier à Yerres.

Invitations Choisissez.

1. Julie a mis l'invitation dans ____.
   a. une enveloppe
   b. un timbre
   c. un colis
2. Elle a acheté des timbres ____.
   a. au distributeur automatique
   b. à la boîte aux lettres
   c. à la factrice
3. Elle a mis ____ sur l'enveloppe.
   a. un distributeur automatique
   b. un timbre
   c. un facteur
4. Julie a mis l'invitation ____.
   a. au guichet
   b. dans le distributeur automatique
   c. dans la boîte aux lettres
5. Elle a envoyé un colis aussi. Elle a mis le colis ____ pour le peser.
   a. dans le distributeur automatique
   b. sur la balance
   c. dans la boîte aux lettres

10 **L'adresse** Travaillez avec un(e) camarade. Regardez cette enveloppe. L'un(e) de vous pose des questions sur la personne qui va recevoir cette lettre. L'autre répond.

11 **À la poste** Avec un copain ou une copine, discutez de tout ce que vous voyez sur ce dessin.

Structure

Giving more information in one sentence
Les pronoms relatifs **qui** et **que**

1. The relative pronoun **qui** can replace either a person or a thing. It joins two short sentences into one longer sentence. **Qui** is always the subject of the clause it introduces.

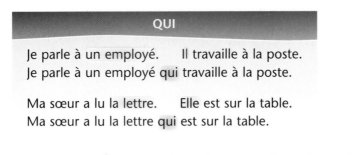

QUI
Je parle à un employé.   Il travaille à la poste.
Je parle à un employé qui travaille à la poste.
Ma sœur a lu la lettre.   Elle est sur la table.
Ma sœur a lu la lettre qui est sur la table.

2. The relative pronoun **que** can also refer to people or things. It is also used to join two short sentences into a longer one, but **que** is always the direct object of the clause it introduces.

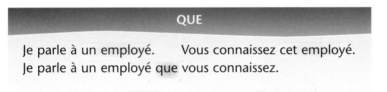

QUE
Je parle à un employé.   Vous connaissez cet employé.
Je parle à un employé que vous connaissez.
Vous avez ouvert le colis.   Le facteur l'a apporté.
Vous avez ouvert le colis que le facteur a apporté.

Attention!

Elision occurs with **que** but never with **qui**.
Voilà la femme qu'il admire.
Voilà une femme qui adore sa famille.

Le bureau de poste à Neauphle-le-Vieux

Continuons
Let's put our words together

12 **Historiette C'est la même fille qui lit et qui écrit.**
Répondez que oui.

1. La fille qui parle maintenant est très intelligente?
2. Tu aimes le poème qu'elle lit?
3. Le poème qu'elle lit est intéressant ou pas?
4. C'est Sylvie qui a écrit ce poème?
5. Tu aimes le poème que Sylvie a écrit?

13 **Historiette Martin** Faites une seule phrase en utilisant **qui** ou **que**.

Martin est un ami. Il aime écrire.
Martin est un ami qui aime écrire.

1. C'est Martin. Il m'écrit.
2. Il m'écrit des lettres. Ses lettres sont intéressantes.
3. Le facteur me donne les lettres. Martin m'envoie les lettres.
4. Martin m'envoie aussi des photos. Les photos sont très jolies.
5. J'aime regarder les photos. Martin m'envoie les photos.

14 **Qui ou que?** Complétez.

1. Robert a écrit la lettre ____ vous lisez.
2. La personne ____ distribue le courrier est le facteur ou la factrice.
3. L'enveloppe ____ est sur la table est trop petite.
4. Les cartes postales ____ vous voulez envoyer n'ont pas de timbre.

Structure

15 **Historiette** **Du courrier pour moi?** Faites une phrase en utilisant **qui** ou **que**.

1. Je vois le facteur. Il distribue le courrier dans notre quartier.
2. Aujourd'hui j'ai reçu une carte postale. Elle est très jolie.
3. Un ami m'a envoyé une carte. Il est en vacances en Bretagne.
4. La Bretagne est une jolie province. Elle est au nord-ouest de la France.

Une vue de Saint-Malo en Bretagne

16 **Historiette** **Ma journée** Complétez en utilisant **qui** ou **que**.

Tous les matins, c'est mon père __1__ se lève le premier, à six heures. Ma mère, __2__ aime rester au lit, se lève à six heures et demie. À sept heures, je prends mon petit déjeuner __3__ je prépare moi-même. Je donne à manger à notre chat Minouche. C'est un chat __4__ j'aime beaucoup et __5__ a toujours faim le matin. Pour aller à l'école, je prends le bus __6__ passe juste devant la maison. Quand j'arrive à l'école, je vais au cours de maths. Pour moi, c'est un cours __7__ est difficile.

17 **Jeu** **Définitions** Travaillez avec un(e) camarade. Inventez des définitions. Votre camarade doit deviner ce que c'est ou qui c'est.

C'est une personne qui distribue le courrier.

C'est le facteur/la factrice.

Referring to people and things already mentioned
L'accord du participe passé

1. In French, the past participle of verbs conjugated with **avoir** must agree in gender and in number with the direct object when the direct object comes before the verb.

No agreement	Agreement
J'ai écrit une lettre.	Je l'ai écrite ce matin.
	Voilà la lettre que j'ai écrite ce matin.
Tu as reçu mes lettres?	Tu les as reçues?
	Ce sont les lettres que tu as reçues?
Elle a acheté des timbres.	Elle les a achetés hier.
	Voilà les timbres qu'elle a achetés hier.

Un bureau de poste à Marrakech au Maroc

Attention!

Most of the time agreement is only written, not heard. The agreement is heard only with the feminine form of a past participle that ends in a consonant:

écrit	fait
écrite	faite

La lettre? Il l'a envoyée, mais il ne l'a pas écrite.

Continuons
Let's put our words together

18 **Historiette** **La lettre que j'ai écrite**
Répondez.

1. Tu as écrit une lettre?
2. Tu l'as écrite hier?
3. Tu l'as lue?
4. Tu as lu la lettre que tu as écrite?
5. Tu as mis la lettre dans une enveloppe?
6. Tu l'as mise dans une grande enveloppe?
7. Tu as écrit l'adresse sur l'enveloppe?
8. Tu l'as écrite clairement?
9. Tu as envoyé la lettre?
10. Tu l'as envoyée par avion?

19 **Historiette** **Les photos que j'ai prises** Complétez.

J'ai pris ___1___ des photos. J'ai envoyé ___2___ les photos que j'ai pris ___3___ à mon amie Catherine. Je les ai envoyé ___4___ la semaine dernière. Je les ai mis ___5___ dans une grande enveloppe. J'ai écrit ___6___ l'adresse de Catherine sur l'enveloppe. Je sais que je l'ai écrit ___7___ clairement. Mais, zut! Je ne sais pas si j'ai mis ___8___ le code postal. Je crois que je l'ai mis ___9___, mais je n'en suis pas sûr. Je vais téléphoner à Catherine pour savoir si elle a reçu ___10___ mes photos.
(Au téléphone)

Marc: Catherine, tu as reçu ___11___ l'enveloppe que je t'ai envoyé ___12___?

Catherine: Oui, je l'ai reçu ___13___. Et je trouve que les photos que tu as pris ___14___ sont super. Je les ai déjà regardé ___15___ dix fois!

Telling what we do for one another
Les actions réciproques

1. Reflexive pronouns can also express a reciprocal action or interaction between two or more people. They can be either a direct object or an indirect object.

Direct object
Jean voit souvent son ami.   Son ami voit souvent Jean. } Jean et son ami se voient souvent.

Indirect object
Tu parles souvent à Marie.   Marie te parle souvent. } Vous vous parlez souvent.

2. In the **passé composé** reciprocal verbs are conjugated with **être.** The past participle agrees with the reciprocal pronoun when it is the direct object of the sentence. There is no agreement when the pronoun is an indirect object.

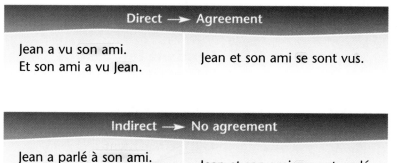

Direct → Agreement
Jean a vu son ami. Et son ami a vu Jean.	Jean et son ami se sont vus.

Indirect → No agreement
Jean a parlé à son ami. Et son ami a parlé à Jean.	Jean et son ami se sont parlé.

Continuons
Let's put our words together

20 **De bons amis** Faites une seule phrase d'après le modèle.

Tu adores Isabelle. Isabelle t'adore.
Vous vous adorez.

1. Pierre parle à Marie. Marie parle à Pierre.
2. Pierre aime Marie. Marie aime Pierre.
3. Je t'aime. Tu m'aimes.
4. Je te vois. Tu me vois.
5. Camille regarde Guillaume. Guillaume regarde Camille.
6. J'écris à Daniel. Daniel m'écrit.
7. Claire ne dit rien à Lucie. Lucie ne dit rien à Claire.
8. Tu téléphones à Pierre. Pierre te téléphone.

21 **Les deux copains**
Répondez que oui ou non.

1. Les deux copains se sont vus souvent?
2. Ils se sont dit bonjour?
3. Ils se sont parlé?
4. Ils se sont téléphoné régulièrement?
5. Ils se sont écrit de temps en temps?

Les quais de la Seine à Paris

Nice, le 25 septembre

Chère Camille,

J'ai bien reçu ta lettre ...

Grosses bises

Benoît

22 **Pendant longtemps**
Refaites les phrases au passé composé.

1. Nous nous écrivons souvent.
2. Elles se voient.
3. Elles se parlent.
4. Ils se regardent.
5. Vous vous parlez souvent au téléphone.
6. Elles se téléphonent.
7. Nous nous voyons de temps en temps.

Making negative statements
Personne ne... et rien ne...

1. You use the negative expressions **personne ne...** and **rien ne...** as the subject of a sentence. Note that you do not use **pas** after the verb.

> **Personne ne répond au téléphone.**
> **Rien n'a changé ici.**

2. **Rien ne...** is often used as a response to a question with **se passer** and **arriver,** which both mean "to happen."

> **Qu'est-ce qui se passe?**   **Rien ne se passe.**
> **Qu'est-ce qui est arrivé?**   **Rien n'est arrivé.**

Continuons
Let's put our words together

23 **Non!** Répondez négativement.

1. Quelqu'un est allé à la poste?
2. Quelqu'un a acheté des timbres?
3. Quelqu'un a envoyé le colis?
4. Quelqu'un a vu le facteur?
5. Quelque chose est arrivé ce matin?
6. Qu'est-ce qui s'est passé?
7. Qu'est-ce qui a changé?

Le bureau de poste près de l'Opéra à Paris

Vous êtes sur le bon chemin. Allez-y!

Conversation

Au bureau de change

Charlene: Je voudrais changer cent dollars en euros, s'il vous plaît.

Le caissier: Vous avez des chèques de voyage ou de l'argent liquide?

Charlene: Des chèques de voyage. Le dollar est à combien aujourd'hui?

Le caissier: À un euro dix.

Charlene: D'accord.

Le caissier: Votre passeport, s'il vous plaît. Et signez votre chèque. Votre adresse à Paris?

Charlene: Hôtel Molière, rue Molière dans le 1er arrondissement.

Le caissier: Un billet de 100 euros, ça va?

Charlene: Vous n'avez pas cinq billets de 20 euros?

Après la conversation

Répondez.

1. Où est allée Charlene?
2. Elle veut changer combien de dollars?
3. Elle a des chèques de voyage ou de l'argent liquide?
4. Elle veut changer ses dollars en quelle monnaie?
5. Quel est le cours du change?
6. Qu'est-ce que le caissier veut voir?
7. Charlene est à quel hôtel? À quelle adresse?

Parlons un peu plus
Let's talk some more

A **Des euros** Vous voyagez en France. Vous n'avez pas assez d'euros et vous savez que vous allez en avoir besoin. Allez au bureau de change pour changer de l'argent. Votre camarade est le caissier (la caissière).

B **À la poste** Vous êtes à Abidjan, en Côte d'Ivoire. Vous voulez envoyer des cartes postales à vos amis. Vous ne savez pas combien ça coûte pour envoyer des cartes postales dans votre pays. Vous voulez aussi de beaux timbres pour vos cartes postales. Préparez une conversation au bureau de poste. Votre camarade est l'employé(e). Ensuite changez de rôle.

Lectures culturelles

La semaine des jeunes Français

Qu'est-ce que la semaine? C'est la période de sept jours ou, comme disent les Français, huit jours. Mais la semaine, c'est aussi autre chose. C'est de l'argent. La semaine, c'est la somme d'argent qu'un jeune Français ou une jeune Française reçoit chaque semaine de ses parents. C'est son argent de poche[1].

Les jeunes Français reçoivent combien par semaine? Il est difficile de répondre à cette question d'une façon générale. Ça dépend d'abord de la générosité des parents et aussi de la situation économique de la famille.

Les parents de Mélanie lui donnent de l'argent toutes les semaines. Avec l'argent qu'elle a économisé, Mélanie a acheté un T-shirt et un CD. Mélanie achète souvent des CD parce qu'elle aime beaucoup la musique. Elle est allée aussi au café et a pris un pot[2] avec ses copains.

[1] argent de poche *pocket money*   [2] un pot *refreshment, drink*

Dans une boutique de la rue de Rivoli à Paris

Dans un magasin de disques à Montgeron

Polynésie française

Tahiti

Haïti

La Belgique

Mélanie a un compte d'épargne à la poste. Ses parents lui ont ouvert son compte. Mélanie aime faire des économies et mettre de l'argent de côté. Quand elle reçoit de l'argent pour son anniversaire, par exemple, elle en dépense une partie, mais pas tout. Elle verse le reste sur son compte d'épargne. Personne ne peut dire que Mélanie jette[3] l'argent par les fenêtres!

[3] jette *throws*

La Tunisie

des livrets de
caisse d'épargne

Après la lecture

A La semaine Vrai ou faux?

1. La semaine, c'est une période de temps.
2. La semaine, c'est aussi de l'argent.
3. C'est le prof qui donne leur semaine aux jeunes.
4. Tous les jeunes Français reçoivent la même somme.
5. La générosité n'a rien à voir avec la somme que les parents donnent à leurs enfants.

B Mélanie Répondez.

1. Cette semaine, comment est-ce que Mélanie a dépensé son argent?
2. Mélanie aime faire des économies et mettre de l'argent de côté?
3. Qu'est-ce que les parents de Mélanie lui ont ouvert?
4. Qu'est-ce qu'elle fait quand elle reçoit de l'argent pour son anniversaire?
5. Qu'est-ce qu'on ne peut pas dire de Mélanie?

Le Maroc

Le Mali

Le Sénégal

Les devises étrangères

La monnaie change d'un pays à l'autre. Aux États-Unis, c'est le dollar américain (US$). Au Canada, c'est le dollar canadien (CAN$). En Tunisie et en Algérie, c'est le dinar. Au Maroc, c'est le dirham. En Europe, les pays de l'Union européenne ont une monnaie commune, l'euro(€).

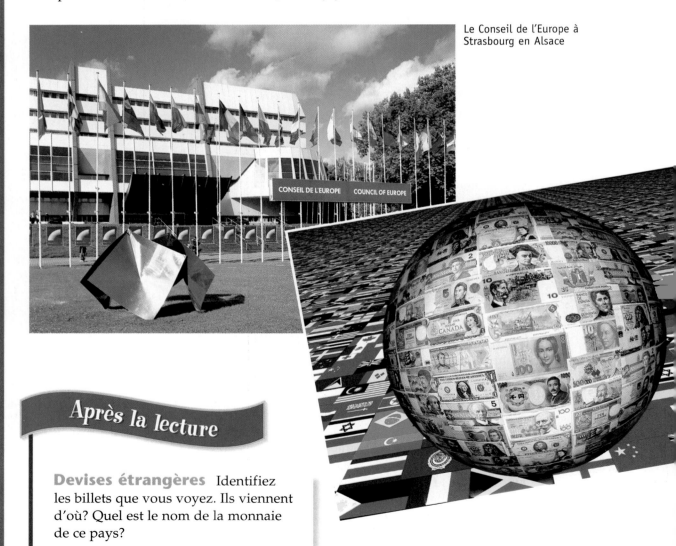

Le Conseil de l'Europe à Strasbourg en Alsace

Après la lecture

Devises étrangères Identifiez les billets que vous voyez. Ils viennent d'où? Quel est le nom de la monnaie de ce pays?

La Poste

En France comme aux États-Unis, la Poste est une administration publique qui assure le service de distribution du courrier. Du bureau de poste, on peut envoyer des lettres, des colis, des mandats[1]… En France, la Poste se charge aussi d'un grand nombre d'opérations bancaires. On dit que la Poste est peut-être la banque numéro un en France. Elle gère[2] vingt millions de comptes d'épargne, et le service des chèques postaux gère aujourd'hui dix millions de comptes courants. Beaucoup de Français paient leurs achats et leurs factures[3] avec des chèques postaux et pas avec des chèques bancaires parce que les chèques postaux ne coûtent presque rien.

[1] mandats *money orders*
[2] gère *manages*
[3] factures *bills*

Un petit bureau de poste en Bretagne

La Belgique

Le Maroc

Le Mali

Après la lecture

Différences Décrivez la différence entre le service postal en France et aux États-Unis.

CONNEXIONS

une carte de crédit

acheter à crédit

L'économie

Les finances

At one point or another we must all get involved in matters of money and finances. A bank is a good provider of financial services. We may want to pay some bills by check or put some money aside and open a savings account. These are two of the many services offered by a bank. Today many of our banking needs can be taken care of without even entering the bank. We can do our transactions at an ATM, or automated teller machine.

Let's learn a few commonly used banking terms in French.

un relevé de compte

SOCIÉTÉ NATIONALE

--- 39418 --- 3180

SYLVIE VIDAL
75 BOULEVARD DU TEMPLE
75010 PARIS

RELEVÉ DE COMPTE
11345800PT03941
code banque
3003
code guichet
03182
numéro de compte
0048039532

DATE	NATURE DE L'OPÉRATION	DÉBIT	CRÉDIT	VALEUR
2802	VIREMENT ÉPARGNE DECLIC	2802	608,00	010392

* * * * * * * * * * * * *
* CE RELEVÉ CONCERNE VOTRE *
*   CODEVI   *
* * * * * * * * * * * * *

NOUVEAU SOLDE   2.618.12

CRÉDIT AGRICOLE

ALE DE CRÉDIT AGRICOLE MUTUEL DES ALPES-MARITIMES

MR. MICHAEL DEAVERS OU MRE.FRF.CONV
18 AVE DES ORANGERS

06000 NICE

un carnet de chèques

Le Crédit Lyonnais, une grande banque française

Le compte courant

Les services qu'une banque offre à ses clients sont importants. Il est facile et pratique de payer ses factures[1] par chèque.

Pour écrire des chèques, il faut avoir un compte courant dans une banque. Mais attention, il faut avoir assez d'argent sur son compte pour ne pas faire de chèque sans provisions[2].

La banque envoie à ses clients un relevé de compte mensuel, c'est-à-dire tous les mois. Il faut s'assurer que le solde de la banque correspond au solde que vous avez sur votre carnet de chèques.

[1] factures *bills*
[2] chèque sans provisions *bounced check*

Le compte d'épargne

Vous aimez faire des économies et mettre de l'argent de côté? Alors vous devez avoir un compte d'épargne. Pour être plus précis, en France on dit qu'on a un livret de caisse d'épargne. C'est très simple. Vous versez de l'argent sur votre compte, et la banque ou la Poste vous paie des intérêts. De cette façon, votre solde monte et vous devenez de plus en plus riche!

Les emprunts

De temps en temps, il faut emprunter de l'argent—pour acheter une voiture ou une maison, par exemple, et aux États-Unis pour payer ses études.

Une hypothèque est un emprunt pour acheter une maison. C'est un exemple d'emprunt à long terme. Pendant 20 ou 25 ans, on paie des traites, c'est-à-dire qu'on fait des paiements mensuels. Le taux[3] d'intérêt varie selon le type d'emprunt. Le taux d'intérêt pour un emprunt à long terme est plus bas que le taux d'intérêt pour un emprunt à court terme.

[3] taux *rate*

Après la lecture

L'argent Choisissez.

1. Renaud veut mettre de l'argent de côté pour l'avenir. Il doit ouvrir _____.
   a. un compte courant
   b. un compte d'épargne
   c. une banque
2. Si Renaud veut économiser de l'argent, il doit _____.
   a. emprunter de l'argent de son compte
   b. retirer de l'argent de son compte
   c. verser de l'argent sur son compte
3. Renaud ne paie pas toujours en liquide ou par carte de crédit. Il paie _____.
   a. avec des billets
   b. par chèque
   c. avec des pièces
4. Renaud n'a plus beaucoup de chèques. Il commande un autre _____.
   a. compte
   b. emprunt
   c. carnet
5. Si Renaud n'a pas assez d'argent sur son compte et qu'il écrit un chèque, c'est _____.
   a. un chèque sans provisions
   b. une hypothèque
   c. un versement
6. Une hypothèque est un emprunt pour _____.
   a. acheter une voiture
   b. acheter une maison
   c. payer ses études

C'est à vous

Use what you have learned

PARLER

1 À la poste
✔ *Use words and expressions related to postal services*

Vous êtes en vacances en France et vous voulez envoyer un colis. Vous allez à la poste où vous parlez à un(e) employé(e) des postes (votre camarade).

PARLER

2 Un compte d'épargne
✔ *Talk about bank services*

Vous ne dépensez pas tout votre argent. Vous aimez mettre de l'argent de côté. Vous décidez d'ouvrir un compte d'épargne. Travaillez avec un copain ou une copine. Dites-lui pourquoi vous voulez avoir un compte d'épargne. Ensuite changez de rôle.

PARLER

3 Ma semaine
✔ *Talk about teen spending habits*

Conversez avec un(e) camarade. Discutez d'où vient votre argent de poche. Vos parents vous donnent de l'argent? Vous le gagnez vous-même? Les deux? Dites aussi comment vous le dépensez.

ÉCRIRE

4 Facile ou difficile?
✔ *Discuss saving money*

Écrivez un paragraphe intitulé «Pourquoi il faut faire des économies». Écrivez ensuite un deuxième paragraphe où vous expliquez s'il vous est facile ou difficile de mettre de l'argent de côté.

ÉCRIRE
5 **Vous êtes comme la cigale ou la fourmi?**
✔ *Analyze your spending habits*

Faites ce petit test pour voir si vous êtes comme la cigale ou la fourmi.

TEST:

1. Pour avoir l'argent de poche...
 a. Je ne fais rien. Mes parents me donnent de l'argent.
 b. Je travaille dans un magasin (un restaurant, etc.)

2. Quand je vois quelque chose que j'aime beaucoup...
 a. Je l'achète immédiatement.
 b. Je réfléchis avant de l'acheter.

3. Quand je reçois de l'argent comme cadeau...
 a. Je le dépense tout de suite.
 b. J'en mets de côté.

4. Quand je veux faire ou acheter quelque chose de spécial...
 a. J'emprunte de l'argent à mes amis ou à mes parents.
 b. Je mets de l'argent de côté à l'avance.

5. Quand j'emprunte de l'argent à mes copains...
 a. J'oublie souvent de les rembourser.
 b. Je les rembourse tout de suite.

SCORE:
Une majorité de a: Tu es une vraie cigale! Tu aimes beaucoup t'amuser dans ta vie. Tu dois peut-être essayer de penser un peu plus au futur.
Une majorité de b:
Tu es une petite fourmi, responsable et toujours bien organisée. Tu es sûr(e) de t'amuser assez dans la vie?

la fourmi

la cigale

Writing Strategy

Writing informally Writing to friends is a good way to improve your communication skills and learn something about yourself at the same time. A personal message to a friend is different from a formal letter or e-mail to the bank, for example. It should include personal details about yourself, your thoughts, and your experiences. As you write, try to use words that are friendly and casual, just as you would when speaking face-to-face with a friend.

ÉCRIRE
6 **Lettres ou e-mails?**

International communication has changed greatly in recent years. Through e-mail, people from all over the world can communicate in a matter of seconds or minutes. As a result, letter writing is becoming less common, and sending e-mails is extremely popular.

Write an e-mail to a key pal in France telling him or her how you spend your money. Then ask your key pal questions about his or her spending habits.

Assessment

Vocabulaire

1 Identifiez.

1.

2.

2 Choisissez.

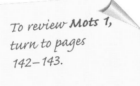

*To review **Mots 1**, turn to pages 142–143.*

a. Le caissier m'a donné 200 euros en liquide.

b. Je suis toujours fauché.

c. Le caissier m'a donné 10 billets de dix.

d. J'aime mettre de l'argent de côté.

3. _____ J'ai touché un chèque de 200 euros.

4. _____ J'ai changé un billet de 100 dollars.

5. _____ Je fais des économies.

6. _____ Je n'ai jamais de fric.

3 Identifiez.

*To review **Mots 2**, turn to pages 146–147.*

7.

8.

9.

4 Vrai ou faux?

10. On met une lettre dans un distributeur automatique.

11. Avant d'envoyer une lettre il faut la mettre dans une enveloppe.

12. C'est le facteur qui vend les timbres à la poste.

13. Il faut écrire le nom et l'adresse sur l'enveloppe.

Structure

5 Complétez avec «qui» ou «que».

14. C'est le facteur _____ arrive.

15. Il parle de la lettre _____ son cousin écrit.

16. Où est le colis _____ je veux envoyer?

17. Je crois que c'est le colis _____ est sur la table.

18. Je ne sais pas si c'est le même garçon _____ vous connaissez.

To review **qui** and **que**, turn to page 150.

6 Récrivez au passé composé.

19. Voilà la lettre qu'il écrit.

20. Les timbres que vous achetez sont très beaux.

To review agreement in the **passé composé**, turn to page 153.

7 Récrivez au passé composé.

21. Les deux amis se voient.

22. Ils se parlent tout de suite.

To review reciprocal verbs, turn to page 155.

Culture

8 Vrai ou faux?

23. La semaine, c'est l'argent de poche qu'un(e) jeune Français(e) reçoit de ses parents.

24. Tous les jeunes en France reçoivent la même somme d'argent.

25. Les jeunes qui dépensent tout leur argent ont un compte d'épargne.

To review this cultural information, turn to pages 160–161.

Vocabulaire

Talking about the bank

une banque	de la monnaie	un chèque	faire la monnaie
de l'argent (m.) liquide	un distributeur	verser de l'argent sur	prêter
un billet	automatique	son compte	emprunter
une pièce	un compte d'épargne	retirer	devoir
un euro	un compte courant	toucher un chèque	rendre

Changing currency

un bureau de change	une monnaie
le cours du change	changer de l'argent
un caissier,	compter
une caissière	

Talking about saving and spending money

un porte-monnaie	avoir plein de fric
faire des économies	être fauché(e)
mettre de l'argent de	dépenser
côté	

How well do you know your vocabulary?

Choose words to describe a trip to the bank or the ATM machine. Will you deposit or withdraw money from your account?

Talking about the post office

la poste	une lettre	un timbre	mettre une lettre à la
un bureau de poste	une enveloppe	une boîte aux lettres	poste
un guichet	une adresse	un colis	distribuer le courrier
un(e) employé(e) des	le numéro	une balance	
postes	la rue	peser	
un facteur, une factrice	la ville	envoyer	
une carte postale	le code postal		

Technotour
BON VOYAGE!

VIDÉO • Épisode 5

Avant de visionner

In this video episode, both Amadou and Christine have errands at the post office. Amadou receives a package from his family in Mali.

Amadou et Christine se parlent à la Poste.

Christine envoie un colis à la Martinique.

FRENCH ONLINE

À découvrir

Learn more about the rich heritage of Mali online.

La mosquée à Djenné, au Mali

FRENCH Online

In the Chapter 5 Internet activity, you will have a chance to learn more about banking and postal services in France. To begin your virtual adventure, go to the Glencoe French Web site: **french.glencoe.com**

CHAPITRE 6

La gastronomie

Objectifs

In this chapter you will learn to:

- talk about foods and food preparation
- describe future events
- refer to people and things already mentioned
- tell what you have others do
- discuss the cuisine of various French provinces

Henri Matisse *L'harmonie en rouge*

172

Vocabulaire

Mots 1

Dans la cuisine 🎧

un congélateur (un congé)

un four à micro-ondes

un four

une cuisinière

un réfrigérateur
(un frigidaire,
un frigo)

Des aliments 🎧

des fruits

des légumes

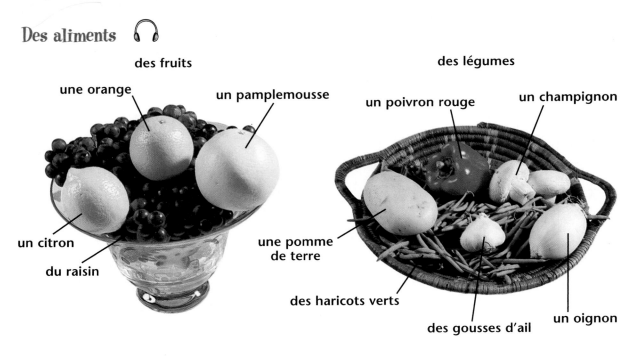

une orange

un pamplemousse

un poivron rouge

un champignon

un citron

du raisin

une pomme
de terre

des haricots verts

des gousses d'ail

un oignon

de l'huile d'olive

du persil

des pâtes

du laurier

du thym

des fines herbes

de la choucroute avec des saucisses

une recette

RÔTI DE PORC CUIT DANS LE LAIT

4 PERSONNES, PRÉPARATION 30 MINUTES, CUISSON 1 HEURE 15 MINUTES, FACILE

1 rôti de porc de 800 g, 1 litre de lait entier, 20 g de beurre, 2 cuil. à soupe d'huile d'olive,
1 branche de thym, 2 feuilles de sauge, 1 feuille de laurier, sel et poivre

- Dans une casserole, mettez le lait à bouillir.
- Dans une cocotte, faites chauffer le mélange de beurre et d'huile. Faites-y colorer sur feu vif le rôti.
- Ajoutez le laurier, la sauge, et le thym. Salez et poivrez. Versez le lait bouillant sur la viande. Couvrez et laissez cuire à tout petits bouillons.
- À mi-cuisson, retournez la viande. En réduisant, le lait va donner une belle sauce.
- Comme garniture, vous pouvez servir des légumes verts de saison ou alors des pâtes ou des pommes de terre.

ma recette favorite

Quand Maman sera là.

Quand est-ce qu'on va dîner?

Quand elle rentrera, elle regardera d'abord le journal télévisé. Après, elle lira son courrier. On ne mangera pas encore avant neuf heures!

VOCABULAIRE

Commençons
Let's use our new words

1 **Au magasin d'électroménager** Travaillez avec un(e) camarade.
Quels sont les appareils que vous pouvez trouver sur cette photo?

Le magasin Electro Star à Bonneuil-sur-Marne

2 **Historiette** **Dans la cuisine**
Répondez d'après la photo.

1. Il y a quelqu'un dans la cuisine?
2. C'est une cuisine moderne?
3. C'est une cuisinière électrique ou à gaz?
4. Il y a aussi un four?
5. Le réfrigérateur a combien de portes?
6. Il y a un congélateur dans le
   réfrigérateur?

For more practice using words from
Mots 1, *do Activity 12 on page H13*
at the end of this book.

3 **Quelle catégorie?** Choisissez.

un légume   un fruit   une herbe aromatique

1. une pomme de terre
2. un citron
3. un champignon
4. un poivron vert ou rouge
5. du thym
6. du laurier
7. du raisin
8. des haricots verts
9. un pamplemousse
10. des oignons

Le marché d'Arpajon

4 **Ce que j'aime** Donnez des réponses personnelles.

1. Tu aimes la salade de fruits avec des bananes et des pamplemousses?
2. Tu aimes les pâtes avec de la sauce tomate?
3. Tu aimes l'ail dans la sauce tomate? Tu y mets combien de gousses d'ail?
4. Tu aimes la salade avec de l'huile et du vinaigre?
5. Tu aimes les pommes de terre avec du beurre et du persil?
6. Tu aimes la choucroute avec des saucisses?
7. Tu prépares un repas de temps en temps?
8. Tu as une recette favorite? Quelle est cette recette?
9. Tu as un plat favori? Quel est ce plat?

5 **Jeu** **Les aliments** Jouez avec un copain ou une copine. Vous avez appris les noms de beaucoup d'aliments. Vous avez trois minutes pour préparer une liste des noms de tous les aliments que vous avez appris. Celui qui a la plus longue liste gagne.

Faisons la cuisine! 🎧

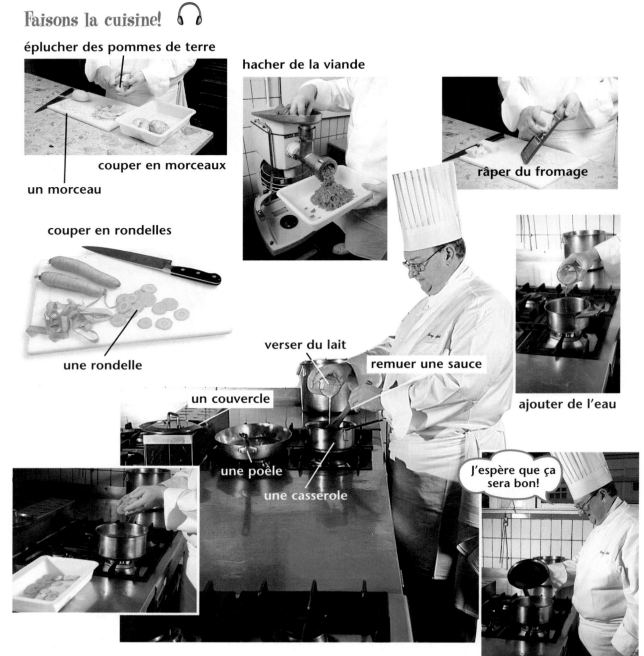

éplucher des pommes de terre

couper en morceaux

un morceau

hacher de la viande

râper du fromage

couper en rondelles

une rondelle

verser du lait

remuer une sauce

ajouter de l'eau

un couvercle

une poêle

une casserole

J'espère que ça sera bon!

M. Arnaud est bon cuisinier.
Il va faire cuire les carottes.
Il fait bouillir l'eau à feu vif.
Il met les carottes dans l'eau bouillante.

Il laisse bouillir les
carottes à feu doux.

D'autres aliments 🎧

la viande

le veau

une côtelette de veau

le bœuf

un rôti de bœuf

l'agneau

un gigot d'agneau

le porc

une côtelette de porc

les poissons et les fruits de mer

un filet de sole

du saumon

une moule

un homard

une huître

un crabe

Commençons
Let's use our new words

6 **En cuisine**

Indiquez si ça se fait ou si ça ne se fait pas.

1. On coupe un concombre en rondelles.
2. On coupe l'eau en petits morceaux.
3. On met de l'eau dans une casserole pour faire bouillir quelque chose.
4. On fait les frites dans de l'eau.
5. On râpe le fromage avant de le mettre sur les pâtes.
6. On fait les hamburgers avec de la viande hachée.
7. On fait bouillir l'eau dans une poêle.
8. On verse du lait dans un couvercle.
9. On remue une sauce.
10. On épluche les pommes de terre et les carottes avant de les faire cuire.

Un marché de fruits et légumes à Saint-Paul-de-Vence

7 **Historiette** **Un bon cuisinier**

Inventez une histoire.

1. Luc aime faire la cuisine?
2. Il est bon cuisinier?
3. C'est lui qui va préparer le repas pour l'anniversaire de sa copine?
4. Qu'est-ce qu'il va préparer, de la viande ou du poisson?
5. Qu'est-ce qu'il préfère, la viande ou le poisson? Et sa copine?
6. Qu'est-ce qu'il va servir comme légumes?
7. Qu'est-ce qu'il va servir comme dessert?

FRENCH Online

Cuisine in France varies from region to region. To learn more about the differences of some of these regions, go to the Glencoe French Web site: french.glencoe.com

8 **J'aime ça.**

Donnez des réponses personnelles.

1. Quels sont les poissons que tu aimes?
2. Quels sont les fruits de mer que tu aimes?
3. Quelles sont les viandes que tu aimes?
4. Quels sont tes fruits favoris?
5. Quels sont tes légumes favoris?

Le marché d'Arpajon

9 **Nos repas favoris**

Avec un copain ou une copine, parlez de vos repas favoris. Ensuite, décidez si vous mangez des aliments qui sont bons pour la santé.

Carcassonne dans le sud-ouest de la France

10 **Un repas américain** Vous êtes à Carcassonne, en France, chez les Lebrun. Monsieur Lebrun (votre copain) ou Madame Lebrun (votre copine) vous demande de décrire un repas typiquement américain. Faites-le et expliquez-lui, si possible, comment on le prépare. Ensuite changez de rôle.

Structure

Expressing future events
Le futur simple

1. To form the future tense in French, you add the future endings to the entire infinitive of verbs that end in **-er** or **-ir.** You drop the **e** before adding the endings to **-re** verbs. Study the following.

Rappelez-vous que...

You already learned that the future can be expressed in French by using **aller** + infinitive.
Vendredi, je vais sortir avec Émilie.

	PARLER	FINIR	ATTENDRE
Infinitive	parler	finir	attendre
Stem	parler-	finir-	attendr-
	je parlerai	je finirai	j' attendrai
	tu parleras	tu finiras	tu attendras
	il/elle/on parlera	il/elle/on finira	il/elle/on attendra
	nous parlerons	nous finirons	nous attendrons
	vous parlerez	vous finirez	vous attendrez
	ils/elles parleront	ils/elles finiront	ils/elles attendront

2. The verbs **être, faire, aller,** and **avoir** have an irregular stem in the future tense.

ÊTRE **je serai, tu seras, il sera, nous serons, vous serez, ils seront**
FAIRE **je ferai, tu feras, il fera, nous ferons, vous ferez, ils feront**
ALLER **j'irai, tu iras, il ira, nous irons, vous irez, ils iront**
AVOIR **j'aurai, tu auras, il aura, nous aurons, vous aurez, ils auront**

3. The future tense is not commonly used in spoken French. You use **aller** + the infinitive more often to express the future. However, you must use the future tense after **quand** when the main verb in the sentence is in the future tense.

Je te ferai un bon repas quand tu seras à Paris.
Quand tout le monde sera là, je mettrai la viande au four.

Continuons
Let's put our words together

11 Historiette **Un de ces jours...** Répondez que oui.

1. Un de ces jours, Sandra voyagera en France?
2. Elle prendra l'avion pour y aller?
3. Elle passera quelques semaines à Paris?
4. Elle visitera les monuments?
5. Elle s'amusera?
6. Sa copine Liz l'accompagnera?
7. Elles sortiront souvent?
8. Elles dîneront dans de bons restaurants?

L'Obélisque

PARIS

Une fondue au fromage

12 Historiette **Une bonne cuisinière**
Inventez des réponses.

1. Sandra ira dans une école culinaire quand elle sera à Paris?
2. Elle apprendra à faire des plats français quand elle sera à Paris?
3. Elle préparera des repas exquis quand elle rentrera aux États-Unis?
4. Elle invitera ses amis à dîner?
5. Elle leur fera de la cuisine française quand elle les invitera?

Un marché à Aix-en-Provence

13 Une salade de fruits Répondez que oui.

1. Tu feras une bonne salade de fruits?
2. Tu mettras des oranges, des pommes et du raisin?
3. Tu laveras les fruits?
4. Tu éplucheras les pommes?
5. Tu couperas les bananes en rondelles?
6. Tu ajouteras du sucre?
7. Tu serviras des petits gâteaux avec ta salade de fruits?

STRUCTURE

cent quatre-vingt-trois ❖ **183**

14 **Pour ton anniversaire?** Posez des questions à Laurent d'après le modèle.

donner une fête
Laurent, tu donneras une fête?
1. inviter des amis
2. préparer des hors-d'œuvre
3. jouer de la guitare
4. chanter
5. mettre des disques
6. danser

Le restaurant Julien à Paris

15 **Historiette** **Au restaurant**
Répondez d'après les indications.

1. Tu iras au restaurant à quelle heure demain soir? (à neuf heures)
2. C'est toi qui choisiras le restaurant? (oui)
3. Tu y dîneras seul? (non, avec Julie)
4. Vous prendrez une table avant l'arrivée de vos amis? (oui)
5. Vous demanderez la carte aussi? (non)
6. Vous attendrez vos amis? (absolument)

16 **Un voyage à la Martinique** Répondez que oui.

1. L'hiver prochain Émilie aura des vacances?
2. Elle fera un voyage?
3. Elle ira à la Martinique?
4. Elle fera le voyage en avion?
5. Elle sera fatiguée après le vol?
6. Tu feras ce voyage avec Émilie?
7. Vous irez ensemble à la Martinique?
8. Vous y ferez des excursions ensemble?
9. Vous irez à la plage?
10. Vous prendrez des bains de soleil?
11. Vous serez bronzé(e)s?

17 **De bonnes résolutions** Vous avez décidé de prendre de bonnes résolutions pour le nouvel an. Par exemple: **Je serai gentil(le) avec ma sœur.** Faites une liste et comparez-la avec la liste d'un(e) camarade. Quelles sont les résolutions qui sont les mêmes?

18 **J'espère...** Travaillez avec un(e) camarade. Dites ce que vous espérez pour l'avenir. Par exemple: **J'espère que je n'aurai plus de devoirs l'année prochaine.**

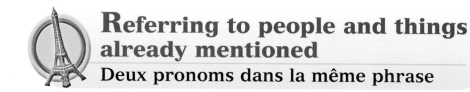
Referring to people and things already mentioned
Deux pronoms dans la même phrase

1. It is possible to use both a direct and an indirect object pronoun in the same sentence. Study the following sentences.

Le serveur **me** donne **la carte.**	Il **me la** donne.
Il **nous** sert **la soupe.**	Il **nous la** sert.

2. The pronouns **me, te, nous, vous** precede the pronouns **le, la, les.**

Elle	me te nous vous	le la les	donne.

3. The double object pronouns, the same as a single pronoun, come directly before the verbs they are linked to. Study the following sentences.

Affirmatif	Négatif
Il me le donne.	Il ne me le donne pas.
Il va me le donner.	Il ne va pas me le donner.
Il me l' a donné.	Il ne me l' a pas donné.

PETIT DÉJEUNER		

PETIT DÉJEUNER CAFÉ DE LA PAIX
85f / 12,96€

Café ou thé, 2 tartines, beurre, confiture ou panier de 3 viennoiseries au choix, jus de fruits

	FF	€
Petit déjeuner complet	118	17,99
(café ou thé, tartine - beurre, confiture, mini viennoiseries, jus de fruits frais)		
Croissant	12	1,83
Cake	32	4,88
Pain - Beurre	23	3,51
Beurre et Confiture	14	2,13
BOISSONS CHAUDES		
Café expresso, expresso décaféiné, soluble décaféiné	29	4,42
Double expresso, Café crème	34	5,18
Café parisien grande tasse, Café américain (café léger)	34	5,18
Cappuccino	39	5,95
Thés: Ceylan, Chine, Darjeeling, Earl Grey, Mûre, Vert/menthe	39	5,95
Chocolat	39	5,95
Chocolat viennois, Café viennois	39	5,95
Lait chaud	34	5,18
BOISSONS FROIDES		
Soda orange ou citron	37	5,64
Limonade	37	5,64
Jus de fruits:		
orange, abricot, raisin, pamplemousse, pomme	37	5,64
Jus de tomate	37	5,64
Eaux minérales	37	5,64
Jus frais orange, citron, pamplemousse	41	6,25
Boisson aux fruits tropicaux	37	5,64
Lait froid, lait aromatisé	34	5,18
Café ou thé glacé	39	5,95

Rappelez-vous que...

In the **passé composé,** the past participle must agree with the preceding direct object.

**Il t'a donné la recette?
Oui, il me l'a donnée.**

Continuons

Let's put our words together

19 **Oui, je l'ai.**
Suivez le modèle.

—**Tu as le thym?**
—**Oui, je l'ai.**
—**Tu me le passes, s'il te plaît.**

1. Tu as le fromage?
2. Tu as les champignons?
3. Tu as le persil?
4. Tu as la poêle?
5. Tu as l'huile?

Crèmerie à la Coupe

20 **Je vais vous aider.**
Suivez le modèle.

—**Il faut remuer la sauce.**
—**Je peux vous la remuer.**

1. Il faut laver la salade.
2. Il faut râper le fromage.
3. Il faut éplucher les carottes.
4. Il faut préparer la sauce vinaigrette.
5. Il faut laver le persil.
6. Il faut laver les haricots verts.

21 **Qui te l'a acheté?** Suivez le modèle.

—**J'ai de nouvelles lunettes.**
—**Qui te les a achetées?**

1. J'ai une nouvelle voiture.
2. J'ai un nouveau téléviseur.
3. J'ai un nouveau magnétoscope.
4. J'ai de nouveaux skis.
5. J'ai un nouvel ordinateur.
6. J'ai une nouvelle calculatrice.
7. J'ai de nouvelles chaussures.

Telling what you have others do
Faire + infinitif

1. You use **faire** + an infinitive to express what you have someone else do for you.

Je lave ma chemise moi-même.

Je ne lave pas ma chemise moi-même.
Je fais laver ma chemise.

Jean répare le lave-vaisselle.

Jean ne répare pas le lave-vaisselle.
Il fait réparer le lave-vaisselle.

2. You use **faire** + an infinitive in many cooking expressions.

La viande cuit.

Le cuisinier fait cuire la viande.

3. If there is an object pronoun in the sentence, the pronoun precedes the verb **faire**.

Je fais bouillir l'eau.   **Je la fais bouillir à feu vif.**

Continuons
Let's put our words together

22 **Tu le fais toi-même ou tu le fais faire?**
Répondez d'après les indications.

1. Tu laves ton pantalon toi-même? (non)
2. Tu le fais laver? (oui)
3. Elle fait sa robe elle-même? (non)
4. Elle la fait faire? (oui)
5. Il répare le congélateur lui-même? (non)
6. Il le fait réparer? (oui)
7. Il répare le four à micro-ondes lui-même? (non)
8. Il le fait réparer? (oui)
9. Tu fais ton travail toi-même? (non)
10. Tu le fais faire? (oui)

Les lavages publics du Banco à Abidjan en Côte d'Ivoire

23 **Historiette** **Dans la cuisine** Inventez une histoire.

1. Le cuisinier fait cuire la viande au four?
2. Il la fait cuire à feu doux?
3. Il fait cuire des poivrons?
4. Il les fait cuire dans de l'huile d'olive?
5. Il fait bouillir la soupe?
6. Il la fait bouillir à feu vif?

24 **Un prof exigeant** Votre professeur de français vous fait faire beaucoup de choses. Avec un(e) camarade, parlez de tout ce qu'il/elle vous fait faire en classe. Vous pouvez utiliser les mots et expressions suivantes.

beaucoup parler
écrire des paragraphes
passer des examens
répondre à trop de questions
écrire au tableau noir

faire des devoirs
bien prononcer
répéter les phrases
lire des lectures

Vous êtes sur le bon chemin. Allez-y!

Conversation

La cuisine et moi, ça fait deux!

Serge: Tu aimes faire la cuisine, toi, Peter, non?

Peter: Moi? Faire la cuisine! Tu rigoles! Jamais de la vie!

Serge: Moi, j'aime bien de temps en temps.

Peter: Qu'est-ce que tu sais faire comme plats?

Serge: Ben, le couscous, la bouillabaisse…

Peter: La bouillabaisse? Qu'est-ce que c'est?

Serge: C'est la spécialité de Marseille. C'est une soupe de poissons avec des tomates, des oignons, de l'ail et du pain.

Peter: Alors quand est-ce qu'on la mange, cette bouillabaisse?

Serge: Ben si tu veux, j'en ferai une la semaine prochaine.

Après la conversation

Répondez.

1. Est-ce que Peter aime faire la cuisine?
2. Quels plats est-ce que Serge sait faire?
3. Qu'est-ce que la bouillabaisse?
4. Qu'est-ce qu'on met dans la bouillabaisse?
5. Marseille est sur la mer Méditerranée ou sur l'océan Atlantique?
6. Quand est-ce que Serge fera une bouillabaisse?

Parlons un peu plus
Let's talk some more

A **La cafétéria de l'école**

Votre copain ou votre copine est chargé(e) de préparer les menus pour la cafétéria de votre école. Dites-lui les plats que vous aimez et les plats que vous n'aimez pas. Faites-lui aussi des suggestions. Ensuite, changez de rôle.

RESTAURANT SCOLAIRE DE LA VILLE DU BOIS

MENUS DU 22 AVRIL AU 02 MAI

Nous nous réservons la possibilité de modifier le menu en fonction des arrivages et des contraintes du marché, tout en respectant l'équilibre nutritionnel!

LUNDI 22	MARDI 23	MERCREDI 24	JEUDI 25	VENDREDI 26
LENTILLES EN SALADE	DEMI POMELOS	CAROTTES RAPEES A L'ORANGE	SALADE VERTE	OEUF MAYONNAISE
ROTI DE PORC BAISE	NORMANDIN DE VEAU A LA PROVENCALE	FILET DE POISSON SAUCE BONNE FEMME	COQUILLETTES A LA BOLOGNAISE	CUISSE DE POULET AUX HERBES JULIENNE DE LEGUMES
CHOU FLEUR PERSILLE	SEMOULE AU BEURRE	HARICOTS	BRIE	
GOUDA	FROMAGE FRAIS NATURE	FROMAGE BLANC	GLACE	PYRENEES
FRUIT DE SAISON	COMPOTE DE POMMES	GAUFRE AU SUCRE		FRUIT DE SAISON

LUNDI 29	MARDI 30	MERCREDI 31	JEUDI 01	VENDREDI 02
HARICOTS VERTS EN SALADE	MELON JAUNE	CELERI REMOULADE		SALADE VERTE
SAUTE DE PORC DIJONNAISE	CORDON BLEU	ROSBEEF		FILET DE POISSON PANE/CITRON
LENTILLES ARDECHOISES	EPINARDS BECHAMEL ET POMMES DE TERRE	TORTIS AU BEURRE	FERIE	RIZ A LA TOMATE
CHEVRE	YAOURT NATURE SUCRE	CANTAL		EDAM
FRUIT DE SAISON	DONUTS	ANANAS AU SIROP		ENTREMET CHOCOLAT

B **Au restaurant** Travaillez avec un(e) camarade. Regardez le dessin de la cuisine du restaurant. Ensemble, parlez de tout ce que vous voyez sur le dessin.

Lectures culturelles

Un voyage gastronomique

Charles Smith est un étudiant américain à l'université du Michigan. Il fait du français parce qu'il s'intéresse au commerce international. Charles a toujours eu envie d'aller en France pour travailler son français. L'été prochain, il réalisera son rêve[1] quand il passera deux mois en France. Il voyagera dans toute la France.

Charles est un vrai gourmand, c'est-à-dire qu'il aime bien manger. Il sait que la France est connue dans le monde entier pour sa bonne cuisine. Chaque région a ses spécialités.

Alsace

Charles va commencer son voyage à Strasbourg, en Alsace, près de la frontière allemande. Là, il prendra sans doute une choucroute avec du jambon, des lardons[2] et des saucisses. La cuisine alsacienne ressemble à la cuisine allemande.

Provence

Ensuite, Charles ira dans le sud, en Provence. Quelle différence! En Provence on mange des pâtes et même de la pissaladière, un genre de pizza. Dans les plats provençaux, on utilise ce qu'on appelle les herbes de Provence: du thym, du laurier, du basilic, du romarin[3]. On utilise aussi des tomates, des oignons et de l'ail. La cuisine est toujours faite à l'huile d'olive. On n'utilise pas de beurre.

[1] rêve *dream*
[2] lardons *bacon bits*
[3] romarin *rosemary*

Bourgogne

Après huit jours en Provence, Charles visitera la Bourgogne. La Bourgogne est une région de vignobles[4]. Les vins de Bourgogne sont très appréciés et on les utilise beaucoup dans la cuisine bourguignonne. Bien sûr, Charles va manger un bœuf bourguignon—une des spécialités de la région. On prépare le bœuf bourguignon avec du bœuf, bien sûr, mais aussi avec du vin rouge, des oignons, du thym et du laurier. On le sert avec des pommes de terre cuites à l'eau ou à la vapeur[5]. Un vrai régal[6]!

Bretagne

Ensuite Charles ira en Bretagne, dans le nord-ouest. Il visitera de jolis villages de pêcheurs, comme Cancale, par exemple. Et qu'est-ce qu'il va manger en Bretagne? Il aura l'occasion de manger les meilleurs fruits de mer du monde—des huîtres, des moules et des coquilles Saint-Jacques[7].

Normandie

Avant de rentrer à Paris, Charles passera par la Normandie. Comme la Normandie est une région de pâturages, il y a beaucoup de vaches[8]. Pour cette raison, les Normands préparent leurs sauces avec de la crème et du beurre. Une escalope[9] à la normande est une escalope de veau avec une sauce à la crème et des champignons. C'est délicieux!

Quand notre gourmand sera en France, il apprendra sans doute que «la cuisine en France, c'est un art». Et quand il rentrera aux États-Unis, il aura certainement pris quelques kilos de plus.

Le port de Guilvinec en Bretagne

[4] vignobles *vineyards*
[5] à la vapeur *steamed*
[6] régal *treat*
[7] coquilles Saint-Jacques *scallops*
[8] vaches *cows*
[9] escalope *cutlet*

Après la lecture

A Le voyage de Charles Répondez.

1. Le français sera utile à Charles plus tard? Pourquoi?
2. Il ira en France quand?
3. Il visitera quelles régions?
4. Qu'est-ce qu'il apprendra quand il sera en France?

B Provinces et plats Donnez les informations suivantes.

1. le nom des provinces françaises que Charles visitera
2. un plat qu'il mangera dans chaque province

La Belgique

Le Maroc

Le Mali

Le Sénégal

Un dîner chez une famille maghrébine

Dans les pays du Maghreb, on se rassemble autour de la meïda pour manger. La meïda est une table ronde basse en bois[1] sculpté. Sur la table, on met un plateau en cuivre[2].

Le repas est pris en commun et tout est servi dans le même plat. Avant de commencer à manger on prononce la formule «Bis'millâh», pour s'assurer de la protection de Dieu[3].

On mange ce qui est devant soi. On ne mange jamais ce qui est au milieu de la table, c'est-à-dire, de la meïda. On laisse toujours des restes pour pouvoir donner de la nourriture aux pauvres. On ne doit pas trop parler pendant le repas. À la fin du repas, on remercie Dieu par un «El-Hamdoullâh».

Une table marocaine

À la fin, comme au début du repas, on verse l'eau d'un pot en cuivre sur les mains des invités pour qu'ils se lavent les mains.

Si vous êtes invité(e) dans une famille maghrébine, on vous servira peut-être un couscous. Le couscous est une semoule[4] qu'on accompagne de légumes, de poulet ou de mouton et parfois de raisins secs. On sert le couscous avec une sauce rouge très épicée[5], la harissa.

Un couscous dans un restaurant marocain

[1] bois *wood*
[2] cuivre *copper*
[3] Dieu *God*
[4] semoule *semolina (grain made from wheat)*
[5] épicée *spicy*

Après la lecture

A Les coutumes Dites en anglais ce qu'on doit faire quand on est à table chez une famille maghrébine.

B Comparaisons Comparez un dîner chez vous et un dîner chez une famille maghrébine.

Navarin d'agneau

Vous dites que vous n'aimez pas beaucoup l'agneau? Mangez un bon navarin d'agneau et vous changerez certainement d'avis! Voici une recette pour préparer ce plat délicieux et assez facile à faire. Allons-y!

Navarin d'agneau

1,5 kg de mouton (agneau) coupé en morceaux
1 kg de navets[1]
2 oignons
3 carottes
60 g de beurre
1 cuillerée à café de farine[2]
2 verres de consommé de poulet
Thym, laurier, persil, sel et poivre

Préparation: 20 minutes   Cuisson: 1 h 30 - Cocotte (casserole)

Faites fondre[3] le beurre dans la cocotte. Ajoutez la viande. Faites-la bien revenir[4] des deux côtés. Ajoutez un peu de farine des deux côtés. Ajoutez le consommé, le sel et le poivre. Remuez bien. Faites cuire pendant 10 minutes. Ajoutez les carottes, les oignons, le thym, le laurier et le persil. Couvrez et faites cuire pendant 30 minutes à feu doux. Ajoutez les navets épluchés et faites cuire encore environ 45 minutes, toujours à feu doux.
Retirez du feu et servez!

[1] navets *turnips*
[2] cuillerée à café de farine *teaspoon of flour*
[3] fondre *melt*
[4] revenir *brown*

Après la lecture

À votre avis Répondez.
1. C'est facile ou difficile de préparer un navarin d'agneau?
2. Quels sont les ingrédients de cette recette que vous aimez?
3. Il y a des ingrédients que vous n'aimez pas? Quels ingrédients?

La Belgique

La Tunisie

Le Maroc

Le Mali

CONNEXIONS

La littérature

Gargantua de Rabelais

François Rabelais, gravure d'un artiste inconnu

Have you ever heard the expression "gargantuan appetite" used to describe a person who eats a lot? The word "gargantuan" comes from the name of the main character in a book written by François Rabelais, a famous French author of the sixteenth century. An enlightened thinker of the Renaissance period, Rabelais challenged the constraints of medieval thought, particularly in the field of education. As we shall see, the character of Gargantua shows how education can transform an individual. Gargantua exhibits gross and animalistic behavior until he comes under the tutelage of a Renaissance humanist named Ponocrates.

Gargantua

Gargantua est le fils de Grangousier et de Gargamelle. Tous deux sont des gros mangeurs et buveurs. Ils adorent manger et boire. Ce trait est transmis à leur fils. Dès l'instant[1] qu'il est né, il crie «À boire, à boire, à boire!» Son père l'entend et dit «Que grand tu as!»—et de là vient le nom de Gargantua. Le «petit» enfant a bu le lait de 17 913 vaches. Il s'est développé vite et il est devenu énorme—un véritable géant.

Quand il se réveillait, il sautait[2] dans son lit comme un mouton. Pour lui:

> peigner, laver et nettoyer[3] était perdre
> son temps en ce monde. Puis rotait[4], crachait[5], toussait,
> éternuait, et déjeunait: belles tripes frites[6], belles
> carbonnades [grillades], beaux jambons.

[1] Dès l'instant *From the moment*
[2] sautait *jumped up and down*
[3] nettoyer *clean*

[4] rotait *burped*
[5] crachait *spit*
[6] tripes frites *fried tripe*

Gargantua aime manger, mais il n'aime pas du tout faire de l'exercice. Quand on lui dit de faire de l'exercice, il répond:

> *Quoi! n'ai-je fait suffisant exercice?*
> *Je me suis vautré[7] six ou sept tours*
> *parmi le lit[8] avant de me lever.*
> *N'est-ce assez?*

La vie et le comportement de Gargantua changent complètement quand son père décide de confier son éducation au sage[9] humaniste Ponocrates. Gargantua apprend alors à se laver, se peigner, s'habiller et se parfumer. Il assouplit[10] son corps par toutes sortes d'exercices physiques. On stimule son esprit par des jeux. Il rend visite aux artisans et converse avec les savants.

[7] Je me suis vautré *I rolled around*
[8] tours parmi le lit *times in bed*
[9] sage *wise*
[10] assouplit *loosens up*

La Devinière, le village natal de Rabelais

Après la lecture

Gargantua Répondez.

1. Quel est un trait des parents de Gargantua?
2. Ce trait a été transmis à leur fils?
3. Quand Gargantua est né, qu'est-ce qu'il a crié?
4. On lui a donné quel nom?
5. Qu'est-ce qu'il a bu?
6. Qu'est-ce qu'il est devenu?
7. Qu'est-ce qu'il faisait quand il se réveillait?
8. Qu'est-ce qu'il mangeait?
9. Il aimait faire de l'exercice?
10. Quand est-ce que tout cela a changé?

C'est à vous

Use what you have learned

PARLER
1 Au marché

✔ *Talk about foods and food preparation*

Vous êtes au marché à Carpentras. Vous voulez acheter les ingrédients pour préparer votre plat favori. Votre camarade est le/la marchand(e). Dites-lui ce que vous voulez et en quelle quantité. Dites-lui aussi ce que vous allez préparer.

Le marché à Carpentras

PARLER
2 L'avenir (Le futur)
✔ *Describe future events*

On ne sait jamais ce que nous réserve l'avenir. Mais on a des aspirations et des souhaits *(wishes)*. Conversez avec un(e) camarade. Dites-lui ce que vous ferez quand vous aurez votre diplôme d'études secondaires. Ensuite changez de rôle. Vous avez les mêmes aspirations et les mêmes souhaits?

PARLER
ÉCRIRE
3 Cuisines étrangères
✔ *Describe a dish that you like*

Est-ce qu'il y a près de chez vous des restaurants qui servent des plats de différentes régions du monde? Si oui, préparez une liste de ces restaurants avec votre camarade. Indiquez le genre de cuisine qu'on y sert. Décrivez un plat que vous aimez.

ÉCRIRE

4 Un repas délicieux

✔ *Describe the cuisine of one of the French provinces*

Vous faites un voyage en Normandie. Vous passez quelques jours à Dieppe. Vous avez dîné dans un très bon restaurant qu'un ami français vous a recommandé. Vous lui écrivez un petit mot pour le remercier. Vous lui décrivez ce que vous avez mangé et vous lui dites combien vous avez aimé le restaurant et pourquoi.

Le port de plaisance de Dieppe en Normandie

=== FORMULE BUFFET ===

1 Entrée + 1 Plat 79,00 F 12,04 €

La soupe de poisson du pêcheur
Les 6 huîtres de Normandie

Au choix   *Servies sur glace pillée*
La salade cocktail

Crevettes roses - Saumon fumé

Le jambon à l'os à la Normande
Pommes frites - Champignons à la crème
L'entrecôte grillée
Pommes frites - Salade
Sauce beurre maître d'hôtel, ou aux deux poivres, ou roquefort, ou barbecue.

Writing Strategy

Writing about a process When you write an explanation of a process, keep in mind that your readers should be able to follow your explanation from start to finish. Present the steps of the process in a logical order and include as many details as possible. Remember to define any terms that may be unfamiliar to your readers.

ÉCRIRE

5 Un(e) Américain(e) à Colmar

You are living with a French family in Colmar, in Alsace. One day last week you prepared your favorite American dish for them. They loved it! They want you to write down the recipe for them before you return to the United States. Since they don't know much English, you'll have to write the recipe in French. Be sure to explain all the steps as clearly as possible so that they can prepare something delicious rather than a disaster!

Assessment

Vocabulaire

To review **Mots 1**, turn to pages 174–175.

1 Complétez.

1–2. _____ et _____ sont des légumes.

3–4. _____ et _____ sont des fruits.

5. _____ est une fine herbe.

2 Choisissez.

a.

b.

c.

d.

_____ 6. remuer

_____ 7. couper

_____ 8. éplucher

_____ 9. râper

To review **Mots 2**, turn to pages 178–179.

3 Identifiez.

10.

11. _____

12.

13.
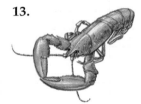

14.

Structure

4 Complétez avec le futur.

15. Je _____ au chef. (parler)
16. Il me _____ la recette. (lire)
17. Vous _____ à faire le plat? (apprendre)
18. On _____ un plat pas trop compliqué. (choisir)

To review the future tense, turn to page 182.

5 Répondez avec des pronoms.

19. Il te donnera la recette?
20. Elle va me préparer les champignons?

To review using pronouns, turn to page 185.

6 Complétez.

21. Moi, je ne répare pas l'évier. Je _____ l'évier.
22. Elle ne prépare pas le dîner. Elle _____ le dîner.

To review **faire** + an infinitive, turn to page 187.

Culture

7 Choisissez la région.

l'Alsace   la Provence   la Bourgogne   la Normandie

23. Sa cuisine utilise beaucoup de fines herbes et d'épices.
24. La choucroute y est un plat très apprécié.
25. Beaucoup de ses recettes sont à base de crème et de beurre.

To review this cultural information, turn to pages 192–193.

Le marais vernier en Normandie

Vocabulaire

Identifying some kitchen appliances and utensils

la cuisine	un frigidaire, un frigo	une casserole
une cuisinière	un four	un couvercle
un congé(lateur)	(à micro-ondes)	
un réfrigérateur	une poêle	

Talking about some cooking procedures

faire la cuisine	couper	une rondelle
faire cuire	râper	un morceau
faire bouillir	ajouter	une recette
éplucher	remuer	un plat
hacher	verser	

How well do you know your vocabulary?

- Choose words from the list and describe a meal you would like to serve.
- Describe as many steps in the preparation of the meal as you can.

Identifying more foods

un aliment	des fines herbes	une côtelette
un légume	du persil	un rôti
un poivron rouge	du laurier	un gigot
un oignon	du thym	un poisson
une gousse d'ail	de l'huile (f.) d'olive	un filet de sole
un champignon	des pâtes (f. pl.)	du saumon
une pomme de terre	de la choucroute	des fruits (m. pl.)
un haricot vert	une sauce	de mer
un fruit	la viande	un homard
un citron	une saucisse	une moule
une orange	le bœuf	un crabe
un pamplemousse	le veau	une huître
du raisin	le porc	
une herbe	l'agneau (m.)	

Other useful words and expressions

à feu vif
à feu doux
bouillant(e)

Technotour

BON VOYAGE!

Avant de visionner

In this video episode, Manu reveals his cooking secrets to a surprised Vincent.

Vincent et Manu parlent dans la cuisine.

Vincent croit qu'il va être malade.

FRENCH ONLINE

À découvrir

Learn more about French cuisine online.

Le chef Patrick Terrieu au Cordon Bleu à Paris

FRENCH Online

In the Chapter 6 Internet activity, you will have a chance to learn more about food in the Francophone world. To begin your virtual adventure, go to the Glencoe French Web site: **french.glencoe.com**

La voiture et la route

Objectifs

In this chapter you will learn to:

- ✔ *talk about cars and driving*
- ✔ *give directions on the road*
- ✔ *talk about what would happen under certain conditions*
- ✔ *describe future events*
- ✔ *refer to something already mentioned*
- ✔ *talk about driving and highways in France*

Tamara de Lempicka *Autoportrait*

Vocabulaire

Mots 1

La voiture 🎧

un camion

Le conducteur conduit le camion.

une voiture de sport

Renault et Peugeot sont deux marques françaises.

une moto

accélérer

un casque

un vélomoteur

mettre le contact

une ceinture
de sécurité

une clé

une décapotable

un conducteur
(un automobiliste)

une auto-école

Le jeune homme prend
des leçons de conduite.
Il apprend à se garer.

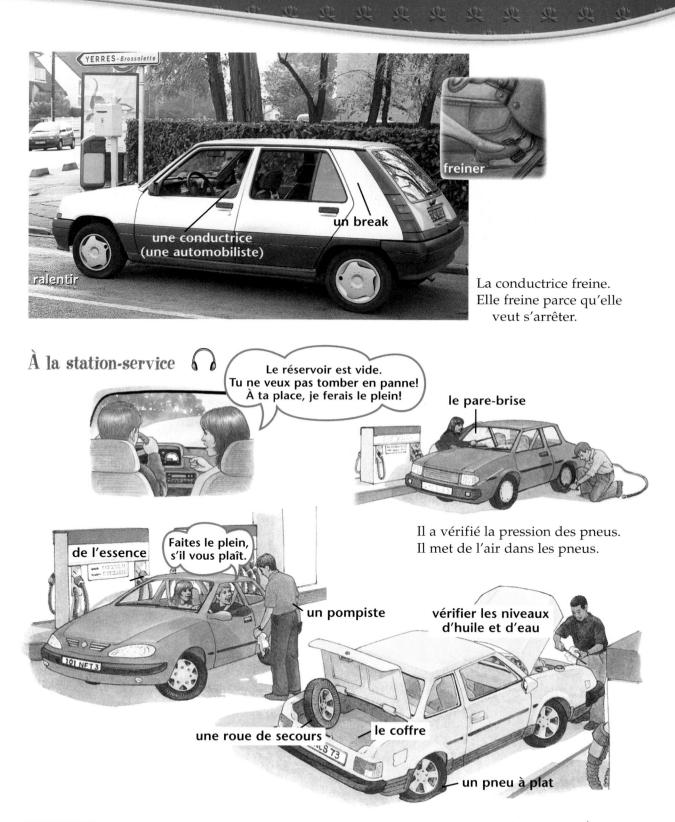

freiner

un break

une conductrice
(une automobiliste)

ralentir

La conductrice freine.
Elle freine parce qu'elle
veut s'arrêter.

À la station-service 🎧

Le réservoir est vide.
Tu ne veux pas tomber en panne!
À ta place, je ferais le plein!

le pare-brise

Il a vérifié la pression des pneus.
Il met de l'air dans les pneus.

de l'essence

Faites le plein,
s'il vous plaît.

un pompiste

vérifier les niveaux
d'huile et d'eau

une roue de secours

le coffre

un pneu à plat

Commençons

Let's use our new words

1 **Qu'est-ce que c'est?** Identifiez.

1. C'est un break ou une décapotable?

2. C'est une moto ou un vélomoteur?

3. C'est une voiture de sport ou un camion?

4. C'est un casque ou une ceinture de sécurité?

2 **Historiette** **Moi!** Donnez des réponses personnelles.

1. Tu as quel âge?
2. Tu as ton permis de conduire?
3. Dans ton état, il faut avoir quel âge pour passer son permis de conduire?
4. Tu as pris des leçons de conduite?
5. Tu es allé(e) à une auto-école?
6. Tu conduis bien?
7. Tu sais bien te garer?
8. Tu as une voiture?
9. Si tu n'as pas de voiture, ta famille a une voiture?
10. Elle est de quelle marque?
11. C'est quel type (modèle) de voiture?

3 **Historiette** **À la station-service** Répondez.

1. Qui sert l'essence dans une station-service?
2. Quand on fait le plein, on met de l'essence où?
3. Une voiture peut rouler si le réservoir est vide?
4. Qu'est-ce qu'on met dans les pneus?
5. On peut tomber en panne quand?

4 **La conduite** Vrai ou faux?

1. Il faut toujours rouler vite.
2. On freine pour accélérer.
3. On accélère pour s'arrêter.
4. On freine pour ralentir.
5. Il faut avoir une clé pour mettre le contact.
6. La roue de secours se trouve dans le réservoir.
7. On se sert de la roue de secours quand on a un pneu à plat.
8. On met de l'air dans les pneus quand la pression est basse.

Carburants

Pourquoi utiliser un carburant
de qualité supérieure?

PLUS UN MOTEUR EST PROPRE, MEILLEURE EST LA COMBUSTION DU CARBURANT ET MOINS IL CONSOMME. AUJOURD'HUI, LES CARBURANTS DE QUALITÉ CONCILIENT ÉCONOMIE ET ÉCOLOGIE.

Vrai ou faux?

5 **Ma voiture** Vous avez une voiture? Si vous n'avez pas de voiture, vous pensez en acheter une un jour? Décrivez la voiture de vos rêves *(dreams)* à un(e) camarade. Ensuite changez de rôle.

6 **Un petit job** Imaginez que vous travaillez de temps en temps dans une station-service. Dites à un(e) camarade tout ce que vous faites comme travail. Ensuite changez de rôle.

For more practice using words from Mots 1, do Activity 13 on page H14 at the end of this book.

Une station-service sur l'autoroute A 10

En ville 🎧

un plan de la ville

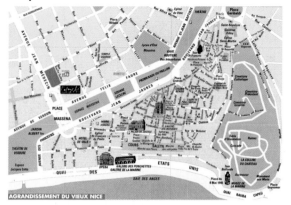

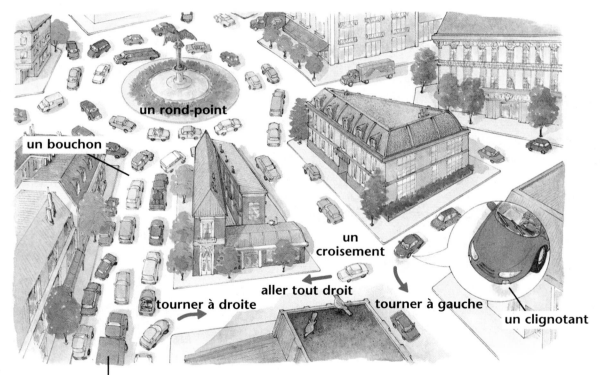

un rond-point

un bouchon

un croisement

aller tout droit

tourner à droite

tourner à gauche

un clignotant

une file de voitures

Il y a un bouchon.
Les voitures ne peuvent pas avancer.

Avant de tourner, n'oubliez pas de
mettre votre clignotant.
Un conducteur va tout droit. Il ne
tourne pas.

Sur la route 🎧

un péage

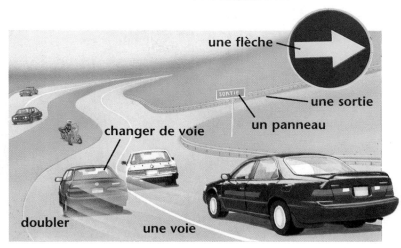

une flèche

une sortie

un panneau

changer de voie

doubler

une voie

Pour prendre l'autoroute,
il faut payer un péage.

Il y a deux voies dans chaque sens.
Le motard surveille la circulation.

une agglomération

une carte (routière)

Je sais que le motard me donnerait une contravention…

…si je roulais trop vite.

…si je brûlais un feu rouge.

…si je ne respectais pas la limitation de vitesse.

Commençons
Let's use our new words

7 **Qu'est-ce que c'est?** Identifiez.

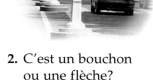

1. C'est un plan ou une carte?

2. C'est un bouchon ou une flèche?

3. C'est un rond-point ou un croisement?

4. C'est un panneau ou un péage?

5. C'est une route à deux voies ou à quatre voies?

8 **Sur la route** Vrai ou faux?

1. Il y a toujours un panneau pour indiquer la sortie de l'autoroute.
2. Il est interdit de changer de voie quand on veut doubler une autre voiture.
3. Quand il y a un bouchon, il y a beaucoup de circulation.
4. Il n'y a jamais de bouchon près des agglomérations.
5. Il faut ralentir pour doubler un camion.
6. Les motards surveillent la circulation sur l'autoroute.
7. Les flèches indiquent la direction qu'il faut prendre.
8. Les panneaux sont là pour la décoration de l'autoroute.
9. Il faut rouler vite et accélérer quand on arrive à un croisement dangereux.
10. Quand il y a un gros bouchon, il y a une longue file de voitures.
11. Si on brûle un feu rouge, on peut avoir une contravention.
12. Il faut mettre son clignotant pour signaler qu'on tourne à droite ou à gauche.

9 Historiette **Une autoroute** Répondez.

1. Il y a une autoroute près de chez vous?
2. C'est une autoroute à péage?
3. Les péages sont sur l'autoroute ou à la sortie de l'autoroute?
4. Il y a beaucoup de circulation sur l'autoroute?
5. Qui surveille la circulation sur l'autoroute?
6. Quelle est la limitation de vitesse?
7. En général, est-ce que les conducteurs la respectent?
8. Sur l'autoroute, il y a combien de voies dans chaque sens?
9. Est-ce que les conducteurs qui roulent trop vite reçoivent une contravention?

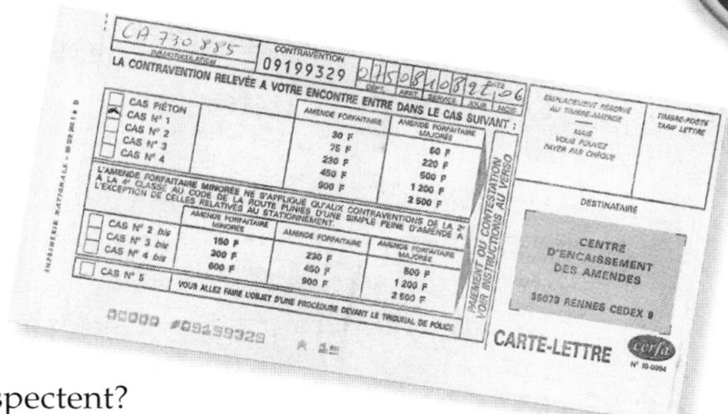

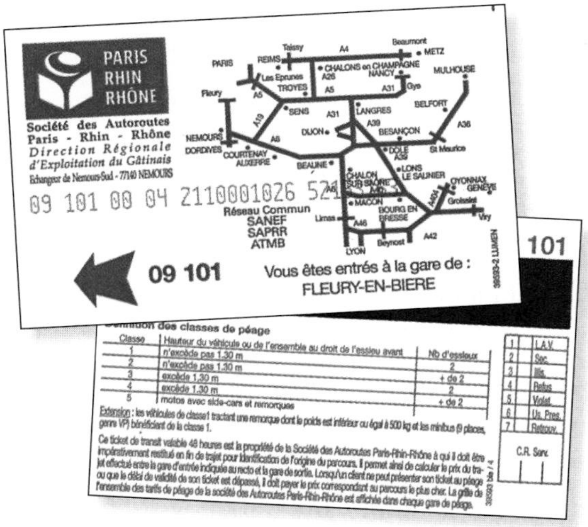

10 **Avantages**

En France, il faut payer un péage sur toutes les autoroutes. Sur les routes secondaires, il n'y a pas de péages. Avec un(e) camarade, expliquez pourquoi il vaut mieux (il est préférable de) prendre une autoroute et payer un péage. Quels sont les avantages?

11 **Une autoroute**

Avec un(e) camarade, décrivez une autoroute près de chez vous. S'il y a un péage, c'est combien? Il y a combien de voies dans chaque sens? Cette autoroute va où?

12 **Les panneaux** Dites ce que ces panneaux signifient.

$\mathbb{S}$tructure

Expressing what would or could happen
Le conditionnel

1. You use the conditional in French, as you do in English, to express what would happen under certain circumstances. The conditional stem is the same as the future stem. The endings you add to this stem are the same as the endings for the imperfect tense. Study the following.

LE CONDITIONNEL

	PARLER	FINIR	ATTENDRE
Infinitive	parler	finir	attendre
Stem	parler-	finir-	attendr-
	je parlerais	je finirais	j' attendrais
	tu parlerais	tu finirais	tu attendrais
	il/elle/on parlerait	il/elle/on finirait	il/elle/on attendrait
	nous parlerions	nous finirions	nous attendrions
	vous parleriez	vous finiriez	vous attendriez
	ils/elles parleraient	ils/elles finiraient	ils/elles attendraient

Rappelez-vous que...

It is necessary to use **y** with **aller** when no place is mentioned. However, **y** is not used with the future or conditional.

J'y vais maintenant.
J'irais maintenant,
mais je ne peux pas.

2. The verbs **être, faire, aller,** and **avoir** also have the same stem for the conditional as they have for the future.

ÊTRE	**je serais, tu serais, il serait,**
	nous serions, vous seriez, ils seraient
FAIRE	**je ferais, tu ferais, il ferait,**
	nous ferions, vous feriez, ils feraient
ALLER	**j'irais, tu irais, il irait,**
	nous irions, vous iriez, ils iraient
AVOIR	**j'aurais, tu aurais, il aurait,**
	nous aurions, vous auriez, ils auraient

3. As in English, you use the conditional in French to express what you or someone else would do.

> **Moi, je prendrais le train. Mais lui, il prendrait la voiture. Il conduirait.**
> **Je le ferais mais je n'ai pas le temps.**

Continuons
Let's put our words together

13 **Historiette** **Un voyage en France**
Inventez une histoire.

1. Robert aimerait beaucoup visiter la France?
2. Il irait à quel moment de l'année?
3. Il y passerait combien de temps?
4. Il voyagerait dans tout le pays?
5. Il irait dans quelles régions?
6. Il louerait une voiture?
7. Il conduirait?
8. Il ferait ce voyage tout seul ou avec des copains?
9. Ses copains conduiraient aussi?
10. Ils consulteraient des cartes routières de temps en temps?

Une route dans les Alpes-Maritimes

14 **Historiette** **À ma place** Répondez d'après les indications.

1. Pour aller à Lyon, tu prendrais le train ou la voiture? (aller en voiture)
2. Tu louerais une voiture ou tu en emprunterais une? (louer)
3. Tu prendrais quelle route? (l'autoroute du sud)
4. Tu ferais le plein avant de partir ou sur l'autoroute? (avant de partir)
5. Qu'est-ce que tu ferais d'autre? (faire vérifier la pression des pneus)

15 **Si c'était possible** Complétez au conditionnel.

Jacques __1__ (voyager). Il __2__ (aimer) beaucoup ça.
Il __3__ (faire) beaucoup de voyages. Il __4__ (être)
content d'être en France. Ses amis et lui __5__ (faire)
beaucoup de voyages ensemble. Ils __6__ (visiter)
beaucoup de villes intéressantes. Ils __7__ (apprendre)
le français. Je __8__ (voyager) avec mes copains. Nous
__9__ (aller) dans une île de la mer des Caraïbes. Je
__10__ (prendre) des bains de soleil. Je __11__ (bronzer).
Et toi, qu'est-ce que tu __12__ (faire)? Tu __13__ (aimer)
mieux aller à la Martinique ou en France?

Le village de Saint-Pierre à la Martinique

Attention!

Note the spelling and pronunciation of verbs like **acheter** and **se lever** in the future and conditional.

ACHETER	j'achèterai	nous achèterions
SE LEVER	je me lèverai	nous nous lèverions

Complétez.

1. Je ____ tôt demain matin. Et vous deux, vous ____ tôt aussi? (se lever)

2. Il ____ une grande voiture, mais il n'a pas assez d'argent. Et vous, qu'est-ce que vous ____ comme voiture? (acheter)

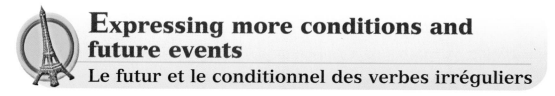

Expressing more conditions and future events
Le futur et le conditionnel des verbes irréguliers

1. The following verbs have an irregular stem for the future and the conditional. You will use many of these verbs frequently in the conditional. Their use in the future is less common.

Infinitive	Stem	Future	Conditional
savoir	saur-	je saurai, tu sauras	je saurais, tu saurais
voir	verr-	je verrai, tu verras	je verrais, tu verrais
envoyer	enverr-	j'enverrai, tu enverras	j'enverrais, tu enverrais
pouvoir	pourr-	je pourrai, tu pourras	je pourrais, tu pourrais
devoir	devr-	je devrai, tu devras	je devrais, tu devrais
recevoir	recevr-	je recevrai, tu recevras	je recevrais, tu recevrais
vouloir	voudr-	je voudrai, tu voudras	je voudrais, tu voudrais
venir	viendr-	je viendrai, tu viendras	je viendrais, tu viendrais
falloir	faudr-	il faudra	il faudrait

2. The conditional is often used in French to soften a request or an order or to make a suggestion. You already know the use of **Je voudrais…** Study the following sentences.

Vous pourriez fermer la porte, s'il vous plaît?	*Could you close the door, please?*
Je mangerais bien quelque chose.	*I wouldn't mind eating something.*
Tu devrais inviter Marie.	*You should invite Marie.*

Continuons
Let's put our words together

16 **Historiette** **Vous irez à Nantes l'année prochaine.** Mettez les verbes au futur.

Pour aller à Nantes, c'est très simple. Pour quitter Paris, vous __1__ (prendre) le boulevard Raspail jusqu'à la place Denfert-Rochereau. Vous __2__ (traverser) la place et vous __3__ (continuer) tout droit. Il y a quelques feux avant d'arriver au boulevard périphérique. Vous ne __4__ (prendre) pas le périphérique. Vous __5__ (continuer) tout droit et vous __6__ (voir) un panneau qui indique Chartres. C'est l'A 11. Vous __7__ (passer) par Chartres et vous __8__ (continuer) sur l'A 11 jusqu'au Mans. Là, vous __9__ (voir) un panneau qui indique la N 23. Vous __10__ (prendre) la N 23 jusqu'à Nantes. Je ne sais pas si vous __11__ (avoir) le temps, mais essayez de vous arrêter à Angers. Vous __12__ (aimer) beaucoup cette ville. Et attention! Il faut toujours respecter la limitation de vitesse. Sinon un motard vous __13__ (arrêter) et vous __14__ (recevoir) une contravention.

17 **Suggestions** Répondez selon le modèle et complétez les phrases.

—Tu devrais lui envoyer cette lettre.

—Je lui enverrais bien cette lettre, mais... (je n'ai pas son adresse).

1. Tu devrais écrire à Marie.
2. Tu devrais mettre ton pantalon noir.
3. Tu devrais sortir.
4. Tu devrais voir ce film.
5. Tu devrais venir avec nous.

18 **Pas de sœur, pas de frère** Complétez au conditionnel.

1. Je _____ faire tout ce que je veux. (pouvoir)
2. Je _____ plein de cadeaux. (recevoir)
3. Mes parents _____ me chercher à l'école en voiture. (venir)
4. Je _____ mes copains tous les jours après l'école. (voir)
5. Je ne _____ pas me coucher tôt tous les soirs. (devoir)

Expressing conditions—possibilities or impossibilities
Les propositions introduites par **si**

The **si** clauses, "if" clauses in English, have the following sequence of tenses.

Si + Présent → Futur
Si j'ai assez d'argent, je ferai un voyage.

Si + Imparfait → Conditionnel
Si j'avais assez d'argent, je ferais un voyage.

Si j'avais, assez d'argent,
j'irais dans cet hôtel.

Continuons
Let's put our words together

19 **Historiette** **Avec des si...**
Donnez des réponses personnelles.
1. Si tu reçois beaucoup d'argent, tu feras un grand voyage?
2. Si tu fais un voyage, tu iras en France?
3. Si tu vas en France, tu visiteras Paris?
4. Si tu visites Paris, tu monteras en haut de la tour Eiffel?
5. Si tu montes en haut de la tour Eiffel, tu prendras des photos?
6. Si tu fais des photos, tu me les montreras?

La tour Eiffel la nuit

20 **Historiette** **Moi, j'irais...**
Donnez des réponses personnelles.
1. Si tu avais beaucoup d'argent, tu ferais un grand voyage?
2. Si tu faisais un voyage, tu irais en France?
3. Si tu allais en France, tu visiterais Paris?
4. Si tu visitais Paris, tu monterais en haut de la tour Eiffel?
5. Si tu montais sur la tour Eiffel, tu prendrais des photos?
6. Si tu prenais des photos, tu me les montrerais?

21 **Historiette** **Sur la route** Répondez.
1. Si un motard te demandait de t'arrêter, tu t'arrêterais?
2. S'il te demandait ton permis de conduire, tu lui donnerais ton permis?
3. S'il te posait des questions, tu lui répondrais poliment?
4. Si tu devais payer une contravention, tu la paierais?

22 **Une enquête** Travaillez avec un(e) camarade. Il y a un billet de 100 dollars dans la rue. Demandez à cinq camarades ce qu'ils feraient s'ils trouvaient ce billet. Ensuite organisez vos réponses pour donner le résultat de votre enquête à la classe.

23 **Chaîne de mots** Faites des phrases en reprenant ce que la personne précédente a dit:
—**Si j'avais mon permis de conduire, j'aurais une voiture.**
—**Si j'avais une voiture...**

Referring to something already mentioned
Deux pronoms dans la même phrase

1. You have already seen that **me, te, nous,** and **vous** can be used with the direct object pronouns **le, la,** and **les.** You can also use **lui** and **leur** with **le, la,** and **les.**

Je donne le plan à Jean.	Je le lui donne.
J'ai donné la clé à mes copains.	Je la leur ai donnée.

2. The pronouns **le, la, les** always precede the pronouns **lui, leur.** Study the following.

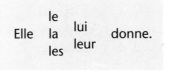

Elle
le
la   lui
les   leur
donne.

Savez vous que... ?

In spoken French, the pronouns **le, la, les** are often dropped.
Tu lui as donné ton adresse?
Oui, je lui ai donné.

3. These double object pronouns always come directly before the verb they are linked to. Study the following sentences.

Affirmatif	Négatif
Je le lui donne.	Je ne le lui donne pas.
Je le lui ai donné.	Je ne le lui ai pas donné.
Je vais le lui donner.	Je ne vais pas le lui donner.

Continuons
Let's put our words together

24   **Tout pour mon copain**
Suivez le modèle.

le plan de la ville
—Tu vas lui donner le plan de la ville?
—Oui, je vais le lui donner.

1. la carte routière
2. les clés
3. l'argent pour le péage
4. les directions

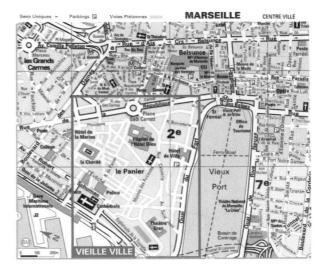

25 **Que tu es généreux!** Répondez d'après le modèle en utilisant des pronoms.

Les billets d'avion? Tu les as donnés à Michèle?

Oui, je les lui ai donnés.

1. Le portable? Tu l'as donné à Alain?
2. La télévision? Tu l'as donnée à Sylvie?
3. Les disques? Tu les as donnés à Marc?
4. La guitare? Tu l'as donnée à Philippe?

5. Les cassettes? Tu les as données à tes amies?
6. Les livres? Tu les as donnés à tes cousins?
7. Les timbres? Tu les as donnés à tes cousines?
8. L'ordinateur? Tu l'as donné à tes frères?

26 **Non!** Répondez d'après le modèle en utilisant des pronoms.

—**Tu as donné les cassettes à Jean-Paul?**
—**Non, je ne les lui ai pas données.**

1. Tu as lu le livre au petit garçon?
2. Tu as vendu le magnétophone à Luc?
3. Tu as expliqué la pièce à Gilles?
4. Tu as écrit la lettre à tes parents?
5. Tu as montré les cartes à Vincent?
6. Tu as envoyé les livres à Jean?

FRENCH Online

To learn more about day trips by car from some major cities in the Francophone world, go to the Glencoe French Web site: french.glencoe.com

Vous êtes sur le bon chemin. Allez-y!

Conversation

À la station-service

Automobiliste: Bonjour, monsieur. Est-ce que vous pourriez me dire quelle sortie je dois prendre pour aller à Seignelay?

Pompiste: C'est Auxerre-Nord. Mais si j'étais vous, je sortirais à la sortie d'avant.

Automobiliste: Pourquoi?

Pompiste: Ben, parce qu'il y a un accident juste avant Auxerre-Nord. Il y a un bouchon de 10 kilomètres!

Automobiliste: Il n'y en aura peut-être plus quand on arrivera.

Pompiste: Ça m'étonnerait: il y a deux camions qui bloquent toute l'autoroute.

Automobiliste: On devrait peut-être s'arrêter pour déjeuner, alors.

Pompiste: À votre place, c'est ce que je ferais.

Automobiliste: Et la sortie avant Auxerre-Nord, c'est quoi?

Pompiste: Joigny, monsieur.

Automobiliste: Merci, monsieur. Au revoir.

Pompiste: Au revoir.

Après la conversation

Répondez.

1. Quelle est la sortie pour Seignelay?
2. Le pompiste recommande de sortir à la sortie d'avant. Pourquoi?
3. C'est un accident grave? Pourquoi?
4. À la place de l'automobiliste, qu'est-ce que le pompiste ferait?

Parlons un peu plus
Let's talk some more

A **En voyage** Travaillez avec un(e) camarade. Vous êtes sur la route. L'un(e) de vous conduit, l'autre regarde la carte ci-dessous et donne des instructions. Choisissez d'abord un itinéraire. Ensuite choisissez un deuxième itinéraire et changez de rôle.

Un restoroute près de Beaune

B **Au restaurant** Travaillez avec un(e) camarade. Vous êtes sur l'autoroute en France. Vous décidez de vous arrêter pour faire le plein et prendre quelque chose au restoroute. Ensemble, parlez de tout ce que vous allez faire.

Lectures culturelles

La conduite en France

Les voitures

Presque toutes les familles françaises ont une voiture et même deux voitures. Par conséquent, il y a beaucoup de circulation sur les routes et les bouchons sont assez fréquents, surtout aux heures de pointe[1] et près des agglomérations.

Tu aimerais savoir quelles sont les marques de voitures préférées des Français? Il y a deux marques qui sont très populaires—Renault et Peugeot. On voit aussi beaucoup de voitures japonaises, mais très peu de voitures américaines.

Les routes

Il y a un très bon réseau[2] d'autoroutes en France. Les autoroutes ont deux ou trois voies dans chaque sens et elles sont toutes à péage. Mais les péages ne sont pas sur l'autoroute même; ils sont à la sortie. En France, il y a aussi des routes nationales qui sont des routes à grande circulation. Il y a aussi des routes départementales qui sont plus pittoresques parce qu'elles passent par beaucoup de petits villages. Mais il faut faire attention parce qu'il y a des croisements. Heureusement beaucoup de ces croisements ont été remplacés par des ronds-points qui sont beaucoup moins dangereux.

[1] heures de pointe *rush hours*
[2] réseau *network*

L'autoroute A 31 près de Beaune

Tahiti

CHAPITRE 7

Haïti

En France, comme partout[3], il faut respecter la limitation de vitesse. Sur les routes, il y a beaucoup de motards. Si tu roules trop vite, ils te donneront une contravention.

Le permis de conduire

En France, pour passer son permis de conduire, il faut avoir dix-huit ans. Si tu habitais en France, tu pourrais avoir un permis de conduire? Beaucoup de jeunes Français ont un vélomoteur. Mais leur rêve[4], c'est d'avoir une moto. On peut conduire une moto à partir de seize ans avec un permis spécial moto. Et le casque est obligatoire. Si tu habitais en France, tu aimerais avoir une moto?

[3] partout *everywhere else*
[4] rêve *dream*

Une route pittoresque
à Melun en France

Après la lecture

A Les voitures Vrai ou faux?

1. Très peu de familles françaises ont des voitures.
2. Il n'y a presque jamais de bouchons sur les autoroutes en France.
3. Il y a beaucoup de voitures américaines en France.
4. La plupart des autoroutes ont deux ou trois voies dans chaque sens.
5. Les autoroutes en France sont gratuites; il n'y a pas de péages.

B La conduite Répondez.

1. Les bouchons sont fréquents où et quand?
2. Les routes départementales sont plus pittoresques que les autoroutes. Pourquoi?
3. Qui surveille la circulation sur les autoroutes?
4. Qu'est-ce que les motards donnent aux automobilistes qui ne respectent pas la limitation de vitesse?
5. Il faut avoir quel âge pour passer son permis de conduire en France? Et là où tu habites?
6. Tu pourrais avoir une moto si tu habitais en France? Et là où tu habites?

Lecture supplémentaire

Partez à l'aventure en Tunisie!

Dans le désert saharien du sud de la Tunisie, il y a deux villages très intéressants—Nefta et Tozeur. Là où on ne voit que les dunes et le sable du désert, se trouvent ces deux villages, pleins de végétation et de verdure[1]. À l'entrée de Nefta, une large avenue bordée d'eucalyptus vous souhaite la bienvenue. Ici, le désert cède la place à des oasis où des sources[2] d'eau sortent du sable. Nefta compte 150 sources d'eau chaude et plus de 300 000 palmiers. C'est à Nefta qu'on cultive les deglas—les dattes réputées être les plus délicieuses du monde.

[1] verdure *greenery*
[2] sources *springs*

L'oasis de Nefta en Tunisie

Pas loin de Nefta, on trouve Tozeur—un village de
15 000 habitants et 250 000 palmiers. Les maisons de
Tozeur sont d'une jolie couleur marron-rouge. On fait les
briques de ces maisons avec le sable du désert. Les
briques de la façade des maisons forment de très jolis
dessins géométriques.

Si tu es courageux, et si tu veux faire un voyage
extraordinaire, tu dois traverser le chott el-Djerid de Tozeur à
Kebili—une distance de 90 kilomètres. Un chott, c'est un
ancien lac salé[3], mais l'eau du lac s'est évaporée et il reste
seulement une croûte de sel sèche et dure[4]. L'après-midi,
l'air est chauffé[5] par le soleil et le sel brûlant[6]. Il déforme
alors le paysage. On croit voir des îles, des palmiers et des
villages où rien n'existe. Quelle sensation extraordinaire que
de voir un mirage! Ces mirages ont égaré[7] beaucoup de
caravanes de Bédouins[8] qui circulaient dans le désert. Alors,
allez-y! Partez à l'aventure!

Une rue à Tozeur

[3] salé *salt*
[4] sèche et dure *dry and hard*
[5] chauffé *heated*
[6] brûlant *burning*
[7] ont égaré *led astray*
[8] Bédouins *Bedouins (nomadic Arab tribes)*

Des Bédouins dans le Sahara en Tunisie

Après la lecture

A Descriptions Décrivez.
1. Nefta
2. Tozeur
3. le chott el-Djerid

B Qu'est-ce que c'est?
Expliquez les mots suivants.
1. une oasis
2. un désert
3. une deglas
4. un chott

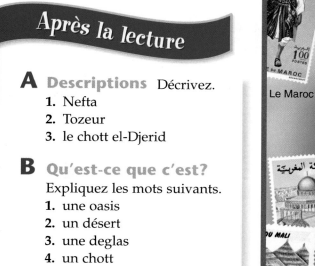

Le Maroc

Le Mali

CONNEXIONS

Les sciences

L'écologie

Ecology is a subject of great interest and concern to people around the world. People are increasingly aware of how pollution damages the environment. The automobile is a primary cause of air pollution. Recently, the French teen magazine *Phosphore* interviewed some students from different areas of France. They were asked whether cars should be banned. Let's see what they had to say.

Faut-il interdire les voitures?

Sylvain: 24 ans, étudiant en informatique à Paris, circule à vélo

Claire: 18 ans, étudiante à Marseille, circule à pied et en transports en commun

Nicolas: 21 ans, étudiant en économie à Nice, circule à pied et en voiture

Trouvez-vous qu'il y a trop de voitures dans votre ville? Est-ce que vous souffrez de la pollution automobile?

Sylvain: Oui, je trouve que les voitures sont dangereuses à Paris. Je vois souvent des automobilistes énervés qui ne respectent pas les limitations de vitesse, les feux… De plus, je ressens[1] la pollution dans ma chair[2], elle m'irrite comme la fumée[3], je sens que l'air n'est

pas pur. Je ne ressens pas ça en province et à la campagne.

Nicolas: Moi, je prends la voiture assez souvent pour aller dans le centre ou pour sortir. Mais pour trouver des places de parking, c'est toujours la galère[4]! Je n'ai jamais vraiment souffert de la pollution, même si je suis asthmatique. Sauf une fois, quand j'étais à Paris sur les Champs-Élysées. Je n'arrivais plus à respirer. Paris, c'est

[1] ressens *feel*
[2] chair *flesh*
[3] fumée *smoke*

[4] c'est la galère *it's a real hassle*

vraiment pollué. À Nice, la situation est en progrès. La municipalité a mis en place des bus au gaz naturel. C'est vraiment agréable.

Claire: Non, à Marseille, le mistral[5] chasse vite la pollution. Mais la situation est catastrophique dans des villes comme Mexico, par exemple.

Si vous aviez le choix entre la voiture et un mode de transport moins polluant, est-ce que vous adopteriez ce dernier par civisme[6]?

[5] mistral *mistral, strong cold wind*
[6] civisme *civic duty*

Sylvain: Il est normal que, si j'ai une opinion, je l'applique à moi-même. Mais je ne le fais pas par civisme. Un mode de transport moins polluant serait aussi plus agréable.

Claire: Je ne sais pas. Je vais au lycée en bus ou à pied. Mais la voiture, c'est important pour sortir et aller travailler. Ça dépend où on habite.

Nicolas: Il faut améliorer[7] les transports en commun[8]. Dans ce cas, je serais prêt[9].

[7] améliorer *to improve*
[8] transports en commun *mass transit*
[9] prêt *ready*

GNOME

Après la lecture

A Un résumé Préparez un résumé des réponses des jeunes Français à la première question de l'interview.

B Recherches Faites des recherches sur les nouveaux moyens de propulsion des voitures (voitures électriques et voitures au gaz GPL).

C'est à vous

Use what you have learned

1 Près de chez vous

✔ *Talk about cars and driving*

Avec un(e) camarade, choisissez une ville près de chez vous. Décrivez les routes qui mènent à cette ville. Discutez s'il y a beaucoup de circulation. Quand? Pourquoi?

Des panneaux à la Martinique

2 Jeu Attention aux contraventions!

✔ *Talk about driving in France*

Regardez le dessin ci-dessous. Vous êtes un motard et vous donnez une contravention à un(e) des automobilistes (votre camarade) qui ne respecte pas les panneaux.

Votre permis de conduire, s'il vous plaît.

PARLER

3 Quand j'aurai mon permis de conduire...
✔ *Describe future events*

Quand est-ce que vous aurez votre permis de conduire? Quelle sorte de conducteur/conductrice est-ce que vous serez? Qu'est-ce que vous ferez (ou ne ferez pas) quand vous aurez votre permis? Quand vous achèterez une voiture, quelle marque est-ce que vous choisirez? Pourquoi?

ÉCRIRE

4 Des invités
✔ *Give directions*

Un(e) de vos ami(e)s français(es) va bientôt venir vous voir avec sa famille. Vous lui écrivez pour lui expliquer comment venir chez vous de l'aéroport.

Writing Strategy

Developing a fictional narrative Like any other narrative, a fictional narrative tells a story. A short story is one kind of fictional narrative which centers on a single event. The writer creates a plot, characters, and a setting and describes them from a certain point of view. For some writers, the hardest part is coming up with the idea, but once they do, they must be sure that their stories contain all these elements.

INTERDIT
SUR TOUTE LA LONGUEUR
DE LA VOIE

Parking Interdit

ÉCRIRE

5 Très en retard!

You were driving to school with Antoine, the French high school exchange student living with you. You had some misadventures on the road and missed your first period class, which happens to be your Driver's Education class. To make matters worse, you had a test that day. Write an imaginative story explaining to your teacher why you and Antoine were late. It might be fun to use the road signs to help you make up the story. Be as humorous and creative as you can. Remember, you have to be convincing enough so your teacher will let you make up the exam rather than take a zero!

Assessment

Vocabulaire

1 Identifiez.

1.

2.

3.

4.

2 Choisissez.

5. Elle va à une auto-école.
6. Le réservoir est presque vide.
7. Elle veut ralentir.
8. Elle a eu un pneu à plat.

a. Mais elle a une roue de secours dans le coffre.
b. Elle prend des leçons de conduite.
c. Elle a besoin d'essence.
d. Elle doit freiner.

3 Complétez.

9. Quand on conduit une voiture, il faut mettre _____ avant de tourner.
10. Sur l'autoroute il y a trois _____ dans chaque sens.
11. Il y a un _____ qui indique la sortie de l'autoroute.
12. On ne doit pas rouler trop vite. Il faut respecter _____.
13. Non, non. Ne tournez pas. Allez _____.

To review **Mots 1**, turn to pages 206–207.

To review **Mots 2**, turn to pages 210–211.

Structure

4 Complétez au conditionnel.

14. Il nous _____. (attendre)
15. Je te _____ un plan de la ville. (donner)
16. Vous _____ en voiture? (aller)
17. Elles _____ leur travail à l'heure. (finir)

To review verbs in the conditional, turn to page 214.

5 Récrivez au conditionnel.

18. Je veux y aller.
19. Ils reçoivent des contraventions.
20. Vous pouvez être là à six heures?

To review irregular verbs, turn to pages 216–217.

6 Complétez.

21. Je ferais le voyage si j'_____ assez d'argent. (avoir)
22. Le motard te _____ une contravention si tu brûles un feu rouge. (donner)

To review clauses with si, turn to page 218.

7 Répondez avec des pronoms.

23. Il donnera sa voiture à son fils?
24. Elle montrera son permis de conduire à ses amis?

To review the position of pronouns, turn to page 220.

Culture

8 Complétez.

25. En France, il faut avoir _____ ans pour passer son permis de conduire mais on peut conduire une moto à partir de _____ ans.

To review this cultural information, turn to pages 224–225.

Vocabulaire

Talking about cars and other vehicles

une voiture	un camion	une marque française	un conducteur, une
une voiture de sport	une moto	une auto-école	conductrice
un break	un vélomoteur	une leçon de conduite	un(e) automobiliste
une décapotable	un casque	un permis de conduire	

Identifying parts of a car

une clé	le réservoir	un pneu (à plat)
une ceinture de	le coffre	une roue de secours
sécurité	le pare-brise	un clignotant

Talking about services at a gas station

une station-service	faire le plein
de l'essence (f.)	vérifier la pression
un(e) pompiste	les niveaux (m. pl.)
l'air (m.)	

How well do you know your vocabulary?

Make a list of words describing skills you would learn in a driver's education class. Write a few sentences about your first driving lesson.

Talking about driving

conduire	rouler	tourner
mettre le contact	se garer	à gauche
accélérer	doubler	à droite
freiner	changer de voie	aller tout droit
ralentir	tomber en panne	
s'arrêter	brûler un feu rouge	

Talking about driving on the highway

une carte (routière)	un péage	un bouchon	un rond-point
un plan (de la ville)	une sortie	une file de voitures	la limitation de vitesse
une autoroute	une flèche	une agglomération	un motard
une voie	un panneau	un croisement	une contravention

Other useful words and expressions

à (ta) place	vide
prudemment	respecter
dangereusement	oublier

Technotour

BON VOYAGE!

VIDÉO • Épisode 7

Avant de visionner

In this video episode, Christine learns that driving with Mme Séguin can be quite an adventure.

Mme Séguin fait le plein à la station-service.

Elle reçoit une contravention.

FRENCH ONLINE

À découvrir

Learn more about the Paris-Dakar road race online.

Une voiture du rallye Paris-Dakar

In the Chapter 7 Internet activity, you will have a chance to learn more about traveling by car in France. To begin your virtual adventure, go to the Glencoe French Web site: **french.glencoe.com**

Conversation

Une voiture

Aurore: On va prendre quelque chose au Sélect?

Jérôme: Désolé, mais j'ai rendez-vous à la banque.

Aurore: Pour quoi faire?

Jérôme: Pour demander un prêt.

Aurore: Tu as besoin d'argent?

Jérôme: Oui, pour acheter une voiture.

Aurore: Ah oui? Qu'est-ce que tu vas acheter?

Jérôme: La vieille Twingo de mon cousin.

Aurore: Tu ne vas pas te ruiner!

Jérôme: Ben si, justement. Je n'ai pas le fric que tu as, moi! Si je l'avais, je n'achèterais pas une vieille Twingo! Ça, tu peux en être sûre!

Après la conversation

Une nouvelle voiture Répondez.

1. Pourquoi est-ce que Jérôme ne peut pas aller au café avec Aurore?
2. Qu'est-ce qu'il va y faire?
3. Pour quoi faire?
4. Il va acheter quelle voiture?
5. D'après Aurore, c'est une voiture chère?
6. Si Jérôme avait de l'argent, il achèterait une vieille Twingo?

Structure

Le futur et le conditionnel

1. The infinitive of **-er** and **-ir** verbs serves as the stem for the formation of the future and the conditional. Note that with **-re** verbs you drop the final **-e** of the infinitive. As in English, you use the future to express what will happen and the conditional to express what would or could happen under certain circumstances.

LE FUTUR

	PARLER	FINIR	ATTENDRE
Infinitive	parler	finir	attendre
Stem	parler-	finir-	attendr-
	je parlerai	je finirai	j' attendrai
	tu parleras	tu finiras	tu attendras
	il/elle/on parlera	il/elle/on finira	il/elle/on attendra
	nous parlerons	nous finirons	nous attendrons
	vous parlerez	vous finirez	vous attendrez
	ils/elles parleront	ils/elles finiront	ils/elles attendront

LE CONDITIONNEL

	PARLER	FINIR	ATTENDRE
Infinitive	parler	finir	attendre
Stem	parler-	finir-	attendr-
	je parlerais	je finirais	j' attendrais
	tu parlerais	tu finirais	tu attendrais
	il/elle/on parlerait	il/elle/on finirait	il/elle/on attendrait
	nous parlerions	nous finirions	nous attendrions
	vous parleriez	vous finiriez	vous attendriez
	ils/elles parleraient	ils/elles finiraient	ils/elles attendraient

2. The following verbs have an irregular future and conditional stem.

ÊTRE	je serai	je serais
FAIRE	je ferai	je ferais
ALLER	j'irai	j'irais
AVOIR	j'aurai	j'aurais
SAVOIR	je saurai	je saurais
VOIR	je verrai	je verrais
ENVOYER	j'enverrai	j'enverrais
POUVOIR	je pourrai	je pourrais
DEVOIR	je devrai	je devrais
RECEVOIR	je recevrai	je recevrais
VOULOIR	je voudrai	je voudrais
VENIR	je viendrai	je viendrais
FALLOIR	il faudra	il faudrait

Rappelez-vous que...

When the main verb in the sentence is in the future, any verb after **quand** must also be in the future.

Je lui parlerai quand je le verrai.

3. Review the sequence of tenses with **si** clauses.

Si + Présent ⟶ Futur
Si j'ai assez d'argent, je ferai un voyage.

Si + Imparfait ⟶ Conditionnel
Si j'avais assez d'argent, je ferais un voyage.

Une baie à Tahiti

1 **Un jour!**
Répondez d'après le modèle.

voyager beaucoup
Un jour, je voyagerai beaucoup.
Et vous, vous voyagerez beaucoup aussi?

1. gagner beaucoup d'argent
2. aller à Tahiti
3. faire un voyage au Maroc
4. voir les sept merveilles du monde
5. savoir beaucoup de choses
6. pouvoir parler dix langues
7. recevoir le prix Nobel

2 **Mes amis et moi** Répondez en utilisant **Mes amis et moi, on…**

1. Vous aimeriez aller à Washington?
2. Vous iriez en hiver ou au printemps?
3. Vous prendriez l'avion ou le train pour y aller?
4. Vous visiteriez la Maison Blanche?
5. Vous visiteriez les autres monuments de la capitale? Quels monuments?

Washington

QUE VOIR ET QUE FAIRE?

Le Capitole, la Maison Blanche, le cimetière d'Arlington, Lincoln Memorial, Washington Monument et son obélisque, Le Mall et les musées Smithsonian (gratuits).

Petit déjeuner américain. Visite guidée de Washington. Vous passez devant la Maison Blanche, l'édifice de la Cour Suprême, l'obélisque du Washington Monument, le mémorial de Jefferson. Déjeuner dans un restaurant typique. Après-midi libre pour la visite des musées du Smithsonian. Dîner libre.

PRÉSENTATION

Capitale des États-Unis, Washington est le siège du gouvernement fédéral et d'organisations nationales et internationales.

UN PEU D'HISTOIRE

Dessinée par un ingénieur français: Pierre-Charles L'enfant, la ville a été créée en 1791 dans l'unique but de devenir capitale politique.

3 **Si on avait 10 000 dollars!**

Dites ce que chaque personne ferait.

1. moi
2. mon père
3. mes grands-parents
4. ma sœur
5. toi
6. mes copains et moi
7. vous deux

Deux pronoms dans la même phrase

1. When two pronouns are used in the same sentence, the order is as follows.

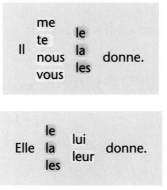

| Il | me
te
nous
vous | le
la
les | donne. |

| Elle | le
la
les | lui
leur | donne. |

> **Il me le dit toujours.**
> **Il ne le lui dit jamais.**

2. Remember that the past participle must agree with a preceding direct object.

> **La recette? Je la lui ai donnée.**
> **Les 100 dollars? Elle me les a rendus.**

Une bouillabaisse

4 **Une promesse** Répondez d'après le modèle.

la bouillabaisse de Grand-Maman
Moi, je te la prépare.

1. le bœuf bourguignon de Grand-Maman
2. la choucroute de Grand-Maman
3. les haricots verts de Grand-Maman
4. le couscous de Grand-Maman
5. la pizza de Grand-Maman

LITERARY COMPANION *You may wish to read the poems by Camara Laye and René Philombe. You will find the* **Deux poèmes africains** *on page 480.*

5 **Une carte** Répondez en utilisant des pronoms.

1. Tu voulais envoyer une carte et un cadeau d'anniversaire à ton ami(e). Tu as écrit la carte à ton ami(e)?
2. Tu lui as envoyé la carte?
3. Tu as donné la carte au facteur?
4. Tu as envoyé le cadeau?
5. Ton ami(e) a reçu la carte?
6. Il/Elle a reçu le cadeau?
7. Il/Elle a aimé la carte et le cadeau?
8. Ton ami(e) a montré la carte et le cadeau à ses autres amis?

6 **L'avenir** Travaillez avec un(e) camarade. Parlez chacun de ce que sera votre avenir.

7 **Si je pouvais...** Avec un(e) camarade, dites tout ce que vous aimeriez faire si vous pouviez le faire.

8 **Quand j'aurai mon permis de conduire...** Quand est-ce que vous aurez votre permis de conduire? Quelle sorte de conducteur/conductrice est-ce que vous serez? Qu'est-ce que vous ferez (ou ne ferez pas) quand vous aurez votre permis? Quand vous achèterez une voiture, quelle marque est-ce que vous choisirez? Pourquoi?

1. Palmiers dattiers de l'oasis de Nefta, en Tunisie
2. Jeune fille tunisienne en costume traditionnel
3. La place Djemaa El Fna à Marrakech, au Maroc
4. Vendeur de pâtisseries aux dattes et au miel à Kairouan, en Tunisie
5. La mosquée de Bourguiba à Monastir, en Tunisie
6. Le quartier El Manar à Tunis, en Tunisie
7. Électroniciennes à Alger en Algérie

1

3

2

4

5

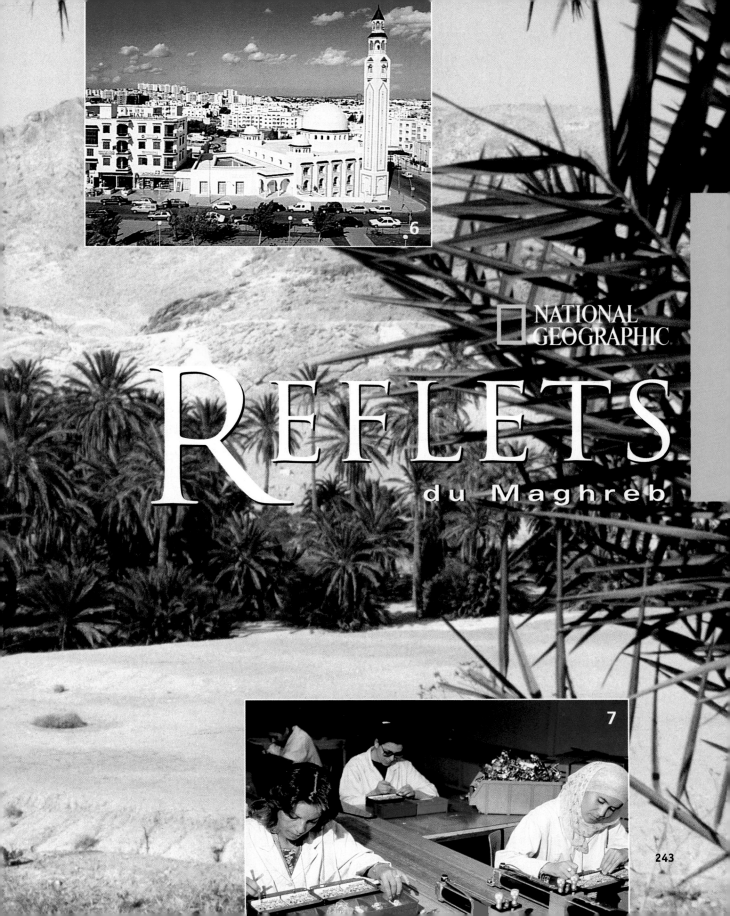

NATIONAL GEOGRAPHIC

REFLETS
du Maghreb

6

7

8

9

أقمشة، ملابس جاهزة
PRET A PORTER EL HADJAM

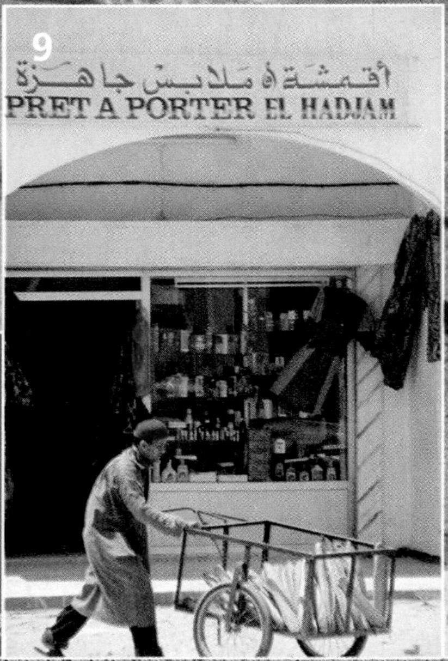

10

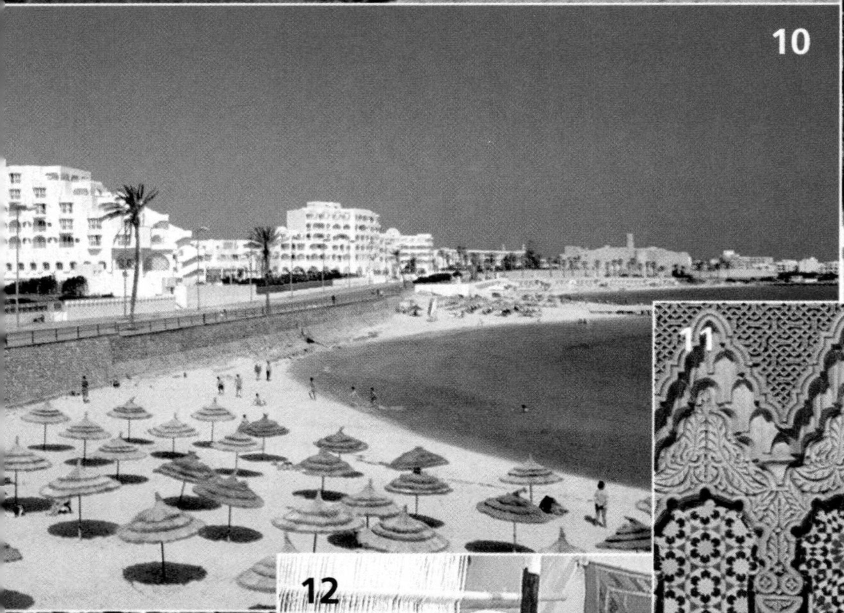

11

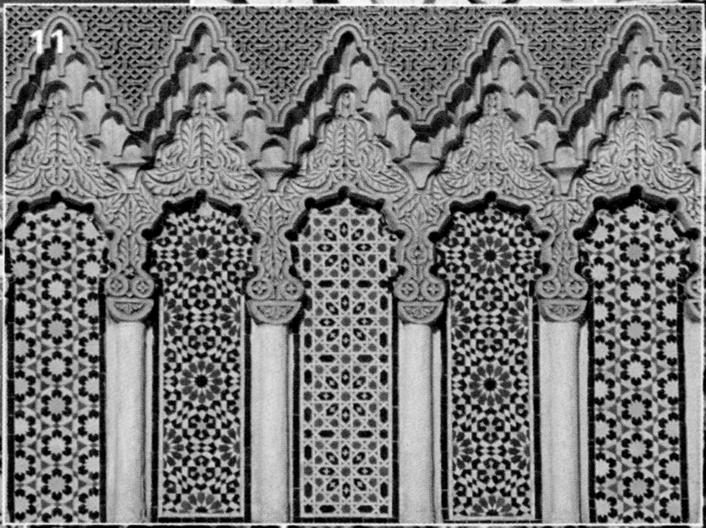

12

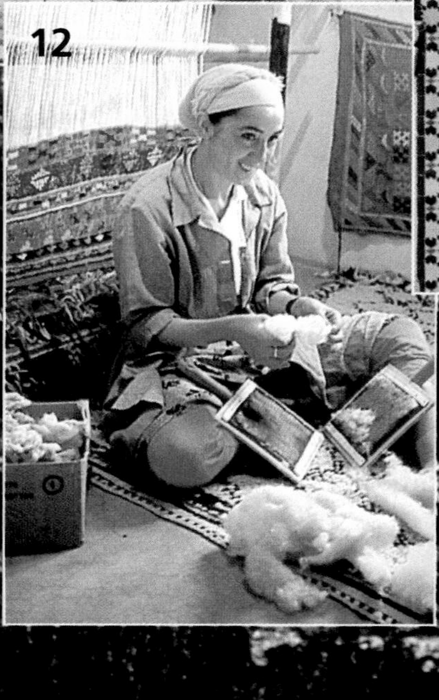

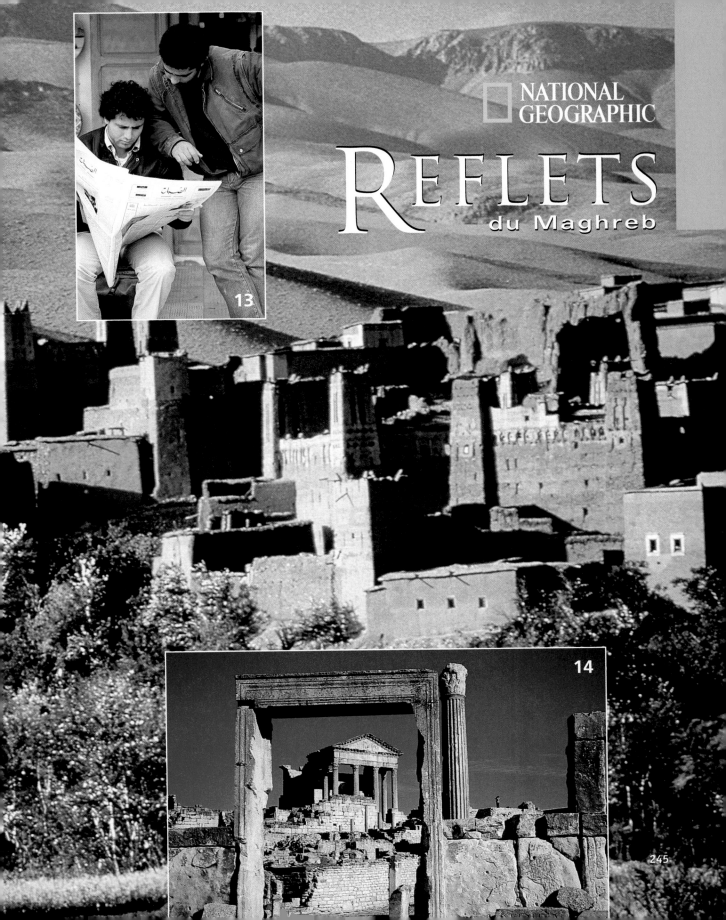

NATIONAL GEOGRAPHIC

REFLETS
du Maghreb

13

14

Un accident et l'hôpital

Objectifs

In this chapter you will learn to:

✓ *talk about accidents and medical problems*

✓ *talk about emergency room procedures*

✓ *ask different types of questions*

✓ *tell people what to do*

✓ *compare people and things*

✓ *talk about a medical emergency in France*

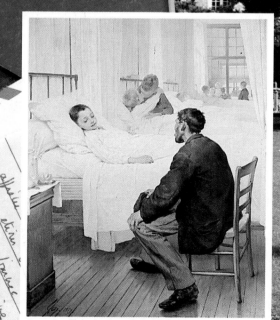

Jean Geoffroy *Le jour de la visite à l'hôpital*

Vocabulaire

Mots 1

Un accident 🎧

glisser
tomber

appeler police secours

se fouler la cheville

la cheville

La pauvre Anne s'est foulé la cheville.

Au service des urgences 🎧

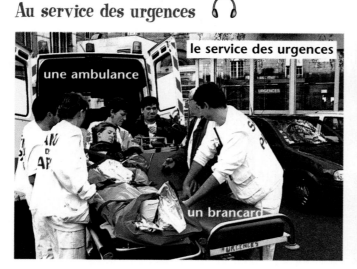

le service des urgences

une ambulance

un brancard

Les secouristes sont arrivés.
Ils ont emmené Anne à l'hôpital en ambulance.

Qu'est-ce qui t'est arrivé?

Je me suis fait mal. J'ai eu un accident.

T'en fais pas, c'est pas grave.

Le corps 🎧

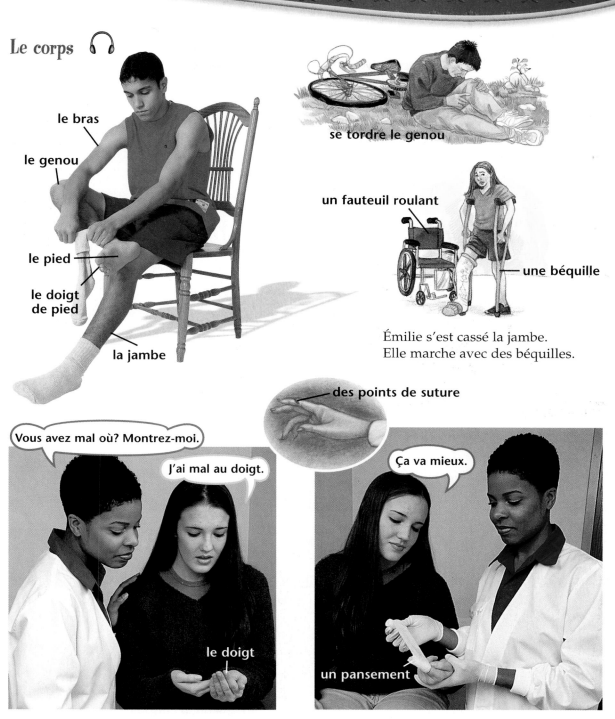

le bras

le genou

le pied

le doigt
de pied

la jambe

se tordre le genou

un fauteuil roulant

une béquille

Émilie s'est cassé la jambe.
Elle marche avec des béquilles.

des points de suture

Vous avez mal où? Montrez-moi.

J'ai mal au doigt.

Ça va mieux.

le doigt

un pansement

Maryse s'est blessée.
Qu'est-ce qui lui est arrivé?
Elle s'est coupé le doigt.

L'infirmière la soigne.
Elle lui fait un pansement.
C'est une petite blessure.

Commençons

Let's use our new words

1 **Qu'est-ce que c'est?** Identifiez.

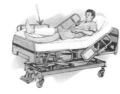

1. C'est une ambulance ou une voiture?

2. C'est une jambe ou une cheville?

3. C'est une salle d'opération ou le service des urgences?

4. C'est un brancard ou un fauteuil roulant?

5. C'est un bras ou un genou?

6. C'est un pansement ou un point de suture?

7. C'est un fauteuil roulant ou des béquilles?

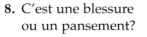
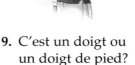

8. C'est une blessure ou un pansement?

9. C'est un doigt ou un doigt de pied?

10. C'est un médecin ou une infirmière?

2 **Historiette** **Un petit accident** Répondez d'après les indications.

1. François est tombé? (oui)
2. Il a glissé sur quoi? (de l'eau)
3. Il s'est fait mal? (oui)
4. Il s'est blessé? (oui)
5. Il a pu se relever tout seul? (oui)
6. On a appelé police secours? (non)
7. Il est allé où? (à l'hôpital)
8. Qui l'a emmené à l'hôpital? (son copain)
9. Il est allé où, à l'hôpital? (au service des urgences)
10. On lui a fait combien de points de suture? (dix)

3 **Historiette** **Tu as déjà eu un accident?**
Donnez des réponses personnelles.

1. Tu es déjà tombé(e)?
2. Où est-ce que tu es tombé(e)?
3. Qu'est-ce qui t'est arrivé? Tu as glissé?
4. Tu t'es fait mal? Où?
5. Tu t'es cassé la jambe? Le bras? Le doigt?
6. Tu t'es foulé la cheville ou tordu le genou?
7. Tu t'es coupé le doigt ou le pied?
8. On t'a transporté(e) sur un brancard?
9. On t'a emmené(e) à l'hôpital en ambulance?
10. Tu es allé(e) au service des urgences?
11. Qui t'a soigné(e)?
12. Tu as dû marcher avec des béquilles?

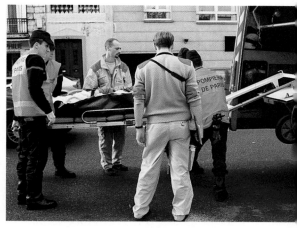

Des secouristes à Paris

4 **Un accident** Vous voyagez en France avec un(e) ami(e). Vous faites un petit voyage à bicyclette. Votre ami(e) est tombé(e) et vous croyez qu'il/elle s'est cassé le bras. Un(e) secouriste—votre camarade—arrive sur la scène de l'accident. Décrivez ce qui est arrivé et répondez à toutes ses questions.

5 **Jeu** **Un monstre** Travaillez avec un(e) camarade. Décrivez un géant ou un monstre. Ensuite, décrivez votre monstre à la classe. Vous pouvez utiliser les mots suivants:

pied   tête   doigt   jambe   genou   cheville   main   bras

À l'hôpital

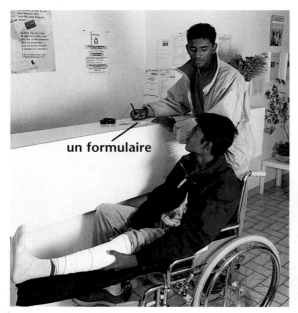

un formulaire

une radio(graphie)

un os

Bruno est arrivé au service des urgences.
Son frère a rempli un formulaire.

On lui a fait une radio de l'os.
Bruno s'est cassé la jambe.
Il a une fracture compliquée.

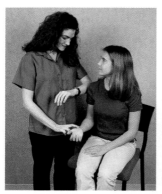

prendre le pouls

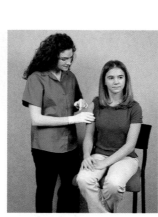

faire une piqûre

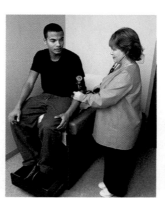

prendre la tension

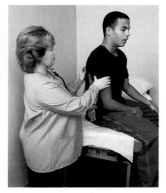

ausculter

Une salle d'opération 🎧

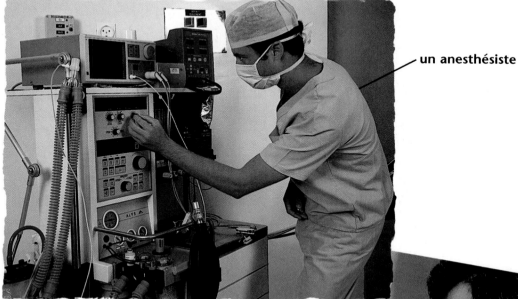

un anesthésiste

Un anesthésiste fait des anesthésies.

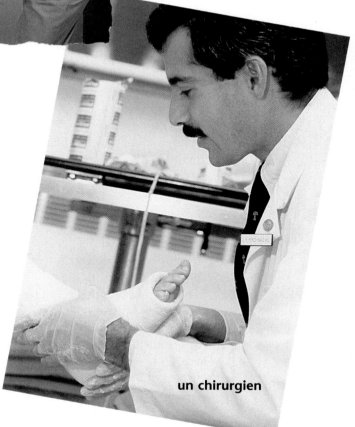

un chirurgien

Le chirurgien-orthopédiste a remis
   l'os en place.
Il lui a mis la jambe dans le plâtre.
Il l'a plâtrée.

Commençons
Let's use our new words

6 **Une visite médicale** Jean-François est allé chez le médecin parce qu'il veut jouer dans l'équipe de football cette année. Qu'est-ce que le médecin lui a fait? Répondez.

1. Le médecin a ausculté Jean-François?
2. Le médecin lui a dit de respirer à fond?
3. Le médecin lui a pris le pouls?
4. Le médecin lui a pris sa tension?
5. Le médecin lui a fait une piqûre?
6. Le médecin lui a fait une radio?

Le médecin lui prend sa tension.

7 **Historiette** **À l'hôpital** Choisissez.

1. On a emmené Jacques à l'hôpital en _____.
   a. camion
   b. bicyclette
   c. ambulance
2. Il est allé tout de suite _____.
   a. à la salle d'opération
   b. chez le médecin
   c. au service des urgences
3. Quand Jacques est arrivé à l'hôpital, son père a rempli _____ pour lui.
   a. un formulaire
   b. une piqûre
   c. un os
4. Jacques croit qu'il s'est cassé _____.
   a. les yeux
   b. la bouche
   c. la jambe
5. On lui a fait _____ de l'os.
   a. une radio
   b. une fracture
   c. une piqûre
6. Le chirurgien lui dit qu'il a _____.
   a. une fracture compliquée
   b. une piqûre
   c. un os
7. _____ lui a fait une anesthésie.
   a. Le chirurgien-orthopédiste
   b. L'infirmier
   c. L'anesthésiste
8. _____ a remis l'os en place.
   a. Le chirurgien-orthopédiste
   b. L'infirmier
   c. Le radiologue
9. Le chirurgien-orthopédiste lui a mis la jambe dans _____.
   a. les béquilles
   b. le plâtre
   c. le brancard

8 **C'est quel mot?** Pour chaque définition, donnez le mot exact.

1. une personne qui opère, qui fait des interventions chirurgicales, qui fait des opérations
2. des personnes qui aident les médecins et soignent les malades dans un hôpital
3. le squelette humain en a 206
4. le négatif d'une photo d'un os, d'un organe

9 **À l'hôpital** Vous êtes réceptionniste dans un hôpital. Le/La patient(e)—votre camarade—est blessé(e). Il/Elle vient du Québec et ne parle pas bien anglais. Posez-lui les questions nécessaires pour remplir le formulaire d'admission. Vous lui demandez son nom, son adresse, son âge, etc. Vous voulez savoir aussi ce qui lui est arrivé, où il a mal, etc.

10 **Chez le médecin** Vous n'avez pas eu d'accident, mais vous ne vous sentez pas bien. Vous croyez que vous avez la grippe et vous décidez d'aller chez le médecin (votre camarade). Le médecin vous pose des questions et vous lui décrivez vos symptômes. Vous pouvez utiliser les mots et expressions suivantes.

éternuer	des frissons	une ordonnance
tousser	de la fièvre	des comprimés
avoir mal à la tête	la gorge qui gratte	

*For more practice using words from **Mots 1** and **Mots 2**, do Activity 14 on page H15 at the end of this book.*

Structure

Expressing "what"
Les pronoms interrogatifs et relatifs

1. To ask the question "what" in French, you use the interrogative expressions **qu'est-ce qui** or **qu'est-ce que**. **Qu'est-ce qui** is the subject of the verb and **qu'est-ce que** is the object.

Sujet	Objet
Qu'est-ce qui intéresse Luc?	Qu'est-ce que Luc veut faire?
Qu'est-ce qui est arrivé?	Qu'est-ce qu'il a?

> **Rappelez-vous que...**
>
> **Que** becomes **qu'** before a vowel. **Qui** does not change.

2. To introduce an indirect question with "what" in French, you use **ce qui** and **ce que**. Note that **ce qui,** just like **qu'est-ce qui,** is used as the subject and that **ce que,** just like **qu'est-ce que,** is used as the object.

Sujet	Objet
Elle demande ce qui intéresse Luc.	Elle demande ce que Luc veut faire.
Il veut savoir ce qui se passe.	Il veut savoir ce qu'il a.

3. Compare the following forms.

	Question directe	Question indirecte
Sujet	Qu'est-ce qui se passe?	Je ne sais pas ce qui se passe.
Objet	Qu'est-ce que Luc a dit?	Je ne sais pas ce que Luc a dit.

Note that **ce qui** is usually followed by a verb and **ce que** is usually followed by a subject and a verb.

Continuons
Let's put our words together

11 **Je n'ai pas entendu.** Répondez en utilisant **qu'est-ce que** ou **qu'est-ce qui.** Suivez le modèle.

L'infirmier a mis *un pansement* sur la blessure.
Qu'est-ce que l'infirmier a mis sur la blessure?

1. *Ton livre de biologie* est sur la table.
2. Le malade a eu *un accident*.
3. Il s'est cassé *le bras*.
4. *La science-fiction* intéresse Paul.
5. La mère de Romain s'est coupé *le doigt*.
6. *La médecine* intéresse beaucoup ma sœur.

Docteur Henri ANSART
50, résidence du Bois du Four
78640 NEAUPHLE-LE-CHÂTEAU
(Yvelines)
Tél. 36.89.00.07   36.89.08.95

DUROSEL Charlotte

Hyconcil :

2 gélules matin et soir
pendant 5 jours.

Locabiotal :

3 pulvérisations par
jour.

12 **Dis donc! Tu sais ce qui est arrivé?**
Répondez que oui.

1. Tu sais ce qui est arrivé?
2. Tu sais ce qui se passe maintenant?
3. Tu sais ce que le médecin a dit à Charlotte?
4. Tu sais ce qu'il a fait?
5. Tu sais ce que le médecin a prescrit?
6. Tu sais ce qu'il a écrit sur l'ordonnance?
7. Tu as compris ce que le pharmacien a dit?

13 **Je ne suis pas content(e)!**
Complétez avec **ce qui** ou **ce que**.

1. Je sais bien _____ se passe.
2. Je ne comprends pas _____ tu dis.
3. Je ne veux pas savoir _____ est arrivé.
4. Je veux te dire _____ il a fait.
5. Je crois _____ je vois, c'est tout.
6. Je ne crois jamais _____ elle dit.

Telling people what to do
Les pronoms et l'impératif

1. In the affirmative command, object pronouns follow the verb. They are attached to the verb by a hyphen.

> **La piqûre? Faites-la tout de suite!**
> **Les radios? Regarde-les maintenant!**
> **À Paul? Prends-lui sa température!**

Note that in the negative command, the pronouns precede the verb in the usual way.

> **La piqûre? Ne la fais pas tout de suite!**

> **Rappelez-vous que...**
>
> Object pronouns come directly before the verb or the auxiliary.
>
> La piqûre? Je la fais tout de suite.
>
> À Paul? Je lui ai parlé il y a deux minutes.
>
> Sa température? Je la lui prends tous les jours.

2. In the affirmative command, **me** becomes **moi** and **te** becomes **toi.** Study the following.

Négatif	Affirmatif
Ne me dites pas ça!	Dites-moi ça!
Ne me donne pas ça!	Donne-moi ça!
Ne te couche pas!	Couche-toi!
Ne te lève pas!	Lève-toi!

3. In the affirmative command, the pronouns **le, la, les** always precede the other object pronouns—**lui, leur, moi, toi, nous, vous.** Note that in the negative command the order is the usual one.

Négatif	Affirmatif
Ne me le donnez pas!	Donnez-le-moi!
Ne les leur achète pas!	Achète-les-leur!

Continuons
Let's put our words together

14 **Bon! Fais-le si tu veux.** Répondez d'après le modèle.

Je vais regarder la télé.

Bon! Regarde-la, si tu veux.

1. Je vais regarder ce film.
2. Je vais écouter ta cassette.
3. Je vais lire mon magazine.
4. Je vais écrire ma lettre.

5. Je vais acheter les billets.
6. Je vais mettre le couvert.
7. Je vais faire la vaisselle.
8. Je vais aider Maman.

15 **Ne le fais pas maintenant.** Refaites l'Activité 14 d'après le modèle.

—Je vais regarder la télé.
—S'il te plaît, ne la regarde pas maintenant.

16 **D'accord, vas-y!** Répondez d'après le modèle.

Je voudrais écrire à Michel.

D'accord, écris-lui.

1. Je voudrais téléphoner à mes grands-parents.
2. Je voudrais parler à Simone.
3. Je voudrais écrire à mon copain.
4. Je voudrais acheter quelque chose à mes parents.
5. Je voudrais dire bonjour au professeur de français.

17 Alors, fais-le! Répondez d'après le modèle.

—Je vais me maquiller.
—Alors, maquille-toi!

1. Je vais me lever.
2. Je vais me laver.
3. Je vais me brosser.
4. Je vais me raser.
5. Je vais me peigner.
6. Je vais m'habiller.
7. Je vais me coucher.

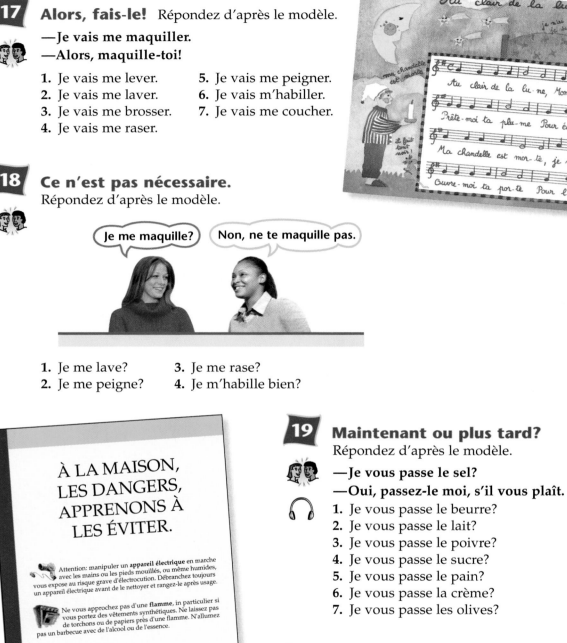

18 Ce n'est pas nécessaire.
Répondez d'après le modèle.

Je me maquille?

Non, ne te maquille pas.

1. Je me lave?
2. Je me peigne?
3. Je me rase?
4. Je m'habille bien?

À LA MAISON, LES DANGERS, APPRENONS À LES ÉVITER.

Attention: manipuler un **appareil électrique** en marche avec les mains ou les pieds mouillés, ou même humides, vous expose au risque grave d'électrocution. Débranchez toujours un appareil électrique avant de le nettoyer et rangez-le après usage.

Ne vous approchez pas d'une **flamme**, en particulier si vous portez des vêtements synthétiques. Ne laissez pas de torchons ou de papiers près d'une flamme. N'allumez pas un barbecue avec de l'alcool ou de l'essence.

PRÉVENTION DES ACCIDENTS DOMESTIQUES

19 Maintenant ou plus tard?
Répondez d'après le modèle.

—Je vous passe le sel?
—Oui, passez-le moi, s'il vous plaît.

1. Je vous passe le beurre?
2. Je vous passe le lait?
3. Je vous passe le poivre?
4. Je vous passe le sucre?
5. Je vous passe le pain?
6. Je vous passe la crème?
7. Je vous passe les olives?

20 Attention à l'accident! Le pauvre Marc (votre camarade)! Il a toujours des petits accidents. Marc vous dira ce qui lui est arrivé et vous lui direz ce qu'il faut faire ou ne pas faire.

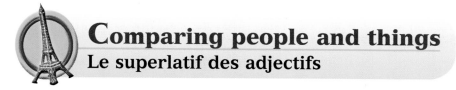
Comparing people and things
Le superlatif des adjectifs

The superlative expresses "the most" or "the least." To form the superlative in French you use the definite article **le, la, les** with **plus** or **moins.** The superlative is followed by **de.** Study the following chart.

> Pierre est le plus sérieux de la classe.
> Marie est la moins sérieuse de la classe.

> Marc et Sophie sont les plus sérieux de la classe.
> Anne et Virginie sont les moins sérieuses de la classe.

Rappelez-vous que...

You use the comparative **plus** or **moins... que** to express "more," or "less . . . than."

Ce docteur est plus (moins) sympathique que l'autre.

21 **Dans une boutique** Conversez selon le modèle.

—**La robe rose est très jolie.**
—**Oui, c'est la plus jolie de la boutique.**

1. Le pantalon noir est très élégant.
2. Le pull rouge est très joli.
3. Les chaussures marron sont très chères.
4. Le manteau bleu marine est très beau.
5. La jupe bleue est très belle.
6. La robe noire est très habillée.

22 **Historiette** **Ma famille** Donnez des réponses personnelles.

1. Qui est le plus jeune ou la plus jeune de ta famille?
2. Qui est le plus âgé ou la plus âgée de ta famille?
3. Qui est le plus amusant ou la plus amusante de ta famille?
4. Qui est le plus beau ou la plus belle de ta famille?
5. Qui est le plus intelligent ou la plus intelligente de ta famille?
6. Qui est le plus timide ou la plus timide de ta famille?
7. Qui est le plus sérieux ou la plus sérieuse de ta famille?

23 **Comparaisons** Travaillez avec un(e) camarade. Comparez des personnes que vous connaissez ou que vous ne connaissez pas: une star de cinéma, un champion de basket-ball, par exemple.

Expressing "better"
Meilleur/mieux

1. The adjective **bon(ne)** has irregular forms in the comparative and superlative—**meilleur(e)(s)** and **le (la, les) meilleur(e)(s).**

> **Charles est bon en maths.**
> **Mais Vincent est meilleur en maths que Charles.**
> **Caroline est la meilleure en maths de la classe.**
> **Caroline et son frère sont les meilleurs en maths de toute l'école!**

2. The adverb **bien** also has an irregular comparative and superlative: **mieux, le mieux.**

> **Luc chante bien. Mais moi, je chante mieux.**
> **Mais c'est Virginie qui chante le mieux.**

Note that **mieux,** just like **bien,** is an adverb and therefore is invariable.

Magali est meilleure en maths que Thomas.

Continuons
Let's put our words together

24 **Toi ou quelqu'un d'autre?**
Donnez des réponses personnelles.

1. Tu skies bien?
2. Qui skie mieux que toi?
3. Qui est un meilleur skieur ou une meilleure skieuse que toi?
4. De tous tes amis, qui skie le mieux?
5. Qui est le meilleur skieur ou la meilleure skieuse?
6. Tu nages bien?
7. Qui nage mieux que toi?
8. Qui est un meilleur nageur ou une meilleure nageuse que toi?
9. De tous tes amis, qui nage le mieux?
10. Qui est le meilleur nageur ou la meilleure nageuse?

FRENCH
Online

To learn more about skiing and other winter sports in the Francophone world, go to the Glencoe French Web site: french.glencoe.com

Des skieurs dans les Alpes

Vous êtes sur le bon chemin. Allez-y!

Conversation

Au service des urgences

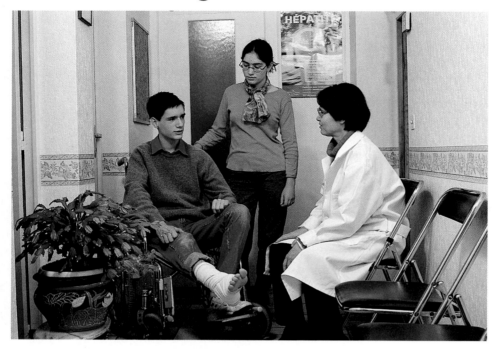

Juliette: Ben, mon pauvre vieux, qu'est-ce qui t'arrive?

Fabien: Oh, je suis tombé et je me suis fait mal à la cheville.

Juliette: Qu'est-ce que tu attends?

Fabien: Le résultat de mes radios.

Médecin: Fabien Morel, c'est vous?

Fabien: Oui, c'est moi.

Médecin: Alors, c'est bien une fracture.

Fabien: Je me suis cassé la cheville?

Médecin: Oui. Mais je vais vous arranger ça. Je vais vous plâtrer et vous pourrez rentrer tranquillement chez vous.

Fabien: Euh… ça va faire mal?

Médecin: Non, ne vous en faites pas! On va vous faire une petite anesthésie locale.

Fabien: Juliette, tu restes avec moi, hein?

Après la conversation

Répondez.

1. Fabien a mal où?
2. Comment est-ce qu'il s'est blessé?
3. Qu'est-ce qu'il attend?
4. Quel est le résultat des radios?
5. Qu'est-ce que le médecin va faire?
6. Pourquoi est-ce que ça ne va pas faire mal?
7. Est-ce que Fabien va passer la nuit à l'hôpital?

Parlons un peu plus
Let's talk some more

A **Ne vous en faites pas!** Votre meilleur(e) ami(e) a eu un petit accident. Vous étiez ensemble quand ça s'est passé. C'est vous qui téléphonez aux parents de votre ami(e) pour leur dire ce qui est arrivé. Le père ou la mère de votre amie (votre camarade) répond au téléphone et vous pose beaucoup de questions. Rassurez-le/la!

Il téléphone de l'Hôtel-Dieu à Paris.

Une visite médicale

B **Une visite médicale** Vous avez obtenu une bourse *(scholarship)* pour aller en France. Mais avant de partir, il faut passer une visite médicale. Votre camarade est l'assistant(e) du médecin. Il/Elle vous pose des questions sur votre état de santé. Répondez à ses questions. Ensuite changez de rôle.

Lectures culturelles

À l'Hôtel-Dieu, à toute vitesse!

L'autre jour, j'étais avec mon ami Hugo quand il a eu un petit accident. Je dis un «petit» accident, mais en fait c'était assez grave. On était en ville et Hugo ne faisait pas très attention où il marchait. Il y avait des travaux[1] et il y avait un grand trou[2] dans le trottoir[3]. Hugo ne l'a pas vu et il est tombé dedans. Il s'est fait très mal et il ne pouvait pas se relever. Moi, j'étais sûr qu'il était blessé.

J'ai appelé police secours. J'ai composé le 17 et la police est arrivée en quelques minutes. Les secouristes ont allongé Hugo sur un brancard et l'ont emmené à l'Hôtel-Dieu, un grand hôpital en face de Notre-Dame. Je l'ai accompagné à l'hôpital dans l'ambulance. Quand nous sommes arrivés à l'hôpital, j'ai remarqué que Hugo souffrait beaucoup. Je l'ai aidé à remplir les formulaires nécessaires au service des urgences. Un médecin l'a examiné et nous a envoyés au service radio. La radio a indiqué une fracture compliquée. Nous sommes

[1] travaux *construction work*
[2] trou *hole*
[3] trottoir *sidewalk*

La cour de l'Hôtel-Dieu à Paris

L'Hôtel-Dieu à Paris

Haïti

donc allés au service orthopédie où un chirurgien-orthopédiste et une anesthésiste nous attendaient. L'anesthésiste a fait une anesthésie locale à Hugo et le chirurgien a remis l'os en place. Hugo a pu quitter l'hôpital avec la cheville dans le plâtre et des béquilles. Le chirurgien lui a fait une ordonnance pour des comprimés contre la douleur[4].

Qui paie les frais[5] hospitaliers? C'est la Sécurité sociale, donc l'État[6]. En France, les frais médicaux sont remboursés à 80% par la Sécurité sociale.

[4] contre la douleur *for pain*
[5] frais *expenses*
[6] État *government*

Après la lecture

Un accident Répondez.

1. Qui a eu un accident?
2. Comment est arrivé cet accident?
3. Qu'est-ce que Hugo n'a pas vu?
4. L'ami de Hugo a appelé police secours. Pourquoi?
5. Comment est-ce que Hugo est allé à l'hôpital?
6. Qui l'a accompagné?
7. Où est-ce que les deux copains ont rempli des formulaires?
8. Qui s'est occupé de Hugo?
9. Qu'est-ce que la radio a indiqué?
10. Qui a mis la cheville de Hugo dans le plâtre?
11. Le chirurgien a fait une ordonnance pour quels médicaments?
12. Quel service rembourse les frais hospitaliers en France?

Médecins Sans Frontières

C'est qui? C'est quoi?

L'organisation Médecins Sans Frontières (MSF) est née en 1971. Un groupe de médecins français invente l'aide médicale d'urgence. Ces médecins sont allés au Biafra en Afrique avec la Croix-Rouge[1]. En trente mois, ils ont vu mourir un million de Biafrais! Ils ont fait tout leur possible pour soigner les victimes des combats et de la famine. Mais la situation était désespérée. À leur retour en France, ils créent Médecins Sans Frontières.

Qui sont les Médecins Sans Frontières?

Au début, les Médecins Sans Frontières—les *French Doctors* comme on les appelle souvent maintenant—étaient peu nombreux. De nos jours, environ trois mille volontaires partent en mission avec Médecins Sans Frontières. Parmi eux, il y a des médecins, des chirurgiens, des infirmiers et infirmières. Mais les volontaires n'appartiennent[2] pas tous au corps médical. Il y a aussi des personnes responsables des questions de matériel et d'administration. Pour leur travail, les membres de Médecins Sans Frontières sont très peu payés.

[1] Croix-Rouge *Red Cross*
[2] appartiennent *belong*

Médecins Sans Frontières en Iraq

Où intervient Médecins Sans Frontières?

Médecins Sans Frontières est présent actuellement[3] dans plus de soixante pays. Chaque année, de nouvelles missions ouvrent et d'autres ferment. Médecins Sans Frontières est la plus grande organisation médicale d'urgence. Elle se retrouve dans des zones de conflits, dans des camps de réfugiés et dans des régions qui ont été ravagées par une catastrophe naturelle comme un tremblement de terre[4], par exemple.

Le rôle de Médecins Sans Frontières est aussi d'alerter l'opinion publique. Tous les ans, l'organisation publie un rapport sur les populations en danger.

En 1999, Médecins Sans Frontières a reçu le prestigieux Prix Nobel de la Paix.

[3] actuellement *nowadays*
[4] tremblement de terre *earthquake*

1 FRANC PAR JOUR, UN GESTE QUI SAUVE

MÉDECINS SANS FRONTIERES

La Belgique

La Tunisi

Le Maroc

Le Mali

Après la lecture

Une organisation non-gouvernementale (une O.N.G.)
Expliquez.
1. comment l'organisation Médecins Sans Frontières est née
2. qui sont les volontaires
3. où travaillent les volontaires
4. un deuxième rôle de Médecins Sans Frontières
5. le prix que l'organisation a reçu

CONNEXIONS

Les sciences

Louis Pasteur et l'Institut Pasteur

The Pasteur Institute in Paris is one of the world's renowned institutions for medical and pharmaceutical research. The Institute is named after a famous French scientist—Louis Pasteur. You may recognize his name from the word *pasteurized* (as in pasteurized milk). Pasteur is considered the founder of the science of microbiology—the study of germs. The young Frenchman, who thought he wanted to be an artist, was the first to develop a vaccine against rabies which would save millions of lives.

L'Institut Pasteur à Paris

Louis Pasteur

Louis Pasteur (1822–1895)

Louis Pasteur est né en 1822 dans le Jura, près de la Suisse. Au collège, il n'était pas très bon élève. Ses cours ne l'intéressaient pas beaucoup, mais il aimait le dessin. On l'appelait «l'artiste». Après le lycée, Louis Pasteur pense devenir professeur et entre à l'École Normale, un institut qui forme les professeurs. À l'École Normale, il se passionne pour les sciences et passe son temps à faire de la recherche. Il se spécialise en chimie.

En 1854, il commence à étudier ce que nous appelons aujourd'hui des microbes. Pasteur, lui, appelait ces microbes des «germes». Une nouvelle science est née: la microbiologie!

En 1873, Pasteur présente à l'Académie de Médecine un rapport qui révolutionne la médecine. Avant ce rapport, on croyait que c'était le corps humain qui créait des maladies comme la typhoïde et le choléra. Mais au cours de ses recherches, Pasteur a découvert que toutes les maladies étaient causées par des micro-organismes. On leur a donné le nom de «microbes». Pour Pasteur, ces microbes sont partout. C'est pourquoi il dit aux chirurgiens de l'époque de se laver les mains avant d'opérer leurs patients et de laver soigneusement[1] tous leurs instruments, c'est-à-dire, de pratiquer l'asepsie. Malheureusement on ne l'écoute pas beaucoup. Pourquoi? Parce que Pasteur n'est pas médecin. Il est chimiste et biologiste.

[1] soigneusement *carefully*

Pasteur ne s'arrête pas là. Il continue ses recherches. Il veut lutter[2] contre les microbes. Ses recherches sur les maladies infectieuses des animaux le conduisent[3] à découvrir la vaccination. En 1885, il réalise le vaccin contre la rage[4]. Il vaccine alors pour la première fois un être humain, un petit garçon de neuf ans—Joseph Meister. Le petit Joseph a été mordu[5] par un chien enragé. Pasteur lui sauve la vie[6]. C'est la victoire, après quarante ans de recherches.

Vaccination contre la rage à l'Institut Pasteur

L'Institut Pasteur (1888)

L'enthousiasme est grand, non seulement en France, mais dans le monde entier. L'Académie des Sciences reçoit de l'argent de nombreux pays pour la construction d'un centre de recherches en microbiologie. L'Institut Pasteur est inauguré en 1888. Et qui est son concierge? C'est… Joseph Meister.

De nos jours, il y a des instituts Pasteur un peu partout dans le monde. À l'Institut Pasteur de Paris, il y a un centre de recherches et un centre d'enseignement[7]. En 1983, c'est à l'Institut Pasteur que le docteur Montagnier a isolé le virus du sida (syndrome immunodéficitaire acquis). Aujourd'hui, on continue à faire des recherches pour trouver une cure à cette terrible maladie.

[2] lutter *fight*	[4] rage *rabies*	[6] vie *life*
[3] conduisent *lead*	[5] mordu *bitten*	[7] enseignement *teaching*

La fabrication de vaccins à l'Institut Pasteur

Après la lecture

Des informations Trouvez les informations suivantes dans la lecture.

1. ce qui intéressait beaucoup Pasteur quand il était jeune
2. les deux sciences qu'il a étudiées
3. la science qu'il a fondée ou découverte
4. où il disait que les microbes se trouvaient
5. ce qu'est l'asepsie
6. le vaccin qu'il a réalisé
7. la découverte du professeur Montagnier

C'est à vous

Use what you have learned

PARLER
1

Les services médicaux de la municipalité
✔ *Describe medical services*

Il y a un(e) jeune Québécois(e) (votre camarade) qui passe un semestre dans votre école. Il/Elle a quelques questions sur les services médicaux offerts par votre municipalité. Décrivez-lui l'hôpital de votre région. Si nécessaire, procurez-vous une brochure qui décrit les services offerts par cet hôpital pour répondre aux questions que vous pose votre camarade.

L'hôpital Royal Victoria à Montréal

PARLER
2

Je vais être interprète.
✔ *Ask questions about medical problems*

L'hôpital de votre région a un problème. De nombreux patients sont haïtiens et leur interprète de français est malade. Vous allez le remplacer pendant quelques jours. Votre camarade est votre premier patient ou votre première patiente. Posez-lui des questions. Aidez-le/la à remplir les formulaires nécessaires.

PARLER
ÉCRIRE
3

Un sketch *(skit)* comique
✔ *Talk about emergency room procedures and accidents*

Travaillez par groupes de quatre ou cinq personnes. Préparez une comédie très courte intitulée «Une journée au service des urgences». Présentez ensuite votre sketch à la classe.

ÉCRIRE

4 Un formulaire

✔ *Fill out a medical form*

Remplissez ce formulaire d'un hôpital français. Remplissez-le sur une feuille de papier.

Imp.«AP»

ASSISTANCE PUBLIQUE 💙 **HÔPITAUX DE PARIS**

B1-61

HÔPITAL : ....

N° d'ordre .... *Année* ....

NOM et prénoms : ....

Date de naissance ....

Profession : ....

Domicile : ....

Salle : ....

Diagnostic : ....

Opération : ....

Entrée le ....

Sortie le ....

Dates	OBSERVATIONS

Writing Strategy

Writing a feature article

When writing a feature article, writers have two challenges: first, they must identify current topics that will bring the article to life, and second, they must give readers the background they need. An important aspect of feature writing is the use of an effective lead to describe the opening of the story. This will catch the readers' attention and draw them in.

ÉCRIRE

5 Un article dans le journal

Your French pen pal has asked you to write a feature story on a person or place in your community to include in his or her school newspaper. Your parents recently had an accident and had to go to the emergency room. They were transported there by the First Aid Squad in your community. You were extremely pleased with the quality of service, beginning with the paramedics who arrived promptly and administered treatment at the scene. The care your parents received in the emergency room from the staff was equally good. Write an article about this experience.

Vocabulaire

1 Choisissez.

1. Il a eu un accident et on a appelé _____.
   a. un anesthésiste
   b. le service des urgences
   c. un fauteuil roulant

2. On a mis le blessé sur _____.
   a. son genou
   b. un pansement
   c. un brancard

3. Elle s'est cassé la jambe et elle marche avec _____.
   a. des béquilles
   b. des doigts
   c. des fauteuils

4. On lui a fait un pansement parce qu'il _____.
   a. est tombé
   b. s'est foulé la cheville
   c. s'est coupé

5. L'infirmière _____ le malade.
   a. emmène
   b. soigne
   c. blesse

2 Identifiez.

6.
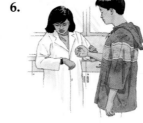

7.
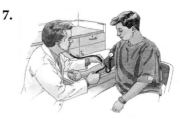

8.

9.
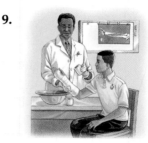

To review **Mots 1**, turn to pages 248–249.

To review **Mots 2**, turn to pages 252–253.

Structure

3 Complétez avec l'équivalent de *what*.

10. _____ amuse les enfants?
11. _____ vous faites maintenant?
12. Elle me demande _____ se passe.
13. Je sais _____ vous voulez.

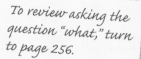

To review asking the question "what," turn to page 256.

4 Récrivez avec des pronoms.

14. Ouvrez la bouche.
15. Donnez-moi cette ordonnance.
16. Parle au médecin.
17. Regardez les radios maintenant.

To review pronouns in the imperative, turn to page 258.

5 Récrivez au négatif.

18. Faites-la maintenant.
19. Dites-le-moi.
20. Lève-toi.

6 Répondez.

21. Quel est le garçon le plus sérieux de la classe?
22. Quelle est la fille la plus intelligente?

To review the superlative, turn to page 261.

7 Complétez.

23. Charles est très bon en maths, mais sa sœur est _____.
24. Je crois que sa sœur est _____ de toute la classe.
25. Je comprends bien, mais vous comprenez _____ que moi.

To review **meilleur** and **mieux**, turn to page 262.

Culture

8 Choisissez.

26. L'Hôtel-Dieu est _____.
    a. un hôtel   **b.** une cathédrale   **c.** un hôpital
27. On peut composer le 17 pour appeler _____.
    a. l'hôpital   **b.** police secours   **c.** le service radio
28. En France _____ paie les frais médicaux.
    a. l'hôpital   **b.** le malade   **c.** la Sécurité sociale

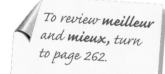

To review this cultural information, turn to pages 266–267.

Vocabulaire

Talking about an accident

glisser	se couper	se fouler la cheville	une fracture
tomber	se faire mal	se tordre le genou	(compliquée)
se blesser	se casser	un accident	une blessure

Talking about medical emergencies and a hospital

appeler police *(f.)* secours	un brancard	un hôpital
remplir un formulaire	un fauteuil roulant	le service des urgences
une ambulance	une béquille	la salle d'opération

Identifying some medical professions

un(e) secouriste	un chirurgien	un infirmier
un(e) anesthésiste	(-orthopédiste)	une infirmière

Talking about medical care

soigner	prendre la tension
ausculter	le pouls
faire une piqûre	une anesthésie
un pansement	remettre l'os en place
un point de suture	plâtrer
une radio(graphie)	mettre dans le plâtre

> **How well do you know your vocabulary?**
> - **Identify words that describe emergency room procedures.**
> - **Write a few sentences about the steps a doctor takes to treat a patient with a broken leg.**

Identifying parts of the body

le bras	le genou	la cheville	le doigt de pied
le doigt	la jambe	le pied	un os

Other useful words and expressions

Qu'est-ce qui (t') est arrivé?	avoir mal (à la jambe, au genou, etc.)	emmener
Ne t'en fais pas.		montrer
Ce n'est pas grave.	aller mieux	

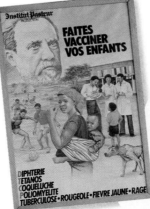

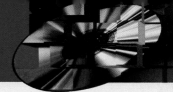

Technotour

BON VOYAGE!

Avant de visionner

In this video episode, Vincent makes an unexpected trip to the hospital.

Vincent a eu un accident.

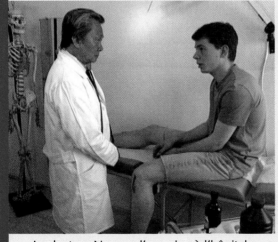

Le docteur Nguyen l'examine à l'hôpital.

À découvrir

Learn more about the Pasteur Institute online.

Le laboratoire de Louis Pasteur

FRENCH Online

In the Chapter 8 Internet activity, you will have a chance to learn more about medical care in the Francophone world. To begin your virtual adventure, go to the Glencoe French Web site: **french.glencoe.com**

bonnes vacances

L'hôtel

Objectifs

In this chapter you will learn to:

- check into and out of a hotel
- ask for things you may need while at a hotel
- talk about past actions
- refer to previously mentioned places
- talk about people and things already mentioned
- describe how you do things
- talk about hotels in France

Philippe Lebas *Hôtel Negresco, Nice*

Vocabulaire

L'arrivée à l'hôtel 🎧

À la réception, Camille remplit soigneusement
la fiche de police.

Camille a réservé une chambre.
Elle a versé des arrhes.
Elle a donné de l'argent à l'avance.

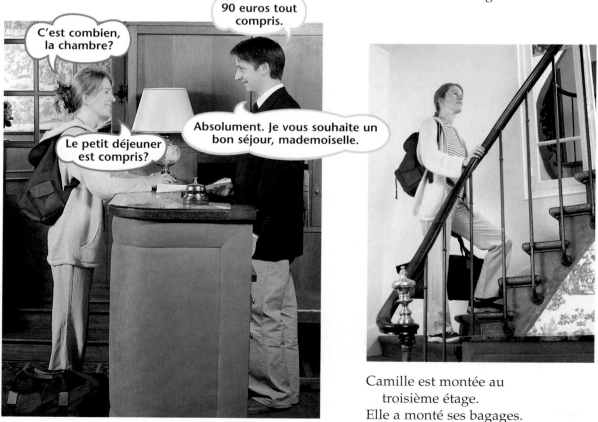

Camille est montée au
troisième étage.
Elle a monté ses bagages.

une chambre avec salle de bains

un lit

une chambre à un lit

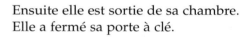

Elle a défait son sac.

Ensuite elle est sortie de sa chambre.
Elle a fermé sa porte à clé.

HOTEL DE LONDRES

Elle est descendue.
Elle a sorti un plan de la ville
de son sac à dos.

Elle est allée visiter la ville.
Il y avait beaucoup de monde.

Commençons
Let's use our new words

1 **Qu'est-ce que c'est?** Identifiez.

1. C'est le hall ou la réception?

2. C'est une clé ou une fiche de police?
3. C'est une porte ou une chambre?

4. C'est une chambre à un lit ou à deux lits?
5. La jeune fille fait ou défait ses bagages?

À la réception de l'hôtel Bas-Bréau à Barbizon

2 **Historiette** **L'arrivée**
Inventez une histoire.

1. Stéphane est arrivé à l'hôtel?
2. Il est entré dans le hall?
3. Il a trouvé la réception?
4. Il a demandé une chambre pour une personne?
5. Il a demandé le prix de la chambre? Le petit déjeuner est compris?
6. La réceptionniste lui a donné sa clé?
7. Elle lui a souhaité un bon séjour?
8. Stéphane est monté dans sa chambre?
9. Il a monté ses bagages?
10. Il a défait ses bagages?
11. Il a sorti un plan de la ville de sa valise?
12. Quand il est sorti, il a fermé la porte à clé?

3 **Le touriste** Choisissez.

1. À l'hôtel, le touriste remplit _____.
   a. une fiche   **b.** une chambre   **c.** une clé
2. Pour monter dans sa chambre, il prend _____.
   a. la clé   **b.** l'ascenseur   **c.** la porte
3. Il ouvre la porte de sa chambre avec _____.
   a. sa fiche   **b.** son lit   **c.** sa clé
4. Il prend une douche dans _____.
   a. la salle de bains   **b.** le hall   **c.** l'escalier
5. Il dort dans _____.
   a. son lit   **b.** sa salle de bains   **c.** sa rue
6. Le matin, il se lève et prend _____.
   a. son petit déjeuner   **b.** son lit   **c.** sa fiche
7. Le petit déjeuner est _____ dans le prix de la chambre.
   a. servi   **b.** compris   **c.** rempli
8. Il faut verser _____ pour réserver une chambre.
   a. une carte de crédit   **b.** des arrhes   **c.** des taxes

HÔTEL

Manoir **Saint-Sauveur**

SERVICE AUX CHAMBRES

PETIT DÉJEUNER
de 7 H 00 à 10 H 30

LE CONTINENTAL   6,25 $
Choix d'un petit jus rafraîchi
Un croissant, un muffin et une chocolatine
Thé, café régulier ou décaféiné
Beurre et confitures

LE SAINT-SAUVEUR   9,50 $
Choix d'un petit jus rafraîchi
Deux oeufs, bacon ou saucisses ou jambon
Rôties de pain de ménage
Pommes de terres rissolées
Thé, café régulier ou décaféiné

4 **Une réservation** Votre classe de français pense faire un voyage en France. Chaque élève a quelque chose à faire pour aider à organiser le séjour. Votre camarade et vous, vous êtes chargés de réserver les chambres. Vous téléphonez à l'hôtel. Vous, vous êtes l'élève et votre camarade est le/la réceptionniste de l'hôtel. Mentionnez les dates d'arrivée et de départ, le nombre de chambres, le nombre d'élèves par chambre, les repas, le prix, et demandez s'il faut verser des arrhes, etc.

5 **Dans le hall** Travaillez avec un(e) camarade. Décrivez tout ce que vous voyez sur le dessin.

Vocabulaire

Dans la chambre d'hôtel 🎧

l'air climatisé =
la climatisation

un cintre

un placard

un oreiller

une couverture

un drap

Dans la salle de bains 🎧

se sécher

un rouleau de
papier hygiénique

une serviette propre

un gant de toilette

du savon

une serviette sale

Camille a demandé poliment
une serviette propre.
La femme de chambre lui en
a donné une.

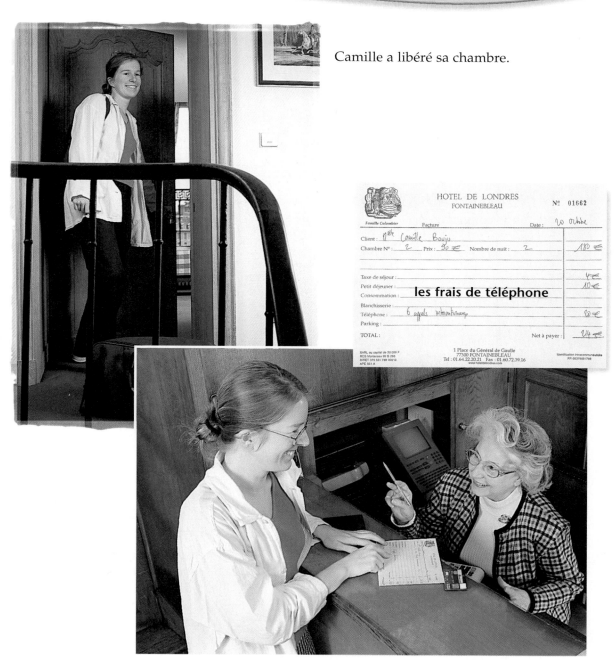

Camille a libéré sa chambre.

les frais de téléphone

Camille a demandé la note.
La caissière la lui a donnée.
Camille a vérifié les frais de téléphone.
Elle a payé avec une carte de crédit.
Elle n'a pas payé en espèces (en liquide).

Vocabulaire

Commençons
Let's use our new words

6 **Qu'est-ce que c'est?** Identifiez.

1. C'est un oreiller ou une couverture?

2. C'est un cintre ou un gant de toilette?

3. C'est du savon ou du shampooing?

4. C'est un gant de toilette ou du papier hygiénique?

5. C'est une note d'hôtel ou une serviette?

6. C'est une carte de crédit ou de l'argent liquide?

Mme Legrand paie sa note d'hôtel.

7 **Historiette** **Elle a libéré la chambre.** Inventez une histoire.

1. Mme Legrand a libéré la chambre?
2. Elle est descendue à la réception?
3. Elle a demandé ses frais de téléphone?
4. Elle a parlé au caissier?
5. Elle a vérifié sa note?
6. Elle a payé avec une carte de crédit ou en espèces?

8 **C'est quel mot?** Pour chaque définition, donnez le mot exact.

1. On se lave avec.
2. On se sèche avec.
3. On met ses vêtements dessus.
4. On se couche dedans.
5. On en met une sur son lit quand il fait froid.
6. Ça se présente en rouleau.
7. Le contraire de «propre».
8. On met ses vêtements dedans.
9. On la met quand il fait trop chaud dans la chambre.
10. On lui demande des serviettes propres.

9 **La chambre est libre!** Votre camarade est réceptionniste dans un hôtel. Vous êtes le/la client(e). Vous avez libéré votre chambre. Vous demandez votre note et vous posez des questions. Le/la réceptionniste vous répond et vous demande comment vous voulez payer votre note.

Une chambre dans un hôtel de luxe

10 **Un bon hôtel** Avec un(e) camarade discutez de ce qui est important quand vous allez à l'hôtel. Vous pouvez utiliser les mots suivants.

la catégorie de l'hôtel	**une piscine**
la chambre	**un gymnase**
le prix	**un restaurant**
le petit déjeuner	**le lit**
l'air climatisé	**le service**

Juan-les-Pins sur la Côte d'Azur

11 **Quel désastre!** Vous avez passé une semaine dans un hôtel à Juan-les-Pins sur la Côte d'Azur. L'hôtel était une véritable horreur. Votre camarade vous pose des questions sur votre séjour dans cet hôtel. Vous pouvez exagérer un peu. Ensuite changez de rôle. Décidez qui a eu l'expérience la plus atroce.

*For more practice using words from **Mots 1** and **Mots 2**, do Activity 15 on page H16 at the end of this book.*

Structure

Talking about past actions
Le passé composé: être ou avoir

Verbs like **descendre, monter, passer, rentrer,** and **sortir** are conjugated with **être** when they are not followed by a direct object. They are conjugated with **avoir,** however, when followed by a direct object. Note the difference in meaning in the following sentences.

Marie est descendue.

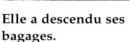

Elle a descendu ses bagages.

Ils sont sortis hier.

Ils ont sorti leurs billets.

Continuons
Let's put our words together

12 **Historiette** **Agathe est arrivée.**
Répondez que oui.

1. Agathe est arrivée à l'hôtel?
2. Elle est allée à la réception?
3. Elle a sorti son passeport et sa carte de crédit?
4. Elle est montée dans sa chambre?
5. Elle a monté ses bagages?
6. Elle est descendue pour sortir?
7. Elle est sortie?
8. Elle est allée au musée?
9. Elle est rentrée à l'hôtel à six heures du soir?
10. Elle a sorti sa clé pour ouvrir la porte de sa chambre?

Paris

13 Historiette En route!

Complétez au passé composé.

Les deux copines ___1___ (sortir) de la maison à neuf heures. Elles ___2___ (sortir) tous leurs bagages. Elles ___3___ (attendre) un taxi. Quand le taxi ___4___ (arriver), elles ___5___ (mettre) leurs bagages dans le coffre. Puis les deux filles ___6___ (monter) dans le taxi. Quand elles ___7___ (arriver) à la gare, elles ___8___ (descendre) du taxi. Elles ___9___ (sortir) leurs billets et ___10___ (monter) dans le train.

La gare de Lyon à Paris

Referring to places already mentioned
Le pronom y

1. You use **y** to replace any location. Study the following examples.

Tu vas à Paris?	Oui, j'y vais.
Julien est devant l'hôtel?	Oui, il y est.
Il veut rester dans sa chambre?	Oui, il veut y rester.

2. The pronoun **y,** like any other object pronoun, comes right before the verb it is linked to.

Affirmatif	Négatif
Il y va.	Il n'y va pas.
Il veut y aller.	Il ne veut pas y aller.
Il y est allé.	Il n'y est pas allé.

Rappelez-vous que...

The verb **aller** cannot stand alone. You use **y** with **aller** to refer to places already mentioned.
—**Tu vas au restaurant?**
—**Oui, j'y vais. On y va ensemble?**

Savez-vous que... ?

In order to make the liaison, the final **s** is not dropped in the affirmative command of **-er** verbs and **aller** when **y** is used.
Restes-_z_ y! *mais*
N'y reste pas!

Structure

Continuons
Let's put our words together

14 **Au gymnase** Répétez la conversation.

15 **Historiette** **À l'hôtel** Répondez en utilisant **y**.

1. David est arrivé à l'hôtel?
2. Il a mis ses bagages devant l'hôtel?
3. Il est entré dans le hall?
4. Il est allé à la réception?
5. Il a fait la queue à la réception?
6. Il est monté dans sa chambre?

16 **À l'école** Donnez des réponses personnelles en utilisant **y**.

1. Tu vas à l'école tous les jours?
2. Tu es à la maison en ce moment?
3. Tu attends tes amis dans la cour de l'école?
4. Tu vas à l'école à pied?
5. Tu aimes aller chez tes copains après les cours?

Referring to people and things already mentioned
Un pronom + **en**

1. When you use **en** with another pronoun, **en** always comes last.

   Tu lui as parlé de l'hôtel?   **Oui, je lui en ai parlé.**
   Elle t'a donné combien de clés?   **Elle m'en a donné deux.**

2. You will frequently use **en** with the expression **il y a**.

   Il y a des chambres?   **Oui, il y en a, mais il n'y en a pas beaucoup.**

   Il y a combien de lits dans la chambre?   **Il y en a deux.**

Continuons
Let's put our words together

17 **Historiette** **Je lui en ai parlé.** Complétez la conversation.

—Vous avez parlé à votre père de vos problèmes financiers?
—Oui, je _____ _____ ai parlé.
—Et il vous a prêté de l'argent?
—Oui, il _____ _____ a prêté.
—Il _____ _____ a prêté beaucoup?
—Bof! Il _____ _____ a prêté un peu!
—Et vous _____ _____ avez parlé combien de fois?
—Oh! Je _____ _____ ai bien parlé dix fois!

18 **Il y en a combien?**

Répondez en utilisant un pronom.

1. Il y a combien de chambres dans cet hôtel? (cent)
2. Il y a combien de lits dans chaque chambre? (deux)
3. Il y a combien de placards dans chaque chambre? (un)
4. Il y a combien de cintres dans un placard? (quatre)
5. Il y a combien d'oreillers sur chaque lit? (deux)
6. Il y a combien d'ascenseurs dans l'hôtel? (pas assez)

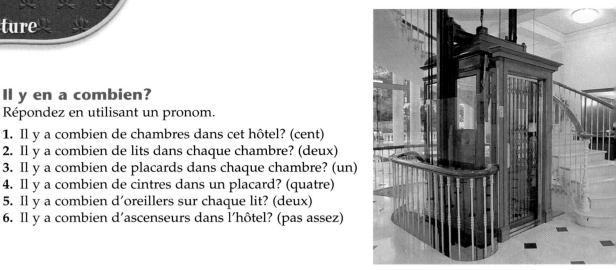

Un ascenseur

Describing how you do things
La formation des adverbes

1. You form most adverbs in French by adding **-ment** to the feminine form of the adjective.

certain	certaine	→ certainement
complet	complète	→ complètement
annuel	annuelle	→ annuellement
soigneux	soigneuse	→ soigneusement

(+ ment)

2. However, if the masculine form of the adjective ends in a vowel, you add **-ment** to the masculine form.

poli	→ poliment
vrai	→ vraiment
absolu	→ absolument

(+ ment)

3. Note the spelling and the pronunciation of the adverbial form of the adjectives that end in **-ent** or **-ant.** The ending is always pronounced [amã] whether it's written **-emment** or **-amment.**

évident	→ évidemment
prudent	→ prudemment
courant	→ couramment

Continuons

Let's put our words together

19 **Un adolescent exemplaire**
Répondez d'après les indications.

1. Il conduit toujours comment? (prudemment)
2. Il parle toujours comment? (poliment)
3. Il écoute toujours comment? (patiemment)
4. Il fait toujours ses devoirs comment? (sérieusement)

Il étudie sérieusement?

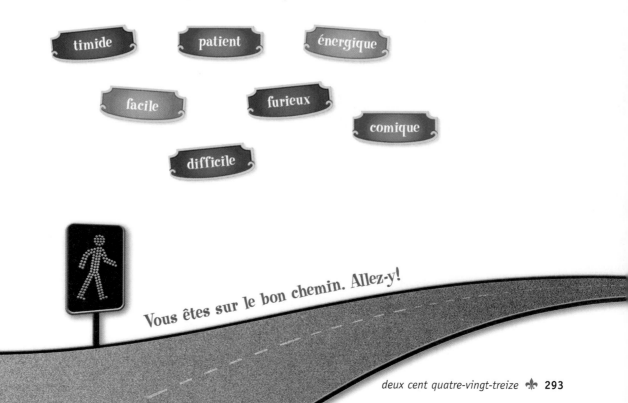

20 **Jeu** **Le jeu des adverbes**

Un(e) de vos camarades sort. Vous choisissez un adverbe—par exemple, **sérieusement.** Votre camarade revient et vous mimez l'adverbe choisi. Votre camarade doit deviner quel est l'adverbe. Vous pouvez utiliser les adverbes correspondant aux adjectifs suivants.

timide

patient

énergique

facile

furieux

comique

difficile

Vous êtes sur le bon chemin. Allez-y!

Conversation

À la réception de l'hôtel

Elizabeth: Bonjour, monsieur. J'ai réservé une chambre pour deux personnes.

Réceptionniste: C'est à quel nom, s'il vous plaît?

Elizabeth: Au nom de Collins.

Réceptionniste: Vous avez votre confirmation?

Elizabeth: Oui, la voilà. *(Elle lui montre sa confirmation.)*

Réceptionniste: Merci. J'ai une très jolie chambre au troisième qui donne sur la cour.

Elizabeth: C'est une chambre à deux lits?

Réceptionniste: Oui, avec salle de bains.

Elizabeth: Et c'est combien?

Réceptionniste: Cent cinquante euros. Le petit déjeuner est compris. Voilà votre clé. Je vous en donne une autre pour votre amie?

Elizabeth: Ah, bonne idée. Merci.

Réceptionniste: Voilà… Et je vous souhaite un bon séjour, mesdemoiselles…

Après la conversation

Répondez.

1. Elizabeth veut une chambre pour combien de personnes?
2. Elle parle à qui?
3. Elle a réservé une chambre à quel nom?
4. Qu'est-ce qu'elle montre au réceptionniste?
5. La chambre est à quel étage?
6. Elle donne sur la rue?
7. C'est une chambre à combien de lits?
8. La chambre a une salle de bains?
9. La chambre coûte combien?
10. Le petit déjeuner est compris ou pas?
11. Elizabeth va avoir combien de clés?

Parlons un peu plus
Let's talk some more

A **Un hôtel à Québec** Cet été vous allez passer vos vacances à Québec avec votre famille. Vous montrez à votre camarade des brochures sur les hôtels de Québec. Expliquez à votre camarade quel hôtel vous avez choisi et pour quelles raisons. Ensuite, votre camarade vous dira s'il/si elle est d'accord avec vous ou pas, et pour quelles raisons.

B **À la réception** Avec votre camarade, préparez la conversation qu'on a quand on arrive à la réception d'un hôtel.

Lectures culturelles

La gare de Nice

L'Hôtel de la Gare

Au syndicat d'initiative

Valérie est allée avec quelques copines à Nice. Quand elles sont arrivées, elles sont descendues du train et sont allées tout de suite au syndicat d'initiative. Le syndicat d'initiative est un bureau de tourisme qui se trouve souvent dans les gares ou près des gares. Les touristes vont au syndicat d'initiative pour trouver une chambre d'hôtel s'ils n'ont pas réservé de chambre à l'avance.

Valérie a expliqué à l'employée du syndicat d'initiative que ses copines et elle sont étudiantes. Elles ne veulent pas aller dans un hôtel de luxe qui coûte cher. Pas de problème. L'employée a téléphoné à l'Hôtel de la Gare où elle a réservé une chambre pour les filles. L'Hôtel de la Gare est un hôtel confortable mais pas trop cher. Et il est où, l'Hôtel de la Gare? En face de la gare, bien sûr! Dans beaucoup de villes en France, il y a un Hôtel de la Gare.

La promenade des Anglais

Valérie et ses copines sont sorties de la gare, elles ont traversé la rue et sont arrivées à l'hôtel en deux minutes. Elles ont rempli les fiches de police et ont monté leurs bagages dans leur chambre. Elles sont descendues tout de suite après et sont allées visiter la ville de Nice. Elles ont fait une promenade le long de la célèbre promenade des Anglais qui borde la jolie baie des Anges. Elles ont remarqué que sur la plage il n'y avait pas de sable, mais des galets[1].

[1] galets *pebbles, stones*

La promenade des Anglais à Nice

Tahiti

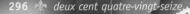
Haïti

Le Vieux-Nice

Avant de rentrer à l'hôtel, les jeunes filles ont visité la vieille ville. Elles ont flâné[2] dans les petites ruelles[3] et elles sont allées au marché aux fleurs. Valérie avait faim, alors elles ont trouvé un petit café. Elles ont toutes commandé une salade niçoise—c'est une salade avec de la laitue, des tomates, des haricots verts, du thon[4], des œufs, des olives noires et des anchois[5].

Le marché aux fleurs à Nice

Cimiez

Demain, elles iront visiter Cimiez, un quartier où il y a deux musées intéressants. Le musée Matisse a une grande collection de tableaux et de sculptures de Henri Matisse.

L'autre musée est dédié à l'œuvre de Marc Chagall, un peintre français d'origine russe qui a passé une partie de sa vie sur la Côte d'Azur.

[2] ont flâné *wandered through*
[3] ruelles *narrow streets*
[4] thon *tuna*
[5] anchois *anchovies*

La Tunis

Le Maroc

Henri Matisse *Cour du Moulin*

Après la lecture

A Un séjour à Nice Répondez.

1. Où sont allées Valérie et ses copines?
2. Elles sont allées à Nice comment?
3. Quand elles sont arrivées à la gare, où sont-elles allées?
4. Pourquoi sont-elles allées au syndicat d'initiative?
5. L'employée du syndicat d'initiative a téléphoné à quel hôtel?
6. Comment les filles sont-elles allées à l'hôtel? À pied, en autobus, en taxi?
7. Qu'est-ce qu'elles ont fait quand elles sont arrivées à l'hôtel?
8. Où sont-elles allées à Nice?
9. Il y a du sable sur la plage? Qu'est-ce qu'il y a?
10. Où iront-elles demain?

B La ville de Nice Vrai ou faux?

1. Nice est une ville de la Côte d'Azur, sur la mer Méditerranée dans le sud de la France.
2. La promenade des Anglais est dans la vieille ville.
3. Dans une salade niçoise, on met de la viande.
4. Marc Chagall est un peintre d'origine russe.
5. Henri Matisse est un peintre russe.

La cathédrale orthodoxe russe à Nice

Le Sénégal

Les auberges de jeunesse

Les jeunes qui voyagent en France vont souvent dans des auberges de jeunesse. Les auberges de jeunesse ont des dortoirs[1] et ne coûtent pas cher. Les randonneurs[2] ou les cyclistes peuvent louer une chambre ou simplement un lit. Mais, ce qui est bien dans les auberges de jeunesse, c'est qu'on rencontre[3] beaucoup de jeunes de pays différents.

Pour pouvoir aller dans une auberge de jeunesse, il faut avoir une carte d'adhésion internationale. Cette carte donne accès à des auberges de jeunesse non seulement en France, mais dans 66 pays du monde.

Cette même carte permet également d'obtenir des réductions dans les musées, les piscines, les transports, etc.

L'auberge de jeunesse Mont Alban à Nice

[1] dortoirs *dorms*   [2] randonneurs *hikers*   [3] rencontre *meet*

Après la lecture

A **Les jeunes voyageurs** Vrai ou faux?
1. Les auberges de jeunesse ont beaucoup de chambres particulières pour une personne.
2. Les prix dans les auberges de jeunesse sont relativement bas.
3. Les randonneurs voyagent en voiture.
4. Dans les auberges de jeunesse, il y a des jeunes de différentes nationalités.
5. Il faut avoir un passeport français pour aller dans une auberge de jeunesse.

B **Une explication** Expliquez les avantages d'avoir une carte d'adhésion internationale.

Le Club Med

Le Club Méditerranée est une chaîne d'hôtels française qui a des établissements dans de nombreux pays du monde. Les clients du Club Med sont des jeunes, des personnes plus âgées et des familles avec enfants. Le Club Med offre toute une gamme d'activités sportives comme le volley-ball et le tennis. De nombreux clubs se trouvent au bord de la mer et offrent donc toutes sortes de sports nautiques—le ski nautique, la voile[1] et la planche à voile. Le Club Med de la Guadeloupe, qui s'appelle «la Caravelle», a même un laboratoire de langues où on peut faire du français.

Une plage au Club Med à la Guadeloupe

Quand vous allez au Club Med, vous n'avez pas besoin d'argent. Pas d'argent? Non. Parce qu'on paie un prix forfaitaire. Cela veut dire que tout est compris—la chambre, les repas, les activités sportives, etc. On ne paie que[2] les boissons. Si on veut aller au Club Med, il faut y passer au moins une semaine. On ne peut pas y passer une ou deux nuits[3] comme dans un hôtel normal. Les Clubs Med sont en fait des villages de vacances où on va pour s'amuser et quelquefois pour se reposer[4].

[1] la voile *sailing*
[2] ne… que *only*
[3] nuits *nights*
[4] se reposer *to rest*

Après la lecture

Le Club Méditerranée Répondez.
1. Le Club Méditerranée est une chaîne d'hôtels française ou américaine?
2. Où se trouvent les Clubs Med?
3. On n'a pas besoin d'argent au Club Med. Pourquoi?
4. Il faut rester un minimum de combien de jours au Club Med?
5. Que sont les Clubs Med?

La Belgique

La Tunisie

Le Maroc

Le Mali

CONNEXIONS

Les lettres

Le langage

In a language, one word can often have more than one meaning. The word "bank" is an example of such a word in English. Give the meaning of the word "bank" in the following sentences.

I have an account in this bank.

Let's walk along the bank of the river.

There's a large bank of earth over there.

The plane is going into a rather severe bank.

You can't bank on that.

L'hôtel is a word in French that can have several meanings. Read the information on the next page and study the photos to learn about the different types of «hôtels».

L'Hôtel-Dieu à Paris

Un petit hôtel à Yvoire

Les différents sens d'un mot

Le mot «hôtel» a plusieurs sens[1]. Si on le cherche dans le dictionnaire, on voit que son premier sens est «maison meublée[2] où on loge les voyageurs». Mais un hôtel, cela peut être aussi un hôtel particulier, c'est-à-dire une grande maison luxueuse située dans une ville.

Un hôtel, c'est également n'importe quel[3] édifice destiné à des établissements publics. Un hôtel de ville, c'est la mairie[4] d'une grande ville.

Dans certaines villes, il y a un Hôtel-Dieu. L'Hôtel-Dieu, c'est l'hôpital principal de la ville. C'est toujours un vieil hôpital.

[1] sens *meaning*
[2] meublée *furnished*
[3] n'importe quel *any*
[4] mairie *town hall*

L'Hôtel de Ville de Paris

Un hôtel particulier à Paris

La cour de l'hôtel de Sens dans le Marais

Après la lecture

A Recherches Trouvez un mot anglais qui a plusieurs sens. Faites des phrases qui illustrent ces différents sens.

B Un mot français À l'aide d'un dictionnaire, trouvez les différents sens du mot français «note».

C'est à vous

Use what you have learned

PARLER
1

Vous avez une chambre?
✔ Reserve a hotel room

Vous êtes à Aix-en-Provence. Vous n'avez pas réservé de chambre d'hôtel. Vous téléphonez à un hôtel et vous demandez s'il y a une chambre disponible. Vous demandez le prix, ce qui est compris dans le prix, comment aller à l'hôtel, etc. Le/La réceptionniste (votre camarade) répond poliment à vos questions.

Aix-en-Provence

PARLER
2

La note, s'il vous plaît!
✔ Check out of a hotel

Vous quittez votre hôtel. Vous demandez la note. Le caissier ou la caissière (votre camarade) vous la présente. Vous trouvez qu'il y a des erreurs. Vous n'avez pas pris votre petit déjeuner à l'hôtel, vous n'avez pas acheté de brochure, etc.

ÉCRIRE

3 Un fax pour l'hôtel Château d'Esclimont

✔ *Obtain information about a hotel in France*

Les parents de votre ami(e) vont faire un voyage en France. Ils veulent descendre à l'hôtel Château d'Esclimont près de Chartres. Ils savent que vous faites du français et vous demandent de les aider à envoyer un fax. Avant d'écrire le fax, faites une liste de tous les renseignements que les parents de votre ami(e) veulent avoir. Rédigez ensuite le fax.

Villa Parisiana
Hôtel **

A 100 m des plages de sable fin et du Port de Plaisance Près du Golf de Mandelieu Chambres tout confort avec terrasse, bain ou douche, WC, Tel. direct, TV couleur Satellite. Ouvert toute l'année Chiens bienvenus.

Rue de l'Argentière - 06210 Mandelieu la Napoule

Writing Strategy

Writing an advertisement The purpose of an advertisement is to persuade people to buy a product or service. An effective ad will attract attention and create interest in the product. You can use a striking design to draw readers in. You can use facts and opinions to explain the product's features and to convince readers that they should buy your product instead of the competition's.

ÉCRIRE

4 Une petite annonce

A hotel in your community wants to encourage French-speaking guests to stay there. They have asked you to prepare an advertisement describing the hotel and listing its best features. Use the advertisement shown as a guide, but be as original as you can. Be sure your ad reflects services offered by the hotel as well as activities and events in your community.

Vocabulaire

1 Choisissez.

1. _____ une fiche de police   **a.** verser
2. _____ des arrhes   **b.** monter
3. _____ une chambre   **c.** remplir
4. _____ au troisième   **d.** réserver

To review **Mots 1**, turn to pages 280–281.

2 Identifiez.

5.    6.    7.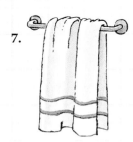

8. 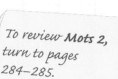   9.

To review **Mots 2**, turn to pages 284–285.

Structure

3 Choisissez.

10. Charles _____ sorti pour visiter la ville.
    a. est   **b.** a

11. Il _____ rentré à neuf heures du soir.
    a. est   **b.** a

12. Qui _____ descendu les bagages?
    a. est   **b.** a

13. Il _____ sorti sa clé de son sac-à-dos.
    a. est   **b.** a

14. Le petit garçon _____ monté l'escalier.
    a. est   **b.** a

To review these verbs in the **passé composé**, turn to page 288.

4 Répondez avec un pronom.

15. Tu veux aller à Paris?

16. Tu es allé(e) au Canada?

17. Tu veux rester dans ta chambre?

To review the pronoun **y**, turn to page 289.

5 Complétez.

18. Le réceptionniste t'a donné combien de clés?
Il _____ _____ a donné deux.

19. Il t'a parlé de sa visite?
Oui, il _____ _____ a parlé.

To review the pronoun **en**, turn to page 291.

ulture

6 Vrai ou faux?

20. Le syndicat d'initiative est une gare.

21. La promenade des Anglais est à Nice.

22. Dans une salade niçoise, il y a de la viande.

23. Marc Chagall est un peintre français d'origine russe.

To review this cultural information, turn to pages 296–297.

La baie des Anges à Nice

Vocabulaire

Making a hotel reservation

réserver une chambre	une chambre	compris
verser des arrhes	à un lit	
	à deux lits	
	avec salle de bains	

Checking into a hotel

un hôtel	une fiche de police	monter
le hall	une clé	descendre
la réception	un bagage	défaire
le/la réceptionniste	une valise	

Checking out of a hotel

libérer	une carte de crédit	le caissier, la caissière
la note	en espèces	
les frais (de téléphone)	(en liquide)	

Talking about a hotel room

une porte	une couverture
un placard	un oreiller
un cintre	l'air climatisé
un drap	la climatisation

How well do you know your vocabulary?

Identify words you would use when reserving a hotel room. Describe the type of room you would like to have and how you will pay for it.

Talking about a bathroom

un gant de toilette	propre
du savon	sale
une serviette	
un rouleau de papier hygiénique	

Other useful words and expressions

une femme de chambre	poliment
	se sécher
un séjour	fermer la porte à clé
absolument	souhaiter
soigneusement	du monde

Technotour

BON VOYAGE!

VIDÉO • Épisode 9

Avant de visionner

In this video episode, Manu has to work at his parents' hotel. He would rather show off his musical talent to a visiting journalist.

Manu s'occupe d'une cliente de l'hôtel.

Manu fait du rap.

FRENCH ONLINE

À découvrir

Learn more about la Fête de la Musique online.

Un groupe à la Fête de la Musique

In the Chapter 9 Internet activity, you will have a chance to learn more about hotels in the Francophone world. To begin your virtual adventure, go to the Glencoe French Web site: **french.glencoe.com**

CHAPITRE 10

Les transports en commun

Objectifs

In this chapter you will learn to:

- ✔ *talk about public transportation*
- ✔ *request information formally and informally*
- ✔ *tell what you and others have just done*
- ✔ *find out how long someone has been doing something*
- ✔ *talk about taking the bus and subway in Paris*

G. E. Ducasse *Quand les camionettes sont en marches à l'avenue J.J. Dessalines à Port-au-Prince*

Le métro 🎧

la station (de métro)

Pardon, monsieur, la station de métro Les Halles, s'il vous plaît?

C'est Châtelet-Les Halles, et c'est là-bas, au coin de la rue.

le plan du métro parisien

un carnet

un guichet

un ticket

un tourniquet

un distributeur automatique

Il faut valider son ticket.
Il faut le glisser dans le tourniquet.

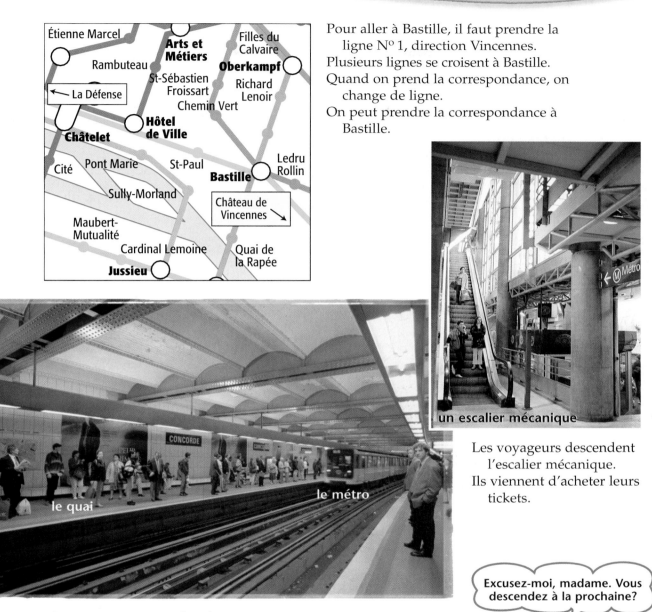

Pour aller à Bastille, il faut prendre la ligne N° 1, direction Vincennes.

Plusieurs lignes se croisent à Bastille.

Quand on prend la correspondance, on change de ligne.

On peut prendre la correspondance à Bastille.

un escalier mécanique

Les voyageurs descendent l'escalier mécanique.
Ils viennent d'acheter leurs tickets.

le quai

le métro

Les voyageurs attendent le métro.
Ils n'attendent pas longtemps.
Il y a un métro toutes les quatre minutes.

Il y a beaucoup de gens dans le métro.
Aux heures de pointe, les métros sont bondés.

Excusez-moi, madame. Vous descendez à la prochaine?

VOCABULAIRE

Commençons
Let's use our new words

1 **Qu'est-ce que c'est?** Identifiez.

1. C'est un guichet ou un distributeur automatique?

2. C'est une station de métro ou le coin d'une rue?

3. C'est un ticket ou un carnet?

4. C'est un métro ou un autobus?

5. C'est un tourniquet ou un escalier mécanique?

2 **Historiette** **Le métro** Répondez que oui.

1. Il y a un escalier mécanique pour descendre sur le quai?
2. Il y a un guichet où on peut acheter des tickets de métro?
3. Il y a des distributeurs automatiques?
4. Il faut valider son ticket avant d'aller sur le quai?
5. Il faut passer par un tourniquet avant d'arriver sur le quai?
6. Les voyageurs attendent le métro sur le quai?
7. Le métro vient de partir?
8. Il y a un métro toutes les quatre minutes?
9. De temps en temps, il faut changer de ligne?
10. On peut prendre la correspondance dans une station où deux lignes se croisent?

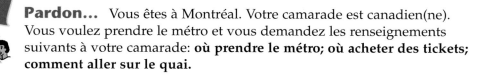

3 **Historiette** **Dans la station de métro** Complétez.

1. Quand je ne sais pas où se trouve une _____ de métro, je demande à quelqu'un.
2. Je vais prendre le métro. Je descends sur le _____.
3. Je peux acheter un ticket au _____ ou au _____.
4. Je peux acheter un seul ticket ou un _____ de dix tickets.
5. Je prends l'_____ pour descendre sur le quai de la station.
6. Si je ne sais pas quelle direction prendre, je regarde le _____.
7. On peut prendre la _____ dans une station où deux lignes se croisent.
8. Les métros sont souvent _____ aux heures de pointe.

4 **Pardon...** Vous êtes à Montréal. Votre camarade est canadien(ne). Vous voulez prendre le métro et vous demandez les renseignements suivants à votre camarade: **où prendre le métro; où acheter des tickets; comment aller sur le quai.**

5 **Quelle station?** Vous êtes un(e) touriste à Paris. Choisissez un monument ou un musée que vous voulez visiter. Demandez à quelqu'un dans le métro (votre camarade) à quelle station vous devez descendre. Ensuite changez de rôle.

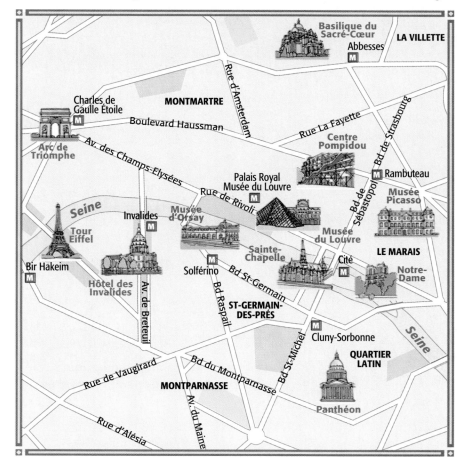

Vocabulaire

Mots 2

L'autobus 🎧

un arrêt d'autobus

un autobus

un numéro

48 PORTE DE VANVES 8700

---

un conducteur   valider son ticket

une machine = un appareil

Ne poussez pas, jeune homme!

Excusez-moi, monsieur.

une porte

un bouton

Pour demander un arrêt, on appuie sur le bouton.
Il n'est pas prudent de s'appuyer contre la porte.

Le terminus est le dernier arrêt.
Le trajet est le voyage que fait un autobus
    d'un terminus à un autre.

Mélanie avait rendez-vous avec Julien à
    trois heures.
Il est trois heures et demie.
Julien n'est toujours pas là.
Mélanie l'attend depuis une demi-heure.

On descend de l'autobus par l'arrière ou le milieu.
La descente est interdite par l'avant.
On monte par l'avant.

Commençons
Let's use our new words

6 **Un autobus parisien**

Répondez d'après la photo.

1. De quelle couleur est l'autobus?
2. Quel est le numéro de l'autobus?
3. Quel est le terminus?

Un arrêt du 52 à Paris

7 **Historiette** **À l'arrêt d'autobus**

Répondez d'après le panneau.

1. Vous êtes à quel arrêt?
2. Le premier bus commence à circuler à quelle heure du lundi au samedi?
3. Le dernier bus est à quelle heure?
4. Quel est l'un des terminus de cette ligne?

For more practice using words from Mots 2, do Activity 16 on page H17 at the end of this book.

8 **Historiette** **Les autobus parisiens** Répondez.

1. Les lignes des autobus parisiens sont numérotées?
2. Dans l'autobus, il y a un tableau qui indique tous les arrêts de la ligne?
3. Les autobus parisiens ont combien de portes?
4. Il faut le dire au conducteur quand on veut descendre?
5. Il y a un appareil à l'avant de l'autobus pour valider son ticket?
6. Pour demander un arrêt, il faut appuyer sur un bouton?
7. Il est interdit de descendre de l'autobus par l'arrière?
8. La descente est interdite par le milieu?
9. Beaucoup de voyageurs s'appuient contre la porte pendant le trajet?
10. Le terminus est le dernier arrêt qu'un autobus fait?
11. Il faut pousser tout le monde pour descendre de l'autobus?

Il faut valider son ticket.

9 **Les transports en commun** Travaillez avec un(e) camarade. Dites quels sont les transports en commun dans votre ville. Décidez si vous avez un bon réseau de transports en commun. Sinon, décidez comment on peut l'améliorer (*improve*).

Le funiculaire à Montmartre

La station de métro Bougainville à Marseille

Un autobus en Nouvelle-Calédonie

10 **Un car scolaire** Travaillez avec un(e) camarade. Décrivez un car scolaire typique. Ensuite comparez ce car scolaire à un autobus parisien.

Structure

Requesting information
Les questions

1. You have been using questions since you began your study of French. The most common way to form a question in spoken French is simply to use a rising intonation at the end of a statement. If you use a question word such as **quand, comment,** etc., you put it at the end of the sentence.

   Sylvain part? Il part quand? Il part avec qui?

2. Another way to form a question in French is to place **est-ce que** before a statement. If a question word is used, it comes before **est-ce que.**

   Est-ce que Sylvain part?
   Quand est-ce qu'il part?
   Avec qui est-ce qu'il part?

3. A third way to ask a question is to use inversion, that is, to reverse the order of the subject and verb. Inversion is used mostly in formal French.

   Parlez-vous français?
   Où veux-tu aller?
   Pourquoi partent-ils maintenant?

> ## Attention!
>
> When the pronouns **il(s), elle(s),** and **on** are inverted, there is a /t/ sound between the subject and the verb. This /t/ sound is represented by the **t** or **d** already present at the end of the verb.
> **Comment vont-elles au bureau?**
> **Où prend-il le métro?**
>
> However, if the verb ends in a vowel, you add a **-t-** between the subject and the verb.
> **À quelle station monte-t-elle?**
> **Où va-t-on?**

4. When the verb is in the **passé composé,** you invert the subject and the auxiliary verb, **avoir** or **être: Combien as-tu payé?**

   The same rule applies to verbs followed by an infinitive: **Combien peux-tu payer?**

5. With a noun subject, you can use both the noun and the inverted subject. However, this type of inversion is used only in formal, written French.

   Marie parle-t-elle français?
   Les garçons vont-ils au match de foot?
   Combien ce chemisier coûte-t-il?

   You can simply invert the subject and the verb for questions beginning with question words (**où, combien, que, comment, à quelle heure,** etc.).

   Où habite Marie?
   Combien coûte ce chemisier?
   Que fait Paul?

Continuons
Let's put our words together

11 **J'ai des questions à vous poser.** Posez des questions de trois façons différentes.

1. Vous êtes français.
2. Vous parlez français.
3. Vous habitez à Paris.
4. Vous avez un appartement en ville.
5. Vous travaillez à Paris.
6. Vous êtes peintre.
7. Vous allez au travail en bus.

12 **Historiette** **Tous les jours** Refaites les questions d'après le modèle.

À quelle heure Jean se lève-t-il?
À quelle heure est-ce que Jean se lève?

1. À quelle heure son frère se réveille-t-il?
2. Quand sa sœur se lave-t-elle les dents?
3. Comment s'habillent-ils?
4. À quelle heure partent-ils pour l'école?
5. Quand rentrent-ils à la maison?
6. À quelle heure se couchent-ils?
7. Et vous, à quelle heure vous couchez-vous?

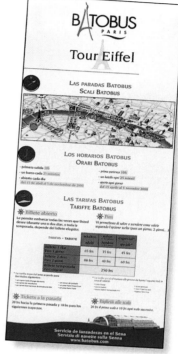

13 **Historiette** **Des questions** Faites des questions d'après le modèle.

Marie habite *à Paris*.
Où habite Marie?

1. Marie habite *rue du Cloître-Notre-Dame*.
2. Marie est *très sympathique*.
3. Marie étudie *l'anglais*.
4. Son professeur d'anglais s'appelle *Madame Richards*.
5. Madame Richards vient *d'Angleterre*.
6. Le cours d'anglais de Marie est *à onze heures*.

La rue du Cloître-Notre-Dame à Paris

14 **Un diplôme de quelle école?** Récrivez les questions suivantes en utilisant l'inversion.

1. Vous allez à quelle école?
2. Votre frère veut aller à quelle école?
3. Vous suivez combien de cours ce semestre?
4. Votre frère va suivre combien de cours?
5. Vous allez à l'école comment?
6. Votre frère va à l'école comment?
7. Vous faites du français avec quel professeur?
8. Votre frère pense faire du français avec qui?

Des universitaires à Abidjan en Côte d'Ivoire

15 **Historiette** **Un voyage** Faites une question en utilisant l'inversion.

1. Robert a fait un voyage à Avignon l'année dernière. (que)
2. Il est allé à l'aéroport avec ses copains. (où)
3. L'avion a fait deux escales. (combien)
4. Le vol était complet. (comment)
5. L'avion est arrivé à cinq heures du soir. (à quelle heure)
6. Robert était fatigué. (comment)
7. Il est allé récupérer ses bagages. (que)

Le pont Saint-Bénézet à Avignon

16 **Des questions** Travaillez avec un(e) camarade. Regardez le dessin ci-dessous. Faites des questions sur tout ce que vous voyez. Utilisez les mots suivants: **où, d'où, qu'est-ce que, qui, quand, comment, quoi, qu'est-ce qui.**

17  **Jeu** **Posons des questions!** Travaillez par groupes de quatre ou cinq personnes. Vous avez cinq minutes pour préparer une liste de questions. Le groupe qui a le plus grand nombre de questions gagne.

Telling what just happened
Venir de + infinitif

You use **venir** in the present tense with **de** + infinitive to indicate that an action has just taken place.

Les voyageurs viennent de descendre du métro.	*The passengers just got off the subway.*
Le métro vient de partir.	*The subway just left.*

Continuons
Let's put our words together

18 **La journée d'Alexis** Répondez.

1. Il est sept heures et demie du matin. Alexis vient de se lever ou de se coucher?
2. Il est midi. Il vient de déjeuner ou de dîner?
3. Il est quatre heures et demie de l'après-midi. Il vient d'entrer en classe ou de rentrer du collège?
4. Il est sept heures du soir. Il vient de dîner ou de prendre son petit déjeuner?
5. Il est dix heures du soir. Il vient de regarder la télévision ou de dîner?
6. Il est onze heures du soir. Il vient de se lever ou de se coucher?

19 **Qu'est-ce qu'on vient de faire?** Répondez en utilisant **venir de.**

1. Moi, je _____.
2. Mon père _____.
3. Mes copains _____.
4. Nous _____.
5. Vous _____.
6. Et toi, tu _____.

20 **Récemment** Travaillez avec un(e) camarade. Dites tout ce que vous venez de faire. Décidez si vous venez tous les deux de faire les mêmes choses.

21 **Où suis-je allé(e)?** Dites à un(e) camarade plusieurs choses que vous venez de faire. Il/Elle vous dira où vous êtes allé(e). Ensuite changez de rôle.

—**Je viens d'acheter des timbres.**
—**Tu es allé(e) à la poste.**

Le bureau de poste à Évry près de Paris

Expressing time
Les expressions de temps

You use the expression **depuis** with the present tense to describe an action that began at some time in the past and continues into the present.

Vous attendez le bus depuis combien de temps?

Je l'attends depuis cinq minutes.

Depuis quand est-ce qu'elle habite ici?

Elle habite ici depuis 1999.

Continuons
Let's put our words together

22 **Depuis quand?** Donnez des réponses personnelles.

1. Tu habites dans la même ville ou dans le même village depuis quand?
2. Tu habites dans la même maison ou dans le même appartement depuis quand?
3. Depuis combien de temps vas-tu à la même école?
4. Depuis combien de temps est-ce que tu fais du français?
5. Depuis combien de temps est-ce que tu as le même professeur?

Le village de Tinerhir au Maroc

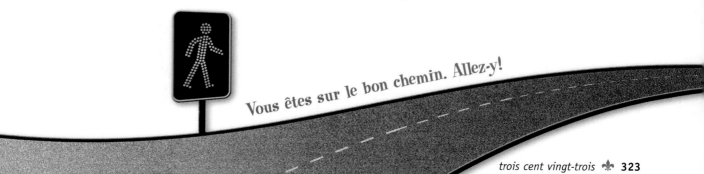

Vous êtes sur le bon chemin. Allez-y!

Conversation

Le métro

Franck: Pardon, mademoiselle. Je ne suis pas d'ici et je ne sais pas quelle ligne je dois prendre.

La femme: Vous voulez aller où?

Franck: À La Motte-Picquet-Grenelle.

La femme: Voilà! Vous êtes ici à Ternes. Vous allez prendre cette ligne direction Porte Dauphine jusqu'à Charles-de-Gaulle-Étoile.

Franck: Charles-de-Gaulle-Étoile?

La femme: Oui, c'est la prochaine station. À Charles-de-Gaulle-Étoile, vous prenez la correspondance.

Franck: Correspondance?

La femme: Oui, vous changez à Charles-de-Gaulle-Étoile. Vous prenez la direction Nation et vous descendez à La Motte-Picquet.

Franck: Merci, mademoiselle. Vous êtes très aimable.

La femme: Je vous en prie.

Après la conversation

Complétez d'après la conversation.

1. Franck n'est pas _____.
2. Il ne sait pas _____.
3. Il veut aller _____.
4. Franck est maintenant _____.
5. Il va prendre la correspondance à _____.
6. «Prendre la correspondance» veut dire _____.
7. À Charles-de-Gaulle-Étoile, il va prendre la direction _____.
8. Il va _____ à La Motte-Picquet-Grenelle.

Parlons un peu plus
Let's talk some more

A **Jeu** Travaillez par petits groupes de trois ou quatre personnes. Écrivez autant de questions que possible sur le métro et les autobus à Paris. Posez vos questions à un autre groupe. Le groupe qui répond correctement au plus grand nombre de questions gagne.

Les Champs-Élysées

B **Quelle station?** Travaillez avec un(e) camarade. Regardez le plan du métro parisien. Décidez où vous êtes et où vous voulez aller. Discutez comment vous allez faire pour y arriver.

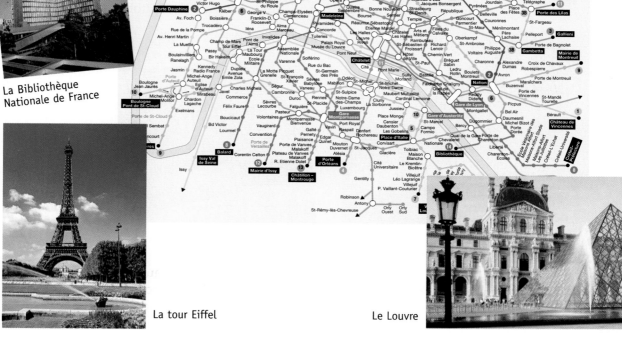

La Bibliothèque Nationale de France

La tour Eiffel

Le Louvre

Lectures culturelles

Les transports en commun à Paris 🔄 🎧

Le métro

Le métro parisien date de 1900. Il y a quatorze lignes qui traversent toute la ville. Toutes les lignes portent un numéro, mais on les appelle le plus souvent par les noms des stations des deux extrémités, c'est-à-dire le nom de leurs terminus.

Un métro est composé d'une suite de wagons appelée une rame de métro. Avant il y avait deux classes, la première classe qui coûtait plus cher et la deuxième classe. Maintenant, il n'y a plus qu'une[1] seule classe. On achète des tickets aux guichets ou dans les distributeurs automatiques à l'entrée de la station. On peut acheter un seul ticket ou un carnet de dix tickets. Ces tickets sont valables également dans les autobus. On peut aussi acheter une carte orange valable pour une semaine ou un mois. Avec la carte orange, on peut faire autant[2] d'allers–retours qu'on veut en bus ou en métro.

Pour prendre le métro, il faut glisser son ticket dans la fente d'un tourniquet avant de pouvoir aller sur le quai. Dans l'autobus, il faut le valider dans la machine qui se trouve à l'avant de l'autobus.

[1] plus qu'une *only one*   [2] autant *as many*

La station de métro Cité à Paris

Le métro à la station Bercy à Paris

Haïti

Aux heures de pointe (d'affluence), les métros et les autobus sont bondés. Il y a énormément de monde, mais heureusement, les métros et les autobus passent fréquemment.

Le bus

Les arrêts d'autobus sont facultatifs. Ils ne sont pas obligatoires. Il faut indiquer au chauffeur (au conducteur) qu'on veut descendre. Pour cela, il faut appuyer sur un bouton pour demander l'arrêt. Un signal «arrêt demandé» s'allume à l'avant de l'autobus. Il faut descendre de l'autobus par l'arrière ou par le milieu. À l'avant, la descente est interdite.

Dans le métro, les trains s'arrêtent à toutes les stations. Les stations de correspondance sont les stations où plusieurs lignes se croisent. C'est dans ces stations qu'on change de ligne: on prend la correspondance.

CE PLAN VOUS EST OFFERT PAR LA RATP

M / BUS / RER

Paris Plan de Poche

RATP

La Belgique

La Tunisie

Après la lecture

A Le métro   Répondez.

1. Depuis quand le métro parisien existe-t-il?
2. Il y a combien de lignes?
3. Quels noms les lignes portent-elles?
4. Combien de classes y a-t-il maintenant?
5. Où achète-t-on les tickets?
6. Que peut-on acheter aussi si on voyage beaucoup?
7. Que faut-il faire avant de pouvoir aller sur le quai?
8. Quand le métro est-il bondé?

B L'autobus   Vrai ou faux?

1. On peut utiliser les mêmes tickets ou la même carte orange dans le métro ou l'autobus.
2. Dans le bus, on valide son billet dans une machine qui se trouve à l'avant.
3. Les autobus s'arrêtent à tous les arrêts, même si on ne demande pas un arrêt.
4. On descend de l'autobus par l'arrière et le milieu.
5. On peut descendre de l'autobus par l'avant.

Le Maroc

Le Mali

Le Sénégal

Les transports en commun en Haïti et en Afrique

Le tap tap

Si vous vous trouvez dans une rue de Port-au-Prince, la capitale d'Haïti, vous verrez des petits camions aux couleurs vives[1]. Ce sont des taps taps. Le tap tap est le moyen de transport le plus important en Haïti. Chaque tap tap a un nom. C'est souvent un nom d'origine religieuse. Le chauffeur est presque toujours propriétaire du tap tap. Il en est très fier[2] et il l'entretient[3] très bien.

Le taxi brousse

Dans tous les pays d'Afrique occidentale, un moyen de transport important et indispensable, c'est le taxi brousse. Un taxi brousse peut être une Peugeot 504 assemblée au Nigeria. Dans ce cas, il a plusieurs noms: un 504, un Peugeot, un sept places ou un break. Un mini-bus est moins cher qu'un Peugeot. Et le moins cher de tous, c'est une bâche. Une bâche est un pick-up ou une camionnette couverte, avec des bancs en bois[4] des deux côtés. Les bâches sont toujours bondées—pas uniquement de personnes, mais aussi d'animaux et de provisions.

[1] vives *bright*   [3] entretient *maintains*
[2] fier *proud*   [4] bancs en bois *wooden benches*

Un tap tap à Port-au-Prince en Haïti

Un taxi brousse à Dakar au Sénégal

Une des gares routières à Abidjan en Côte d'Ivoire

Pour trouver un taxi brousse, il faut aller à une gare routière. La plupart de villes en ont plusieurs. Pour chaque route importante qui sort de la ville, il y a une gare routière qui la dessert.

Le bateau-bus

À Abidjan, il y a un excellent réseau[5] de bateaux-bus sur la lagune. Les bateaux-bus desservent presque tous les quartiers de la ville. Pour prendre le bateau-bus, on va à une des gares lagunaires qui se trouvent tout le long de la lagune. Il y a plusieurs départs par heure, de six heures du matin à huit heures et demie du soir.

[5] réseau *network*

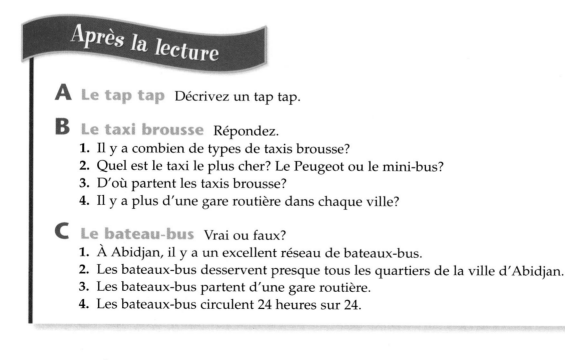

Après la lecture

A Le tap tap Décrivez un tap tap.

B Le taxi brousse Répondez.
1. Il y a combien de types de taxis brousse?
2. Quel est le taxi le plus cher? Le Peugeot ou le mini-bus?
3. D'où partent les taxis brousse?
4. Il y a plus d'une gare routière dans chaque ville?

C Le bateau-bus Vrai ou faux?
1. À Abidjan, il y a un excellent réseau de bateaux-bus.
2. Les bateaux-bus desservent presque tous les quartiers de la ville d'Abidjan.
3. Les bateaux-bus partent d'une gare routière.
4. Les bateaux-bus circulent 24 heures sur 24.

La Belgique

La Tunisi

Le Maroc

Le Mali

CONNEXIONS

Les lettres

La littérature

If you ride the subway in Paris someday, you may make some interesting observations. For example, you'll notice that many people read as they ride to their destination. Rather than waste time, many riders choose to read the newspaper or a good novel.

Some of the names of the metro stations also have a literary connection. As you ride the metro around Paris, you'll see the names of French writers such as Voltaire, Victor Hugo, and Alexandre Dumas.

The literary genres that we read and learn about in our English classes are the same genres French students study and read—namely the novel, the short story, and poetry.

Les genres littéraires

Le roman

Le roman est une œuvre littéraire d'une certaine longueur en prose qui raconte[1] des événements imaginaires ou fictifs. L'intérêt du roman repose dans la narration d'aventures, l'étude de mœurs[2] et de caractère, et l'analyse des sentiments et des passions. Il y a des romans d'aventures, d'amour, d'histoire, de science-fiction, etc.

[1] raconte *tells*   [2] mœurs *customs*

Les romans policiers sont aussi très populaires, surtout quand on veut lire quelque chose pour se distraire[3], comme dans le métro, par exemple.

La nouvelle

La nouvelle, comme le roman, raconte des événements imaginaires ou fictifs. Mais la nouvelle est beaucoup plus courte qu'un roman. La nouvelle, comme le roman, a un ou plusieurs protagonistes. Le protagoniste est le personnage principal ou le personnage le plus important de l'œuvre. L'argument, c'est la narration de ce qui se passe dans le roman ou la nouvelle. C'est l'action.

La poésie

Un poème est un ouvrage en vers ou en prose qui évoque des sensations ou qui raconte une histoire. Pour cela, le poète emploie des images, des rimes, des sons[4], etc. pour créer une réaction émotionnelle chez la personne qui lit le poème.

[3] pour se distraire *for fun*   [4] sons *sounds*

Après la lecture

A Vos connaissances Est-ce que vous savez le nom d'autres écrivains français? Qu'est-ce qu'ils ont écrit? Vous avez lu des œuvres d'auteurs français au cours d'anglais? Quelles œuvres?

B Une nouvelle Vous allez écrire une nouvelle. Pour l'écrire suivez les instructions suivantes.

Protagoniste: Le/La protagoniste est la personne la plus importante de la nouvelle. Inventez votre protagoniste. Décrivez-le/la: dites comment il/elle s'appelle, quels sont ses traits physiques, comment est sa personnalité, ce qu'il/elle fait dans la vie.

Lieu: Indiquez d'où vient votre protagoniste. Indiquez aussi où l'action de votre histoire se passe. Décrivez le lieu, par exemple, la maison, le village ou la ville de votre protagoniste. Donnez le plus de détails possible.

Argument: Faites un résumé de l'action qui a lieu dans votre nouvelle. Écrivez ce que votre protagoniste fait ou ce qui lui arrive. Décrivez tout ce qui se passe.

Dénouement: Expliquez ce qui se passe à la fin de votre nouvelle—comment finit l'action.

C'est à vous

Use what you have learned

Des piétons,
des autos,
des bus,
des taxis,
des motos,
des vélos,
des rollers,
des camions,
des RER,
des métros,
des trains,
des poussettes...
et vous
et vous ...
et vous !

PARLER 1

Sondage: Comment allez-vous...
✔ *Talk about public transportation with your classmates*

Travaillez par groupes de trois ou quatre personnes. Choisissez un chef et un(e) secrétaire. Le chef demande aux autres personnes du groupe comment leurs parents vont au travail et comment les membres du groupe vont à l'école. Le/La secrétaire présente les résultats à la classe.

La ville est à tout le monde ...

... ça fait beaucoup de monde

Chaque jour vont et viennent en Île de France :
- 31 millions de Franciliens,
plus tous les visiteurs
(90 millions par an)
- plus de 6 millions de voitures,
- 630 000 véhicules utilitaires
- 185 000 motos
- 14 500 taxis
- 7 000 bus
- 14 lignes de métro
- 6 lignes de RER
- les trains, des cars,
des voitures...

Au total environ 37 millions de déplacements par jour.

PARLER 2

Les transports en commun
✔ *Compare the public transportation system in your town to that of Paris*

Travaillez avec un(e) camarade. Comparez les transports en commun de votre ville—ou de la ville la plus proche—et ceux de Paris. Décidez quelle ville a les meilleurs transports en commun et justifiez votre réponse.

PARLER 3

Le bus ou le métro
✔ *Talk about taking the bus and subway in Paris*

Discutez avec un(e) camarade. Si vous habitiez Paris, aimeriez-vous mieux prendre le bus ou le métro? Expliquez pourquoi. Êtes-vous d'accord ou pas?

L'arrêt Charles-de-Gaulle-Étoile du 92

4 Prenez le bus ou le métro!

✔ *Encourage people to take public transportation*

Le club d'écologie de votre école fait une campagne pour encourager les gens à prendre le bus ou le métro. Avec un(e) camarade, dessinez une affiche. N'oubliez pas de donner plusieurs raisons pour lesquelles on devrait prendre le bus ou le métro.

Writing Strategy

Writing a survey In order to analyze a problem and present a solution, you first need to gather information about the problem. One way to gather information is to write a survey. First identify the problem and then ask yourself what its causes are and how the problem affects people, the environment, and the economy. Once you have answered these types of questions and know what kind of information you are looking for, you will be able to write a more concise survey.

5 Pour lutter contre la pollution

Today many people are concerned about the polluted air we breathe in many of the world's larger cities. The cause of much of the pollution is often the fumes emitted by cars. Write a survey to find out if your classmates and their families are doing their part to help fight pollution and then, based on their answers, try to come up with some solutions. Here are some questions you may wish to ask:

- When you go out, who drives?
- Do you go alone or with other people?
- How do you get to school?
- How do your parents get to work?

Now have your classmates fill out the questionnaire and share the results with the class.

Assessment

Vocabulaire

1 Complétez.

To review **Mots 1**, turn to pages 310–311.

1–2. On peut acheter des tickets de métro au _____ ou au _____.

3. Il faut _____ son ticket dans le tourniquet.

4. Les voyageurs changent de ligne. Ils prennent la _____.

5. Aux _____, de 16 h à 19 h, les métros sont toujours bondés.

6. Les voyageurs n'attendent pas _____ parce qu'il y a un métro toutes les quatre minutes.

2 Choisissez.

7. Tous les autobus ont _____.
  a. un numéro   **b.** une correspondance   **c.** un seul arrêt

8. C'est _____ qui conduit l'autobus.
  a. le contrôleur   **b.** l'escalier mécanique   **c.** le conducteur

9. Il faut appuyer sur _____ pour demander un arrêt.
  a. le bouton   **b.** la porte   **c.** l'appareil

To review **Mots 2**, turn to pages 314–315.

10. Dans les autobus parisiens, il y a _____ à l'avant, au milieu et à l'arrière.
  a. des machines   **b.** des portes   **c.** des appareils

11. Le dernier arrêt du bus, c'est _____.
  a. le trajet   **b.** la descente   **c.** le terminus

Structure

3 Posez la question d'une autre façon.

To review types of questions, turn to page 318.

12. Vous parlez français?

13. Quand part-il?

14. Elles prennent le métro où?

15. Tu as payé combien?

4 Répondez d'après le modèle.

—Il est arrivé?

—Oui, il vient d'arriver.

16. Elles sont sorties?

17. Tu as déjeuné?

18. Le train est parti?

To review **venir de** + infinitive, turn to page 321.

5 Complétez.

19–20. Robert _____ le train _____ combien de temps?

21–22. Il _____ le train _____ quinze minutes.

To review expressing time, turn to page 323.

Culture

6 Vrai ou faux?

23. Maintenant il n'y a qu'une seule classe dans les métros parisiens.

24. Les arrêts d'autobus sont tous obligatoires.

25. On peut descendre de l'autobus par l'avant, par le milieu ou par l'arrière.

To review this cultural information, turn to pages 326–327.

Vocabulaire

Taking the subway

le métro	un carnet	un plan du métro
une station (de métro)	un tourniquet	la correspondance
un guichet	un escalier mécanique	la direction
un distributeur	le quai	les heures de pointe
automatique	une ligne	valider
un ticket	une direction	changer de ligne

Taking the bus

un autobus	une machine	l'avant (m.)	un terminus
un arrêt d'autobus	un appareil	le milieu	un trajet
un numéro	une porte	l'arrière (m.)	appuyer sur
un conducteur,	un bouton	la descente	
une conductrice			

Other useful words and expressions

venir de	depuis
se croiser	longtemps
pousser	bondé(e)
s'appuyer contre	Vous descendez à la
avoir (donner)	prochaine?
rendez-vous	
là-bas	
au coin (de)	

How well do you know your vocabulary?

- List words you would use to describe taking the bus in Paris.
- Write a few sentences about getting on and off the bus.

Technotour

BON VOYAGE!

VIDÉO • Épisode 10

Avant de visionner

In this video episode, Chloé and Vincent try to find each other in the metro station Madeleine.

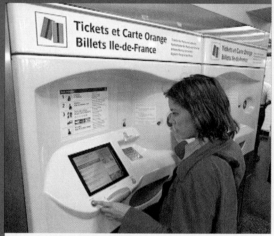

Chloé prend son ticket au distributeur automatique.

Vincent passe par le tourniquet.

FRENCH ONLINE

À découvrir

Learn more about Art Nouveau and the Paris metro online.

La station de métro Arts et Métiers

FRENCH Online

In the Chapter 10 Internet activity, you will have a chance to explore Paris by metro. To begin your virtual adventure, go to the Glencoe French Web site: **french.glencoe.com**

CHAPITRE 11

À la ville et à la campagne

Objectifs

In this chapter you will learn to:

✓ *talk about life in the city and give directions*

✓ *talk about life in the country*

✓ *ask questions to distinguish between two or more people or things*

✓ *describe some more activities*

✓ *talk about life on a farm in France*

Ornement traditionnel du Mali

Vocabulaire

La ville 🎧

une tour = un bâtiment très haut

un quartier d'affaires

une ouvrière

une usine

un bureau

La banlieue est l'ensemble des agglomérations qui entourent une grande ville.

Au centre-ville / En ville 🎧

un agent de police

L'agent de police règle la circulation.

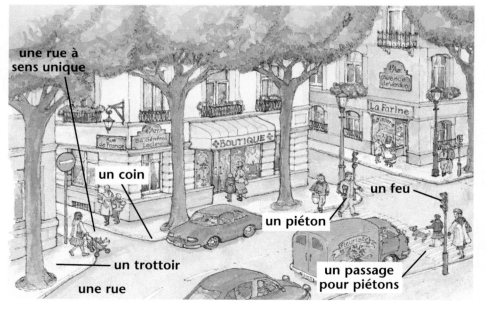

une rue à sens unique

un coin

un feu

un piéton

un trottoir

une rue

un passage pour piétons

Avant de traverser la rue, il faut regarder à gauche et à droite.
Le feu va changer.
Les piétons traversent la rue dans un passage pour piétons.

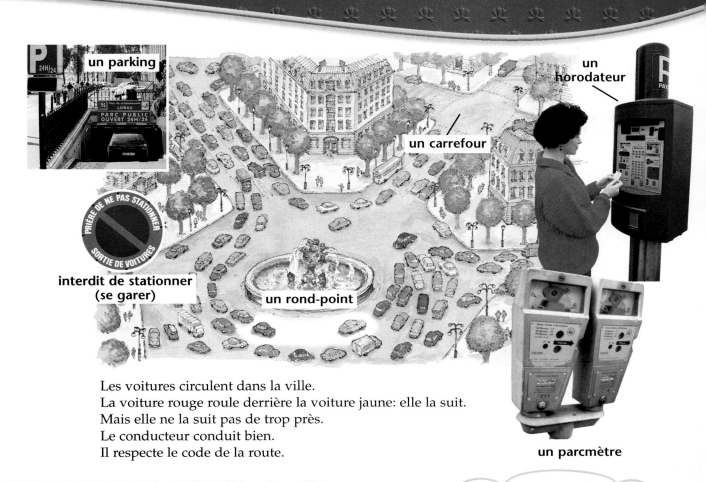

un parking

un horodateur

un carrefour

interdit de stationner
(se garer)

un rond-point

un parcmètre

Les voitures circulent dans la ville.
La voiture rouge roule derrière la voiture jaune: elle la suit.
Mais elle ne la suit pas de trop près.
Le conducteur conduit bien.
Il respecte le code de la route.

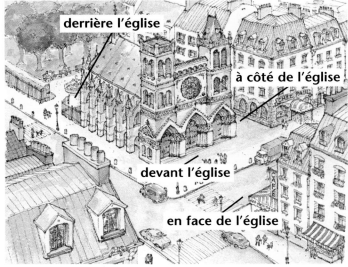

derrière l'église

à côté de l'église

devant l'église

en face de l'église

Ah, vous allez dans le mauvais sens, monsieur. Faites demi-tour. Allez tout droit jusqu'au prochain carrefour et là, tournez à gauche.

La rue Balzac, s'il vous plaît?

Commençons
Let's use our new words

1 **Historiette** **En ville, à pied**
Répondez.

1. Avant de traverser, les piétons attendent sur le trottoir?
2. Ils attendent au coin, où il y a un feu?
3. Ils traversent la rue quand le feu est rouge?
4. Il faut regarder à gauche et à droite avant de traverser?
5. Les piétons traversent dans un passage pour piétons?
6. Est-ce qu'un agent de police règle la circulation?
7. Il donne une contravention aux automobilistes qui ne respectent pas le code de la route?

Le boulevard du Montparnasse à Paris

2 **Historiette** **Le mauvais sens** Répondez d'après les indications.

1. Il va dans le bon sens ou dans le mauvais sens? (le mauvais sens)
2. C'est une rue à sens unique? (oui)
3. Il doit aller tout droit ou faire demi-tour? (faire demi-tour)
4. Il doit aller jusqu'où? (au troisième carrefour)
5. Qu'est-ce qu'il y a là? (un feu)
6. Il doit continuer tout droit jusqu'où? (au rond-point)
7. S'il suit une autre voiture de trop près, il risque d'avoir un accident? (oui)
8. Il est interdit de stationner sur le rond-point? (oui)
9. Il peut se garer où? (au parking)

3 **Où est le café?** Répondez d'après le dessin.

1. Le café est à droite ou à gauche du théâtre?
2. Le cinéma est à côté du restaurant ou derrière le restaurant?
3. Le parc est à côté du restaurant ou en face du café?
4. La voiture est garée devant l'école ou derrière l'école?
5. Le cinéma est derrière le théâtre ou en face du théâtre?

La Grande Arche de la Défense

4 **Qu'est-ce que c'est?** Donnez le mot approprié.

1. un bâtiment très haut
2. un bâtiment destiné à la fabrication d'un produit (des voitures, des télévisions, etc.)
3. le quartier d'une ville où il y a beaucoup de bureaux, de magasins, de banques, etc.
4. la région autour d'une ville, les agglomérations
5. une personne qui marche
6. une personne qui travaille dans une usine
7. là où on met des pièces de monnaie pour se garer
8. là où les secrétaires travaillent

5 **Des instructions** Travaillez avec un(e) camarade. Expliquez-lui comment aller chez vous de l'école. Ensuite, changez de rôle.

6 **Au carrefour** Travaillez avec un(e) camarade. Expliquez tout ce qu'on doit faire quand on arrive à un carrefour en voiture. Vous pouvez utiliser les mots suivants.

ralentir	regarder le feu
freiner	regarder à gauche et à droite
s'arrêter	faire attention aux piétons

Vocabulaire

Mots 2

À la campagne 🎧

une grange

une ferme

un fermier, un agriculteur

la terre

un champ

L'agriculteur cultive (travaille) la terre.

Le fermier entrepose son matériel agricole dans un hangar.

les céréales

le blé

la récolte

un vignoble

un pré

un troupeau de moutons

de l'herbe

Le bébé d'un mouton, c'est un agneau.

Des animaux 🎧

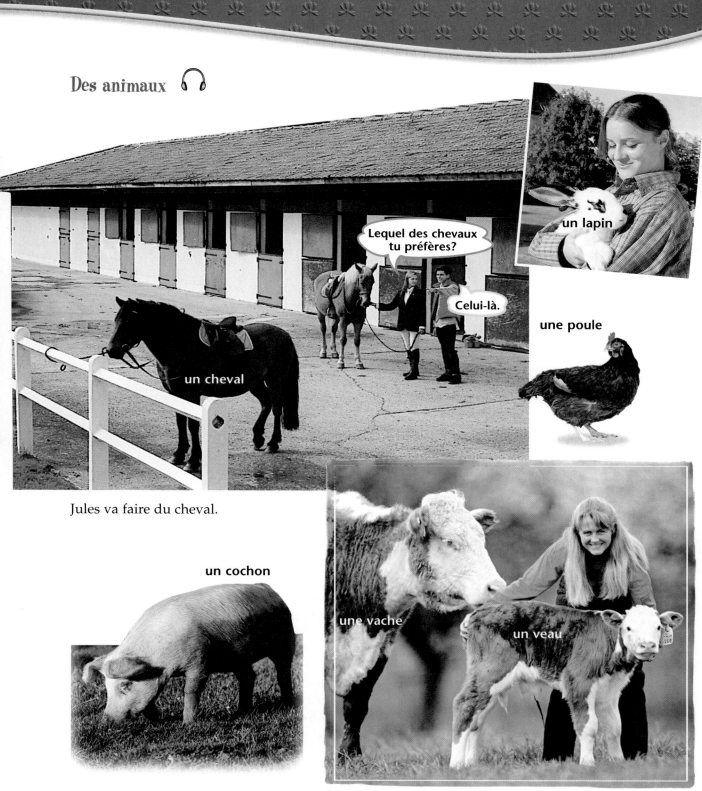

Lequel des chevaux tu préfères?

Celui-là.

un lapin

une poule

un cheval

Jules va faire du cheval.

un cochon

une vache

un veau

À la ferme, les vaches dorment dans une étable.

Commençons

Let's use our new words

7 **Bâtiment, animal ou céréale?** Choisissez.

1. une grange
2. une poule
3. une étable
4. du blé
5. un cochon
6. une vache
7. un hangar
8. un lapin

8 **Historiette** **Une ferme** Répondez.

1. On trouve des fermes à la campagne ou dans des villes?
2. Il y a souvent des champs autour d'une ferme?
3. Il y a des troupeaux de moutons et de vaches dans les prés?
4. Pour travailler la terre, l'agriculteur utilise des chevaux ou des tracteurs?
5. Les fermiers entreposent leur matériel agricole où?
6. Ils mettent les animaux où?
7. Ils mettent leur récolte où?
8. Les agriculteurs sont contents si la récolte est bonne?

Dans le pays d'Auge en Normandie

Ils montent à cheval.

9 **Parlons agriculture!** Complétez.

1. Si on aime les chevaux, on aime faire du _____.
2. On peut dire un fermier ou un _____.
3. Le petit d'une vache, c'est un _____.
4. Le mouton, c'est le mâle. La brebis, c'est la femelle et le petit, c'est l'_____.
5. Un agriculteur _____ la terre.
6. Les vaches mangent de l'_____ quand elles sont dans les prés.
7. Dans un _____, on cultive du raisin pour faire du vin.
8. On cultive des céréales comme le blé dans des _____.

 ENCORE PLUS *For more practice using words from* **Mots 2,** *do Activity 17 on page H18 at the end of this book.*

10 **À la ferme** Vous parlez à un(e) ami(e) français(e) qui habitait dans une ferme quand il/elle était petit(e). Posez-lui des questions sur la ferme de sa famille. Ensuite, changez de rôle.

Une ferme en Dordogne

11 **Jeu** **C'est le cri de quel animal?** Travaillez avec un(e) camarade. Répétez chaque cri et attribuez-le à un animal.

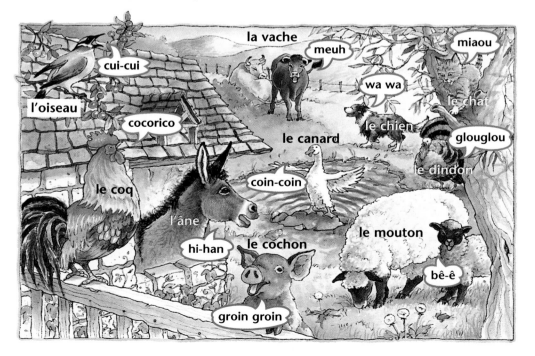

Structure

Distinguishing between two or more people or things
Lequel et celui-là

1. To ask "which one" in French, you use a form of the interrogative pronoun **lequel.**

Masculin	J'aime beaucoup ce livre. J'aime beaucoup ces livres.	Ah oui? Lequel? Ah oui? Lesquels?
Féminin	J'aime beaucoup cette photo. J'aime beaucoup ces photos.	Ah oui? Laquelle? Ah oui? Lesquelles?

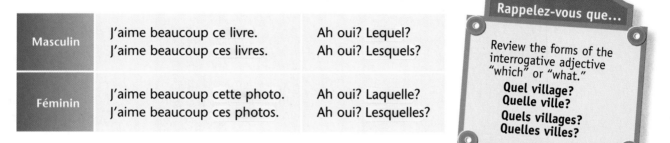

Rappelez-vous que...

Review the forms of the interrogative adjective "which" or "what."

Quel village?
Quelle ville?
Quels villages?
Quelles villes?

2. To answer a question with the interrogative **quel, quels, quelle,** or **quelles,** you can use the demonstrative pronouns **celui, celle, ceux, celles.** Study the following forms.

Masculin	Tu préfères quel livre? Tu préfères quels livres?	Celui-là. Ceux-là.
Féminin	Tu préfères quelle photo? Tu préfères quelles photos?	Celle-là. Celles-là.

Note that demonstrative pronouns can never stand alone. They are followed by:

• **-là** to single something or someone out.

    De toutes ces voitures, laquelle tu préfères? Celle-là.

• **de** to indicate possession.

    C'est ta voiture? Non, c'est celle de mon frère.

• the relative pronouns **qui** or **que (qu')** to identify which one.

    Lequel de ces garçons est ton frère? } **Celui qui parle.**
    Celui que tu vois, là-bas.

Continuons
Let's put our words together

12 Aussi Répondez d'après le modèle.

—**Sa ferme est immense. Et celle de son oncle?**
—**Elle est immense aussi.**

1. Ta voiture est très jolie. Et celle de ton frère?
2. Ta maison est grande. Et celle de tes grands-parents?
3. Cet immeuble est très élégant. Et celui d'en face?
4. Ton appartement est au troisième étage. Et celui de ton cousin?
5. Ces rues sont très petites. Et celles de ton village?
6. Ces boulevards sont très longs. Et ceux de Paris?

13 Lequel tu préfères? Suivez le modèle.

ces deux magazines
—**De ces deux magazines, lequel tu préfères?**
—**Celui-là.**

1. ces deux livres
2. ces deux journaux
3. ces deux cassettes
4. ces deux CD
5. ces deux vidéos
6. ces deux couleurs

Une école dans un petit village de Provence

14 Au village Complétez.

1. —Où est ta voiture?
   —Là-bas. C'est ____ ____ est garée devant l'église.
2. —Laquelle est la ferme de M. Gaston?
   —C'est ____ ____ on peut voir d'ici.
3. —C'est quel fils qui l'aide à la ferme?
   —C'est ____ ____ est encore à l'école du village.
4. —Il est très sympa!
   —C'est ____ ____ je préfère.
5. —Ce sont vos chevaux?
   —Non, ce sont ____ ____ M. Gaillard.
6. —Ce sont vos vaches?
   —Non, ce sont ____ ____ Mme Fort.

Expressing more actions
Les verbes suivre, conduire, vivre

1. Study the forms of the verbs **suivre** *(to follow)*, **conduire** *(to drive)*, and **vivre** *(to live)*.

SUIVRE	CONDUIRE	VIVRE
je suis	je conduis	je vis
tu suis	tu conduis	tu vis
il/elle/on suit	il/elle/on conduit	il/elle/on vit
nous suivons	nous conduisons	nous vivons
vous suivez	vous conduisez	vous vivez
ils/elles suivent	ils/elles conduisent	ils/elles vivent

2. The past participles are **suivi, conduit,** and **vécu.**

> **Elle a conduit toute la journée.**
> **Elle a suivi une autre voiture devant elle.**
> **Il a vécu longtemps à la campagne.**

Continuons
Let's put our words together

Un tracteur et le Mont-Saint-Michel

 15 Qui vit où et de quoi? Répondez.

1. Est-ce que les agriculteurs vivent de la terre?
2. Ils vivent dans une ferme?
3. À ton avis, on vit bien aux États-Unis?
4. Tu vis dans une grande ville ou un petit village?
5. Est-ce que tu aimerais vivre dans une ferme?
6. Tu as déjà vécu dans un autre pays? Si oui, lequel?

16 Comment conduit-on? Complétez.

1. Je ne ____ jamais une autre voiture de trop près. (suivre)
2. Celui qui ne ____ pas une autre voiture de trop près ____ bien. (suivre, conduire)
3. Tout le monde dit qu'il ____ bien parce qu'il ____ une Porsche. (vivre, conduire)
4. Les agriculteurs ____ des tracteurs et ____ de la terre. (conduire, vivre)
5. Et vous, vous ____ prudemment? Vous ne ____ pas les autres voitures de trop près? (conduire, suivre)

Describing two related activities
L'infinitif après les prépositions

1. Review the ways in which you have already learned to use an infinitive.

> **Julie va faire un petit voyage à la campagne.**
> **Elle veut passer une semaine dans une ferme.**

2. You also use an infinitive after a preposition in French. Study the following.

> **Elle est allée en ville pour faire des courses.**
> **Avant d'aller au magasin, elle est allée à la banque.**
> **On ne peut rien acheter sans payer.**

Continuons
Let's put our words together

Un horodateur

17 **Il conduit bien.** Répondez.

1. Le conducteur a ralenti avant d'arriver au carrefour?
2. Avant de continuer, il a regardé s'il y avait des piétons qui traversaient?
3. Dans un parking, on est obligé de payer?
4. Vous avez pu vous garer sans payer?

18 **Une étudiante sérieuse** Répondez d'après le modèle.

> **Elle fait d'abord ses devoirs. Ensuite elle regarde la télé.**
> **Elle fait ses devoirs avant de regarder la télé.**

1. Elle fait d'abord ses devoirs. Ensuite elle téléphone à ses copains.
2. Elle fait d'abord ses devoirs. Ensuite elle écoute des CD.
3. Elle fait d'abord ses devoirs. Ensuite elle regarde une vidéo.
4. Elle fait d'abord ses devoirs. Ensuite elle sort.
5. Elle fait d'abord ses devoirs. Ensuite elle lit un magazine.

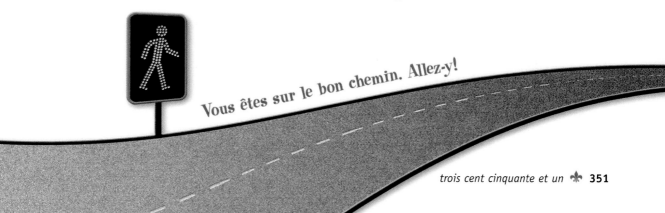

Vous êtes sur le bon chemin. Allez-y!

Conversation

La ville ou la campagne?

Julie: Tu aimes vivre à la campagne?

Sophie: Beaucoup. J'adore les grands espaces et le bon air frais.

Julie: Tu ne trouves pas la vie un peu ennuyeuse?

Sophie: Pas du tout. Ici, il n'y a pas de bouchons. On n'a pas besoin de tourner en rond pendant trois heures pour trouver une place pour se garer.

Julie: C'est vrai. Mais moi, je ne pourrais jamais vivre sans les musées, les concerts, tout ça, quoi.

Sophie: Et moi, je ne pourrais jamais vivre sans pouvoir faire du cheval. Le cheval, c'est ma vie. Mon rêve, c'est de faire de l'élevage de chevaux. Peut-être un jour…

Après la conversation

Répondez.

1. Sophie aime vivre où?
2. Pourquoi?
3. Elle ne trouve pas la campagne ennuyeuse (monotone)?
4. Qu'est-ce que Sophie n'aime pas en ville?
5. Qu'est-ce que Julie aime faire en ville?
6. Qu'est-ce que Sophie aimerait faire plus tard?

Parlons un peu plus
Let's talk some more

A **J'aimerais vivre...** Travaillez avec un(e) camarade. Dites où vous aimeriez vivre, à la ville ou à la campagne. Donnez vos raisons.

Abidjan en Côte d'Ivoire

B **Avantages et inconvénients**
Travaillez par groupes de quatre ou cinq personnes. Discutez des avantages et des inconvénients de vivre à la ville et à la campagne.

Un petit village dans le Roussillon

Montréal la nuit

Lectures culturelles

Une famille d'agriculteurs

La famille Fauvet a une ferme à quelques kilomètres de Soual, dans le sud-ouest de la France. M. Fauvet est propriétaire[1] de sa ferme. Sa ferme n'est pas très grande.

Les Fauvet habitent dans une petite maison typique en pierre[2]. À côté de la maison, il y a une étable, une grange et un hangar où M. Fauvet entrepose le matériel. M. et Mme Fauvet se lèvent tôt et se couchent tôt; ils profitent des heures de jour pour cultiver la terre. Leur vie est réglée sur le lever et le coucher du soleil.

Les Fauvet ont deux enfants, Luc et Marie. Comme beaucoup d'enfants d'agriculteurs, Luc et Marie disent que la vie de fermier ne les intéresse pas. Après leurs études, ils veulent aller travailler à la ville.

[1] propriétaire *owner*
[2] pierre *stone*

Reading Strategy

Responding

Examine your reaction to the facts and ideas as you read. Start to form an opinion of the ideas presented and decide how you can find out more about the topic. Once you have evaluated the reading, you should be able to agree or disagree with the writer's thesis and give your reasons.

Un village sur le Tarn dans le sud-ouest

Une famille d'agriculteurs

Haïti

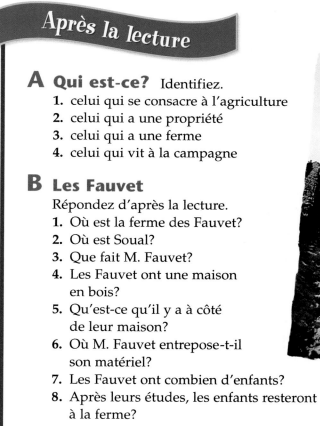

En 1960, 25% de la population active en France—c'est-à-dire la population qui travaille—était dans l'agriculture. Aujourd'hui, c'est moins de 6%. Mais il y a aussi des paysans[3] qui adorent la campagne. Ceux qui l'adorent ne changeraient leur vie pour rien au monde.

[3] paysans *peasants*

Des champs dans le sud-ouest de la France

Après la lecture

A Qui est-ce? Identifiez.
1. celui qui se consacre à l'agriculture
2. celui qui a une propriété
3. celui qui a une ferme
4. celui qui vit à la campagne

B Les Fauvet
Répondez d'après la lecture.
1. Où est la ferme des Fauvet?
2. Où est Soual?
3. Que fait M. Fauvet?
4. Les Fauvet ont une maison en bois?
5. Qu'est-ce qu'il y a à côté de leur maison?
6. Où M. Fauvet entrepose-t-il son matériel?
7. Les Fauvet ont combien d'enfants?
8. Après leurs études, les enfants resteront à la ferme?

On cultive des fraises dans le sud-ouest.

Abidjan

Un marché dans la rue à Abidjan

En 1951 Abidjan était une petite ville de moins de 100 000 habitants. Aujourd'hui, c'est une grande ville cosmopolite de plus de 2,5 millions d'habitants et la ville principale de la Côte d'Ivoire. On appelle Abidjan le Paris de l'Afrique occidentale. Cette ville tout proche de l'équateur a même une patinoire couverte.

Le Plateau

Abidjan est construite autour d'une jolie lagune. La zone commerciale du centre-ville s'appelle Le Plateau. Là, il y a des tours modernes. Près du Plateau se trouve Cocody, un quartier résidentiel très chic.

Le Plateau à Abidjan

Treichville et Adjamé

Treichville et Adjamé sont deux quartiers très intéressants du point de vue du tourisme. Il y a deux grands ponts[1] qui relient ces deux quartiers au Plateau. On peut aussi prendre le bateau-bus. Treichville a le plus grand marché de la ville. Au marché, il vaut mieux[2] savoir quelques mots de dioula. Le dioula, c'est une langue spéciale qu'on parle uniquement sur les marchés africains. Adjamé a aussi un marché et une immense gare routière.

[1] ponts *bridges*   [2] il vaut mieux *you'd better*

Après la lecture

Une ville cosmopolite Vrai ou faux?
1. Abidjan a toujours été une grande ville.
2. On n'est jamais loin de l'eau à Abidjan.
3. Il y a beaucoup de tours modernes au centre-ville.
4. Adjamé est le nom du centre-ville.
5. Le plus grand marché d'Abidjan se trouve à Treichville.
6. Le dioula est la langue qu'on parle dans tous les quartiers d'Abidjan.

Montréal

Montréal est la ville francophone la plus importante après Paris. La ville de Montréal est située sur une île du même nom—l'île de Montréal. Elle est née de la confluence de la rivière des Outaouais et du fleuve Saint-Laurent. Une quinzaine de ponts[1] relient l'île au continent. Montréal est un important centre industriel, commercial et financier.

Une ville souterraine à Montréal

Une patinoire à Montréal

Montréal en hiver

À Montréal, la température varie beaucoup d'une saison à l'autre. En hiver, il fait très froid et il neige beaucoup. Grâce à une «ville sous la ville», on peut flâner[2] dans un immense centre commercial sans souffrir des rigueurs du climat. La ville souterraine a des passages piétons qui permettent d'avoir accès aux principaux hôtels, aux bureaux, aux grands magasins, à des centaines de boutiques, à de nombreux cinémas et restaurants et à deux gares.

Le vieux Montréal

Le vieux Montréal est aujourd'hui un quartier très agréable. Les demeures[3] anciennes ont été rénovées et les vieux entrepôts[4] ont été convertis en appartements et en bureaux. Des calèches permettent aux touristes de visiter ces beaux quartiers du temps passé.

[1] ponts *bridges*
[2] flâner *wander around*
[3] demeures *abodes, dwellings*
[4] entrepôts *warehouses*

Une calèche devant l'hôtel de ville de Montréal

Après la lecture

Une ville importante Décrivez.
1. où est située la ville de Montréal
2. le temps qu'il y fait en hiver
3. la ville souterraine
4. le vieux Montréal

La Tunis[ie]

Le Maroc

Le Mali

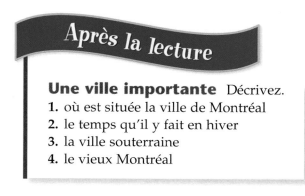

CONNEXIONS

La sociologie

La démographie

Demography is the study of human populations, of their distribution, density, and vital statistics. Demographics explain where people choose to live and why. They also explain population shifts—why people move from place to place.

The demography of France is quite similar to that of most industrialized nations. The urban areas are becoming more populated because people are migrating from rural areas to the cities. Newly arrived immigrants from foreign countries also settle in the cities where employment is often more available.

La démographie

La démographie est l'étude des populations humaines. La démographie étudie où vivent les gens et les raisons pour lesquelles ils y vivent. La démographie explique quand et pourquoi les gens décident de déménager[1] et de s'installer ailleurs.

Déplacements de population

De nombreux agriculteurs se trouvent actuellement dans une situation économique précaire. Le matériel agricole qui est indispensable à une bonne exploitation de la terre coûte cher. Il faut souvent s'endetter pour acheter des machines, des tracteurs, etc., et le revenu que leur rapporte[2] leur petite propriété—surtout les années où la récolte n'est pas bonne—n'est pas suffisant pour couvrir les frais. Pour cette raison, de nombreux paysans[3] quittent les régions rurales pour aller chercher du travail dans les agglomérations urbaines. Au milieu du dix-neuvième siècle, les ruraux représentaient les 2/3 (les deux tiers) de la population totale de la France. Aujourd'hui, leur part est tombée à 6% (six pour cent).

[1] déménager *to move*
[2] rapporte *brings*
[3] paysans *peasants*

La cueillette des cerises

L'immigration

La France n'a jamais été un grand pays d'émigration. En revanche (au contraire), la France a fait appel à l'immigration pour se procurer la main-d'œuvre[4] nécessaire au développement de son économie. Pendant les années 80, la hausse du chômage[5] a provoqué l'arrêt de l'immigration. Récemment, l'immigration a repris[6], mais le nombre des immigrés de pays européens est en baisse[7]. La plupart des nouveaux arrivés sont du Maghreb, d'Afrique occidentale et d'Asie. Estimée à 3,6 millions (trois millions six) de personnes, la population étrangère représente 6,3% (six virgule trois pour cent) de la population totale. De ces 3,6 millions, un million sont des jeunes de moins de 16 ans.

[4] main-d'œuvre *work force*
[5] hausse du chômage *rise in unemployment*
[6] a repris *started up again*
[7] en baisse *lower*

Des téléphones publics à Paris

Pays d'origine des étrangers résidant en France

Portugal	606 000
Algérie	572 000
Italie	523 000
Maroc	447 000
Espagne	413 000
Tunisie	182 000
Afrique occidentale	182 000
Turquie	159 000
Pays d'Asie	158 000
Yougoslavie	60 000
Pologne	40 000

Après la lecture

Discussion Discutez en anglais.

1. What is demography?
2. What migratory patterns exist within France?
3. Why did France call upon immigrants?

C'est à vous

Use what you have learned

PARLER

1 La ville

✔*Talk about life in the city*

Avec un(e) camarade, parlez de tout ce que vous savez de Paris. Dites si vous aimeriez habiter à Paris et pourquoi.

Le Quartier latin à Paris

PARLER

2 Une ville francophone

✔*Talk about life in an interesting Francophone city*

Depuis que vous faites du français, vous avez «visité» plusieurs villes francophones. Choisissez une ville qui vous intéresse et décrivez-la à votre camarade. Ensuite, il/elle fera de même.

PARLER

3 Jeu Comparaisons

✔*Talk about animals—an aspect of country life*

Travaillez avec un(e) camarade. Essayez de deviner ce que les expressions suivantes veulent dire. (Vous en connaissez déjà quelques-unes.) Essayez ensuite de trouver leur équivalent en anglais.

avoir une faim de loup
avoir une fièvre de cheval
compter les moutons
être malade comme un chien
être mère poule
manger comme un cochon
jouer au chat et à la souris

Quand le chat n'est pas là, les souris dansent.
Il fait un temps de chien.

ÉCRIRE

4 Je ne pourrais jamais vivre...
✔Give your opinion about city life vs. country life

Écrivez une rédaction intitulée «Je ne pourrais jamais vivre à la campagne (à la ville)». Donnez vos raisons.

ÉCRIRE

5 Deux villes

Think of two cities you have visited. Write a paper comparing the two places. If you are not familiar with two different cities, compare the town where you live with a nearby city or other town. Be sure to organize your thoughts with a list or a graph, showing the similarities and differences.

La ville de Luxembourg

Fort-de-France à la Martinique

Vocabulaire

1 Identifiez.

To review **Mots 1,** turn to pages 340–341.

2 Complétez.

6. Vous allez dans le mauvais sens. Il faut faire _____.
7. Les piétons _____ la rue dans un passage pour piétons.
8. L'école n'est pas devant l'église. Elle est _____ l'église.

3 Répondez.

9. Qui cultive la terre?
10. Donnez les noms de deux animaux.
11. Les fermiers mettent les animaux où?
12. Ils mettent leur récolte où?
13. Quel animal donne du lait?

To review **Mots 2,** turn to pages 344–345.

Structure

4 **Complétez la question et la réponse.**

14–15. —Tu préfères ____ de ces deux livres?
—Moi, je préfère ____.

16–17. —De toutes ces voitures, ____ est ta favorite?
—Ma favorite, c'est ____ ____ mon frère.

18–19. —____ de ces deux hommes est le mari de la prof?
—____ ____ parle maintenant.

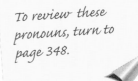

To review these pronouns, turn to page 348.

5 **Complétez.**

20–21. Je ____ bien et ils ____ bien aussi. (conduire)

22–23. Tu ____ bien et nous ____ bien aussi. (vivre)

To review these verbs, turn to page 350.

Culture

6 **Répondez.**

24. Qu'est-ce qu'il y a à côté de la maison d'un agriculteur typique?

25. Chaque année, il y a plus ou moins d'agriculteurs en France?

To review this cultural information, turn to pages 354–355.

Des champs près d'Albi

Vocabulaire

Describing a city

la ville	une avenue	un passage pour	une usine
le centre-ville	un boulevard	piétons	un ouvrier, une
un quartier d'affaires	un coin	un bâtiment	ouvrière
la banlieue	un trottoir	une tour	traverser la rue
une rue	un piéton	un bureau	

Getting around by car

une rue	un parcmètre	conduire	se garer
à sens unique	un horodateur	régler	de près
un carrefour	un parking	circuler	
un rond-point	un agent de police	suivre	
la circulation	le code de la	respecter	
un feu	route	stationner	

Giving directions

faire demi-tour	devant	à côté de
le bon sens	derrière	en face de
le mauvais sens		

> **How well do you know your vocabulary?**
>
> Choose words to describe getting around a city by car. Write three or four sentences about what a good driver should and should not do.

Describing the country

la campagne	un pré	un hangar	les céréales (f. pl.)
une ferme	de l'herbe (f.)	du matériel agricole	entreposer
un fermier	un vignoble	une récolte	cultiver
un agriculteur	une grange	la terre	
un champ	une étable	le blé	

Identifying some farm animals

une vache	un agneau	un cochon
un mouton	une poule	un cheval
un veau	un lapin	un troupeau (de)

Other useful words and expressions

suivre
vivre
faire du cheval

Technotour

BON VOYAGE!

VIDÉO • Épisode 11

Avant de visionner

In this video episode, Vincent and Manu take part in a treasure hunt. The clues lead them through Paris and into the countryside.

Vincent et Manu ont fait la première étape du rallye.

Ils lisent les instructions devant l'église Saint-Germain-des-Prés.

FRENCH ONLINE

À découvrir

Learn more about the town of Senlis online.

La cathédrale Notre-Dame de Senlis

FRENCH Online

In the Chapter 11 Internet activity, you will have a chance to visit other cities in the Francophone world. To begin your virtual adventure, go to the Glencoe French Web site: **french.glencoe.com**

Conversation

Bureau du tourisme—gare de l'Est

Jimmy: Bonjour, monsieur. Je voudrais savoir comment je vais à l'hôtel Beauséjour.

Employé: Lequel? Des hôtels Beauséjour, il y en a beaucoup.

Jimmy: Euh, celui qui est avenue Parmentier.

Employé: Ah oui. J'espère que vous avez réservé. Je viens de téléphoner pour un autre touriste et tout est complet.

Jimmy: Oui, oui, j'ai une réservation depuis bien trois mois! Il y a un autobus qui y va?

Employé: Oui, mais c'est les heures de pointe maintenant, alors il vaut mieux prendre le métro.

Jimmy: D'accord.

Employé: Alors, voilà. Je vous donne un plan du métro. Regardez. Vous êtes ici à la gare de l'Est. Vous prenez la direction place d'Italie. Vous descendez à République. Ça fait deux stations. Vous me suivez bien?

Jimmy: Oui, oui, je vous suis.

Employé: À République, vous changez et vous prenez la direction Galliéni. Vous descendez à Parmentier. C'est une station, c'est tout. Vous sortez du métro et l'hôtel est juste à votre droite. C'est pas loin. Un quart d'heure, vingt minutes, maximum.

Jimmy: Merci. Au revoir, monsieur.

Après la conversation

Comment y aller? Répondez.

1. Où est Jimmy?
2. Où veut-il aller?
3. Il a réservé une chambre?
4. Il a une réservation depuis combien de temps?
5. Où est l'hôtel?
6. Comment peut-il y aller?
7. Jimmy va à quelle station pour prendre le métro?
8. Il va descendre à quelle station pour changer?
9. Il va sortir du métro à quelle station?

Structure

Avoir ou être

Verbs like **descendre, monter, sortir** are conjugated with **avoir**
when they have a direct object. They are conjugated with **être**
when they do not have a direct object.

Il a descendu ses bagages au rez-de-chaussée.
Il est descendu au rez-de-chaussée.

---

1 **Historiette** **Elle va à l'hôtel.** Choisissez.

1. Elle _____ à la station George V.
   a. est descendue   **b.** a descendu
2. Elle _____ un magazine de son sac à dos.
   a. est sortie   **b.** a sorti
3. Elle _____ du métro à Bastille.
   a. est sortie   **b.** a sorti
4. Elle _____ ses bagages.
   a. est descendue   **b.** a descendu
5. Elle _____ dans la rue.
   a. est montée   **b.** a monté
6. Elle _____ l'escalier à toute vitesse.
   a. est montée   **b.** a monté
7. Elle _____ à l'hôtel.
   a. est rentrée   **b.** a rentré
8. Elle _____ son billet.
   a. est sortie   **b.** a sorti
9. Elle _____ dans sa chambre.
   a. est montée   **b.** a monté
10. Ensuite, elle _____ de l'hôtel pour visiter la ville.
    a. est sortie   **b.** a sorti

La station de métro Bastille

LITERARY COMPANION *You may wish to read the excerpt
from* **Vol de nuit,** *a novel by Antoine de Saint-Exupéry.
You will find this literary selection on page 486.*

Expressions de temps

1. You use the present tense of **venir de** + infinitive to express what just happened.

> **Le train vient d'arriver.**
> **Mes amis viennent de descendre du train.**

2. You use the expression **depuis (que)** with the present tense to express an action that began in the past and continues into the present.

> **Il habite à la campagne depuis quand?**
> **Il habite à la campagne depuis des années—**
> **depuis qu'il est tout petit.**

2 **Toute la famille** Répondez.

1. Ton père vient d'envoyer un fax?
2. Ta mère vient de rentrer du bureau?
3. Tes frères viennent de finir leurs devoirs?
4. Tu viens de rentrer de l'école?
5. Tout le monde vient de faire quelque chose de différent?

3 **Moi!** Donnez des réponses personnelles.

1. Tu es dans la même école depuis quand?
2. Tu as le/la même prof de français depuis combien de temps?
3. Il/Elle enseigne le français depuis combien de temps?
4. Et toi, tu fais du français depuis combien de temps?

Des champs de lavande en Provence

Lequel et celui

Review the following forms of **lequel** *(which one[s])* and **celui** *(this/that one, these/those).*

The forms of **lequel** are: **lequel, laquelle, lesquels, lesquelles.**

> **De tous ces magazines, tu préfères lequel?**
> **De toutes ces photos, tu préfères lesquelles?**

The forms of **celui** are: **celui-là, celle-là, ceux-là, celles-là.**

> **De tous ces magazines, tu préfères lequel?**
> **Je préfère celui-là, celui qui est sur la table.**
> **De toutes ces photos, tu préfères lesquelles?**
> **Je préfère celles-là, celles de Mélanie.**

4 Préférences Complétez.

1. —J'ai deux magazines. Je vais t'en donner un.
   Tu veux lequel?
   —Je veux bien _____.
2. —De toutes les fermes que tu as visitées,
   tu préfères _____?
   —Je préfère _____ _____ la famille Fauvet.
3. —De toutes les chambres de cet hôtel,
   tu préfères _____?
   —Je préfère _____ _____ donnent sur la cour.
4. —De tous les hôpitaux de cette ville, _____
   est le plus moderne?
   —_____ _____ est le plus connu, c'est l'hôpital de la
   Croix, mais je ne sais pas si c'est le plus moderne.
5. —De toutes les photos que j'ai prises cet été, tu sais
   _____ _____ je préfère?
   —Non, _____?
   —_____ _____ j'ai prises au Sénégal.
6. —De ces deux vues de Dakar, _____ tu préfères?
   —_____.

La Grande Mosquée
à Dakar au Sénégal

Le musée d'Art Africain à Dakar

5 Les transports en commun

Travaillez en petits groupes. En cinq minutes, écrivez autant de questions que possible sur le métro et les autobus à Paris. Posez vos questions à un autre groupe. Le groupe qui répond correctement au plus grand nombre de questions gagne.

6 Un accident

Décrivez un accident que vous avez eu ou qu'un autre membre de votre famille a eu. Dites ce qui est arrivé, comment, quand, etc. Dites tout ce que le médecin, l'infirmière/l'infirmier ou les secouristes ont fait ou dit.

7 À la ville ou à la campagne

Faites deux listes: une des avantages et des inconvénients de la vie à la campagne, et une autre pour la vie à la ville. Expliquez où vous préféreriez habiter et pourquoi.

1. La plage de Sainte-Anne, à la Guadeloupe
2. La cathédrale Saint-Louis à Fort-de-France, à la Martinique
3. Homme portant des anthuriums et autres fleurs exotiques à Fond-Saint-Denis, à la Martinique
4. La place de la Victoire à Pointe-à-Pitre, à la Guadeloupe
5. Jeune Haïtienne
6. Jeune violoniste de l'Orchestre Philharmonique Sainte Trinité, en Haïti.
7. Artistes peintres exposant leurs tableaux à Port-au-Prince, en Haïti.

NATIONAL
GEOGRAPHIC

REFLETS

des Caraïbes

6

7

8. Ouvriers agricoles dans un champ de canne à sucre dans la région du Moule, à la Guadeloupe

9. L'héliconia, une fleur exotique des Antilles

10. Fresque décorant le mur d'une pharmacie de Fort-de-France, à la Martinique

11. Courses de gommiers au large des côtes de la Martinique

12. La bibliothèque Schœlcher à Fort-de-France, à la Martinique

13. Jeunes gens jouant aux dames au Cap-Haïtien, en Haïti

14. Un des fameux taps taps bigarrés de Port-au-Prince, en Haïti

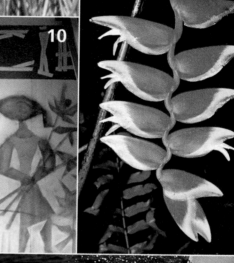

REFLETS

des Caraïbes

13

14

Les fêtes

Objectifs

In this chapter you will learn to do the following:

- ✓ *talk about holidays and celebrations*
- ✓ *talk about things that may or may not happen*
- ✓ *express what you wish, hope, or would like others to do*
- ✓ *discuss some family celebrations*

André Lhote *Le 14 juillet 1931*

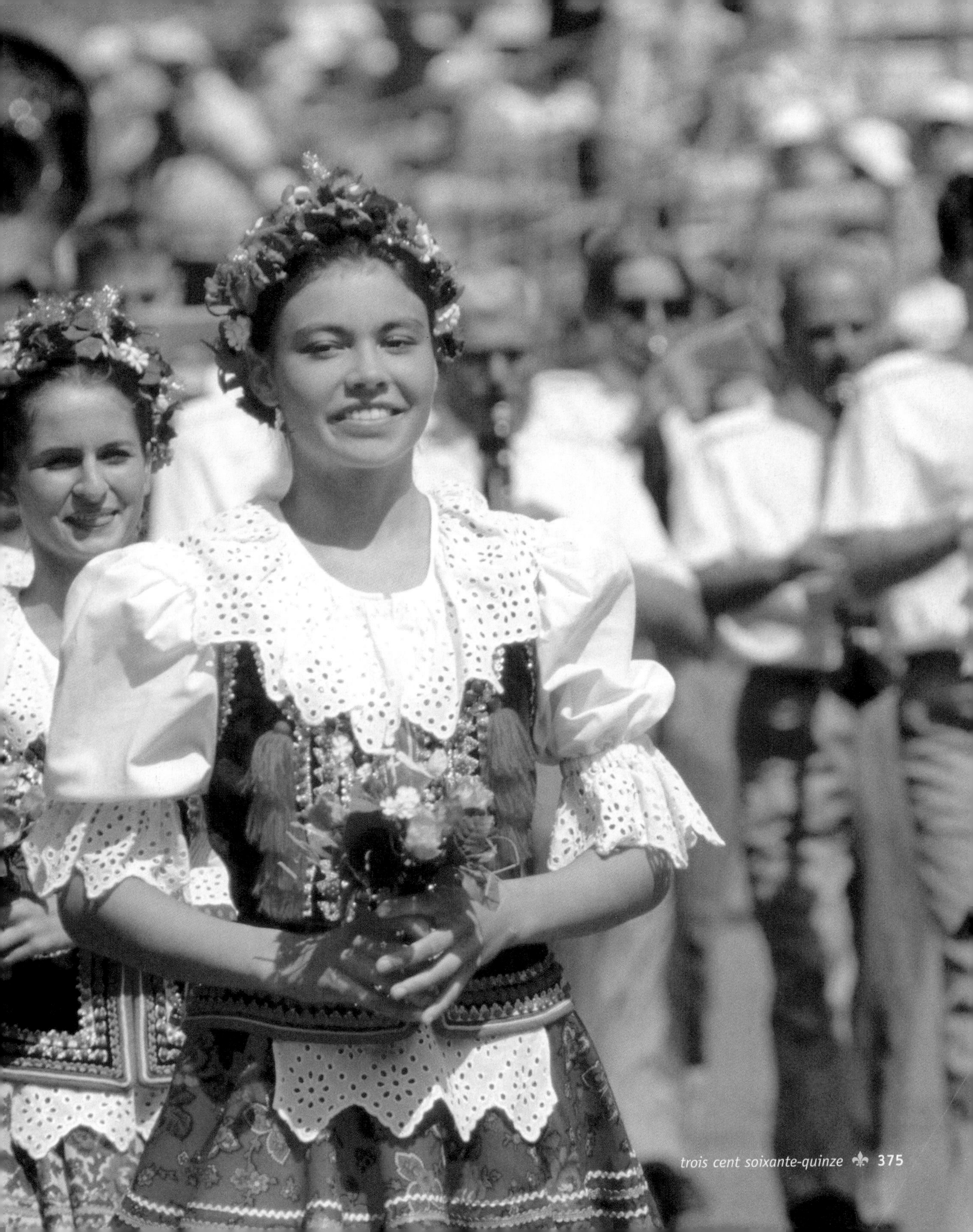

Vocabulaire

Mots 1

Le 14 juillet 🎧

un drapeau

un défilé

C'est la fête nationale française.
La fête a lieu le 14 juillet.

une fanfare

une trompette

des cymbales

un tambour

La fanfare joue l'hymne national.
C'est «La Marseillaise».

un trombone

un soldat

des feux
d'artifice

une tribune

le maire

le premier rang

les notables

Les soldats défilent.
Ils passent devant les tribunes.

Le carnaval 🎧

un char
Big Ba...

lancer des confettis

des serpentins

Un défilé de chars traverse la ville.

Dans la rue, il y a des groupes masqués.

Commençons
Let's use our new words

1 **Qu'est-ce que c'est?** Identifiez.

1. C'est un char ou des confettis?

2. C'est un drapeau ou un feu d'artifice?

3. C'est une tribune ou une fanfare?

4. C'est un tambour ou un drapeau?

5. C'est un soldat ou le maire?

2 **Historiette** **Le quatorze juillet** Répondez.

1. La fête nationale française, c'est le 14 juillet?
2. Pour célébrer la fête nationale, il y a des défilés?
3. Est-ce que les soldats défilent?
4. Ils défilent au son d'une fanfare?
5. Les tribunes sont pleines de spectateurs?
6. Le défilé passe devant les tribunes?
7. Le maire est au premier rang?
8. Est-ce qu'il y a d'autres notables dans les tribunes?
9. La fanfare joue l'hymne national?
10. «La Marseillaise», c'est l'hymne national français?

3 **Historiette** **Une grande fête**
Inventez une histoire.

1. Il y a beaucoup de monde dans la rue?
2. Un défilé de chars passe dans la rue?
3. Des gens masqués chantent et dansent dans la rue?
4. Il y a un orchestre qui joue dans la rue?
5. Il y a des feux d'artifice?

*For more practice using words from **Mots 1**, do Activity 18 on page H19 at the end of this book.*

4 **Deux fêtes nationales** Vrai ou faux?

1. La fête nationale française a lieu le 14 juillet.
2. La fête nationale française est le même jour que la fête nationale américaine.
3. L'hymne national français s'appelle «La Marseillaise» et l'hymne national américain s'appelle «The Star-Spangled Banner».
4. Aux États-Unis le 4 juillet, il y a des feux d'artifice.
5. À Paris le 14 juillet, il y a un grand défilé militaire le matin et des feux d'artifice le soir.
6. Dans une fanfare, les musiciens jouent de la trompette, du trombone, du tambour, des cymbales.
7. Les soldats passent devant le maire et les notables.
8. Le 4 juillet, aux États-Unis, on joue «La Marseillaise».

Le 14 juillet aux Champs-Élysées

Le carnaval à Fort-de-France

5 **Une fête** Travaillez avec un(e) camarade. Décrivez une fête qu'on célèbre là où vous habitez. Elle a lieu quand? Quelles sont les activités? Vous y participez ou pas?

6 **La fanfare de votre école** Votre camarade est un(e) jeune Français(e) qui visite votre école. Décrivez-lui la fanfare de votre école. Dites-lui si elle est grande ou petite, quand elle joue et où. Dites-lui comment les musiciens sont habillés (ce qu'ils portent) et s'ils ont gagné des trophées. Ensuite changez de rôle.

Vocabulaire

Noël 🎧

la messe de minuit

un chant de Noël

un arbre de Noël = un sapin

Joyeux Noël!

le Père Noël

un cadeau de Noël

une cheminée

un soulier

Le Père Noël remplit les souliers de cadeaux la veille de Noël.
Il faut que les enfants soient sages s'ils veulent recevoir des cadeaux de Noël.

Meilleurs Voeux!

une carte de vœux

Le réveillon est le repas qu'on fait la veille de Noël.
Ils réveillonnent.

Hanouka 🎧

Hanouka est une fête juive.
C'est la fête des Lumières.
Pendant la fête, les enfants allument
les bougies de la menorah.

Le jour de l'An 🎧

On réveillonne aussi la veille du jour de l'An.
Tout le monde se souhaite une bonne année
et s'embrasse.

Le mariage 🎧

La cérémonie civile a lieu
à la mairie.

une alliance

La cérémonie religieuse a lieu à l'église.
On se marie à la mairie et à l'église.

Commençons
Let's use our new words

7 Historiette **Noël** Répondez d'après les indications.

1. Noël, c'est quel jour? (le vingt-cinq décembre)
2. Qu'est-ce que les gens envoient à leurs amis? (des cartes de vœux)
3. La messe de minuit, c'est quel jour? (le vingt-quatre décembre)
4. Qui reçoit des cadeaux de Noël? (les enfants sages)
5. Où est-ce que les enfants laissent leurs souliers? (devant la cheminée)
6. Qui remplit les souliers de cadeaux? (le Père Noël)
7. Quel est l'arbre de Noël traditionnel? (le sapin)
8. Où vont les catholiques la veille de Noël? (à la messe de minuit)
9. Qu'est-ce qu'ils chantent pendant la messe de minuit? (des chants de Noël)
10. Qu'est-ce que les gens font après la messe de minuit? (Ils réveillonnent.)

Le repas du réveillon

Le Père Noël en Provence

8 C'est quoi? Identifiez.

1. une fête chrétienne qui célèbre la naissance de Jésus-Christ
2. une fête juive qui s'appelle aussi la fête des Lumières
3. celui qui arrive avec des cadeaux de Noël pour les enfants
4. ce que les enfants juifs allument pour célébrer la fête des Lumières
5. un grand repas qu'on fait la veille de Noël et la veille du jour de l'An
6. le premier janvier
7. ce que les mariés échangent pendant la cérémonie de mariage
8. une fête pendant laquelle on lance des confettis et des serpentins
9. une fête pendant laquelle on se souhaite une bonne année et on s'embrasse

9 Historiette Hanouka

Répondez d'après les indications.

1. La menorah ou le chandelier qu'on utilise pendant la fête des Lumières a combien de branches? (neuf)
2. Qui célèbre la fête des Lumières? (les juifs)
3. La fête des Lumières est quel mois? (au mois de décembre)
4. Elle dure combien de jours? (huit)
5. Qu'est-ce que les enfants allument? (les bougies de la menorah)

10 Le jour du mariage Vrai ou faux?

1. Le maire fait la cérémonie civile de mariage.
2. Il faut que le Père Noël soit présent au mariage.
3. La cérémonie religieuse a lieu à la mairie.
4. Les demoiselles d'honneur se marient avec les garçons d'honneur.
5. Le jour de la cérémonie les mariés vont d'abord à l'église et ensuite à la mairie.

Une menorah

11 Une grande fête de famille Travaillez avec un(e) camarade.

Décrivez les traditions et les coutumes de votre famille pour célébrer une fête de fin d'année telle que Noël, Hanouka, Kwanzaa ou toute autre fête de ce genre. Décrivez tout ce que vous faites, ce que vous mangez, etc.

une dinde farcie

Le dîner *Thanksgiving* aux États-Unis

12 *Thanksgiving* *Thanksgiving* (le jour de grâce) au mois de novembre est une fête typiquement américaine. Votre camarade est un(e) jeune Français(e) qui visite votre école. Décrivez-lui ce que vous faites pour célébrer cette fête américaine. Ensuite, changez de rôle. Vous aurez peut-être besoin des mots suivants:

une dinde farcie
des canneberges
des patates douces

Structure

Talking about facts or nonfacts
Le subjonctif

1. All verbs you have learned so far have been in the indicative mood. The indicative mood describes actions, events, or situations that are factual, that actually do, did, or will happen.

2. Now, you will learn the subjunctive mood. The subjunctive is used to express that which is not necessarily a fact. It describes actions, events, or situations that may or may not happen. Compare the following sentences.

   Le petit garçon est sage.　　Il faut que le petit garçon soit sage.
   Il fait ses devoirs.　　Ses parents veulent qu'il fasse ses devoirs.

   The sentences in the left column are in the indicative. They express factual information—the young boy is good, and he always does his homework. The sentences in the right column contain a dependent clause, and the verb in the dependent clause is in the subjunctive. It is in the subjunctive because the situation or action being described in the clause may or may not happen. Even though the young boy should be good and even though his parents want him to do his homework, we don't know if he is good and if he does indeed do his homework. For this reason, the verb must be in the subjunctive in French.

3. You form the present subjunctive of regular verbs by dropping the **-ent** ending from the **ils/elles** form of the present indicative and adding the subjunctive endings to this stem. Study the following.

	PARLER	FINIR	ATTENDRE
Present	ils parlent	ils finissent	ils attendent
Stem	parl-	finiss-	attend-
	que je parle	que je finisse	que j' attende
	que tu parles	que tu finisses	que tu attendes
	qu'il/elle/on parle	qu'il/elle/on finisse	qu'il/elle/on attende
	que nous parlions	que nous finissions	que nous attendions
	que vous parliez	que vous finissiez	que vous attendiez
	qu'ils/elles parlent	qu'ils/elles finissent	qu'ils/elles attendent

4. The subjunctive of most verbs is formed this way.

PARTIR	ils **partent**	que je parte, que nous partions
METTRE	ils **mettent**	que je mette, que nous mettions
LIRE	ils **lisent**	que je lise, que nous lisions
ÉCRIRE	ils **écrivent**	que j'écrive, que nous écrivions
SUIVRE	ils **suivent**	que je suive, que nous suivions
DIRE	ils **disent**	que je dise, que nous disions
CONDUIRE	ils **conduisent**	que je conduise, que nous conduisions
CONNAÎTRE	ils **connaissent**	que je connaisse, que nous connaissions

5. Few verbs are irregular in the subjunctive. Those that are, are very commonly used. Study the following irregular verbs in the present subjunctive.

ÊTRE		AVOIR		FAIRE		ALLER	
que je	sois	que j'	aie	que je	fasse	que j'	aille
que tu	sois	que tu	aies	que tu	fasses	que tu	ailles
qu'il/elle/on	soit	qu'il/elle/on	ait	qu'il/elle/on	fasse	qu'il/elle/on	aille
que nous	soyons	que nous	ayons	que nous	fassions	que nous	allions
que vous	soyez	que vous	ayez	que vous	fassiez	que vous	alliez
qu'ils/elles	soient	qu'ils/elles	aient	qu'ils/elles	fassent	qu'ils/elles	aillent

LA MARSEILLAISE – Hymne national de la FRANCE

FRENCH Online

To learn more about this and other French songs, go to the Glencoe French Web site: french.glencoe.com

Continuons
Let's put our words together

13 **Pour avoir des cadeaux du Père Noël** Répondez que oui.

1. Il faut que les enfants soient sages toute l'année?
2. Il faut qu'ils aient de bonnes notes à l'école?
3. Il faut qu'ils décorent l'arbre de Noël?
4. Il faut qu'ils mettent leurs souliers devant la cheminée?
5. Il faut qu'ils aillent à la messe de minuit?
6. Il faut qu'ils réveillonnent avec leurs parents?
7. Il faut qu'ils chantent des chants de Noël?
8. Il faut qu'ils souhaitent «Joyeux Noël» à tout le monde?

14 **Le mariage en France**
Répondez.

1. Il faut que les fiancés annoncent leur mariage?
2. Il faut qu'ils choisissent des alliances?
3. Il faut qu'ils aient une demoiselle ou un garçon d'honneur?
4. Il faut qu'ils disent «oui» devant le maire?
5. Il faut qu'ils aillent à l'église s'ils veulent une cérémonie religieuse?

À la mairie avant le mariage religieux

15 · Il faut que je fasse tellement de choses.
Donnez des réponses personnelles.

1. Il faut que tu te lèves de bonne heure?
2. Il faut que tu ailles à l'école?
3. Il faut que tu sois toujours à l'heure?
4. Il faut que tu dises «bonjour» au professeur?
5. Il faut que tu fasses tes devoirs?
6. Il faut que tu passes un examen?

16 · On doit le faire. Suivez le modèle.

faire les devoirs
Il faut qu'il fasse ses devoirs.
Il faut que vous fassiez vos devoirs aussi.

1. étudier pour demain
2. préparer la fête
3. choisir des cadeaux
4. aller au magasin
5. faire des achats
6. aller au marché
7. faire les courses
8. rentrer chez vous
9. préparer le dîner
10. mettre le couvert
11. servir le dîner

Ils ont acheté des cadeaux à Aix-en-Provence.

17 · Il faut qu'on fasse tellement de choses!

Travaillez avec un(e) camarade. Parlez de tout ce qu'il faut que vous fassiez. Dites aussi ce qu'il faut que vos parents fassent.

Expressing wishes and orders

Le subjonctif après les expressions de souhait ou de volonté

The subjunctive is used with expressions such as **vouloir que, aimer mieux que (préférer que), souhaiter que.** You use the subjunctive because, even though you want, prefer, or wish that someone do something, it will not necessarily happen; the person may not do it.

> **J'aimerais que tu viennes.**
> **Je souhaite que vous soyez heureux.**

Continuons
Let's put our words together

18 **Historiette** **Ça me ferait plaisir!**
Complétez chaque phrase d'après le modèle.

> **Tu viens avec nous, j'espère.**
> **J'aimerais que tu viennes avec nous.**
> 1. Tu vas à la fête, j'espère.
> 2. Tu es ponctuel, j'espère.
> 3. Tu conduis, j'espère.
> 4. Tu pars maintenant, j'espère.
> 5. Tu ne dis rien à personne, j'espère.

C'est ton Anniversaire,
que le bonheur
soit en toi aujourd'hui
et puisses-tu
le trouver
dans tous les autres
jours à venir.

Bonne Fête!

C'est Ta Fête...

19 **Historiette** **Oui, je préférerais.**
Répondez d'après le modèle.

> —**Vous voulez que je le fasse?**
> —**Oui, je préférerais que vous le fassiez.**
> 1. Vous voulez que je lui dise ce qui se passe?
> 2. Vous voulez que je lui écrive une lettre?
> 3. Vous voulez que je mette la lettre dans une enveloppe?
> 4. Vous voulez que j'aille à la poste?

20 **Historiette** **Tout se passera bien.** Répondez.

1. Tu préfères qu'il conduise?
2. Tu préfères que je lui écrive des instructions?
3. Tu aimerais qu'il soit là pour le 25?
4. Tu veux qu'il parte avec moi?

Noël à Paris

21 **Mes parents le veulent.** Dites à un(e) camarade tout ce que vos parents veulent que vous fassiez. Ensuite, demandez-lui ce que ses parents veulent qu'il/elle fasse. Comparez vos réponses. Est-ce que vous faites toujours ce que vos parents veulent que vous fassiez?

22 **La prof le veut.** Parlez avec un(e) camarade. Dites tout ce que votre professeur de français veut absolument que vous fassiez—ou que vous ne fassiez pas!

Vous êtes sur le bon chemin. Allez-y!

Conversation

C'est bientôt le 14 juillet

Carine: Tu vas au défilé du 14 juillet?

Sylvain: Bien sûr. Quelle question!

Carine: Pourquoi «Quelle question»? Tu n'es pas forcé d'y aller.

Sylvain: Bien sûr que si. Il faut que je joue.

Carine: Il faut que tu joues?

Sylvain: Ben, dans la fanfare.

Carine: Ah bon! Je ne savais pas. Tu joues de quel instrument?

Sylvain: De la trompette.

Carine: Ah, il faut que j'aille voir ça!

Sylvain: Si c'est pour rigoler, je préfère que tu restes chez toi!

Après la conversation

Répondez.

1. À qui parle Carine?
2. Qu'est-ce qu'elle veut savoir?
3. Pourquoi Sylvain va-t-il au défilé?
4. Est-ce que Carine savait qu'il jouait d'un instrument?
5. De quel instrument Sylvain joue-t-il?
6. Pourquoi ne veut-il pas que Carine vienne le voir?

Parlons un peu plus
Let's talk some more

A **Le 4 juillet** Parlez avec un(e)
camarade. Décrivez comment on
célèbre le 4 juillet là où vous
habitez. Dites si vous y participez
ou pas, et comment.

Le 4 juillet à Austin dans le Texas

B **De bons copains** Parlez avec
un(e) camarade. Dites ce que vous
aimeriez que de bons copains
fassent ou ne fassent pas. Dites
quelle est votre réaction quand vos
copains ne font pas ce que vous
voulez. Comparez vos réactions.

C **Une invitation** Vous êtes
invité(e) à un mariage! Vous y
allez avec un(e) ami(e) (votre
camarade) qui vous demande
tous les renseignements. Regardez
l'invitation et répondez.

Monsieur et Madame
Pierre Piget

Monsieur et Madame
Alain Bise

sont heureux de vous faire part
du mariage de leurs enfants

HÉLÈNE   XAVIER

Ils ont échangé leur consentement, dans l'intimité,
en l'église Saint-Michel de Grimaud le 11 Octobre

37, rue Duret
92200 Neuilly - sur - Seine

3, rue Weber
92200 Neuilly - sur - Seine

Madame Pierre Piget
Madame Alain Bise
Recevront chez Maxim's
le Mercredi 12 Novembre
à partir de 18h30.

Réponse souhaitée avant le 25 Octobre.

Lectures culturelles

a Polynésie française

Des fêtes en France 🔁 🎧

Le mariage

En France, quand on se marie, on a souvent deux cérémonies de mariage—une civile et une religieuse. Le mariage civil est le seul mariage obligatoire en France.

Il est célébré avant le mariage religieux. Seuls les mariés, leurs parents, les membres de leur famille et les témoins[1] assistent à la cérémonie qui est célébrée par le maire dans la salle des mariages de la mairie ou de l'hôtel de ville.

La cérémonie religieuse a lieu après le mariage civil. Elle est toujours célébrée dans un lieu religieux. À la campagne, il n'est pas rare que le cortège[2] aille à l'église à pied. À la ville, on va à l'église en voiture. Après la cérémonie religieuse, il y a une réception. La réception a lieu chez la mariée, dans une salle louée pour l'occasion ou dans un restaurant. Après un déjeuner ou un buffet superbe, la mariée coupe la pièce montée (le gâteau de mariage). On sert le champagne et on porte des toasts aux mariés.

Un mariage dans un petit village d'Aquitaine

Noël

Noël est la fête des enfants. Avant Noël, ils écrivent une lettre au Père Noël. Ils lui donnent une liste de tous les jouets qu'ils veulent recevoir pour Noël. La veille de Noël, ils mettent leurs souliers devant la cheminée. Ils veulent que le Père Noël les remplisse avec les cadeaux qu'ils ont demandés.

Le 24 décembre, beaucoup de gens vont à la messe de minuit. Après la messe, ils rentrent chez eux pour le réveillon. Ce repas traditionnel commence par des huîtres. Ensuite, il y a du boudin blanc[3]. Le plat traditionnel est une dinde farcie aux marrons[4]. Le dessert est une bûche de Noël.

Une bûche de Noël

[1] témoins *witnesses*
[2] cortège *bridal procession*
[3] boudin blanc *veal sausage*
[4] dinde farcie aux marrons *turkey stuffed with chestnuts*

Haïti

On mange, on parle, on boit et on s'amuse beaucoup. Tout le monde est content d'être réuni et d'attendre l'arrivée du Père Noël.

Hanouka

Les juifs en France, comme les juifs du monde entier, célèbrent Hanouka. Cette fête commémore la reconsécration du temple de Jérusalem par les Maccabées après la révolte contre Antiochos, le roi[5] de Syrie, en 167 avant Jésus-Christ. Elle est appelée aussi la fête des Lumières.

Les enfants allument les bougies de la menorah—un chandelier à neuf branches. Ils allument une bougie chaque soir. La bougie au centre du chandelier est allumée le premier soir et elle sert à allumer les autres bougies. La fête dure huit jours. Hanouka est une fête joyeuse, surtout pour les enfants qui reçoivent un cadeau tous les jours. Mais il y a aussi des bonbons[6] et des cadeaux pour les adultes.

Une famille juive du Marais

[5] roi *king*   [6] bonbons *candies*

Après la lecture

A Le mariage Répondez.

1. En France, la plupart des couples ont combien de cérémonies de mariage?
2. En général, laquelle est célébrée la première?
3. La cérémonie religieuse a lieu où?
4. On y va comment à la campagne? Et à la ville?
5. Qu'est-ce qu'il y a après la cérémonie à l'église?
6. Qu'est-ce que la mariée coupe pendant la réception?

B Noël et Hanouka Vrai ou faux?

1. À Noël, les enfants mettent leurs souliers devant la porte d'entrée de la maison.
2. Le Père Noël arrive très tôt le matin du 25 décembre.
3. Les enfants veulent que le Père Noël remplisse leurs souliers de cadeaux.
4. La messe de minuit a lieu le soir du 25 décembre.
5. On mange souvent de la dinde à Noël.
6. Hanouka est une fête juive.
7. Ce sont les adultes qui allument les bougies de la menorah.
8. Les enfants allument une bougie tous les soirs.
9. Hanouka dure dix jours.
10. Les enfants reçoivent des cadeaux tous les jours.

Le Mali

Le Sénégal

Carnaval

Le carnaval, c'est la période réservée aux divertissements[1] avant le début du Carême[2]. Pour les catholiques et les protestants, le Carême est une période d'environ quarante-six jours avant Pâques. Pendant ces quarante-six jours, on fait pénitence. Le Carême est presque toujours au mois de février.

En France, le carnaval de Nice est très célèbre. Les rues de cette belle ville de la Côte d'Azur sont décorées. Un long défilé de chars fleuris traverse la ville. Des groupes masqués font escorte à Sa Majesté Carnaval. Pendant plusieurs nuits, il y a des bals et des feux d'artifice. On lance des confettis et des serpentins. Tout le monde s'amuse bien avant le Carême.

Le carnaval à Nice

[1] divertissements *amusements*   [2] Carême *Lent*

Le carnaval à la Martinique

Le mardi gras à La Nouvelle-Orléans

La Belgique

Le Bonhomme Carnaval à Québec

Tunisie

À la Martinique, à la Guadeloupe et à La Nouvelle-Orléans en Louisiane, il y a aussi des carnavals célèbres. Les festivités sont à peu près les mêmes que celles de Nice. Le jour du mardi gras[3], il y a un grand défilé. Le carnaval de La Nouvelle-Orléans s'appelle aussi le Mardi-Gras.

Le carnaval d'hiver à Québec attire tous les ans des milliers de visiteurs. Il y a des festivités pendant dix-sept jours. Il y a un grand concours[4] de sculptures sur glace et des courses de canots sur le Saint-Laurent qui est en partie gelé[5]. À Québec, Sa Majesté Carnaval s'appelle Bonhomme Carnaval.

[3] mardi gras *Shrove Tuesday, "Fat Tuesday"*   [4] concours *contest*   [5] gelé *frozen*

Après la lecture

Le carnaval à la Martinique

Le Maroc

Une fête amusante Vrai ou faux?
1. Le Carême est une période pendant laquelle on s'amuse.
2. Le carnaval précède le Carême.
3. Il y a un carnaval célèbre à Nice.
4. Les chars sont décorés de lumières.
5. Le matin, il y a des feux d'artifice.
6. Le carnaval de La Nouvelle-Orléans s'appelle aussi le Mardi-Gras.
7. Il fait chaud pendant le carnaval à Québec.
8. Au carnaval de Québec, il y a un concours de sculptures sur glace.

DU MALI

Le Mali

CONNEXIONS

Les lettres

Histoire et Littérature

History has many stories of famous marriages—Napoleon and Josephine, Nicholas and Alexandra, Elizabeth Barrett and Robert Browning. Innumerable novels, short stories, and poems speak of love and marriage. Henry Wadsworth Longfellow's poem "Evangeline" tells the sad story of the young Evangeline's quest for the man who was to be her husband. Let's read about the real story of Evangeline, whose name was actually Emmeline.

Henry Wadsworth
Longfellow

La vraie histoire d'Évangéline

Au Canada

La triste histoire d'Évangéline que raconte le poète Henry Wadsworth Longfellow est basée sur une histoire vraie. C'est l'histoire des Français d'Acadie (de nos jours la Nouvelle-Écosse[1]) qui en 1755 ont perdu toutes leurs possessions et même leur famille.

Dans le village acadien de Grandpré habite une jeune fille, Emmeline Labiche, et son père. Sa mère est morte quand elle était enfant. Emmeline est très jolie et généreuse. À seize ans, elle se fiance avec son ami d'enfance, Louis Arceneaux.

L'Acadie est un territoire anglais depuis 1713. À cette époque au Canada, il y a beaucoup de rivalités entre les Français et les Anglais. Mais les Acadiens, les Français d'Acadie, ne participent pas à ces rivalités. Ils restent très indépendants dans leurs petites communautés françaises. Ils cultivent la terre, ils pêchent[2] et ne demandent rien à personne.

Le Grand Dérangement

C'est alors qu'en 1755, un nouveau gouverneur anglais, Lawrence, décide de punir[3] les Acadiens pour leur attitude indépendante. Des soldats anglais chassent les Acadiens de leurs

La forteresse de Louisbourg en
Nouvelle-Écosse

[1] Nouvelle-Écosse *Nova Scotia*
[2] pêchent *fish*
[3] punir *punish*

maisons et les forcent à monter dans des bateaux et de partir vers le sud. Cette expulsion s'appelle le «Grand Dérangement». Les familles, les amis sont séparés! La pauvre Emmeline voit son fiancé, Louis, monter dans un bateau pour une destination inconnue. Elle et son père montent dans un autre bateau qui les emmène dans le Maryland. Là, pendant des années, elle essaie de retrouver Louis. Elle le cherche dans toutes les colonies anglaises, mais en vain.

L'embarquement des Acadiens

En Louisiane

Les Acadiens ne veulent pas vivre dans les colonies anglaises. Ils décident de partir pour La Nouvelle-Orléans où on parle français. Ils partent en masse. Emmeline et son père sont avec eux. Le long voyage commence. Ils prennent d'abord la route vers l'ouest, jusqu'au Mississippi. Là ils construisent des canots et descendent le fleuve.

Emmeline ne reste pas à La Nouvelle-Orléans. Elle descend le bayou Tèche et arrive finalement à Saint-Martinville. Là, sous un grand chêne[4], Louis Arceneaux la regarde! Ils se reconnaissent avec émotion. Mais hélas, Louis lui dit qu'il croyait l'avoir perdue à jamais[5] et qu'il s'est marié avec une autre jeune fille.

Quelques mois plus tard, Emmeline meurt de chagrin[6].

[4] chêne *oak tree*   [5] à jamais *forever*   [6] meurt de chagrin *dies of grief*

La statue d'Évangéline à Saint-Martinville
en Louisiane

Après la lecture

Le Grand Dérangement Répondez.

1. Qui a écrit le poème «Évangéline»?
2. Comment s'appelle l'Acadie de nos jours?
3. Quel est le véritable nom d'Évangéline?
4. Depuis 1713, l'Acadie est un territoire français ou anglais?
5. Pourquoi le gouverneur Lawrence décide-t-il de punir les Acadiens?
6. Que font les soldats anglais?
7. Qu'est-ce qui arrive à Louis et Emmeline?
8. Où Emmeline cherche-t-elle Louis?
9. Où les Acadiens décident-ils d'aller? Pourquoi?
10. Où Emmeline arrive-t-elle finalement?
11. Qui voit-elle?
12. Pourquoi meurt-elle de chagrin?

C'est à vous

Use what you have learned

PARLER

1

Ma fête préférée
✔ *Talk about your favorite holiday*

Travaillez avec un(e) camarade. Demandez-lui quelle est sa fête préférée et pourquoi. Ensuite changez de rôle.

La fête des Rois

PARLER

2

Mon mariage
✔ *Talk about a wedding*

Imaginez que vous allez vous marier avec un(e) Français(e). Votre camarade est un peu surpris(e) parce qu'il/elle ne le savait pas. Parlez-lui de votre fiancé(e), de la cérémonie et des festivités de votre mariage. Ensuite, changez de rôle.

Un mariage dans le Var

PARLER

3

De bonnes résolutions
✔ *Talk about New Year's resolutions*

Travaillez avec un(e) camarade. Imaginez que c'est le jour de l'An. Vous prenez chacun trois bonnes résolutions pour la nouvelle année. Dites ce que vous ferez ou ne ferez pas l'année prochaine.

ÉCRIRE

4 **Une invitation**

✔ *Invite someone to a family celebration*

Préparez une invitation pour un anniversaire, un mariage ou toute autre fête. Donnez tous les renseignements nécessaires.

Un mariage au Maroc

Writing Strategy

Classifying a subject When writing, one way to organize your material effectively is to classify your subject. For example, if you are writing about clothing, you could choose from several categories: clothing for school, clothing for weekends, clothing for doing chores, and many more. By choosing a category and classifying your subject, you will be able to organize your information and construct a good paragraph or paper.

ÉCRIRE

5 **Les fêtes**

You and your classmates celebrate many holidays throughout the year, though not always the same ones. Write a paper about holidays you celebrate and describe what these celebrations entail. Rather than writing about every holiday you celebrate, select a category for your holidays: **Mes fêtes préférées, Les fêtes religieuses, Les fêtes de fin d'année, Les fêtes de printemps, d'automne ou d'hiver,** or any other category you can think of. Include an introduction and a conclusion.

C'EST À VOUS

Vocabulaire

1 Identifiez.

1.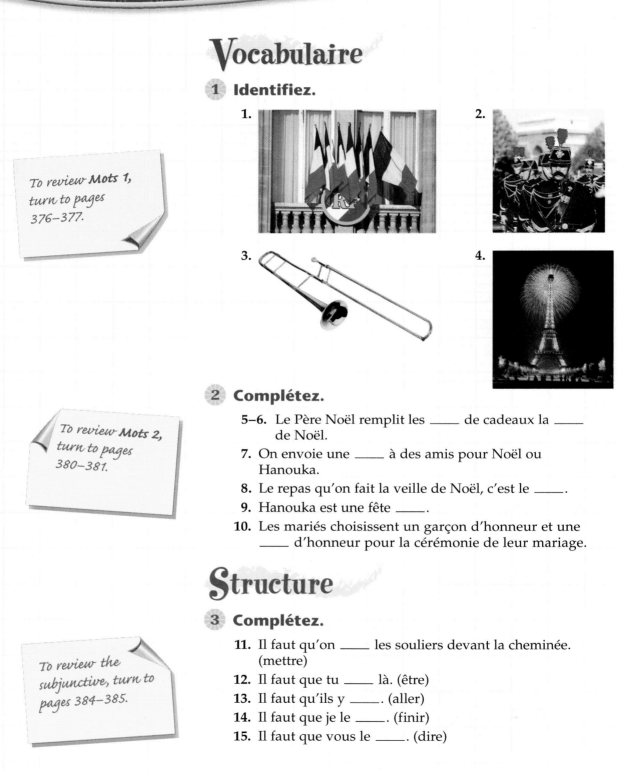

2.

3.

4.

To review **Mots 1**, turn to pages 376–377.

2 Complétez.

5–6. Le Père Noël remplit les _____ de cadeaux la _____ de Noël.

7. On envoie une _____ à des amis pour Noël ou Hanouka.

8. Le repas qu'on fait la veille de Noël, c'est le _____.

9. Hanouka est une fête _____.

10. Les mariés choisissent un garçon d'honneur et une _____ d'honneur pour la cérémonie de leur mariage.

To review **Mots 2**, turn to pages 380–381.

Structure

3 Complétez.

11. Il faut qu'on _____ les souliers devant la cheminée. (mettre)

12. Il faut que tu _____ là. (être)

13. Il faut qu'ils y _____. (aller)

14. Il faut que je le _____. (finir)

15. Il faut que vous le _____. (dire)

To review the subjunctive, turn to pages 384–385.

4 **Suivez le modèle.**

> **Ils sont là. J'aimerais…**
> **J'aimerais qu'ils soient là.**
>
> **16.** Il le lit. Je veux…
> **17.** Je ne le fais pas. Mes parents préfèrent…
> **18.** Vous avez un Joyeux Noël. Je souhaite…
> **19.** Je conduis. Ils veulent…
> **20.** Tu pars. Elle ne veut pas…

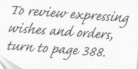

To review expressing wishes and orders, turn to page 388.

Culture

5 **Complétez.**

> **21.** En France on a souvent deux cérémonies de mariage—une _____ et une _____.
> **22.** Après la cérémonie de mariage, il y a une _____ qui est souvent un déjeuner ou un buffet.
> **23.** Avant Noël, les enfants français écrivent une lettre au _____.
> **24.** Le plat traditionnel pour le réveillon de Noël est _____.
> **25.** Les enfants juifs allument les _____ de la menorah.

To review this cultural information, turn to pages 392–393.

Noël aux Champs-Élysées

Vocabulaire

Describing a parade

un défilé	une trompette	le maire	un feu d'artifice
un soldat	un trombone	les notables (m. pl.)	un drapeau
une fanfare	un tambour	le premier rang	défiler
un hymne national	des cymbales (f. pl.)		
une fête nationale	une tribune		

Talking about carnival

le carnaval	un groupe masqué	des confettis (m. pl.)
un char	lancer	

Talking about Christmas

Noël	une cheminée	la messe de minuit
Joyeux Noël!	un soulier	réveillonner
une carte de vœux	la veille	
le Père Noël	le réveillon	
un arbre de Noël,	un cadeau de Noël	
un sapin	un chant de Noël	

Talking about Hanukkah

la fête des Lumières	une bougie
une menorah	juif, juive
un chandelier	allumer les bougies
une branche	

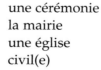

How well do you know your vocabulary?

- Choose words to describe a holiday you celebrated recently.
- Write a few sentences about what you and your friends or family did to celebrate.

Talking about New Year's

le jour de l'An	Bonne Santé!
un serpentin	s'embrasser
Bonne Année!	(se) souhaiter

Talking about a wedding

le mariage	une demoiselle	une cérémonie	religieux, religieuse
la mariée	d'honneur	la mairie	se marier
le marié	un garçon d'honneur	une église	
les mariés (m. pl.)	une alliance	civil(e)	

Other useful words and expressions

sage	avoir lieu

Technotour

BON VOYAGE!

VIDÉO • Épisode 12

Avant de visionner

In this video episode, Manu surprises Chloé on Christmas Eve.

Manu est habillé en Père Noël.

Manu et Chloé parlent de Noël et de Hanouka.

FRENCH ONLINE

À découvrir

Learn more about Carnaval celebrations in the Francophone world online.

Le carnaval à la Martinique

FRENCH Online

In the Chapter 12 Internet activity, you will have a chance to learn more about celebrations and holidays in the Francophone world. To begin your virtual adventure, go to the Glencoe French Web site: **french.glencoe.com**

Le savoir-vivre

Objectifs

In this chapter you will learn to:

- talk about social etiquette
- introduce people to each other
- describe some feelings
- express opinions
- talk about more things that may or may not happen
- express emotional reactions to what others do
- compare etiquette in France and the United States

Berthe Morisot *Au Bal*

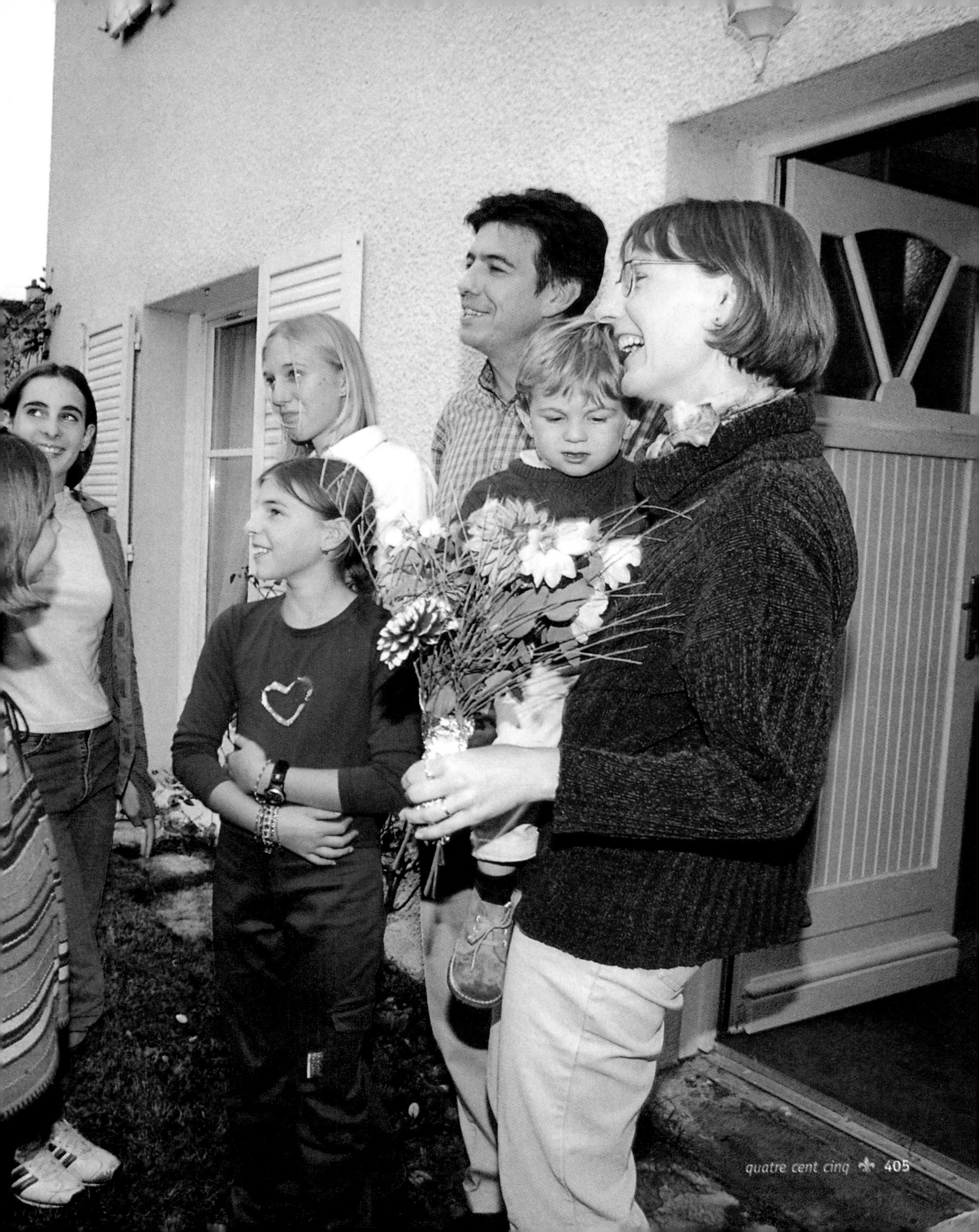

Vocabulaire

D'autres parties du corps 🎧

un doigt — la main
le pouce —
le poignet — l'avant-bras
la joue —
la bouche —
la lèvre —
le coude

Bien ou mal élevé(e)? 🎧

le bruit

bruyant

mal élevée = malpolie

bien élevé = poli

bousculer

resquiller

Les amis ont rendez-vous dans un café.
Ils se retrouvent dans un café.
Les filles s'embrassent sur les deux joues.
Les garçons se serrent la main.

Les garçons et les filles partagent les frais
quand ils sortent.

Comment se tenir à table? 🎧

la bouche ouverte

Gloup, gloup

la bouche
fermée

une serviette

Le garçon s'essuie la bouche avec sa serviette.

Les bonnes manières

- Il ne faut pas mettre ses coudes sur la table.
- Il faut mettre ses poignets sur la table.
- Il ne faut pas ouvrir la bouche quand on mange.
- Il vaut mieux manger la bouche fermée.
- Il ne faut pas parler la bouche pleine.
- Il ne faut pas faire de bruit quand
  on mange de la soupe.
- Il faut s'essuyer la bouche.

VOCABULAIRE

Commençons
Let's use our new words

1 **Le corps** Identifiez.

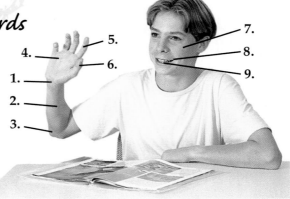

4. 5.
6.
1.
2.
3.
7.
8.
9.

2 **À vous de décider.** Dites si la personne est bien ou mal élevée.

1. Alain se lève quand une personne âgée entre.
2. Caroline ne regarde jamais la personne à qui elle parle, à qui elle s'adresse.
3. Quand Sophie voit une personne âgée debout dans le métro, elle lui offre sa place.
4. Romain fait beaucoup de bruit quand il mange. Il mange d'une façon bruyante.
5. Cédric dit toujours merci quand on lui donne quelque chose ou quand on fait quelque chose pour lui.
6. Sylvie parle souvent la bouche pleine.
7. Michel ne met jamais ses coudes sur la table.
8. Sandrine ne met pas ses mains sous la table.

Les deux amis s'embrassent.

3 **C'est poli ou malpoli?** Décidez.

1. Quand on mange d'une façon bruyante, on montre qu'on apprécie ce qu'on mange.
2. On peut toujours faire beaucoup de bruit.
3. Quand on a rendez-vous avec des amis, on peut arriver avec une heure de retard.
4. Quand il y a beaucoup de monde, on bouscule les gens, on les pousse avec les coudes.
5. Quand on rencontre un ami, on lui serre la main.
6. On peut tutoyer une vieille dame qu'on ne connaît pas bien.
7. Quand on rencontre une amie, on l'embrasse sur les joues.
8. Il est normal de resquiller quand il y a beaucoup de monde.
9. Il vaut mieux manger la bouche fermée.

4 **Définitions** Quel est le mot?

1. donner la main pour dire bonjour
2. s'adresser à quelqu'un en utilisant «tu»
3. le contraire de «la bouche ouverte»
4. chaque main en a cinq
5. avoir rendez-vous
6. diviser les frais
7. ce qu'on utilise pour s'essuyer la bouche à table
8. caractéristique d'une personne ou d'une chose qui fait du bruit

Les deux copains se serrent la main.

5 **Bien élevé ou mal élevé?** Travaillez avec un(e) camarade. Parlez de toutes les caractéristiques d'une personne bien élevée et celles d'une personne mal élevée.

6 **Au café** Parlez avec un groupe de copains. Décidez ce que vous allez prendre et comment vous allez partager les frais. Parlez aussi de vos projets pour le week-end.

Un café sur la place Plumereau à Tours

Vocabulaire

Les émotions 🎧

être contente

Marie a l'air contente.
Elle est contente que tu veuilles
faire sa connaissance.

être étonné

Pierre a l'air étonné.
Il est étonné que tu ne saches pas
son numéro de téléphone.

être furieux

Marc a l'air furieux.
Il est furieux que vous soyez en retard.

avoir peur

Jean a peur que tu dises
quelque chose.

être triste

être désolée

regretter

Anne a l'air triste.
Anne est désolée que tu ne puisses pas venir.
Anne regrette que tu ne viennes pas.

Les présentations

VOCABULAIRE

Commençons
Let's use our new words

7 **Un ami vous présente un copain.**
Complétez le dialogue.

—Paul, tu connais Henri?
—_____.
—Henri, Paul.
—_____.
—_____.

La rue Monge à Paris

Le quartier de la Villette à Paris

8 **Votre mère vous présente à un ami.**
Complétez le dialogue. Soyez très poli(e).

—Monsieur Bolduc, je vous présente ma fille
Amélie (mon fils Cyril).
—Bonjour, Amélie (Cyril).
—_____.
—Je suis heureux de faire votre connaissance.
—_____.

9 **Comment sont-ils?** Répondez d'après les photos.

1. Il a l'air content
ou triste?

2. Elle a l'air
contente ou pas
contente?

3. Elle a l'air étonnée
ou furieuse?

4. Il a l'air étonné
ou triste?

10 **Comment réagissez-vous?** Choisissez et faites une phrase d'après le modèle.

Vous avez gagné un million de dollars.
Je suis très étonné(e)!

1. Le Père Noël vous a apporté beaucoup de cadeaux.
2. Un ami vous présente le garçon/la fille de vos rêves.
3. Vous rencontrez dans la rue une amie que vous n'avez pas vue depuis longtemps.
4. Elle vous dit qu'elle a été très malade.
5. Votre copain ou copine vous dit qu'il/elle ne vous aime plus.
6. Vous faites la queue à la poste et quelqu'un essaie de resquiller.
7. Votre meilleur(e) ami(e) vous annonce son mariage.
8. Quelqu'un vous bouscule et vous fait tomber.
9. Votre mère vous dit que votre hamster est mort.

11 **Présentations** Travaillez par groupes de trois personnes. Préparez un sketch (*skit*) dans lequel vous présentez un(e) ami(e) à un(e) autre ami(e). Présentez ensuite deux adultes.

12 **Jeu** **Mime** Travaillez avec un(e) camarade. Mimez une émotion. Votre camarade doit deviner quelle émotion vous mimez. Changez ensuite de rôle.

 For more practice using words from **Mots 1** *and* **Mots 2***, do Activity 19 on page H20 at the end of this book.*

Structure

Expressing opinions
Le subjonctif après les expressions impersonnelles

1. You have already seen that you use the subjunctive after the expression **il faut que.** You also use the subjunctive after the following expressions.

> Il est possible
> Il est impossible
> Il est important
> Il est nécessaire
> Il vaut mieux
> Il est indispensable } qu'elle écrive.
> Il est bon
> Il est temps
> Il est rare

2. These expressions require the subjunctive because, as you have seen before, the action or situation being described in the clause introduced by **que** is not a fact; it may or may not take place.

> **Il vaut mieux que tu le fasses tout de suite.**
> **Il est possible que tu n'aies pas le temps de finir.**

Continuons
Let's put our words together

13 **Historiette** **Au café** Inventez une histoire.

1. Il est possible qu'ils aient rendez-vous au café?
2. Il est indispensable que Luc finisse son travail avant d'y aller?
3. Il vaut mieux que vous l'aidiez un peu?
4. Il n'est pas nécessaire que vous sortiez?
5. Il faut que vous restiez chez vous?

Qu'en pensez-vous? Répondez en utilisant
il est important que ou **il n'est pas important que.**

1. Aidons les personnes âgées.
2. Disons toujours la vérité.
3. Parlons à table.
4. Ne parlons pas la bouche pleine.
5. Ne mettons pas les mains sur les genoux.
6. Écrivons des lettres à nos amis.

 Historiette **Tu réussiras.**
Répondez d'après le modèle.

—**Tu iras à l'université?**
—**Il est possible que j'aille à l'université.**

1. Tu iras dans une bonne université?
2. Tu trouveras un bon travail?
3. Tu réussiras bien?
4. Tu te marieras?
5. Tu auras des enfants?
6. Tu seras professeur de français?

 Ça dépend. Travaillez avec un(e) camarade. Parlez des choses
qu'il est bon que vous fassiez et des choses qu'il n'est pas
absolument nécessaire que vous fassiez.

Le pont Royal à Paris

 Jeu **Possible ou impossible?**
Travaillez avec un(e) camarade. Dites-lui
que vous ferez bientôt quelque chose
ensemble. Il/Elle vous dira si c'est possible
ou impossible. Par exemple:

—**Nous irons à Paris le week-end prochain.**
—**Il est impossible que nous allions à Paris
le week-end prochain. Nous n'avons
pas d'argent.**

Talking about more things that may or may not happen
D'autres verbes au présent du subjonctif

1. Certain verbs that have two stems in the present indicative have the same stems in the present subjunctive. Study the following forms.

Infinitive	Two stems	Subjunctive
prendre	ils prenn -ent nous pren -ons	que je prenne, tu prennes, il prenne, ils prennent que nous prenions, vous preniez
venir	ils vienn -ent nous ven -ons	que je vienne, tu viennes, il vienne, ils viennent que nous venions, vous veniez
recevoir	ils reçoiv -ent nous recev -ons	que je reçoive, tu reçoives, il reçoive, ils reçoivent que nous recevions, vous receviez
boire	ils boiv -ent nous buv -ons	que je boive, tu boives, il boive, ils boivent que nous buvions, vous buviez

2. The verbs **savoir**, **pouvoir**, and **vouloir** are irregular in the present subjunctive.

SAVOIR		POUVOIR		VOULOIR	
que je	sache	que je	puisse	que je	veuille
que tu	saches	que tu	puisses	que tu	veuilles
qu'il/elle/on	sache	qu'il/elle/on	puisse	qu'il/elle/on	veuille
que nous	sachions	que nous	puissions	que nous	voulions
que vous	sachiez	que vous	puissiez	que vous	vouliez
qu'ils/elles	sachent	qu'ils/elles	puissent	qu'ils/elles	veuillent

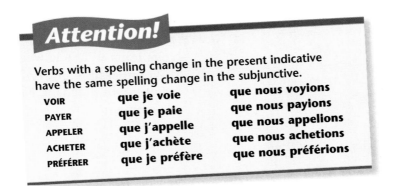

Attention!

Verbs with a spelling change in the present indicative have the same spelling change in the subjunctive.

VOIR	que je voie	que nous voyions
PAYER	que je paie	que nous payions
APPELER	que j'appelle	que nous appelions
ACHETER	que j'achète	que nous achetions
PRÉFÉRER	que je préfère	que nous préférions

Continuons
Let's put our words together

18 **Elle fait du français.** Répondez d'après le modèle.

> **Elle voit le prof. (il faut que)**
> **Il faut qu'elle voie le prof.**

1. Elle voit le prof tout de suite. (il est indispensable que)
2. Elle l'appelle. (il faut que)
3. Elle vient au cours de français avec nous. (il vaut mieux que)
4. Elle apprend le français. (je veux que)
5. Elle achète un bon dictionnaire. (il est important que)
6. Elle comprend tout. (il est impossible que)
7. Elle reçoit de bonnes notes. (ses parents veulent que)

LE PETIT
Larousse
ILLUSTRÉ

19 **C'est nécessaire.** Complétez.

1. Elle veut que je _____ et que vous _____ aussi. (comprendre)
2. Il est important que je _____ et que vous _____ aussi. (venir)
3. Il faut que je le _____ et que vous le _____ aussi. (recevoir)
4. Elle veut que je l'_____ et que vous l'_____ aussi. (appeler)
5. Il voudrait que je le _____ et que vous le _____ aussi. (croire)

20 **Les bonnes manières**
Répondez d'après le modèle.

> **Ils savent se tenir à table. (il faut que)**
> **Il faut qu'ils sachent se tenir à table.**

1. Tu sais faire des présentations. (il faut que)
2. Nous pouvons le voir. (il est possible que)
3. Ils peuvent faire ça. (il est impossible)
4. Il veut bien nous serrer la main. (je souhaite que)
5. Elle veut te présenter son frère. (il est bon que)
6. Vous savez parler français. (il est indispensable que)
7. Je peux venir avec vous. (il est impossible que)

Structure

Expressing emotions
Le subjonctif après les expressions d'émotion

Verbs and expressions of emotion such as joy, anger, and fear require the subjunctive because they do not express facts, but subjective reactions. The following are common expressions that require the subjunctive.

J'ai peur
Je suis content(e)
Je suis heureux(se)
Je suis furieux(se) } qu'il ne vienne pas.
Je regrette
Je suis triste
Je suis étonné(e)
Je suis désolé(e)

Continuons
Let's put our words together

21 Content(e) ou désolé(e)
Dites si vous êtes content(e) ou désolé(e)…

1. que Paul ne vienne pas.
2. qu'il connaisse votre sœur.
3. qu'il ait l'air triste.
4. qu'il ne sache pas votre numéro de téléphone.
5. qu'il veuille faire la connaissance de vos parents.
6. qu'il ne puisse pas vous fixer de rendez-vous.

22 Françoise vient ou pas? Répondez que oui.

1. Tu es triste que Françoise ne soit pas encore là?
2. Tu as peur qu'elle ne vienne pas?
3. Tu es content(e) qu'elle puisse venir?
4. Tu es étonné(e) qu'elle sache conduire?
5. Tu regrettes que son frère ne veuille pas l'accompagner?

Julie est contente que tu viennes à sa fête.

23 **Je suis contente qu'il vienne!** Répétez la conversation.

Virginie: Laurent vient pour Noël?

Anne: Oui. Je suis contente qu'il puisse venir, mais je suis triste que Stéphane ne vienne pas.

Virginie: Moi, ça m'étonne que Stéphane ne veuille pas venir.

24 **Contente?** Répondez d'après la conversation.

1. Anne est contente que Laurent vienne pour Noël?
2. Elle est triste que Stéphane ne vienne pas?
3. Virginie est étonnée que Stéphane ne veuille pas venir?

25 **Opinions et émotions** Donnez des réponses personnelles.

1. Je regrette que vous…
2. Je suis très étonné(e) qu'il…
3. Je suis désolé(e) que tu…
4. J'ai bien peur qu'ils…
5. Je ne suis pas du tout content(e) que tu…
6. Je suis vraiment furieux(se) qu'elle…

26 **Mes émotions** Travaillez avec un(e) camarade. Parlez de ce qui vous a étonné(e), désolé(e), etc. Vous pouvez utiliser les expressions suivantes.

J'ai été content(e) que   **J'ai été très étonné(e) que**

J'ai été furieux(se) que   **J'ai été désolé(e) que**

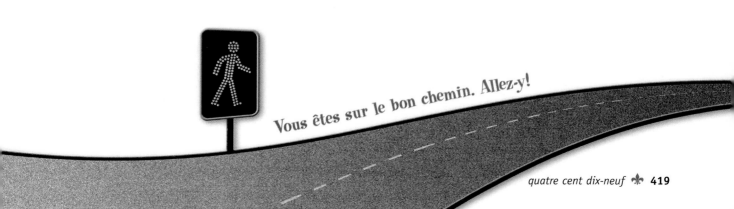

Vous êtes sur le bon chemin. Allez-y!

Conversation

Il faut qu'on s'habille.

Chloé: Qu'est-ce que tu vas mettre samedi?

Adrien: Samedi? Qu'est-ce qu'il y a samedi?

Chloé: Tu as déjà oublié? On va au mariage de la sœur de Cédric.

Adrien: Oh là, là. Il faut qu'on s'habille?

Chloé: Tu vas tout de même pas y aller en jean.

Adrien: Pourquoi pas? Elle est cool, la sœur de Cédric.

Chloé: Je serais très, très étonnée que ses amis aillent à son mariage en jean!

Adrien: Ben, il vaut mieux que j'y aille en jean que pas du tout.

Chloé: Je sais pas. Je crois qu'elle serait contente que tu fasses un petit effort.

Adrien: Un petit effort! Un pantalon, une chemise et une cravate, moi, j'appelle ça un ÉNORME effort!!!

Après la conversation

Répondez.

1. Qu'est-ce qu'il y a samedi?
2. Qu'est-ce que Chloé demande à Adrien?
3. Comment Adrien veut-il s'habiller?
4. Comment est la sœur de Cédric?
5. D'après Chloé, comment vont s'habiller les amis de la sœur de Cédric?
6. Qu'est-ce qu'elle aimerait qu'Adrien fasse?
7. Qu'est-ce qui est un grand effort pour Adrien?

Parlons un peu plus
Let's talk some more

A **Habillé ou pas habillé?** Travaillez avec un(e) camarade. Vous êtes invités à plusieurs fêtes—un mariage, une fête d'anniversaire chez un copain, un pique-nique avec des amis de vos parents. Parlez de ce que vous allez mettre à chaque occasion. Discutez si votre choix est approprié ou pas.

B **Une invitation de mariage** Vous êtes un(e) ami(e) d'Ida Solange Beugre et Jean-Luc Lamblin, un jeune couple d'Abidjan en Côte d'Ivoire. Vous avez reçu une invitation à leur mariage qui va avoir lieu le 18 décembre. Téléphonez à Ida ou Jean-Luc (votre camarade) pour lui dire si vous allez pouvoir assister à la cérémonie. Exprimez vos sentiments au sujet de son mariage. Ensuite posez-lui des questions sur les cérémonies civile et religieuse et la réception (ce que vous devez porter, qui va venir, etc.).

M. et Mme BEUGRE Richard   La famille LAMBLIN
La famille BEUGRE-DIOKE   La famille AHOGNY
La famille KOKORA   La famille ASSEMIEN Paul
Madame HEMERY Liliane   La famille AKE Etienne

ont la joie de vous faire part du mariage

de leur fille, petite-fille, nièce   de leur fils, petit-fils, neveu

Ida Solange   &   Jean-Luc

La cérémonie civile aura lieu le Samedi 18 Décembre, à 16 heures à l'Hôtel de Ville d'Abidjan suivie de la bénédiction nuptiale en l'église St Michel d'Adjamé

01 B.P. 3374 ABJ. 01
tel: 41 67 23

01 B.P. 6293 ABJ. 01
tel: 37 29 67

Lectures culturelles

Le savoir-vivre en France

Dans toutes les sociétés du monde, il existe des règles de politesse. Ces règles de politesse varient d'un pays à l'autre. Quand on se trouve dans un pays étranger, il faut faire attention de ne pas commettre de faux pas.

Les Français et les Américains

En général, on peut dire que les Français attachent plus d'importance aux convenances[1] que les Américains. Autrement dit, les Américains sont plus décontractés[2] que les Français.

Les salutations

Quand un Français rencontre qui que ce soit, un bon ami ou quelqu'un qu'il ne connaît pas très bien, ils se serrent la main. Les jeunes le font également quand ils se rencontrent. Il est assez rare que vous serriez la main à un bon ami, n'est-ce pas?

Les Français s'embrassent aussi pour se dire bonjour quand ils se connaissent bien. Ils s'embrassent sur les joues, pas sur les lèvres.

[1] convenances *social customs*   [2] décontractés *informal*

Tahiti   Elles s'embrassent.

Ils se serrent la main.

Les noms et les titres

Quand on dit bonjour, au revoir ou merci à quelqu'un, on doit ajouter monsieur, madame ou mademoiselle.

Aux États-Unis, on appelle tout le monde par son prénom. En France, non. On peut appeler une personne par son prénom, uniquement si on la connaît bien ou si cette personne est très jeune.

À table

Il est important de bien se tenir à table. Il est poli, par exemple, de mettre les poignets sur la table et de les garder là pendant tout le repas.

En France, on boit du café après le repas. Pendant le repas, on boit du vin[3] et de l'eau minérale.

[3] vin *wine*

Deux amies se rencontrent.

Sur la terrasse de l'hôtel Crillon à Paris

Après la lecture

Poli ou malpoli Indiquez si c'est poli ou pas en France.
1. appeler tout le monde par son prénom
2. embrasser quelqu'un qu'on connaît sur les joues
3. serrer la main pour dire bonjour
4. dire bonjour sans ajouter monsieur, madame ou mademoiselle
5. mettre les poignets sur la table

Le tutoiement

L'emploi du «tu» ou du «vous»—c'est-à-dire le tutoiement ou le vouvoiement—est très important en France. En général, on ne tutoie pas:

- un professeur
- un patron[1] ou une patronne
- une personne plus âgée
- un(e) commerçant(e)
- une personne qu'on ne connaît pas bien

Actuellement[2], les gens tutoient plus facilement. Les jeunes se tutoient toujours quand ils se parlent. D'une façon générale, il vaut mieux attendre qu'on vous tutoie avant de tutoyer quelqu'un. Sachez que les Français n'aiment pas qu'on les tutoient s'ils ne sont pas prêts à en faire autant[3].

[1] patron *boss*
[2] Actuellement *Nowadays*
[3] prêts à en faire autant *ready to do the same*

Ils se tutoient ou se vouvoient?

Madame vouvoie toujours ses clients?

Après la lecture

«Tu» ou «vous»? Expliquez en anglais le tutoiement et le vouvoiement. Cela existe-t-il en anglais?

Les salutations en Afrique occidentale

Les salutations dans les pays africains sont très importantes. Au Sénégal, par exemple, quand on parle wolof, la salutation est un rite qui dure au moins trente secondes. On dit «Que la paix[1] soit avec vous», «Vous avez la paix?», «Tout va bien pour vous?», «Comment sont les gens de votre communauté?» On pose des questions sur la famille, la santé, le travail, le temps, etc. Et toutes les réponses indiquent que tout va bien, qu'il n'y a pas de problèmes, même s'[2]il y en a.

En ville, les salutations faites en français sont plus courtes. Pour ne pas commettre de faux pas, il faut suivre une règle importante: il ne faut jamais commencer à parler affaires[3] en premier. D'autre part, si vous êtes chez des gens, il faut saluer cordialement tous les adultes présents.

Les hommes se serrent toujours la main quand ils se rencontrent. La poignée de main[4] est moins forte qu'en France, et elle est rare entre hommes et femmes. Comme en France, on embrasse les ami(e)s et même les connaissances sur les deux joues.

[1] paix *peace*
[2] même s' *even if*
[3] affaires *business*
[4] poignée de main *handshake*

Deux amies à Dakar au Sénégal

Après la lecture

La politesse Vrai ou faux?
1. Les Africains de nombreux pays posent beaucoup de questions quand ils se saluent.
2. Les salutations dans les pays d'Afrique occidentale sont très courtes.
3. On pose des questions sur la famille et le travail, par exemple.
4. On peut commencer à discuter affaires immédiatement.
5. Les femmes serrent la main aux hommes quand ils se rencontrent.
6. On s'embrasse dans les pays africains comme en France.

La Belgique

Tunisie

Maroc

Le Mali

CONNEXIONS

La littérature

Étiquette

Rules of politeness and etiquette vary greatly from one country to another. An interesting place to observe cultural differences related to customs and mores is on an elevator. In some countries, a person entering an elevator will stand near the person already on board. In other countries, the newcomer would step to the other side, leaving plenty of room between them. In some areas, people will greet a stranger in an elevator. In other areas, they say nothing. What would you do?

Pierre Daninos, a French humorist, wrote an essay entitled "Les Français dans l'ascenseur." Enjoy it!

L'auteur

Pierre Daninos est un humoriste français. Il est né à Paris en 1913. Pendant la Deuxième Guerre mondiale, il est officier de liaison dans l'armée britannique et voyage au Mexique et en Amérique du Sud. Il commence à publier en 1945. Mais c'est avec *Les carnets du Major Thompson* (1954) qu'il devient célèbre. Son héros est un Anglais, le Major Thompson qui observe les Français et ne cesse de s'étonner: ces Français sont vraiment très curieux. Le passage qui suit est un extrait du livre de Pierre Daninos intitulé *Les nouveaux carnets du Major Thompson*.

Les Français dans l'ascenseur

M. Chapoulot m'a dit à propos de ses rapports avec les locataires[1] de son immeuble: «C'est très simple: on ne s'adresse la parole dans l'ascenseur que[2] s'il tombe des cordes[3] «*Quel temps!*» ou si le soleil est radieux «*Quel temps!*»…

—Mais… le reste du temps… qu'est-ce qu'il se passe?

—Rien.»

Très impressionné par le coup de l'ascenseur, j'ai voulu, pour en avoir le cœur net[4], obtenir confirmation de M. Taupin. Il ne me l'a pas donnée, il est allé beaucoup plus loin:

[1] locataires *tenants*
[2] ne s'adresse la parole… que *only talk to each other*
[3] il tombe des cordes *it's pouring rain*
[4] en avoir le cœur net *to be sure*

«Vous ne le croirez pas, mon cher Major, mais moi qui vis depuis trente-deux ans dans le même immeuble, je mourrai[5], vous m'entendez, je mourrai, ou mon voisin de palier[6] le fera à ma place... sans que nous ne nous soyons jamais adressé la parole! On se salue, naturellement... Un petit coup de chapeau, et c'est fini. Chacun chez soi!

—Vous êtes fâchés?

—Absolument pas, c'est comme ça.

—Mais voyons... Vous habitez bien au cinquième?

—Oui.

—Alors, si vous prenez l'ascenseur en même temps?

—Eh bien! Nous montons... mais on ne se parle pas. S'il m'a fait entrer avant lui, je le laisserai sortir avant moi; en attendant, et on attend beaucoup car[7] cet ascenseur n'en finit pas de vous laisser en tête-à-tête, on joue avec ses clés. On regarde en l'air. On regarde par terre. On regarde sa montre. On fait semblant[8] de lire pour la dix-millième fois les *Instructions pour la manœuvre. Éloigner les enfants de la paroi lisse*[9]. On rêve de paroi lisse et d'enfance éloignée. On tripote[10] son chapeau. On le fait tourner. On soupire[11]. On regarde le bout de ses chaussures. On jette un coup d'œil[12] sur le journal—sans le lire, parce que ça, vraiment, ça ne serait pas poli. Mais on ne se parle pas.

—Mais le temps... M. Requillard m'a dit que tout de même s'il fait très, très mauvais...

—Eh bien... il a de la chance! Moi, j'ai dit une fois «Il fait une de ces chaleurs!» Mon voisin m'a répondu: «Pffh!» Un autre jour, j'ai dit: «Il fait un de ces froids!» Il m'a répondu «Ssss!» Depuis, je ne dis plus rien.»

Et c'est ainsi que, d'étage en étage, M. Taupin et son voisin monteront un jour au Ciel pour y goûter[13] la paix du silence éternel.

[5] je mourrai *I'll die*	[8] fait semblant *pretend*	[11] soupire *sigh*
[6] de palier *same floor*	[9] paroi lisse *shaft*	[12] coup d'œil *glance*
[7] car *because*	[10] tripote *fiddle with*	[13] goûter *taste, enjoy*

Après la lecture

A Dans l'ascenseur Répondez.

1. Quand est-ce qu'on adresse la parole à quelqu'un dans l'ascenseur en France?
2. Le reste du temps, qu'est-ce qu'on fait?
3. Depuis combien de temps M. Taupin habite-t-il dans le même immeuble?
4. Il parle à son voisin de palier dans l'ascenseur?
5. Son voisin lui a parlé quand M. Taupin a fait une remarque sur le temps?

B Et vous? Dites ce que vous faites quand vous prenez l'ascenseur avec d'autres personnes.

C'est à vous

Use what you have learned

PARLER

1 Comparaisons
✔ *Compare etiquette in France and the United States*

Travaillez avec un(e) camarade. Comparez les règles de politesse françaises et les règles de politesse américaines.

PARLER

2 Le savoir-vivre aux États-Unis
✔ *Talk about social etiquette*

Vous parlez à Flore et Romain, deux amis français. Flore et Romain vont faire un voyage aux États-Unis. Ils vous demandent de leur dire ce qu'ils doivent savoir pour ne pas faire de faux pas quand ils seront aux États-Unis.

ÉCRIRE

3 Tenez-vous bien!
✔ *Express opinions*

Travaillez avec un(e) camarade. Faites une liste de ce qu'il est bon, important ou nécessaire que vous fassiez tous les jours. Faites un classement par ordre d'importance.

ÉCRIRE
4

Le savoir-vivre en France
✔ *Describe French customs*

Imaginez que vous écrivez un petit livre sur le savoir-vivre en France. Faites une liste de ce qu'on doit faire pour être poli. Ensuite faites une liste de ce qu'on ne doit pas faire.

Writing Strategy

Writing an anecdote An anecdote is a story about a lesson learned through experience. Good anecdotes are short, grab the reader's interest, and make a valid point about life. They include the following narrative elements: characters, setting, problem or conflict, and resolution.

ÉCRIRE
5

À Rome il faut vivre comme les Romains.

Social customs vary from country to country. Sometimes while visiting another country you inadvertently do something humorous or embarrassing because you aren't familiar with the culture. Imagine that you are in a French-speaking country and such a situation occurs. Describe the characters and setting, what happened, and what you learned from the situation. Remember that anecdotes are short and interesting.

Vocabulaire

1 **Identifiez.**

To review **Mots 1,** turn to pages 406–407.

2 **Donnez un synonyme.**

   4. poli
   5. dire «tu» à quelqu'un

3 **Donnez quatre émotions.**

   6. être ____
   7. être ____
   8. être ____
   9. être ____

To review **Mots 2,** turn to pages 410–411.

4 **Complétez.**

10–11. —Je suis ____ de faire votre connaissance.
            —Moi ____.

Structure

5 Complétez.

12. Il est rare qu'elle ____ désagréable. (être)
13. Il vaut mieux que tu le ____ toi-même. (faire)
14. Il est important que vous leur ____. (écrire)
15. Il est possible qu'il te le ____. (dire)
16. Il est nécessaire que vous le ____. (trouver)
17. Il est impossible que nous ____ à l'heure. (arriver)

To review expressing opinions, turn to page 414.

6 Complétez.

18. Je suis triste qu'ils ne ____ pas. (venir)
19. Il ne veut pas que vous le ____. (savoir)
20. J'ai peur qu'il ne ____ pas. (comprendre)
21. Ils regrettent que tu ne ____ pas y assister. (pouvoir)
22. Je suis content qu'il ____. (payer)

To review these verbs in the subjunctive, turn to page 416.

Culture

7 C'est qui? Les Français ou les Américains?

23. Ils s'embrassent souvent sur les joues pour se dire bonjour.
24. Les jeunes ne se serrent presque jamais la main quand ils se rencontrent.
25. On appelle une personne par son prénom uniquement si on connaît bien cette personne.

To review this cultural information, turn to pages 422–423.

Ils se disent «au revoir».

Vocabulaire

Identifying more parts of the body

la joue	le doigt	le poignet
la bouche	le pouce	l'avant-bras (m.)
la lèvre	la main	le coude

Talking about polite and rude behavior

mal élevé(e), malpoli(e)	bruyant(e)	bousculer
bien élevé(e), poli(e)	le bruit	resquiller

Talking about table manners

la bouche	une serviette	s'essuyer
fermée	se tenir à table	faire du bruit
ouverte	manger	
pleine		

Talking about going out with friends

le tutoiement	se serrer la main
se tutoyer	s'embrasser
avoir rendez-vous	partager les frais
se retrouver	

How well do you know your vocabulary?

Choose five emotions from the list. Write a sentence for each one, describing your reaction to an event or situation—for example, meeting someone new, an evening out with friends, or a situation where someone behaved rudely.

Describing some emotions

une émotion	désolé(e)
étonné(e)	regretter
content(e)	avoir peur
furieux(se)	avoir l'air
triste	

Introducing people to each other

présenter	Je suis enchanté(e)
faire la connaissance de	Moi de même.

Other useful words and expressions

il vaut mieux

Technotour
BON VOYAGE!

VIDÉO • Épisode 13

Avant de visionner

In this video episode, Manu and "Emmanuel" claim to be experts on etiquette.

Est-ce que Manu est bien élevé?

«Emmanuel» sait comment se tenir à table.

FRENCH ONLINE

À découvrir

Learn more about French social customs online.

Il est important de bien se tenir à table.

In the Chapter 13 Internet activity, you will have a chance to learn more about etiquette in France. To begin your virtual adventure, go to the Glencoe French Web site: **french.glencoe.com**

CHAPITRE
14

Les professions et les métiers

Objectifs

In this chapter you will learn to:

- ✔ *talk about professions*
- ✔ *apply for a job*
- ✔ *express doubt*
- ✔ *express wishes about yourself and others*
- ✔ *express certainty and uncertainty*
- ✔ *discuss the advantages of learning French for future employment*

Fernand Léger *Les constructeurs*

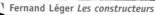

Jacques-Yves Cousteau
1910-1997
3,00F+0,60F 0,55€

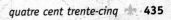

Vocabulaire

Un lieu de travail 🎧

une informaticienne

un bureau

une secrétaire =
une assistante
administrative

un chef
de service

un comptable

Elle est cadre. Elle dirige des employés.
C'est une femme d'affaires.

Des professions 🎧

un ingénieur

un cinéaste

un écrivain

une architecte

une journaliste

une assistante sociale — un fonctionnaire

un commerçant — un magasin

Un fonctionnaire travaille pour
l'État (le gouvernement).
Une assistante sociale s'occupe
des gens qui ont besoin d'aide.

un tribunal — un juge — une avocate

Des métiers 🎧

un électricien — un menuisier — un plombier — un peintre (en bâtiment)

Un électricien répare les lampes.
Un peintre peint des murs.
Un plombier répare les tuyaux.
Un menuisier fait des meubles et des placards.

Commençons
Let's use our new words

1 **Les lieux de travail** Identifiez d'après les dessins.

1. C'est une école ou un bureau?

2. C'est un bureau ou une usine?

3. C'est une mairie ou une église?

4. C'est un hôpital ou une pharmacie?

5. C'est un supermarché ou un magasin?

6. C'est un tribunal ou une ferme?

2 **Qui fait ce travail?** Trouvez les mots qui correspondent.

1. celui/celle qui aide un chirurgien
2. celui/celle qui répare les lampes
3. celui/celle qui fait le programme d'un ordinateur
4. celui/celle qui défend les criminels au tribunal
5. celui/celle qui vend des marchandises
6. celui/celle qui tient les livres de comptes
7. celui qui répare les éviers, les lavabos, les toilettes
8. celui qui fait des placards, des tables, des chaises
9. celui qui dirige des employés
10. celui qui crée des routes, des bâtiments, etc.

a. un(e) comptable
b. un ingénieur
c. un(e) vendeur(se)
d. un cadre
e. un(e) avocat(e)
f. un(e) informaticien(ne)
g. un(e) infirmier(ère)
h. un(e) électricien(ne)
i. un plombier
j. un menuisier

3 **Qui travaille où?** Répondez. Utilisez toutes les professions ou métiers que vous connaissez.

1. Qui écrit des livres?
2. Qui fait des films?
3. Qui écrit des articles pour un journal?
4. Qui dessine les bâtiments?
5. Qui peint les bâtiments?
6. Qui travaille dans une mairie?
7. Qui travaille dans un hôpital?
8. Qui travaille dans un bureau?
9. Qui travaille dans un tribunal?
10. Qui travaille dans une pharmacie?
11. Qui travaille dans un hôtel?
12. Qui travaille dans un théâtre?
13. Qui travaille dans un magasin?
14. Qui travaille dans une station-service?

Des architectes

4 **Une profession** Travaillez avec un(e) camarade. Parlez des métiers ou professions qui vous intéressent. Expliquez pourquoi.

Des avocats

5 **Jeu** **Je pense à...**
Pensez à une profession ou à un métier. Votre camarade doit vous poser au maximum cinq questions pour essayer de deviner la profession à laquelle vous pensez. Ensuite changez de rôle.

For more practice using words from ***Mots 1***, *do Activity 20 on page H21 at the end of this book.*

Vocabulaire

Mots 2

Au bureau de placement 🎧

une carrière ⎯⎯⎯⎯

COMPTABILITÉ

➪ SOCIÉTÉ MONÉGASQUE recherche comptable connaissant salaires, déclarations sociales, expérience souhaitée. Envoyer lettre + CV + photo : à l'attention du service du Personnel, MERCURE INTERNATIONAL, 9 rue du Gabian, 98000 Monaco.

une petite annonce

un entretien

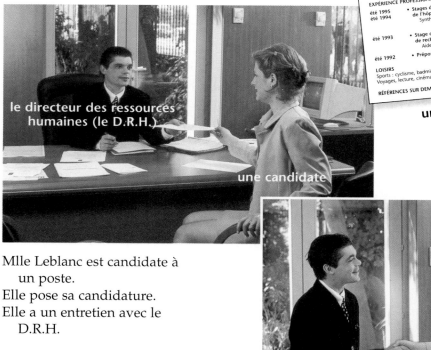

le directeur des ressources humaines (le D.R.H.)

une candidate

un curriculum vitæ (un C.V.)

CURRICULUM VITÆ

Jean Desjardins
25, avenue de l'Université
Outremont (Québec) H3T 1T3
Téléphone : (514) 652.3530
Courrier électronique : jeandesj@ere.umont.ca

FORMATION
1993–1996 Baccalauréat spécialisé en biochimie
Université cle Montréal

1991–1993 Diplôme d'études collégiales et baccalauréat international
Concentration sciences naturelles
Collège Jean-de-Brébeuf

1986–1991 Diplôme d'études secondaires
Collège Jean-de-Brébeuf

BOURSES
1994 • Bourse d'excellence de la fondation Rose-Daoust-Duquette
1993–1994–1995 • Bourse Canada

RÉALISATIONS
1991–1996 • Implication active pour la promotion des sciences au collège Jean-de-Brébeuf
Juge au concours scientifique annuel du collège Brébeuf
Membre fondateur d'un club sciences au collégial
1992 • Projet d'innovation scientifique « Cholestérol en excès : une solution? »
Médaille d'or à l'Expo-Sciences pancanadienne (niveau national),
catégorie « sciences de la vie »
1990 • Projet d'expérimentation scientifique : « Déplacement linéaire par magnétisme »
1er prix de l'Expo-Sciences de Montréal
Médaille de l'Association canadienne-française pour l'avancement des sciences (ACFAS)

EXPÉRIENCE PROFESSIONNELLE
été 1995 • Stages d'été à temps plein au laboratoire de neuroendocrinologie
été 1994 de l'hôpital Notre-Dame
Synthèse de peptides en phase solide à la main et à la machine
été 1993 • Stage d'été à temps plein au laboratoire de génie biomédical de l'Institut
de recherches cliniques de Montréal
Aide à la mise au point d'un stéthoscope électronique
été 1992 • Préposé aux bénéficiaires au Centre d'accueil Marcelle-Ferron

LOISIRS
Sports : cyclisme, badminton, plongée sous-marine, ski de fond, musculation
Voyages, lecture, cinéma, musique

RÉFÉRENCES SUR DEMANDE

Mlle Leblanc est candidate à un poste.
Elle pose sa candidature.
Elle a un entretien avec le D.R.H.

Elle est libre immédiatement.
Elle peut commencer à travailler demain.

On travaille. 🎧

une entreprise

une multinationale

une grosse société

un employeur

un salaire

un stagiaire

une employée

Philippe fait un stage.
Un stagiaire est une personne qui travaille pour
avoir de l'expérience.

Elle travaille à plein temps (35 heures par semaine).
Elle travaille pour une grosse société.
Une grosse société a beaucoup d'employés.

Il travaille à mi-temps (20 heures par
semaine).

être à son compte

Elle ne travaille pas pour une entreprise.
Elle est à son compte.

Il est au chômage. Il est chômeur. Il n'a pas
de travail.
Il y a chômage quand il n'y a pas d'emplois.

Commençons
Let's use our new words

6 **Historiette** **Elle cherche du travail.**
Répondez d'après les indications.

1. Mme Robert cherche du travail? (oui)
2. Qu'est-ce qu'elle lit? (une annonce dans le journal)
3. Quelle compagnie cherche des candidats? (France Télécom)
4. C'est une grosse société ou une multinationale? (une grosse société)
5. Que fait Mme Robert? (poser sa candidature)
6. Qu'est-ce qu'elle donne à la directrice des ressources humaines? (son curriculum vitæ)
7. Elle a des références? (bien sûr)
8. Mme Robert est diplômée en quoi? (informatique)
9. Qu'est-ce qu'elle va avoir? (un entretien)
10. Quand est-ce qu'elle peut commencer à travailler? (tout de suite)

Une femme d'affaires

7 **Définitions** Trouvez les mots qui correspondent.

1. les petites annonces
2. un poste
3. être à son compte
4. être libre immédiatement
5. travailler à plein temps
6. être au chômage
7. travailler à mi-temps
8. un bureau de placement
9. une entreprise
10. un(e) employé(e)
11. une carrière

a. travailler environ 20 heures par semaine
b. un emploi
c. être sans travail
d. ce qu'on lit dans le journal quand on cherche du travail
e. une société
f. le lieu où on va quand on cherche du travail
g. pouvoir commencer à travailler tout de suite
h. travailler pour soi
i. quelqu'un qui travaille pour un employeur
j. travailler 35 heures par semaine
k. la profession qu'on choisit pour la vie

8 **Mon travail** Donnez des réponses personnelles.

1. Tu travailles ou tu aimerais travailler? Où?
2. À plein temps ou à mi-temps?
3. Tu as ou tu aimerais avoir un bon salaire?
4. Qu'est-ce que tu fais ou ferais de ton argent?
5. Tu aimerais faire un stage pour avoir de l'expérience?

Au bureau

9 **Un entretien** Vous êtes le/la D.R.H. d'une grosse société. Votre camarade veut faire un stage dans votre société. Il/Elle vient pour un entretien. Vous lui posez des questions sur ses études, son expérience, ses intérêts, ses talents. Ensuite changez de rôle.

Un entretien

Netgem

Netgem, premier fournisseur mondial de solutions et technologies dans le secteur de la convergence de l'Internet et du téléviseur, recherche:

Un(e) Responsable Communication Interne

De Langue Maternelle Anglaise ou parfaitement bilingue

- Mise en place des outils (journal interne, guide, formation)
- Accueil des nouveaux collaborateurs
- Animation de l'Intranet
- Organisation d'événements internes et externes

De formation supérieure Communication ou RH, vous bénéficiez d'une expérience similaire d'au moins 5 ans en environnement international.

Merci d'adresser votre CV et prétentions à:
Netgem, Sarah DUPONT
27 rue d'Orléans - 92 200 NEUILLY
sdt@netgem.com

Structure

Expressing doubt
Le subjonctif après les expressions de doute

1. In French, any verb or expression that implies doubt, uncertainty, or disbelief about present and future actions is followed by the present subjunctive.

Je doute	
Je ne pense pas	
Je ne crois pas	
Je ne suis pas sûr(e)	
Je ne suis pas certain(e)	qu'ils soient là.
Ça m'étonnerait	
Il n'est pas évident	
Il n'est pas sûr	
Il n'est pas certain	
Il est peu probable	

L'université McGill à Montréal

2. Note that many expressions of uncertainty or disbelief are actually expressions of certainty or belief in the negative. You use the indicative with expressions of certainty or belief. Compare the following pairs of sentences.

Certainty → Indicative	Uncertainty → Subjunctive
Elle est sûre qu'il aura un travail.	Elle n'est pas sûre qu'il ait un travail.
Elles croient qu'il est ingénieur.	Elles ne croient pas qu'il soit ingénieur.
Il est certain qu'il fera beau.	Il n'est pas certain qu'il fasse beau.

Continuons
Let's put our words together

10 **Historiette** **Ça m'étonnerait.** Répondez selon le modèle.

> Il faut que Juliette lise les petites annonces.

> Ça m'étonnerait que Juliette lise les petites annonces.

1. Il faut que Juliette fasse un stage.
2. Il faut que Juliette envoie son C.V.
3. Il faut que Juliette écrive une lettre.
4. Il faut que Juliette ait un entretien.
5. Il faut que Juliette ait un travail.
6. Il faut que Juliette veuille travailler.

11 **Tu crois?** Suivez le modèle.

—**Finir ses études! Nathalie?**
—**Oui, je crois qu'elle finira ses études. J'en suis certain(e).**

1. Aller à l'université! Paul?
2. Recevoir un diplôme! Annette?
3. Travailler dans une grosse société! Julie?
4. Gagner beaucoup d'argent! Alexandre?
5. Bien réussir! Stéphane?
6. Voyager! Mélanie?

L'université de Yaoundé au Cameroun

Un amphithéâtre à la Sorbonne

12 **Historiette** **Un mariage** Répondez en utilisant **Je crois que** ou **Je ne crois pas que.**

1. Ton meilleur ami ou ta meilleure amie va bientôt se marier?
2. Il/Elle aura deux cérémonies de mariage?
3. Tu seras son garçon d'honneur/sa demoiselle d'honneur?
4. La réception aura lieu dans un grand hôtel?
5. Tu lui feras un très beau cadeau?

---

mariages

**M. et Mme
Romain KOSINSKI
M. et Mme
Hubert de LATAILLADE**

sont heureux de vous faire part
du mariage de leurs enfants

Hélène et Jean

qui sera célébré le samedi
3 juin, à 16 h 30, en l'église de
Saint-Lons-les-Mines (Landes).

---

13 **Certain ou pas certain?**
Répondez d'après les indications.

1. Paul va aller à l'université? (Je crois)
2. Il finira ses études? (Il est probable)
3. Il aimera tous ses cours? (Je ne suis pas sûr)
4. Il sera avocat? (Ça m'étonnerait)
5. Il deviendra médecin? (Il est peu probable)
6. Il sera ingénieur? (Je crois)

Un ingénieur

14 **Mon avenir** Travaillez avec un(e) camarade. Parlez de ce qui vous arrivera probablement plus tard—votre profession, votre famille, etc. Parlez aussi de ce qui ne vous arrivera certainement pas. Vous pouvez utiliser les mots suivants.

je crois que	**il est probable que**
je ne crois pas que	**ça m'étonnerait que**

Expressing wishes about oneself and others
L'infinitif ou le subjonctif

You use the subjunctive when the subject of the second clause and the subject of the main clause are not the same. You use the infinitive when there is only one subject. Compare the following.

Different subjects	Same subject
J'aimerais que tu sois informaticien.	J'aimerais être informaticien.
Il voudrait que vous réussissiez dans la vie.	Il voudrait réussir dans la vie.

Continuons
Let's put our words together

15 **La même personne ou quelqu'un d'autre?**
Inventez des réponses.

1. Maman veut dormir un peu?
2. Elle veut que tu dormes?
3. Ton frère aime mieux sortir seul?
4. Ton frère aime mieux que tu sortes avec lui?
5. Thomas veut faire ses devoirs?
6. Il veut que tu lui fasses ses devoirs?
7. Florence veut acheter un dictionnaire ou elle veut que tu l'achètes?
8. Tu veux venir avec nous ou tu veux que Christine vienne à ta place?

Le rallye Paris-Dakar

16 **Ils le veulent.**
Répondez d'après le modèle.

—**Ils veulent que tu y ailles.**
—**Oui, je sais. Et je veux y aller.**

1. Ils veulent que tu fasses le voyage.
2. Ils veulent que tu viennes avec eux.
3. Ils veulent que tu conduises.
4. Ils veulent que tu prennes ta voiture.
5. Ils veulent que tu achètes une carte.
6. Ils veulent que tu partes immédiatement.

17 Vous préférez… ? Dites si vous préférez…

1. avoir un entretien ou envoyer votre C.V.
2. travailler pour une grosse société ou être à votre compte
3. travailler à mi-temps ou à plein temps
4. être stagiaire ou être employé(e)
5. être informaticien(ne) ou avocat(e)
6. travailler ou être au chômage
7. rester tout le temps au bureau ou faire des voyages d'affaires de temps en temps

18 Mon week-end Travaillez avec un(e) camarade. Parlez de ce que vous voulez faire ce week-end. Ensuite, parlez de ce que vos parents respectifs veulent que vous fassiez.

Un homme d'affaires

Expressing certainty and uncertainty
Le subjonctif dans les propositions relatives

1. You know that clauses introduced by the relative pronouns **qui** and **que** describe people or things.

> **Nous avons un secrétaire qui parle très bien le français.**
> **Nous avons un chef que nous aimons beaucoup.**

2. You will sometimes use the subjunctive in a relative clause. The subjunctive indicates uncertainty—it is not certain that you will be able to find the person or thing in question. However, if there is no doubt, you use the indicative in the relative clause. Compare the following.

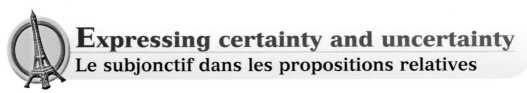

Certainty → Indicative	Uncertainty → Subjunctive
Elle a un ami qui sait conduire.	Elle cherche quelqu'un qui sache conduire.
J'ai un métier qui est intéressant.	Je voudrais un métier qui soit intéressant.

Continuons
Let's put our words together

19 **H**istoriette **On cherche un représentant.** Répondez que oui.

1. La société Matras cherche un représentant?
2. Ils ont un poste qui paie bien?
3. Ils cherchent quelqu'un qui ait de l'expérience en marketing?
4. Ils veulent quelqu'un qui ait voyagé?
5. Ils ont besoin d'une personne qui connaisse des langues?
6. Ils cherchent un candidat qui soit libre immédiatement?

20 **H**istoriette **Certaines qualifications** Complétez.

La société Calmant cherche quelqu'un qui __1__ (avoir) de l'expérience, qui __2__ (parler) bien le français et l'anglais et qui __3__ (pouvoir) voyager. Le directeur des ressources humaines m'a dit qu'ils avaient besoin de quelqu'un qui __4__ (être) libre immédiatement. Ils ont eu beaucoup de candidats. Finalement, ils ont trouvé une candidate qui __5__ (avoir) de l'expérience, qui __6__ (vouloir) et qui __7__ (pouvoir) commencer à travailler immédiatement. Malheureusement, elle parle seulement le français et la société continue à chercher quelqu'un qui __8__ (savoir) parler anglais et qui __9__ (connaître) le marché américain.

DIRECTEUR
DES RESSOURCES HUMAINES

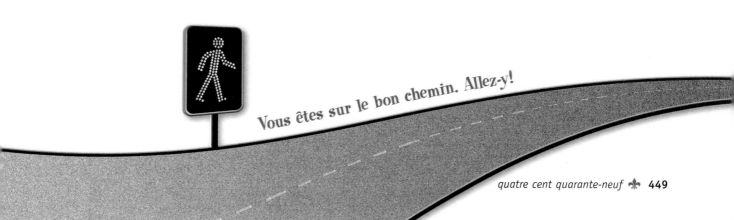

Vous êtes sur le bon chemin. Allez-y!

Conversation

Au bureau de placement

Conseillère: Je trouve votre C.V. très intéressant. Vous cherchez quel genre de travail?

Sandrine: J'aimerais travailler dans une grosse société. Mais… j'aimerais tout de même qu'il y ait des possibilités d'avancement.

Conseillère: Je crois que j'ai un poste qui pourrait vous intéresser. Mais il faut quelqu'un qui sache parler anglais.

Sandrine: Pas de problème. J'ai vécu deux ans à New York.

Conseillère: Parfait. C'est avec une société multinationale américaine, ici à Paris. Mais il faut pouvoir voyager.

Sandrine: Voyager? Pas de problème. J'aime beaucoup ça.

Conseillère: Alors, je vais leur faxer votre C.V. et arranger un entretien.

Sandrine: Merci beaucoup, madame.

Conseillère: Je vous en prie. Et ne vous en faites pas, je suis sûre que tout se passera très bien.

Après la conversation

Répondez d'après la conversation.

1. Où est Sandrine?
2. Qu'est-ce qu'elle aimerait faire?
3. Pourquoi Sandrine parle-t-elle anglais?
4. Quel genre de société cherche un(e) candidat(e)?
5. Est-ce qu'il faut voyager?
6. C'est un problème pour Sandrine?
7. Qu'est-ce que la conseillère va faire du C.V. de Sandrine?

Parlons un peu plus
Let's talk some more

A **Un poste idéal** Travaillez avec un(e) camarade. Décrivez-lui ce qui serait pour vous un poste idéal. Ensuite changez de rôle.

Ils tournent un film.

B **Possibilités de carrières** Travaillez avec un(e) camarade. Préparez chacun une liste des choses qui vous intéressent et une liste des cours que vous aimez. Comparez vos listes et voyez si vous avez des intérêts communs. Parlez ensuite des carrières qui vous intéresseraient.

C **Un entretien** Lisez les petites annonces et choisissez-en une qui vous intéresse. Votre camarade vous accordera un entretien pour ce poste. Préparez ensemble votre conversation et présentez-la à la classe.

RESTAURANT, Nice, 120 couverts, cuisine locale et traditionnelle, recherche chef de cuisine à l'année, libre début août, références éxigées. Envoyer CV + prétentions : 38 Bd Victor Hugo, 06000 Nice.

ÉCOLE DE LANGUES recherche professeur anglais / américain, langue maternelle, large expérience adultes et anglais des affaires. CV : EUROSUD, 208 route de Grenoble, 06200 Nice, 00335799 qui transmettra.

Lectures culturelles

Un jeune homme appelé Bobby

Cette histoire est une histoire vraie. Bobby, qu'on appelle aujourd'hui Robert, est américain. Il est allé dans une école publique américaine où il a fait quatre ans de français. Il a continué ses études de français à l'université où il s'est spécialisé en sciences politiques.

Après avoir été diplômé, Bobby est entré au service du Corps de la Paix[1]. Il a passé quelques mois de formation[2] dans le Vermont. Ensuite il est allé travailler au Sénégal, où il a appris aux paysans d'un village à construire des routes.

Après ses deux ans de bénévolat[3] au Corps de la Paix, il a passé un examen pour entrer au Ministère des Affaires Étrangères[4].

Bobby a réussi à son examen et il a commencé à travailler au Ministère des Affaires Étrangères. Comme il était intelligent et sérieux, il a très vite reçu de l'avancement[5]. Il a été nommé consul au Mali et attaché culturel en France. Et aujourd'hui, Bobby est ambassadeur.

[1] Corps de la Paix *Peace Corps*
[2] formation *training*
[3] bénévolat *volunteer work*
[4] Ministère des Affaires Étrangères *State Department*
[5] avancement *promotion*

L'ambassade des États-Unis à Bamako au Mali

Tahiti

Un jeune Américain du Corps de la Paix au Mali

Haïti

Un bénévole du Corps
de la Paix au Mali

Où a débuté l'illustre carrière diplomatique de Bobby? D'après lui, tout a commencé lorsqu'il était en neuvième et qu'il a choisi de faire du français!

Vous aimeriez faire une carrière comme celle de Bobby? Vous pourriez bien un jour être attaché culturel ou même ambassadeur dans un pays francophone. Qu'en pensez-vous? Avoir un poste qui paie bien et permet de voir le monde en même temps, ça vous intéresserait?

Après la lecture

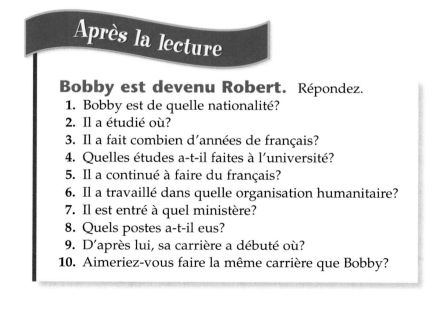

Bobby est devenu Robert. Répondez.

1. Bobby est de quelle nationalité?
2. Il a étudié où?
3. Il a fait combien d'années de français?
4. Quelles études a-t-il faites à l'université?
5. Il a continué à faire du français?
6. Il a travaillé dans quelle organisation humanitaire?
7. Il est entré à quel ministère?
8. Quels postes a-t-il eus?
9. D'après lui, sa carrière a débuté où?
10. Aimeriez-vous faire la même carrière que Bobby?

La Belgique

La Tunisie

Le Maroc

Le Mali

Le Sénégal

Le français et votre carrière

Vous ne savez pas si le français vous sera utile dans votre carrière parce qu'il est possible que vous n'ayez pas encore décidé ce que vous ferez ni où vous travaillerez quand vous aurez votre diplôme. Mais il n'y a pas de doute que la connaissance d'une langue étrangère comme le français sera un atout[1].

Une agence immobilière à Auxerre

De nos jours, le commerce international est d'importance majeure. Ainsi, de nombreuses grosses sociétés américaines sont devenues multinationales. C'est-à-dire qu'elles se sont implantées à l'étranger[2]. Pour cette raison, il est possible que vous soyez engagé(e)[3] par une compagnie ou société américaine et que votre bureau se trouve dans un pays francophone.

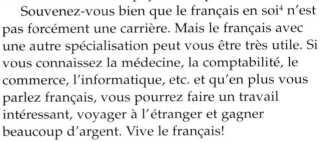

Souvenez-vous bien que le français en soi[4] n'est pas forcément une carrière. Mais le français avec une autre spécialisation peut vous être très utile. Si vous connaissez la médecine, la comptabilité, le commerce, l'informatique, etc. et qu'en plus vous parlez français, vous pourrez faire un travail intéressant, voyager à l'étranger et gagner beaucoup d'argent. Vive le français!

[1] atout *advantage*
[2] à l'étranger *abroad*
[3] engagé(e) *hired*
[4] en soi *in itself*

Une tour à la Défense

Après la lecture

Votre carrière Répondez.
1. Croyez-vous que le français vous sera utile dans votre carrière?
2. Vous avez choisi une carrière? Si oui, quelle carrière avez-vous choisie?
3. De nos jours qu'est-ce qui est très important?
4. Que sont devenues de nombreuses grosses sociétés américaines?
5. Qu'est-ce qui est un outil très utile?

Petites annonces

Lisez les petites annonces suivantes:

Société de presse recherche 2 jeunes journalistes bilingues (fr./ang.) connaissant le secteur des technologies avec cinq ans d'expérience dans la profession.
Adresser lettre de motivation, CV et photo, sous réf. 103 à :
Le Monde Publicité,
21 bis, rue Claude-Bernard,
BP 218, 75226 Paris Cedex 05.

➪ GROUPE international de travail temporaire recrute son assistant(e) d'agence sur Paris, jeune, motivé(e), Bac à Bac + 2, 2 ans d'expérience minimum dans fonction similaire. Envoyer CV + lettre de motivation à Michelle Breton, 90 Bd Raspail, 75006 Paris.

Après la lecture

A Groupe international Répondez.
1. C'est un groupe de quoi?
2. Qu'est-ce qu'il recrute?
3. Où est l'agence?
4. Il faut avoir combien d'années d'expérience?
5. Qu'est-ce qu'il faut envoyer? À quelle adresse?

B Société de presse Répondez.
1. Qu'est-ce que la société recherche?
2. Il faut parler quelles langues?
3. Il faut combien d'années d'expérience?
4. Où faut-il envoyer la lettre de motivation?

La Belgique

La Tunisie

Le Maroc

Le Mali

CONNEXIONS

Les sciences sociales

L'économie

Economics is the science that deals with the production, distribution, and consumption of goods and services for the welfare of humankind. It is an interesting and complex science because people need or desire all kinds of goods and services. However, we do not have at our disposal the resources we need to produce all that society would like to have. For this reason, economists provide the information necessary to those who must make decisions as to what will and will not be produced.

Hédiard, une épicerie fine à Paris

Qu'est-ce que l'économie?

Qu'est-ce que l'économie? On peut définir l'économie de plusieurs manières. L'économie, c'est l'étude des décisions que l'on prend en matière de production, de distribution et de consommation de biens[1] et services. C'est l'étude des décisions que prend la société quand elle détermine ce qui va être produit et pour qui. L'économie traite aussi de l'utilisation et du contrôle des ressources pour satisfaire les nécessités et les désirs des êtres humains. C'est un aspect important de l'économie parce que nos ressources sont limitées mais les besoins et les désirs des êtres humains n'ont pas de limite.

Les besoins des êtres humains peuvent être de première nécessité comme la nourriture, le logement et les vêtements. Il y a d'autres besoins qui ne sont pas de première nécessité, comme les voyages ou les châteaux, mais ces besoins sont importants pour certains individus. Les besoins et les désirs humains n'ont pas de limite, mais les ressources, elles, sont limitées. En réalité, il y a une rareté[2] de ressources.

[1] biens *goods*　　[2] rareté *scarcity*

Une bijouterie à Paris

Une usine de camions à Anger

Les ressources économiques

Les ressources économiques représentent l'ensemble des ressources naturelles, des ressources financières (le capital), des ressources humaines (la main-d'œuvre[3]) et des ressources manufacturées (fabriquées) qu'on utilise pour la production de biens et la création et la distribution de services. Les ressources naturelles sont les matières premières[4], ce qui vient de la terre. Les ressources manufacturées ou fabriquées incluent les usines, les édifices commerciaux et tout l'équipement mécanique et technique. Les ressources humaines sont la main-d'œuvre—professionnelle, technique, administrative et ouvrière. Les ressources financières, c'est-à-dire le capital, c'est tout simplement l'argent disponible[5].

Le manque à gagner[6]

Puisque[7] toutes les ressources sont limitées, il est impossible de donner à la société tous les biens et services qu'elle désire. La rareté de matériels et de ressources nous oblige à choisir ce qu'on va produire. Si on décide de produire un bien avec les ressources disponibles, on perd l'occasion de produire un autre bien. Cette occasion manquée[8] s'appelle «le manque à gagner». Par exemple, si toute une usine produit des téléviseurs, cette usine ne peut pas fabriquer de réfrigérateurs. C'est le manque à gagner. Il faut toujours considérer le manque à gagner quand on prend une décision économique.

Une plate-forme pétrolière

[3] main-d'œuvre *workforce*
[4] matières premières *raw materials*
[5] disponible *available*

[6] manque à gagner *opportunity cost*
[7] Puisque *Since*
[8] occasion manquée *missed opportunity*

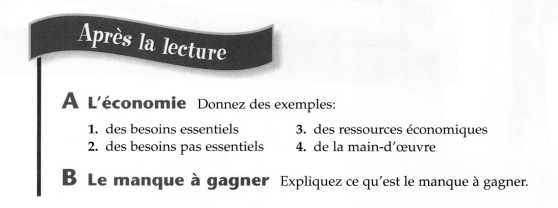

Après la lecture

A L'économie Donnez des exemples:

1. des besoins essentiels
2. des besoins pas essentiels
3. des ressources économiques
4. de la main-d'œuvre

B Le manque à gagner Expliquez ce qu'est le manque à gagner.

C'est à vous

Use what you have learned

PARLER
1 **_Career Day_**

✔ *Talk about the advantages of learning French for your future employment*

C'est *Career Day* dans votre école. Votre professeur vous a demandé de préparer un petit discours sur l'importance des langues étrangères. Dans votre discours, dites pourquoi le français peut vous être utile plus tard. Présentez votre discours à une autre classe de français.

PARLER
2 **Voulez-vous travailler à l'étranger?**
✔ *Talk about professions*

Travaillez avec un(e) camarade. Demandez-lui s'il/si elle aimerait travailler pour une société multinationale et pourquoi. Si votre camarade dit oui, demandez-lui s'il/si elle aimerait travailler à l'étranger ou aux États-Unis et pour quelles raisons.

La tour Elf à la Défense

ÉCRIRE

3 Mon C.V.
✔ *Apply for a job*

Préparez votre C.V. en français. Il faut donner les détails suivants: nom, adresse, scolarité, talents, intérêts, une petite description du genre de travail qui vous intéresse, ce que vous aimeriez comme travail.

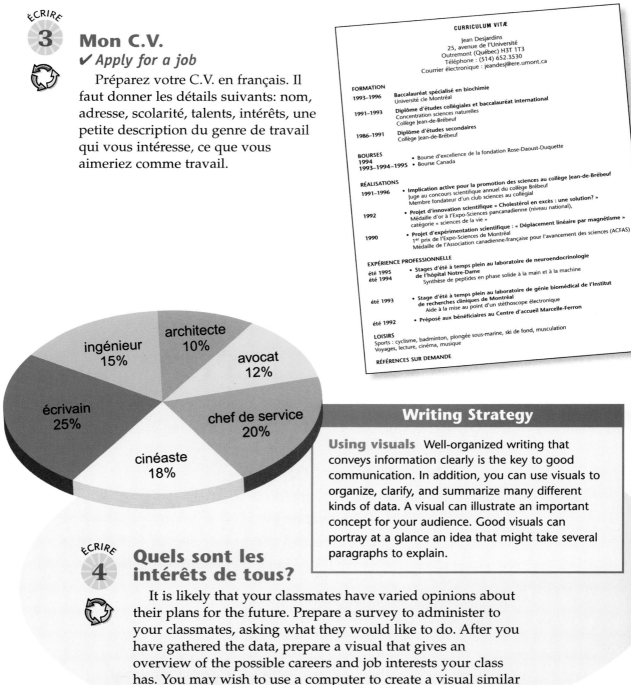

CURRICULUM VITÆ

Jean Desjardins
25, avenue de l'Université
Outremont (Québec) H3T 1T3
Téléphone : (514) 652.3530
Courrier électronique : jeandesj@ere.umont.ca

FORMATION
1993–1996 Baccalauréat spécialisé en biochimie
Université cle Montréal

1991–1993 Diplôme d'études collégiales et baccalauréat international
Concentration sciences naturelles
Collège Jean-de-Brébeuf

1986–1991 Diplôme d'études secondaires
Collège Jean-de-Brébeuf

BOURSES
1994 • Bourse d'excellence de la fondation Rose-Daoust-Duquette
1993–1994–1995 • Bourse Canada

RÉALISATIONS
1991–1996 • Implication active pour la promotion des sciences au collège Jean-de-Brébeuf
Juge au concours scientifique annuel du collège Brébeuf
Membre fondateur d'un club sciences au collégial

1992 • Projet d'innovation scientifique « Cholestérol en excès : une solution? »
Médaille d'or à l'Expo-Sciences pancanadienne (niveau national),
catégorie « sciences de la vie »

1990 • Projet d'expérimentation scientifique : « Déplacement linéaire par magnétisme »
1er prix de l'Expo-Sciences de Montréal
Médaille de l'Association canadienne-française pour l'avancement des sciences (ACFAS)

EXPÉRIENCE PROFESSIONNELLE
été 1995 • Stages d'été à temps plein au laboratoire de neuroendocrinologie
été 1994 de l'hôpital Notre-Dame
Synthèse de peptides en phase solide à la main et à la machine

été 1993 • Stage d'été à temps plein au laboratoire de génie biomédical de l'Institut
de recherches cliniques de Montréal
Aide à la mise au point d'un stéthoscope électronique

été 1992 • Préposé aux bénéficiaires au Centre d'accueil Marcelle-Ferron

LOISIRS
Sports : cyclisme, badminton, plongée sous-marine, ski de fond, musculation
Voyages, lecture, cinéma, musique

RÉFÉRENCES SUR DEMANDE

architecte 10%
avocat 12%
chef de service 20%
cinéaste 18%
écrivain 25%
ingénieur 15%

Writing Strategy

Using visuals Well-organized writing that conveys information clearly is the key to good communication. In addition, you can use visuals to organize, clarify, and summarize many different kinds of data. A visual can illustrate an important concept for your audience. Good visuals can portray at a glance an idea that might take several paragraphs to explain.

ÉCRIRE

4 Quels sont les intérêts de tous?

It is likely that your classmates have varied opinions about their plans for the future. Prepare a survey to administer to your classmates, asking what they would like to do. After you have gathered the data, prepare a visual that gives an overview of the possible careers and job interests your class has. You may wish to use a computer to create a visual similar to the one above.

Vocabulaire

1 Identifiez.

To review **Mots 1,** turn to pages 436–437.

1–2.

3.

4.

2 Choisissez.

5. un tribunal   a. un cinéaste
6. un film   b. une commerçante
7. une mairie   c. un juge
8. un magasin   d. une fonctionnaire

To review **Mots 2,** turn to pages 440–441.

3 Donnez le mot.

9. pas occupé
10. une grosse société avec des bureaux dans plusieurs pays
11. une personne qui n'a pas de travail
12. une personne qui travaille pour avoir de l'expérience

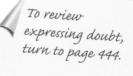

Structure

4 Complétez chaque phrase.

13. Je suis sûr(e) que tu…
14. Il ne croit pas que je…
15. Ça m'étonnerait qu'ils…
16. Elle est certaine que vous…

To review expressing doubt, turn to page 444.

5 Répondez.

17. Qu'est-ce que tu voudrais être un jour?
18. Qu'est-ce que tes parents voudraient que tu fasses?

To review expressing wishes, turn to page 447.

6 Complétez.

19. J'ai un très bon sécrétaire qui ___ bilingue. (être)
20. On cherche un candidat qui ___ voyager. (pouvoir)

To review expressing certainty and uncertainty, turn to page 448.

Vocabulaire

Talking about offices and office personnel

un lieu de travail	une multinationale	un chef (de service)	un(e) assistant(e)
un bureau	un(e) employé(e)	un cadre	administratif(ve)
une entreprise	un employeur,	un(e) secrétaire	
une grosse société	une employeuse		

Discussing some legal professions

un tribunal
un(e) juge
un(e) avocat(e)

How well do you know your vocabulary?

Choose an occupation from the list. Write a few sentences about the job, describing the place of work, the hours per week, and how you would apply for the position.

Talking about government jobs

une mairie
une assistante sociale
un(e) fonctionnaire

Identifying other professions

une profession	un(e) architecte	un écrivain	une femme d'affaires
un(e) informaticien(ne)	un(e) comptable	un(e) cinéaste	
un ingénieur	un(e) journaliste	un homme d'affaires	

Identifying some trades

un métier	un(e) électricien(ne)
un plombier	un peintre (en bâtiment)
un menuisier	un(e) commerçant(e)

Talking about jobs and job opportunities

une carrière	le directeur des	un(e) stagiaire	être
un poste	ressources humaines	un chômeur,	à son compte
une petite annonce	(le D.R.H.)	une chômeuse	au chômage
un bureau de	la directrice	poser sa candidature	faire un stage
placement	un(e) candidat(e)	travailler	
un curriculum vitæ	un entretien	à plein temps	
(un C.V.)	un salaire	à mi-temps	

Other useful words and expressions

libre
immédiatement

Technotour

BON VOYAGE!

VIDÉO • Épisode 14

Avant de visionner

In this video episode, Vincent interviews for a summer job in an architectural firm.

Mme Lauzon et Vincent se serrent la main.

Ils parlent dans le bureau de Mme Lauzon.

FRENCH ONLINE

À découvrir

Learn more about architecture in Paris online.

L'architecte I.M. Pei devant la construction de la pyramide du Louvre

In the Chapter 14 Internet activity, you will have a chance to learn more about career opportunities in the Francophone world. To begin your virtual adventure, go to the Glencoe French Web site: **french.glencoe.com**

Révision

Conversation

Un peu de courage!

Marie: Ça va pas? Tu as une drôle de tête.

Hervé: Ben, ça pourrait aller mieux. J'ai un entretien demain pour un job.

Marie: Il ne faut pas que tu t'en fasses pour si peu.

Hervé: Tu es rigolotte, toi! Je suis très nerveux aux entretiens.

Marie: Écoute. D'abord, il faut que tu t'habilles bien: chemise et cravate. Pas de jean.

Hervé: Oh, je ne crois pas que les gens fassent attention à ce que tu portes.

Marie: Erreur! C'est très important. Aussi, il faut que tu fasses un petit effort pour une fois et que tu sois à l'heure.

Hervé: Ça, ça va être plus difficile.

Marie: Rappelle-toi. Il vaut mieux être en avance qu'en retard.

Hervé: Oui, mais il ne faut pas que j'aie l'air d'être désespéré.

Marie: Mais non. Autre chose: il est très important que tu écoutes bien les questions qu'on te pose et que tu répondes clairement et brièvement. Pas de longs discours.

Hervé: Oui, je sais. Mais il faut quand même que je leur dise ce que je sais faire!

Marie: Crois-moi. Il faut que tu apprennes à ne pas trop parler!

Vente

Vous êtes ÉTUDIANT(E)S vous cherchez un job formateur

LOGIS PRESSE

Recrute dans le cadre de son développement, des étudiants, étudiantes, chargés de recruter de nouveaux abonnés au journal LIBÉRATION

Conditions de travail:
• Horaires adaptables à votre disponibilité
• Rémunération très attractive
• Travail sur Paris et en équipe

APPELER AU 01 46 88 94 71

Après la conversation

Des conseils Répondez.

1. Comment va Hervé?
2. Qu'est-ce qu'il a demain?
3. Il aime les entretiens?
4. Quel est le premier conseil *(piece of advice)* de Marie?
5. Et le deuxième?
6. Et le troisième?
7. Et le quatrième?
8. Pourquoi Hervé veut-il parler?

Structure

Le subjonctif

1. Review the formation of the subjunctive.

	PARLER	FINIR	ATTENDRE
Present	ils parlent	ils finissent	ils attendent
Stem	parl-	finiss-	attend-
	que je parle	que je finisse	que j' attende
	que tu parles	que tu finisses	que tu attendes
	qu'il/elle/on parle	qu'il/elle/on finisse	qu'il/elle/on attende
	que nous parlions	que nous finissions	que nous attendions
	que vous parliez	que vous finissiez	que vous attendiez
	qu'ils/elles parlent	qu'ils/elles finissent	qu'ils/elles attendent

2. The subjunctive of most verbs is formed the same way.

PARTIR **ils partent** **que je parte** **que nous partions**
que tu partes **que vous partiez**
qu'il parte **qu'ils partent**

Il faut qu'elle finisse son travail.

3. Remember that certain verbs that have two stems in the present indicative have the same stems in the present subjunctive.

Infinitive	Two stems	Subjunctive
prendre	ils prenn -ent nous pren -ons	que je prenne, tu prennes, il prenne, ils prennent que nous prenions, vous preniez
venir	ils vienn -ent nous ven -ons	que je vienne, tu viennes, il vienne, ils viennent que nous venions, vous veniez
recevoir	ils reçoiv -ent nous recev -ons	que je reçoive, tu reçoives, il reçoive, ils reçoivent que nous recevions, vous receviez
boire	ils boiv -ent nous buv -ons	que je boive, tu boives, il boive, ils boivent que nous buvions, vous buviez

4. The following verbs have an irregular subjunctive.

ÊTRE que je **sois,** que tu **sois,** qu'il **soit,**
que nous **soyons,** que vous **soyez,** qu'ils **soient**

AVOIR que j'**aie,** que tu **aies,** qu'il **ait,**
que nous **ayons,** que vous **ayez,** qu'ils **aient**

FAIRE que je **fasse,** que tu **fasses,** qu'il **fasse,**
que nous **fassions,** que vous **fassiez,** qu'ils **fassent**

ALLER que j'**aille,** que tu **ailles,** qu'il **aille,**
que nous **allions,** que vous **alliez,** qu'ils **aillent**

SAVOIR que je **sache,** que tu **saches,** qu'il **sache,**
que nous **sachions,** que vous **sachiez,** qu'ils **sachent**

VOULOIR que je **veuille,** que tu **veuilles,** qu'il **veuille,**
que nous **voulions,** que vous **vouliez,** qu'ils **veuillent**

POUVOIR que je **puisse,** que tu **puisses,** qu'il **puisse,**
que nous **puissions,** que vous **puissiez,** qu'ils **puissent**

5. You use the subjunctive in a dependent clause to talk about actions, events, or situations that may or may not happen.

Il faut qu'il le **fasse.**
Il est important que tu **saches** tous les détails.
Il est possible qu'ils **soient** déjà là.
Je veux que tu **viennes.**
Elle préfère qu'on ne **fasse** pas ça.

6. You use the subjunctive after many expressions that convey an emotion.

> **Je suis content qu'ils se marient.**
> **Moi, ça m'étonne qu'il n'attende pas un peu.**
> **Il a peur que je dise ce que je sais.**
> **Nous regrettons que vous partiez déjà.**

7. You use the subjunctive after an expression of doubt, uncertainty, or disbelief. You use the indicative if there is no doubt or uncertainty.

> **Je doute que tu sois fauché.**
> **Je ne doute pas que tu es (seras) fauché.**
>
> **Je ne crois pas qu'il soit au chômage.**
> **Je crois qu'il est au chômage.**

La Sorbonne à Paris

1 **Toi** Donnez des réponses personnelles.

1. Tes parents veulent que tu ailles à l'université?
2. Ils aimeraient que tu choisisses une université près de chez vous?
3. Il est important pour eux que tu reçoives de bonnes notes?
4. Il faut que tu fasses bien tes devoirs tous les jours?
5. Il est indispensable que tu aies un entretien avec le directeur des ressources humaines?

2 **Trois choses** Répondez.

1. Indique trois choses que tes parents veulent que tu fasses.
2. Indique trois choses que tu veux que tes amis fassent.
3. Indique trois choses que tu ne crois pas que ton frère ou ta sœur fasse.
4. Indique trois choses que tes profs aimeraient que toi et les autres élèves fassiez.
5. Indique trois choses que tu es content(e) que tes parents fassent.

3 **Peut-être** Complétez.

1. Il faut que tout le monde _____ poli. (être)
2. Il est important qu'on _____ l'air bien élevé. (avoir)
3. Je veux que tu _____ une cravate et que ta sœur _____ une jupe pour aller chez les Duroc. (mettre)
4. Ça m'étonnerait que personne ne te _____. (reconnaître)
5. Je ne suis pas contente que vous deux, vous _____ en retard. (arriver)
6. Je crois que mes autres amis _____ arriver à l'heure. (aller)
7. Les Duroc ne doutent pas que leurs cousins _____ venir. (pouvoir)

En famille

4 **Chez le conseiller d'orientation** Vous parlez au conseiller/à la conseillère d'orientation *(guidance counselor)* de votre école (votre camarade). Vous lui dites ce que vous voulez faire plus tard. Il/Elle vous donne des conseils. Changez ensuite de rôle. Par exemple:

> J'aimerais être médecin.

> Il faudra que vous étudiiez les sciences à l'université.

l'Etudiant

Le mini-guide de
L'APRÈS-BAC

5 **Le rose et le noir** Votre camarade est toujours pessimiste: il voit tout en noir. Vous, vous êtes toujours optimiste: vous voyez tout en rose. Avec votre camarade, vous préparez un pique-nique pour le week-end. Votre camarade exprime ses inquiétudes, mais vous restez optimiste. Par exemple:

> J'ai peur qu'il fasse mauvais ce week-end.

> Mais non, il va faire très beau!

LITERARY COMPANION *You may wish to read the excerpt from* Le Malade imaginaire, *a play by Molière. You will find this literary selection on pages 492–497.*

1

2

3

4

5

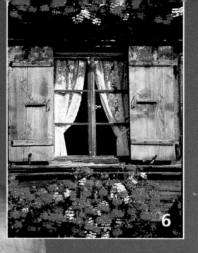

6

NATIONAL
GEOGRAPHIC

REFLETS
de l'Europe francophone

7

8

9

10

11

12

NATIONAL GEOGRAPHIC

REFLETS

de l'Europe francophone

13

14

Literary Companion

These literary selections develop reading and cultural skills and introduce students to French literature.

Le Livre de mon père **Émile Henriot**

Vocabulaire

amoureux

Le jeune homme est amoureux
   de la jeune fille.
Et elle est amoureuse de lui.

siffler

Le train a sifflé.
Le train a dépassé la gare à toute allure.

une montre

un roman

L'homme règle sa montre.

L'auteur d'un roman est un romancier.
Un romancier écrit un roman.

saluer dire bonjour

Activités

A   **Le train**   Répondez d'après les indications.

1. Est-ce que le train siffle avant d'arriver à la gare? (oui)
2. Le train a fait un arrêt à la gare? (non)
3. Le train a dépassé la gare à toute allure? (oui)
4. Dans le train, qui salue les voyageurs?
   (le contrôleur)
5. Un voyageur lit le journal? (oui)
6. Il lit *le Temps,* un journal français? (oui)
7. Qu'est-ce que le voyageur regarde? (sa montre)
8. Sa montre indique l'heure exacte? (non)
9. Qu'est-ce que l'homme fait? (régler sa montre)

Un train français vers 1900

B   **Un couple amoureux**   Dites d'une autre façon.

1. Le jeune homme *dit bonjour à* sa fiancée.
2. La jeune fille *dit bonjour à* son fiancé.
3. La jeune fille *aime* son fiancé.
4. Et le jeune homme *aime* sa fiancée.
5. Le jeune homme a dépassé la maison *très, très vite.*
6. *L'auteur de ce roman* est très connu.

INTRODUCTION Émile Henriot (1889–1961) a d'abord été poète, puis romancier et critique littéraire. En 1945, il a été élu membre de la prestigieuse Académie Française.

L'Académie Française a été créée par Richelieu, ministre de Louis XIV, en 1634. Elle est composée de quarante membres, les «immortels». Ce sont en majorité des écrivains, mais aussi des diplomates, des avocats[1] et des médecins. Les «immortels» sont chargés de la rédaction[2] d'un «Dictionnaire de la langue française». Leur mission est essentiellement de «travailler à épurer et fixer la langue française».

L'extrait qui suit est tiré du *Livre de mon père*, publié en 1938. Dans ce roman Henriot évoque des souvenirs de son enfance et décrit comment la vie a changé depuis son enfance.

[1] avocats *lawyers*   [2] rédaction *editing*

Le petit train

Autrefois°, nous connaissions l'heure en écoutant siffler le petit train
qui va de Valmondois à Marines et vice versa,
pour transporter les betteraves° et quelquefois aussi les gens.
C'était un événement que l'arrivée du soir à la gare de Nesles.
Même quand je n'attendais personne, et pas le moindre° colis-postal,
j'allais à bicyclette assister au débarquement des voyageurs qui
    venaient de Paris,
le notaire, ou Mademoiselle Durand, la fille du pharmacien, qui
    donne à Pontoise des leçons de musique,
Monsieur de Vigneron qui était allé à la Bourse°
    et le jeune Henri Delarue qui rapportait *le Temps* à mon père.
Quelquefois encore, je voyais, ô bonheur, descendre du train
une jolie fille, ma voisine, dont j'étais éperdument amoureux.
Je la saluais d'un air indifférent et je rougissais°,
et pour me faire bien venir d'elle°,
je la dépassais à toute allure sur ma bicyclette,
et le soir, au lieu de dormir, j'exhalais° mon amour en vers
    désespérés et détestables.
Maintenant, les temps ont changé, il n'y a plus de jolie voisine
et, d'ailleurs°, je n'écris plus de vers.
Le petit train passe toujours aux mêmes heures,
    mais ce n'est plus à lui que nous faisons attention.

Autrefois *In the past*
betteraves *sugar beets*

pas le moindre *not the littlest*

Bourse *Stock Exchange*

je rougissais *I blushed*
me faire bien venir d'elle *make her like me*
j'exhalais *I expressed*

d'ailleurs *besides*

Ce n'est plus lui qui nous fait dire: «Le petit train a passé depuis un
    moment, on va déjeuner.»
Maintenant, c'est sur l'avion de Londres que nous réglons nos montres.
Il passe quatre fois par jour, juste au-dessus de mon jardin,
tantôt° comme un pigeon noir, tantôt comme un beau navire d'argent°,
suspendu à rien dans le ciel où il glisse°.
Chaque fois, je lève la tête et le regarde. Et Jean-Claude, que plus rien
    n'étonne°,
Lui aussi, cependant°, lève la tête et dit, à peu près comme moi autrefois:
—«Voilà l'avion de Londres. On va déjeuner»— ou «on va dîner.»

tantôt *sometimes*
navire d'argent
silver ship
glisse *glides*
étonne *surprises*
cependant
nevertheless

Après la lecture

A **Autrefois** Répondez.

1. Autrefois, comment savait-on l'heure?
2. Qu'est-ce que le train transportait?
3. Il arrivait à quelle gare? À quel moment de la journée?
4. Le narrateur allait à la gare comment?
5. Il y allait pour attendre quelqu'un?
6. D'où venaient les voyageurs?
7. Qui donnait des leçons de musique? Dans quelle ville?
8. Qui rapportait le journal pour le père du narrateur?
9. Qui descendait du train quelquefois?
10. Le narrateur était amoureux d'elle?
11. Il la saluait comment?
12. Le soir, qu'est-ce qu'il écrivait?

B **Les temps ont changé.** Vrai ou faux?

1. La jolie voisine descend toujours du train.
2. Le narrateur continue à écrire des vers.
3. Le train passe toujours aux mêmes heures.
4. Maintenant quand le train passe, on va déjeuner.
5. Maintenant on règle sa montre d'après le passage du train.
6. On règle sa montre sur l'avion de Londres.
7. L'avion passe deux fois par jour.
8. L'avion atterrit dans le jardin.

C **La vie change.** Décrivez comment l'auteur indique que la vie a changé.

Deux poèmes africains

«À ma mère» **Camara Laye**
«L'homme qui te ressemble» **René Philombe**

Vocabulaire

un champ   une rivière

un champ

une enceinte de résidences

un forgeron

le dos

La mère porte son enfant sur le dos.

une larme

Elle essuie ses larmes.

Le bébé a fait un pas.
C'est son premier pas.

frapper à la porte

le feu

un lit

Activités

A **Une famille** Répondez que oui.

1. Est-ce que la famille est dans les champs?
2. Il y a une rivière près des champs?
3. Il y a une enceinte de résidences?
4. Une mère porte son bébé sur le dos?
5. Le petit bébé a fait un pas? C'est son premier pas?
6. Il a commencé à pleurer?
7. Sa mère essuie ses larmes?
8. Le père est forgeron?

B **Quel est le mot?** Complétez.

1. On dort dans un _____.
2. Quand on va chez quelqu'un, on _____ à la porte avant d'entrer.
3. En hiver quand il fait froid, il y a souvent un _____ dans la cheminée.

INTRODUCTION Camara Laye est né à Kouroussa en Guinée en 1928. Il est allé dans une école technique à Conakry, la capitale. Il a toujours excellé dans ses études et il a reçu une bourse[1] pour étudier en France. En France, il souffrait beaucoup du mal du pays[2] et pensait souvent à l'enceinte familiale dans son petit village de Kouroussa.

Pendant ses moments de nostalgie, il a décidé d'écrire un roman—*L'Enfant noir*. C'était son premier roman. Le poème qui suit est la préface à ce roman autobiographique qui a eu un très grand succès dès sa publication.

[1] bourse *scholarship*
[2] mal du pays *homesickness*

Dans ce joli poème tendre, certains verbes sont au passé simple. Le passé simple est un temps littéraire qui décrit des actions passées. Dans la conversation, on utilise le passé composé. Voici les verbes qui sont au passé simple dans le poème *«À ma mère»*.

portas as porté　　　　**ouvris** as ouvert
m'allaitas m'as allaité　　**fis** as fait
gouvernas as gouverné

Un village de la brousse en Guinée

«À ma mère»

Femme noire, femme africaine, ô toi, ma mère, je pense à toi…

Ô Dâman, ô ma mère, toi qui me portas sur le dos, toi qui m'allaitas°, toi qui gouvernas mes premiers pas, toi qui la première m'ouvris les yeux aux prodiges° de la terre, je pense à toi…

Femme des champs, femme des rivières, femme du grand fleuve, ô toi, ma mère, je pense à toi…

Ô toi Dâman, ô ma mère, toi qui essuyais mes larmes, toi qui me réjouissais le cœur°, toi qui, patiemment, supportais mes caprices°, comme j'aimerais encore être près de toi, être enfant près de toi!

Femme simple, femme de la résignation, ô toi, ma mère, je pense à toi…

Ô Dâman, Dâman de la grande famille des forgerons, ma pensée toujours se tourne vers toi, la tienne° à chaque pas m'accompagne, ô Dâman, ma mère, comme j'aimerais encore être dans ta chaleur°, être enfant près de toi…

Femme noire, femme africaine, ô toi, ma mère, merci; merci pour tout ce que tu fis pour moi, ton fils, si loin, si près de toi!

m'allaitas *nursed me*

prodiges *wonders*

me réjouissais le cœur *brought me joy*
caprices *whims*

la tienne *yours*
chaleur *warmth*

Une mère avec son enfant au Niger

Après la lecture

A Ô Dâman Répondez.

1. À qui pense l'auteur?
2. Quand il était petit, sa mère le portait sur le dos?
3. Elle l'allaitait?
4. Elle l'a aidé à faire ses premiers pas?
5. Elle essuyait ses larmes quand il pleurait?
6. Qu'est-ce qu'elle supportait?
7. Quels sont les désirs de l'auteur?
8. L'auteur dit merci à sa mère. Pourquoi?

B Description Discutez.

1. Quels sont les adjectifs que l'auteur utilise pour décrire sa mère?
2. Comment sait-on que l'auteur habitait à la campagne, c'est-à-dire dans une région rurale?

Un tissu du Cameroun

INTRODUCTION René Philombe est né au Cameroun en 1930. À l'âge de vingt-sept ans, il a eu la poliomyélite, mais il a continué sa carrière d'écrivain. Il est poète, romancier[1], journaliste et dramaturge[2].

Philombe a été influencé par le mouvement de la négritude. Sa poésie exprime son désir de voir un monde libre d'oppression. Pour lui, tous les hommes ont les mêmes droits[3]. Dans son poème, «L'homme qui te ressemble», René Philombe parle d'une fraternité entre les êtres humains qui transcende tout.

[1] romancier *novelist*
[2] dramaturge *playwright*
[3] droits *rights*

«L'homme qui te ressemble»

J'ai frappé à ta porte
J'ai frappé à ton cœur°   cœur *heart*
pour avoir bon lit
pour avoir bon feu
pourquoi me repousser°?   repousser *reject*
Ouvre-moi mon frère… !

Pourquoi me demander
si je suis d'Afrique
si je suis d'Amérique
si je suis d'Asie
si je suis d'Europe?
Ouvre-moi mon frère… !

Pourquoi me demander
la longueur de mon nez
l'épaisseur° de ma bouche
la couleur de ma peau°
et le nom de mes dieux°?
Ouvre-moi mon frère… !

Je ne suis pas un noir
Je ne suis pas un rouge
Je ne suis pas un jaune
Je ne suis pas un blanc
mais je ne suis qu'°un homme
Ouvre-moi mon frère… !

Ouvre-moi ta porte
Ouvre-moi ton cœur
Car° je suis un homme
l'homme de tous les temps
l'homme de tous les cieux°
l'homme qui te ressemble… !

épaisseur *thickness*

peau *skin*
dieux *gods*

ne… qu' *only*

Car *Because*

cieux *heavens*

Après la lecture

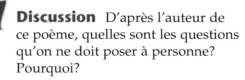

A **Discussion** D'après l'auteur de ce poème, quelles sont les questions qu'on ne doit poser à personne? Pourquoi?

B **Résumé** Dites en anglais ce que ce poème vous suggère.

Anna Belle Lee Washington *Le passé*

Vol de nuit   Antoine de Saint-Exupéry

Vocabulaire

La femme parle au téléphone.
La conversation se prolonge.
Le secrétaire se trouble.
Il sait quelque chose qu'il ne veut pas
   lui dire.

Il donne l'écouteur à quelqu'un d'autre.

L'avion vole dans le ciel.

des nouvelles des informations sur ce qui se passe

Activités

 Un coup de téléphone Répondez.

1. La femme téléphone?
2. Elle parle au secrétaire?
3. Elle veut avoir des nouvelles?
4. La conversation se prolonge?
5. Le secrétaire se trouble?
6. Le secrétaire veut dire quelque chose à la femme?
7. Il passe l'écouteur à quelqu'un d'autre?
8. L'avion vole dans le ciel?

B **Encore une fois** Exprimez d'une autre façon.

1. Le secrétaire *devient agité.*
2. La conversation *devient très longue.*
3. Il donne l'écouteur *à une autre personne.*

INTRODUCTION Antoine de Saint-Exupéry est né à Lyon en 1900. Il a fait ses études à l'École Navale et aussi à l'École des Beaux-Arts. Il a commencé à piloter des avions pendant son service militaire. En 1927, il est devenu pilote de ligne entre Toulouse et Dakar. Ensuite, il est allé à Buenos-Aires en Argentine. Il a vécu les débuts de la liaison aérienne entre la France et l'Amérique du Sud. Il a disparu en 1944 au-dessus de la mer Méditerranée.

Saint-Exupéry était aussi écrivain et journaliste. Comme les œuvres d'André Malraux et de l'Américain Ernest Hemingway, l'œuvre de Saint-Exupéry est tirée des expériences qu'il a vécues. Par exemple, dans

son roman *Courrier Sud* (1930), il décrit ses vols entre Toulouse et Dakar.

L'extrait qui suit est tiré de son roman *Vol de nuit* (1931). Un aviateur, Fabien, fait le vol Commodoro–Buenos Aires avec une escale à Trelew. Il n'est pas encore arrivé à Buenos Aires et on a perdu tout contact avec lui. Il fait très mauvais temps. La femme de Fabien téléphone à l'aéroport. Elle veut avoir des nouvelles de son mari. Elle veut savoir s'il a atterri.

Dans cet extrait, certains verbes sont au passé simple. Le passé simple est un temps littéraire qui exprime des actions passées. Dans la conversation, on utilise le passé composé. Voici les verbes qui sont au passé simple dans cet extrait.

téléphona a téléphoné
passa a passé
eut a eu
dut a dû
répondit a répondu
se décida s'est décidé
se rappela s'est rappelé

L'attente

La femme de Fabien téléphona […]. « Fabien a-t-il atterri? »

Le secrétaire qui l'écoutait se troubla un peu:

« Qui parle? »

—Simone Fabien.

—Ah! une minute… »

Le secrétaire, n'osant° rien dire, passa l'écouteur au chef de bureau:

« Qui est là? »

—Simone Fabien.

—Ah!… que désirez-vous, madame?

—Mon mari a-t-il atterri? »

Il y eut un silence qui dut paraître° inexplicable, puis on répondit simplement:

« Non.

—Il a du retard?

—Oui… »

Il y eut un nouveau silence.

« Oui… du retard.

—Ah!… »

C'était un « Ah! » de chair blessée°. Un retard ce n'est rien… ce n'est rien… mais quand il se prolonge…

« Ah!… Et à quelle heure sera-t-il ici?

—À quelle heure il sera ici? Nous… Nous ne savons pas. »

osant *daring*

paraître *seemed*

chair blessée *wounded flesh*

Elle se heurtait maintenant à un mur°. Elle n'obtenait que l'écho même de ses questions.

« Je vous en prie, répondez-moi! Où se trouve-t-il?…

—Où il se trouve? Attendez… »

Cette inertie lui faisait mal. Il se passait quelque chose, là, derrière ce mur.

On se décida:

« Il a décollé de Commodoro à dix-neuf heures trente.

—Et depuis?

—Depuis?… Très retardé… Très retardé par le mauvais temps…

—Ah! le mauvais temps… »

[…] La jeune femme se rappela soudain qu'il fallait deux heures à peine° pour se rendre de Commodoro à Trelew.

« Et il vole depuis six heures vers Trelew! Mais il vous envoie des messages! Mais que dit-il?…

—Ce qu'il nous dit? Naturellement par un temps pareil°… vous comprenez bien… ses messages ne s'entendent pas.

—Un temps pareil!

—Alors, c'est convenu°, madame, nous vous téléphonons dès que° nous savons quelque chose.

—Ah! vous ne savez rien…

—Au revoir, madame…

—Non! non! Je veux parler au directeur!

—Monsieur le directeur est très occupé, madame, il est en conférence… »

se… mur *hit a brick wall*

à peine *just under, barely*

pareil *such*

convenu *agreed*
dès que *as soon as*

Après la lecture

A **Au téléphone** Répondez.

1. Qui téléphone à l'aéroport?
2. Qu'est-ce qu'elle veut savoir?
3. Qui répond au téléphone?
4. Qu'est-ce qu'il dit à la femme de Fabien?
5. À qui est-ce qu'il passe l'écouteur?
6. Qu'est-ce qu'il dit à la femme de Fabien?
7. D'après vous, est-ce que le chef de bureau sait à quelle heure l'avion de Fabien va atterrir?

Antoine de Saint-Exupéry
Vol de nuit

folio

B **Un vol retardé** Complétez.

1. Fabien a décollé de Commodoro pour aller à ＿＿.
2. Il est retardé par ＿＿.
3. Normalement il faut deux heures pour aller de ＿＿ à ＿＿.
4. Et il vole depuis ＿＿.
5. On ne peut pas entendre les messages à cause du ＿＿.
6. Le chef de bureau ne sait ＿＿.
7. La femme de Fabien veut parler au ＿＿.
8. Le directeur est en ＿＿.

C **Discussion** Pourquoi le secrétaire et le chef de bureau ne veulent-ils pas répondre aux questions de la femme de Fabien?

FRENCH Online

For more information about Saint-Exupéry and other French authors, go to the Glencoe French Web site: french.glencoe.com

Le Malade imaginaire Molière

Vocabulaire

Le médecin soigne le malade.
Il prend soin du malade.
Le médecin veut guérir sa maladie.

une marque un signe
le soin l'attention
un siècle une période de cent ans
un apothicaire un pharmacien
guérir rendre la santé à quelqu'un

se porter bien être en bonne santé
se servir de utiliser, employer
crever mourir
demeurer d'accord être d'accord

Activités

La médecine Vrai ou faux?

1. Quand on a de la fièvre, on est malade.
2. Un médecin soigne ses patients.
3. Au temps de Molière, on appelait un pharmacien «un apothicaire».
4. Les malades se portent bien.
5. Les médecins se servent des médicaments pour soigner et guérir les malades.
6. Les soins médicaux coûtent cher aux États-Unis.
7. Nous vivons au dix-huitième siècle.
8. «Crever» veut dire «guérir».

INTRODUCTION Jean-Baptiste Poquelin, dit Molière, est né à Paris en 1622. Il a passé sa jeunesse dans un milieu aisé. Il a reçu une très bonne éducation. Il a étudié les mathématiques, la physique, le latin, la philosophie et la danse. Mais il avait la vocation du théâtre et il a donc décidé de devenir acteur. Il a commencé par écrire des farces. Puis très vite, il a écrit des comédies de mœurs[1]. Molière est un des auteurs français les plus connus. Ses comédies sont jouées dans le monde entier.

Dans *Le Malade imaginaire*, Molière exprime son scepticisme envers la médecine. Comme on le verra dans l'extrait qui suit, Molière n'aimait pas les médecins. *Le Malade imaginaire* est la dernière pièce de Molière. Il présente cette pièce-ballet pour la première fois le 10 février 1673. Molière est malade déjà depuis plusieurs années, mais il joue tout de même le rôle principal d'Argan. Pendant la quatrième représentation, Molière se sent très mal, mais il refuse de quitter la scène. Il meurt quelques heures après la représentation.

Argan est un malade imaginaire, c'est-à-dire, un hypochondriaque. Il est tellement obsédé par sa santé qu'il veut à tout prix marier sa fille au fils d'un médecin alors qu'elle aime quelqu'un d'autre. Il n'hésiterait pas à sacrifier le bonheur[2] de sa fille pour avoir un médecin dans la famille. Dans cette scène Béralde reproche à son frère Argan d'être obsédé par les médecins.

[1] comédies de mœurs *comedy of manners*
[2] bonheur *happiness*

Acte III, Scène 3

BÉRALDE: Est-il possible que vous serez toujours embéguiné° de vos apothicaires et de vos médecins, et que vous vouliez être malade en dépit° des gens et de la nature!

ARGAN: Comment l'entendez-vous°, mon frère?

BÉRALDE: J'entends, mon frère, que je ne vois point° d'homme qui soit moins malade que vous, et que je ne demanderais point une meilleure constitution que la vôtre. Une grande marque que vous vous portez bien, et que vous avez un corps parfaitement composé, c'est qu'avec tous les soins que vous avez pris, vous n'avez pu parvenir encore à gâter la bonté° de votre tempérament, et que vous n'êtes point crevé de toutes les médecines qu'on vous a fait prendre.

ARGAN: Mais savez-vous, mon frère, que c'est cela qui me conserve; et que monsieur Purgon dit que je succomberais, s'il était seulement trois jours sans prendre soin de moi?

BÉRALDE: Si vous n'y prenez garde°, il prendra tant de soin de vous, qu'il vous enverra en l'autre monde.

embéguiné *infatuated*

en dépit *in spite*

Comment l'entendez-vous? *What do you mean by that?*

ne… point *not*

parvenir à gâter la bonté *succeed in spoiling the goodness*

Si vous n'y prenez garde *If you don't watch out*

ARGAN: Mais raisonnons un peu, mon frère. Vous ne croyez donc point à la médecine?

BÉRALDE: Non, mon frère, et je ne vois pas que, pour son salut°, il soit nécessaire d'y croire.

salut *salvation*

ARGAN: Quoi! vous ne tenez° pas véritable une chose établie° par tout le monde, et que tous les siècles ont révérée?

tenez *consider*
établie *taken for granted*

BÉRALDE: Bien loin de la tenir véritable, je la trouve, entre nous, une des grandes folies qui soit parmi les hommes; et, à regarder les choses en philosophe, je ne vois point de plus plaisante momerie°, je ne vois rien de plus ridicule qu'un homme qui se veut mêler° d'en guérir un autre.

plaisante momerie *masquerade*
se veut mêler *wants to get mixed up*

ARGAN: Pourquoi ne voulez-vous pas, mon frère, qu'un homme en puisse guérir un autre?

BÉRALDE: Par la raison, mon frère, que les ressorts de notre machine° sont des mystères, jusques ici, où les hommes ne voient goutte°; et que la nature nous a mis au-devant des yeux des voiles trop épais° pour y connaître quelque chose.

ressorts de notre machine *our body's mechanism*
ne… goutte *nothing*
voiles trop épais *veils too thick*

ARGAN: Les médecins ne savent donc rien, à votre compte?

BÉRALDE: Si fait°, mon frère. Ils savent la plupart de fort belles humanités, savent parler en beau latin, savent nommer en grec toutes les maladies, les définir et les diviser; mais pour ce qui est de les guérir, c'est ce qu'ils ne savent point du tout.

Si fait *Of course*

ARGAN: Mais toujours faut-il demeurer d'accord que, sur cette matière, les médecins en savent plus que les autres. […] Il faut bien que les médecins croient leur art véritable, puisqu'ils° s'en servent eux-mêmes.

puisqu'ils *since they*

Après la lecture

 A **D'une autre façon** Comment Molière exprime-t-il les phrases suivantes?

1. Vous serez toujours fasciné par vos pharmaciens.
2. Que voulez-vous dire, mon frère?
3. Je ne vois pas d'homme…
4. Une grande marque que vous allez bien…
5. Vous n'avez pas réussi à gâter la bonté de votre tempérament.
6. Si vous ne faites pas attention…
7. Il vous tuera.
8. Vous ne considérez pas véritable quelque chose que tout le monde accepte.
9. Je ne vois rien de plus stupide qu'un homme qui veut essayer de guérir un autre homme.
10. Les moyens de notre corps sont des mystères que les hommes ne comprennent pas.
11. Les médecins ne savent donc rien, à votre avis.
12. Bien sûr, mon frère.

B **Pas du même avis** Répondez.

1. Est-ce que Béralde croit que son frère est vraiment malade?
2. Est-ce qu'il croit que le médecin donne trop de médicaments à son frère?
3. D'après Argan, qu'est-ce qui le conserve?
4. Comment s'appelle le médecin d'Argan?
5. D'après ce médecin, qu'est-ce qui se passerait s'il ne prenait pas soin d'Argan?
6. D'après Béralde, où le médecin va-t-il envoyer Argan?
7. D'après Béralde, qu'est-ce que la médecine?
8. Béralde croit qu'un homme peut guérir un autre homme?
9. Qui dit que notre corps est une machine mystérieuse?
10. D'après Béralde, que savent les médecins?

C **Discussion** Vous êtes d'accord avec les idées de Béralde ou avec celles d'Argan? Expliquez pourquoi.

Activity 1

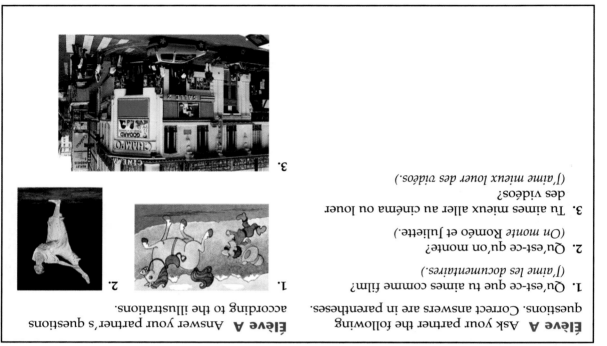

Élève A Answer your partner's questions according to the illustrations.

1.

2.

3.

Élève A Ask your partner the following questions. Correct answers are in parentheses.

1. Qu'est-ce que tu aimes comme film?
   (J'aime les documentaires.)

2. Qu'est-ce qu'on monte?
   (On monte Roméo et Juliette.)

3. Tu aimes mieux aller au cinéma ou louer des vidéos?
   (J'aime mieux louer des vidéos.)

Élève B Answer your partner's questions according to the illustrations.

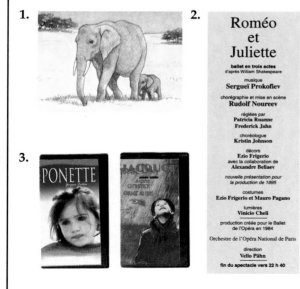

1.

2.
Roméo et Juliette
ballet en trois actes
d'après William Shakespeare

musique
Sergueï Prokofiev

chorégraphie et mise en scène
Rudolf Noureev

réglées par
**Patricia Ruanne
Frederick Jahn**

choréologue
Kristin Johnson

décors
Ezio Frigerio
avec la collaboration de
Alexandre Beliaev

nouvelle présentation pour
la production de 1995

costumes
Ezio Frigerio et Mauro Pagano

lumières
Vinicio Cheli

production créée pour le Ballet
de l'Opéra en 1984

Orchestre de l'Opéra National de Paris

direction
Vello Pähn

fin du spectacle vers 22 h 40

3.
PONETTE

Élève B Ask your partner the following questions. Correct answers are in parentheses.

1. Qu'est-ce que tu aimes comme film?
   (J'aime les dessins animés.)

2. Tu as déjà vu le chanteur?
   (Non, mais j'ai déjà vu la danseuse.)

3. Tu vas voir une pièce de théâtre?
   (Non, je vais voir un film au cinéma.)

Activity 2

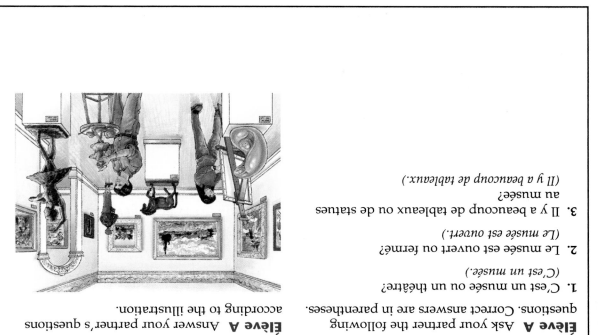

Élève A Answer your partner's questions according to the illustration.

Élève A Ask your partner the following questions. Correct answers are in parentheses.

1. C'est un musée ou un théâtre?
   (C'est un musée.)

2. Le musée est ouvert ou fermé?
   (Le musée est ouvert.)

3. Il y a beaucoup de tableaux ou de statues au musée?
   (Il y a beaucoup de tableaux.)

Élève B Answer your partner's questions according to the photograph.

Élève B Ask your partner the following questions. Correct answers are in parentheses.

1. Elle est peintre ou sculpteur?
   (Elle est peintre.)

2. Il est peintre ou sculpteur?
   (Il est sculpteur.)

3. Qu'est-ce que qu'il y a au musée?
   (Il y a une exposition de peinture et sculpture au musée.)

Activity 3

Élève A You are familiar with some people, places, and things, but your partner knows some facts or information he or she wants to share with you about them. Make your statement and your partner will respond. Correct responses are in parentheses.

1. Je connais Nathalie.
   (Je sais qu'elle habite à Grenoble.)

2. Je connais Hamlet.
   (Je sais que c'est une pièce de Shakespeare.)

3. Je connais Paris.
   (Je sais que c'est la capitale de la France.)

4. Je connais l'œuvre de Degas.
   (Je sais que Degas est un peintre français.)

5. Je connais Paul.
   (Je sais quel est son numéro de téléphone.)

Élève A Your partner and some of his or her friends are familiar with certain people, places, and things, but you and your friends have some facts or information to share. Add your comment according to the cues. Begin your statements with **Nous savons…**

1. …qu'ils sont très beaux.

2. …quelle pièce on joue en ce moment.

3. …où se trouve le théâtre.

4. …qu'elles savent danser le tango.

5. …qu'elles sont célèbres.

Élève B Your partner and some of his or her friends are familiar with certain people, places, and things, but you and your friends have some facts or information to share. Add your comment according to the cues. Begin your statements with **Nous savons…**

1. …qu'elle habite à Grenoble.

2. …que c'est une pièce de Shakespeare.

3. …que c'est la capitale de la France.

4. …que Degas est un peintre français.

5. …quel est son numéro de téléphone.

Élève B You are familiar with some people, places, and things, but your partner knows some facts or information he or she wants to share with you about them. Make your statement and your partner will respond. Correct responses are in parentheses.

1. Nous connaissons les tableaux de Monet, Manet et Renoir.
   (Nous savons qu'ils sont très beaux.)

2. Nous connaissons les pièces de Molière.
   (Nous savons quelle pièce on joue en ce moment.)

3. Nous connaissons la Comédie-Française.
   (Nous savons où se trouve le théâtre.)

4. Nous connaissons des danseuses.
   (Nous savons qu'elles savent danser le tango.)

5. Nous connaissons les sculptures de Rodin.
   (Nous savons qu'elles sont célèbres.)

Activity 4

Élève A Ask your partner the following questions. Correct answers are in parentheses.

1. Tu connais les tableaux de Monet?
   (Oui, je les connais.)

2. Tu vois la sculpture moderne?
   (Non, je ne la vois pas.)

3. Tu sais le nom du film?
   (Oui, je le sais.)

4. Tu lis les sous-titres?
   (Non, je ne les lis pas.)

5. Tu veux voir la pièce?
   (Oui, je veux la voir.)

Élève A Your partner will ask a question. Respond according to the cues, using the correct object pronoun.

1. Oui…

2. Non…

3. Oui…

4. Oui…

5. Oui…

Élève B Your partner will ask a question. Respond according to the cues, using the correct object pronoun.

1. Oui…

2. Non…

3. Oui…

4. Non…

5. Oui…

Élève B Ask your partner the following questions. Correct answers are in parentheses.

1. Tu m'invites au cinéma?
   (Oui, je t'invite.)

2. Ce film te plaît?
   (Non, ce film ne me plaît pas.)

3. Je te parle au téléphone avant le film?
   (Oui, tu me parles au téléphone avant le film.)

4. Le prof nous donne beaucoup de devoirs?
   (Oui, le prof nous donne beaucoup de devoirs.)
   or
   (Oui, le prof vous donne beaucoup de devoirs.)

5. Julie vous dit quand le musée est fermé?
   (Oui, Julie nous dit quand le musée est fermé.)
   or
   (Oui, Julie me dit quand le musée est fermé.)

Activity 5

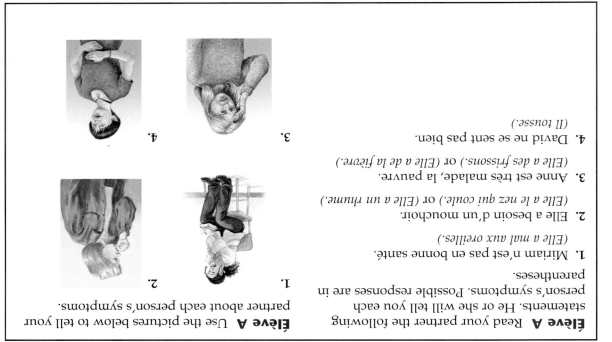

CHAPITRE 2, Mot 1, pages 34–35

Élève A Read your partner the following statements. He or she will tell you each person's symptoms. Possible responses are in parentheses.

1. Miriam n'est pas en bonne santé.
   (Elle a mal aux oreilles.)
2. Elle a besoin d'un mouchoir.
   (Elle a le nez qui coule.) or *(Elle a un rhume.)*
3. Anne est très malade, la pauvre.
   (Elle a des frissons.) or *(Elle a de la fièvre.)*
4. David ne se sent pas bien.
   (Il tousse.)

Élève A Use the pictures below to tell your partner about each person's symptoms.

1.

2.

3.
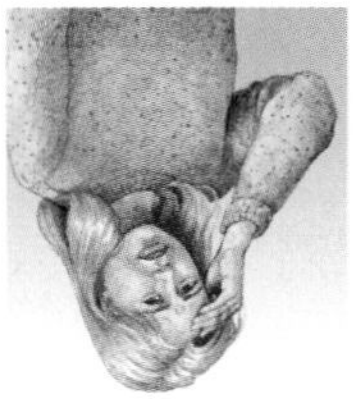

4.

Élève B Use the pictures below to tell your partner about each person's symptoms.

1.
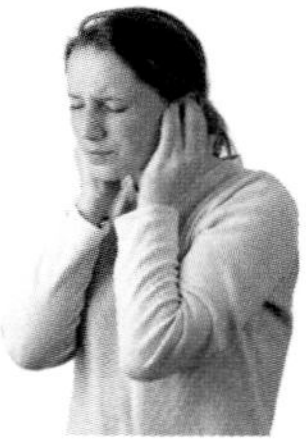

2.

3.

4.

Élève B Read your partner the following statements. He or she will tell you each person's symptoms. Possible responses are in parentheses.

1. Pauline est malade.
   (Elle est enrhumée.) or *(Elle éternue.)*
2. Martine est en mauvaise santé.
   (Elle a un rhume.) or *(Elle tousse.)*
3. Juliette ne se sent pas bien.
   (Elle a mal à la tête.)
4. Jeanne est très malade, la pauvre.
   (Elle a mal au ventre.)

Activity 6

Élève A You are the doctor and your partner, the patient, needs help. Ask him or her the following questions.

1. Où avez-vous mal?
   (J'ai mal au ventre.)

2. Qu'est-ce que vous avez?
   (J'ai une angine.)

3. Qu'est-ce que vous avez?
   (J'ai une sinusite aiguë.)

4. Qu'est-ce que vous avez?
   (J'ai un chat dans la gorge.)

5. Où avez-vous mal?
   (J'ai mal à la tête.)

Élève A Answer your partner's questions according to the cues below.

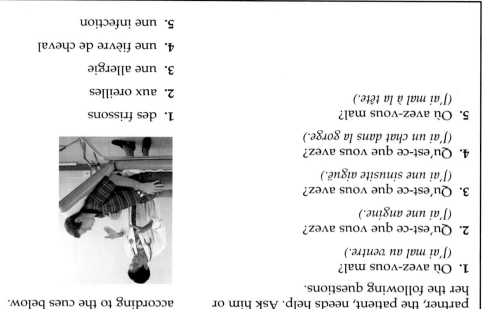

1. des frissons
2. aux oreilles
3. une allergie
4. une fièvre de cheval
5. une infection

Élève B Answer your partner's questions according to the cues below.

1. au ventre
2. une angine
3. une sinusite aiguë
4. un chat dans la gorge
5. à la tête

Élève B You are the doctor and your partner, the patient, needs help. Ask him or her the following questions.

1. Qu'est-ce que vous avez?
   (J'ai des frissons.)

2. Où avez-vous mal?
   (J'ai mal aux oreilles.)

3. Qu'est-ce que vous avez?
   (J'ai une allergie.)

4. Qu'est-ce que vous avez?
   (J'ai une fièvre de cheval.)

5. Qu'est-ce que vous avez?
   (J'ai une infection.)

Activity 7

Élève A Ask your partner the following questions. Correct answers are in parentheses.

1. Tu parles souvent à ta copine?
   (Oui, je lui parle souvent.)

2. Les joueurs lancent le ballon à l'arbitre?
   (Oui, ils lui lancent le ballon.)

3. Le médecin prescrit des antibiotiques aux malades?
   (Oui, il leur prescrit des antibiotiques.)

4. Tu vas acheter un cadeau à ton frère?
   (Oui, je vais lui acheter un cadeau.)

5. Le pharmacien donne des médicaments à ta mère?
   (Oui, il lui donne des médicaments.)

Élève A Answer your partner's questions using **lui** or **leur.**

1. Oui, je _____ dis bonjour.

2. Oui, il _____ vend des billets.

3. Oui, il _____ fait une ordonnance.

4. Oui, ils _____ téléphonent.

5. Oui, elle _____ dit qu'il a de la fièvre.

Élève B Answer your partner's questions using **lui** or **leur.**

1. Oui, je _____ parle souvent.

2. Oui, ils _____ lancent le ballon.

3. Oui, il _____ prescrit des antibiotiques.

4. Oui, je vais _____ acheter un cadeau.

5. Oui, il _____ donne des médicaments.

Élève B Ask your partner the following questions. Correct answers are in parentheses.

1. Tu dis bonjour à tes amis?
   (Oui, je leur dis bonjour.)

2. L'employé vend des billets à ton père?
   (Oui, il lui vend des billets.)

3. Le médecin fait une ordonnance à Marie?
   (Oui, il lui fait une ordonnance.)

4. Les malades téléphonent au professeur?
   (Oui, ils lui téléphonent.)

5. Sa mère dit à Paul qu'il a de la fièvre?
   (Oui, elle lui dit qu'il a de la fièvre.)

Activity 8

CHAPITRE 2, Structure, pages 45–47

Élève A Ask your partner the following questions. Correct answers are in parentheses.

1. Finir les devoirs?
   (Finis tes devoirs!)

2. Préparer le dîner?
   (Prépare le dîner!)

3. Choisir un film?
   (Choisissons un film!)

4. Travailler plus?
   (Travaille plus!)

5. Dîner au restaurant?
   (Dînons au restaurant!)

Élève A Answer your partner's questions based on the information in the chart below.

Personne(s)	Activité
tu	prendre le métro
vous	attendre devant la porte
tu	faire du ski
tu	sortir ce soir
vous	regarder le film

Élève B Answer your partner's questions based on the information in the chart below.

Personne(s)	Activité
tu	finir les devoirs
tu	préparer le dîner
nous	choisir un film
tu	travailler plus
nous	dîner au restaurant

Élève B Ask your partner the following questions. Correct answers are in parentheses.

1. Prendre le métro?
   (Prends le métro!)

2. Attendre devant la porte?
   (Attendez devant la porte!)

3. Faire du ski?
   (Fais du ski!)

4. Sortir ce soir?
   (Sors ce soir!)

5. Regardez le film?
   (Regardez le film!)

Activity 9

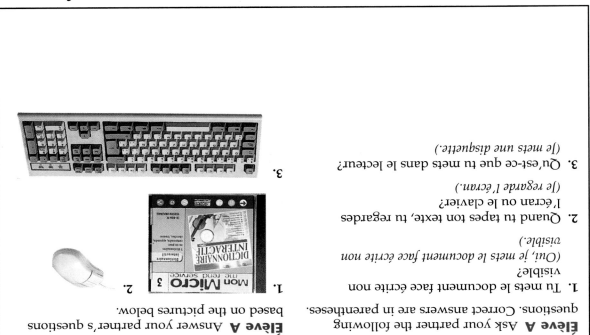

Élève A Ask your partner the following questions. Correct answers are in parentheses.

1. Tu mets le document face écrite non visible?
   (Oui, je mets le document face écrite non visible.)

2. Quand tu tapes ton texte, tu regardes l'écran ou le clavier?
   (Je regarde l'écran.)

3. Qu'est-ce que tu mets dans le lecteur?
   (Je mets une disquette.)

Élève A Answer your partner's questions based on the pictures below.

1. Mon Micro 3 — me rend service — DICTIONNAIRE INTERACTIF

2.

3.

Élève B Answer your partner's questions based on the pictures below.

1.

2.

3.

Élève B Ask your partner the following questions. Correct answers are in parentheses.

1. Tu as un dictionnaire sur CD-ROM?
   (Oui, j'ai un dictionnaire sur CD-ROM.)

2. Tu cliques sur l'icône du logiciel avec quoi?
   (Je clique sur l'icône du logiciel avec la souris.)

3. Tu tapes tes devoirs sur quoi?
   (Je tape mes devoirs sur le clavier.)

Activity 10

CHAPITRE 4, Mots 1, pages 98–99

Élève A Ask your partner the following questions. Correct answers are in parentheses.

1. Quelles lignes desservent Mitry-Claye et Les Noues?
   (Les Lignes de Banlieue)

2. Quelle lignes desservent Londres et Lille?
   (Les Grandes Lignes)

3. La voiture du train a un couloir central?
   (Oui, la voiture du train a un couloir central.)

4. Il y a deux sièges de chaque côté?
   (Oui, il y a deux sièges de chaque côté.)

Élève A Answer your partner's questions based on the picture below.

M. et Mme Dubois   Madame Delacroix

Élève B Answer your partner's questions based on the pictures below.

1–2.
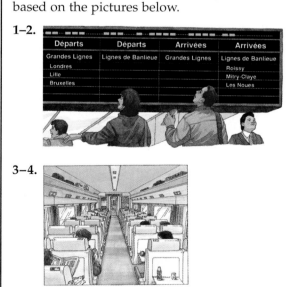

3–4.

Élève B Ask your partner the following questions. Correct answers are in parentheses.

1. Madame Delacroix est assise?
   (Oui, elle est assise.)

2. M. et Mme Dubois sont dans un compartiment?
   (Non, ils sont dans le couloir.)

3. Le compartiment est complet?
   (Oui, le compartiment est complet.)

4. M. et Mme Dubois sont assis?
   (Non, ils sont debout.)

Activity 11

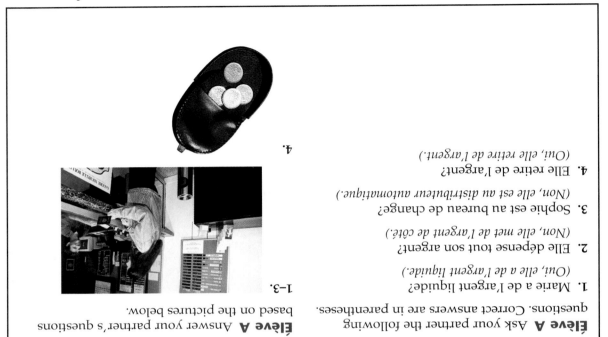

Élève A Ask your partner the following questions. Correct answers are in parentheses.

1. Marie a de l'argent liquide?
   (*Oui, elle a de l'argent liquide.*)

2. Elle dépense tout son argent?
   (*Non, elle met de l'argent de côté.*)

3. Sophie est au bureau de change?
   (*Non, elle est au distributeur automatique.*)

4. Elle retire de l'argent?
   (*Oui, elle retire de l'argent.*)

Élève A Answer your partner's questions based on the pictures below.

1–3.

4.

Élève B Answer your partner's questions based on the pictures below.

1–2.

3–4.

Élève B Ask your partner the following questions. Correct answers are in parentheses.

1. La touriste est allée au bureau de change?
   (*Oui, elle est allée au bureau de change.*)

2. Elle a changé des dollars?
   (*Oui, elle a changé des dollars.*)

3. Le caissier lui a donné des euros?
   (*Oui, il lui a donné des euros.*)

4. Elle a mis les pièces où?
   (*Elle a mis les pièces dans son porte-monnaie.*)

Activity 12

The following text appears upside down:

Élève A Give your partner the correct information based on the picture below.

Élève A Read your partner the following true and false statements. Correct responses are in parentheses.

1. C'est une cuisine moderne.
   (Oui, c'est une cuisine moderne.)

2. Le réfrigérateur a trois portes.
   (Non, le réfrigérateur a deux portes.)

3. Il y a un congélateur dans le réfrigérateur.
   (Oui, il y a un congélateur dans le réfrigérateur.)

4. Il y a des bananes dans la cuisine.
   (Oui, il y a des bananes dans la cuisine.)

Élève B Give your partner the correct information based on the picture below.

Élève B Read your partner the following true and false statements. Correct responses are in parentheses.

1. Une pomme de terre, c'est un fruit.
   (Non, c'est un légume.)

2. Les champignons sont des fines herbes.
   (Non, les champignons sont des légumes.)

3. Un oignon, c'est un légume.
   (Oui, c'est un légume.)

4. On met des haricots verts dans une salade de fruits.
   (Non, on ne met pas d'haricots verts dans une salade de fruits.)

Activity 13

Élève A Ask your partner the following questions. Correct answers are in parentheses.

1. Claire prend des leçons de conduite?
   (Oui, elle prend des leçons de conduite.)

2. Elle a mis sa ceinture de sécurité?
   (Oui, elle a mis sa ceinture de sécurité.)

3. Elle va avoir son permis de conduire?
   (Oui, elle va avoir son permis de conduire.)

4. Elle conduit un camion?
   (Non, elle conduit une voiture.)

Élève A Answer your partner's questions based on the picture below.

Élève B Answer your partner's questions based on the pictures below.

Élève B Ask your partner the following questions. Correct answers are in parentheses.

1. Le pompiste fait le plein?
   (Oui, il fait le plein.)

2. Il met de l'essence où?
   (Il met de l'essence dans le réservoir.)

3. Qu'est-ce que la pompiste vérifie?
   (Elle vérifie les niveaux d'huile et d'eau.)

4. Elle lave le pare-brise?
   (Non, elle ne lave pas le pare-brise.)

Activity 14 *CHAPITRE 8, Mots 1, pages 248–249, and Mots 2, pages 252–253*

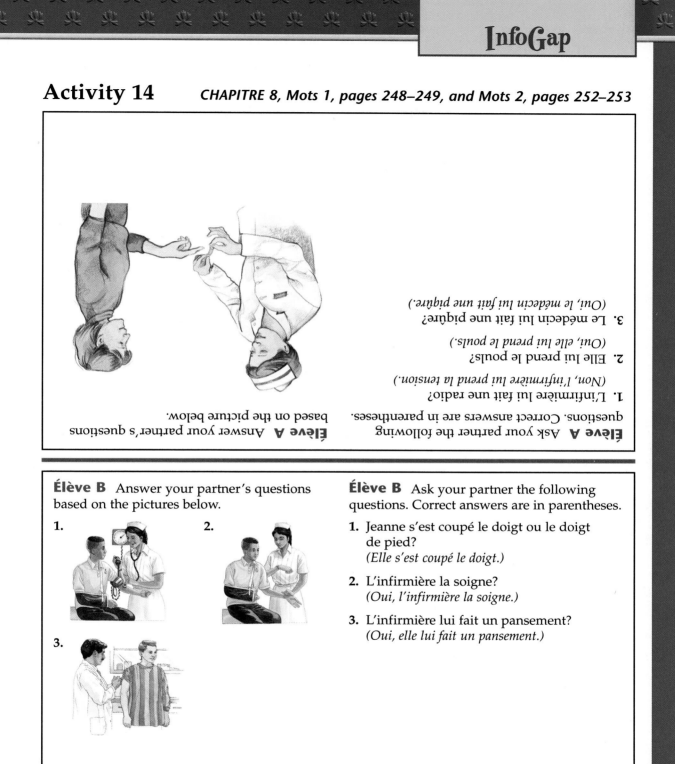

Élève A Ask your partner the following questions. Correct answers are in parentheses.

1. L'infirmière lui fait une radio?
   (Non, l'infirmière lui prend la tension.)

2. Elle lui prend le pouls?
   (Oui, elle lui prend le pouls.)

3. Le médecin lui fait une piqûre?
   (Oui, le médecin lui fait une piqûre.)

Élève A Answer your partner's questions based on the picture below.

Élève B Answer your partner's questions based on the pictures below.

1.

2.

3.

Élève B Ask your partner the following questions. Correct answers are in parentheses.

1. Jeanne s'est coupé le doigt ou le doigt de pied?
   (Elle s'est coupé le doigt.)

2. L'infirmière la soigne?
   (Oui, l'infirmière la soigne.)

3. L'infirmière lui fait un pansement?
   (Oui, elle lui fait un pansement.)

Activity 15 CHAPITRE 9, Mots 1, pages 286–287, and Mots 2, pages 289–290

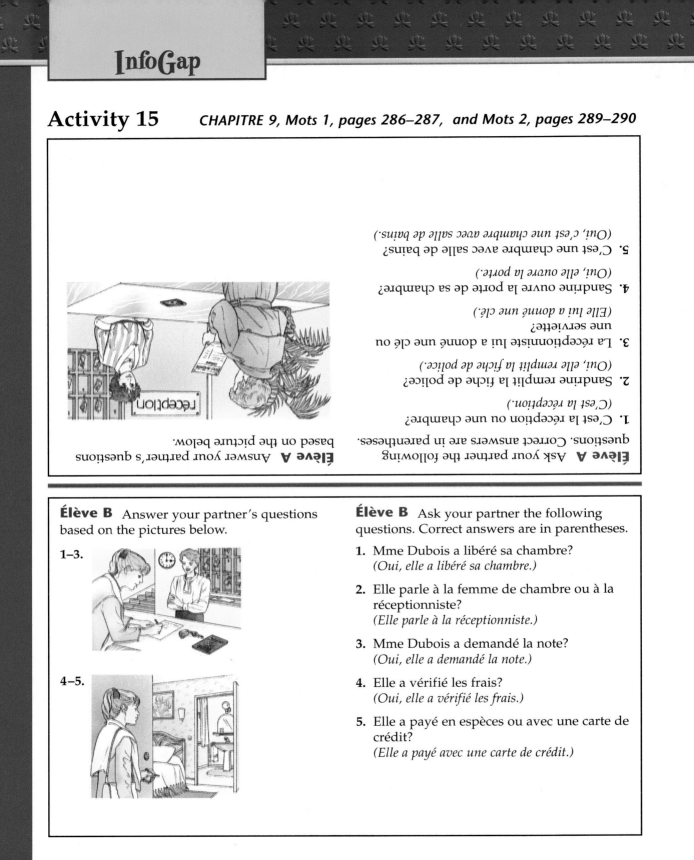

Élève A Answer your partner's questions based on the picture below.

Élève A Ask your partner the following questions. Correct answers are in parentheses.

1. C'est la réception ou une chambre?
   (C'est la réception.)

2. Sandrine remplit la fiche de police?
   (Oui, elle remplit la fiche de police.)

3. La réceptionniste lui a donné une clé ou une serviette?
   (Elle lui a donné une clé.)

4. Sandrine ouvre la porte de sa chambre?
   (Oui, elle ouvre la porte.)

5. C'est une chambre avec salle de bains?
   (Oui, c'est une chambre avec salle de bains.)

Élève B Answer your partner's questions based on the pictures below.

1–3.

4–5.

Élève B Ask your partner the following questions. Correct answers are in parentheses.

1. Mme Dubois a libéré sa chambre?
   (Oui, elle a libéré sa chambre.)

2. Elle parle à la femme de chambre ou à la réceptionniste?
   (Elle parle à la réceptionniste.)

3. Mme Dubois a demandé la note?
   (Oui, elle a demandé la note.)

4. Elle a vérifié les frais?
   (Oui, elle a vérifié les frais.)

5. Elle a payé en espèces ou avec une carte de crédit?
   (Elle a payé avec une carte de crédit.)

Activity 16

Élève A Ask your partner the following questions. Correct answers are in parentheses.

1. L'autobus a combien de portes?
   (L'autobus a trois portes.)

2. Les voyageurs montent par l'arrière de l'autobus?
   (Non, ils descendent par l'arrière.)

3. La descente est interdite par l'avant?
   (Oui, la descente est interdite par l'avant.)

4. Quelques voyageurs descendent par le milieu?
   (Oui, ils descendent par le milieu.)

Élève A Answer your partner's questions based on the picture below.

Élève B Ask your partner the following questions. Correct answers are in parentheses.

1. Marc veut descendre de l'autobus?
   (Non, il ne veut pas descendre.)

2. Il appuie sur le bouton?
   (Non, il n'appuie pas sur le bouton.)

3. Le conducteur prend son ticket?
   (Non, le conducteur ne prend pas son ticket.)

4. Il y a un appareil pour valider son ticket?
   (Oui, il y a un appareil pour valider son ticket.)

Élève B Answer your partner's questions based on the picture below.

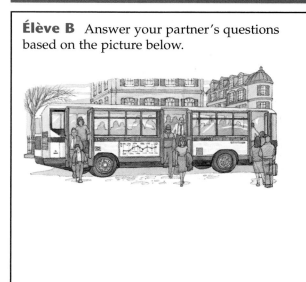

Activity 17

Élève A Answer your partner's questions based on the picture below.

Élève A Ask your partner the following questions. Correct answers are in parentheses.

1. Quel animal donne des œufs?
   (Une poule donne des œufs.)

2. Quel animal mange des carottes et de la salade?
   (Un lapin mange des carottes et de la salade.)

3. C'est quel animal?
   (C'est un cochon.)

4. Quel animal donne du lait?
   (Une vache donne du lait.)

Élève B Answer your partner's questions based on the pictures below.

1.

2.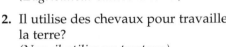

3.

4.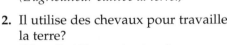

Élève B Ask your partner the following questions. Correct answers are in parentheses.

1. Qui cultive la terre?
   (L'agriculteur cultive la terre.)

2. Il utilise des chevaux pour travailler la terre?
   (Non, il utilise un tracteur.)

3. C'est un champ ou un vignoble?
   (C'est un champ.)

4. Il cultive du raisin ou des céréales?
   (Il cultive des céréales.)

Activity 18

Élève A Answer your partner's questions based on the picture below.

Élève A Ask your partner the following questions. Correct answers are in parentheses.

1. Les soldats défilent?
   (Oui, les soldats défilent.)

2. Ils passent devant les tribunes?
   (Oui, ils passent devant les tribunes.)

3. Les tribunes sont pleines de spectateurs?
   (Oui, ils sont pleines de spectateurs.)

4. Il y a une fanfare?
   (Non, il n'y a pas de fanfare.)

5. Il y a des feux d'artifice?
   (Non, il n'y a pas de feux d'artifice.)

Élève B Answer your partner's questions based on the picture below.

Élève B Ask your partner the following questions. Correct answers are in parentheses.

1. C'est la fête nationale française ou le carnaval?
   (C'est la fête nationale française.)

2. La fête a lieu le 4 juillet?
   (Non, la fête a lieu le 14 juillet.)

3. Il y a des chars dans la rue?
   (Non, il n'y a pas de chars dans la rue.)

4. Il y a une fanfare?
   (Oui, il y une fanfare.)

5. Le défilé traverse la ville?
   (Oui, le défilé traverse la ville.)

Activity 19 *CHAPITRE 13, Mots 1, pages 406–407, and Mots 2, pages 410–411*

André **Marie**

4. 3.

4. Ils sont bien ou mal élevés?
   (Ils sont bien élevés.)

Pierre **Amélie**

3. Les deux garçons s'embrassent sur les
   deux joues?
   (Non, ils se serrent la main.)

2. Elle a l'air contente ou triste?
   (Elle a l'air contente.)

2. 1.

1. Christine fait une présentation?
   (Oui, elle fait une présentation.)

Élève A Answer your partner's questions
based on the pictures below.

Élève A Ask your partner the following
questions. Correct answers are in parentheses.

Élève B Answer your partner's questions
based on the picture below.

Élève B Ask your partner the following
questions. Correct answers are in parentheses.

1. Amélie est désolée que tu viennes?
   (Non, elle est contente que je vienne.)

2. Pierre a l'air étonné ou furieux?
   (Il a l'air étonné.)

3. Marie est étonnée que tu ne saches pas son
   adresse?
   *(Oui, elle est étonnée que je ne sache pas son
   adresse.)*

4. André a l'air content ou triste?
   (Il a l'air triste.)

Activity 20

Élève A Ask your partner the following questions. Correct answers are in parentheses.

1. Que fait l'informaticienne?
   (Elle fait le programme d'un ordinateur.)

2. Que fait le comptable?
   (Il tient les livres de comptes.)

3. Que fait l'ingénieur?
   (Il crée des routes ou des bâtiments.)

4. Que fait le cinéaste?
   (Il fait des films.)

5. Que fait la journaliste?
   (Elle écrit des articles pour le journal.)

Élève A Choose the correct information from the chart below to answer your partner's questions.

…répare les éviers, les lavabos, les toilettes.
…fait des placards, des tables, des chaises.
…défend les criminels au tribunal.
…vend des marchandises.
…répare les lampes.

Élève B Choose the correct information from the chart below to answer your partner's questions.

…fait des films.
…tient les livres de comptes.
…fait le programme d'un ordinateur.
…écrit des articles pour le journal.
…crée des routes ou des bâtiments.

Élève B Ask your partner the following questions. Correct answers are in parentheses.

1. Que fait l'avocate?
   (Elle défend les criminels au tribunal.)

2. Que fait l'électricienne?
   (Elle répare les lampes.)

3. Que fait le plombier?
   (Il répare les éviers, les lavabos, les toilettes.)

4. Que fait la commerçante?
   (Elle vend des marchandises.)

5. Que fait le menuisier?
   (Il fait des placards, des tables, des chaises.)

Verb Charts

VERBES RÉGULIERS

INFINITIF	parler *to talk*	finir *to finish*	répondre *to answer*
PRÉSENT	je parle tu parles il parle nous parlons vous parlez ils parlent	je finis tu finis il finit nous finissons vous finissez ils finissent	je réponds tu réponds il répond nous répondons vous répondez ils répondent
IMPÉRATIF	parle parlons parlez	finis finissons finissez	réponds répondons répondez
PASSÉ COMPOSÉ	j'ai parlé tu as parlé il a parlé nous avons parlé vous avez parlé ils ont parlé	j'ai fini tu as fini il a fini nous avons fini vous avez fini ils ont fini	j'ai répondu tu as répondu il a répondu nous avons répondu vous avez répondu ils ont répondu
IMPARFAIT	je parlais tu parlais il parlait nous parlions vous parliez ils parlaient	je finissais tu finissais il finissait nous finissions vous finissiez ils finissaient	je répondais tu répondais il répondait nous répondions vous répondiez ils répondaient
FUTUR	je parlerai tu parleras il parlera nous parlerons vous parlerez ils parleront	je finirai tu finiras il finira nous finirons vous finirez ils finiront	je répondrai tu répondras il répondra nous répondrons vous répondrez ils répondront
CONDITIONNEL	je parlerais tu parlerais il parlerait nous parlerions vous parleriez ils parleraient	je finirais tu finirais il finirait nous finirions vous finiriez ils finiraient	je répondrais tu répondrais il répondrait nous répondrions vous répondriez ils répondraient
SUBJONCTIF PRÉSENT	que je parle que tu parles qu'il parle que nous parlions que vous parliez qu'ils parlent	que je finisse que tu finisses qu'il finisse que nous finissions que vous finissiez qu'ils finissent	que je réponde que tu répondes qu'il réponde que nous répondions que vous répondiez qu'ils répondent

VERBES RÉFLÉCHIS		VERBES AVEC CHANGEMENTS D'ORTHOGRAPHE	
INFINITIF	se laver *to wash oneself*	acheter[1] *to buy*	appeler *to call*
PRÉSENT	je me lave tu le laves il se lave nous nous lavons vous vous lavez ils se lavent	j'achète tu achètes il achète nous achetons vous achetez ils achètent	j'appelle tu appelles il appelle nous appelons vous appelez ils appellent
IMPÉRATIF	lave-toi lavons-nous lavez-vous	achète achetons achetez	appelle appelons appelez
PASSÉ COMPOSÉ	je me suis lavé(e) tu t'es lavé(e) il s'est lavé nous nous sommes lavé(e)s vous vous êtes lavé(e)(s) ils se sont lavés	j'ai acheté tu as acheté il a acheté nous avons acheté vous avez acheté ils ont acheté	j'ai appelé tu as appelé il a appelé nous avons appelé vous avez appelé ils ont appelé
IMPARFAIT	je me lavais tu te lavais il se lavait nous nous lavions vous vous laviez ils se lavaient	j'achetais tu achetais il achetait nous achetions vous achetiez ils achetaient	j'appelais tu appelais il appelait nous appelions vous appeliez ils appelaient
FUTUR	je me laverai tu te laveras il se lavera nous nous laverons vous vous laverez ils se laveront	j'achèterai tu achèteras il achètera nous achèterons vous achèterez ils achèteront	j'appellerai tu appelleras il appellera nous appellerons vous appellerez ils appelleront
CONDITIONNEL	je me laverais tu te laverais il se laverait nous nous laverions vous vous laveriez ils se laveraient	j'achèterais tu achèterais il achèterait nous achèterions vous achèteriez ils achèteraient	j'appellerais tu appellerais il appellerait nous appellerions vous appelleriez ils appelleraient
SUBJONCTIF PRÉSENT	que je me lave que tu te laves qu'il se lave que nous nous lavions que vous vous laviez qu'ils se lavent	que j'achète que tu achètes qu'il achète que nous achetions que vous achetiez qu'ils achètent	que j'appelle que tu appelles qu'il appelle que nous appelions que vous appeliez qu'ils appellent

---

[1] *Verbes similaires:* **emmener, se lever, peser, se promener, soulever**

Verb Charts

VERBES AVEC CHANGEMENTS D'ORTHOGRAPHE

INFINITIF	commencer[2] *to begin*	manger[3] *to eat*	payer[4] *to pay*	préférer[5] *to prefer*
PRÉSENT	je commence	je mange	je paie	je préfère
	tu commences	tu manges	tu paies	tu préfères
	il commence	il mange	il paie	il préfère
	nous commençons	nous mangeons	nous payons	nous préférons
	vous commencez	vous mangez	vous payez	vous préférez
	ils commencent	ils mangent	ils paient	ils préfèrent
IMPÉRATIF	commence	mange	paie	préfère
	commençons	mangeons	payons	préférons
	commencez	mangez	payez	préférez
PASSÉ COMPOSÉ	j'ai commencé	j'ai mangé	j'ai payé	j'ai préféré
	tu as commencé	tu as mangé	tu as payé	tu as préféré
	il a commencé	il a mangé	il a payé	il a préféré
	nous avons commencé	nous avons mangé	nous avons payé	nous avons préféré
	vous avez commencé	vous avez mangé	vous avez payé	vous avez préféré
	ils ont commencé	ils ont mangé	ils ont payé	ils ont préféré
IMPARFAIT	je commençais	je mangeais	je payais	je préférais
	tu commençais	tu mangeais	tu payais	tu préférais
	il commençait	il mangeait	il payait	il préférait
	nous commencions	nous mangions	nous payions	nous préférions
	vous commenciez	vous mangiez	vous payiez	vous préfériez
	ils commençaient	ils mangeaient	ils payaient	ils préféraient
FUTUR	je commencerai	je mangerai	je paierai	je préférerai
	tu commenceras	tu mangeras	tu paieras	tu préféreras
	il commencera	il mangera	il paiera	il préférera
	nous commencerons	nous mangerons	nous paierons	nous préférerons
	vous commencerez	vous mangerez	vous paierez	vous préférerez
	ils commenceront	ils mangeront	ils paieront	ils préféreront
CONDITIONNEL	je commencerais	je mangerais	je paierais	je préférerais
	tu commencerais	tu mangerais	tu paierais	tu préférerais
	il commencerait	il mangerait	il paierait	il préférerait
	nous commencerions	nous mangerions	nous paierions	nous préférerions
	vous commenceriez	vous mangeriez	vous paieriez	vous préféreriez
	ils commenceraient	ils mangeraient	ils paieraient	ils préféreraient
SUBJONCTIF PRÉSENT	que je commence	que je mange	que je paie	que je préfère
	que tu commences	que tu manges	que tu paies	que tu préfères
	qu'il commence	qu'il mange	qu'il paie	qu'il préfère
	que nous commencions	que nous mangions	que nous payions	que nous préférions
	que vous commenciez	que vous mangiez	que vous payiez	que vous préfériez
	qu'ils commencent	qu'ils mangent	qu'ils paient	qu'ils préfèrent

---

[2] *Verbe similaire:* **effacer**
[3] *Verbes similaires:* **changer, exiger, nager, voyager**

[4] *Verbes similaires:* **appuyer, employer, essayer, essuyer, nettoyer, tutoyer**
[5] *Verbes similaires:* **accélérer, célébrer, espérer, oblitérer, récupérer, sécher, suggérer**

VERBES IRRÉGULIERS

INFINITIF	aller *to go*	avoir *to have*	boire *to drink*	conduire *to drive*
PRÉSENT	je vais tu vas il va nous allons vous allez ils vont	j'ai tu as il a nous avons vous avez ils ont	je bois tu bois il boit nous buvons vous buvez ils boivent	je conduis tu conduis il conduit nous conduisons vous conduisez ils conduisent
IMPÉRATIF	va allons allez	aie ayons ayez	bois buvons buvez	conduis conduisons conduisez
PASSÉ COMPOSÉ	je suis allé(e) tu es allé(e) il est allé nous sommes allé(e)s vous êtes allé(e)(s) ils sont allés	j'ai eu tu as eu il a eu nous avons eu vous avez eu ils ont eu	j'ai bu tu as bu il a bu nous avons bu vous avez bu ils ont bu	j'ai conduit tu as conduit il a conduit nous avons conduit vous avez conduit ils ont conduit
IMPARFAIT	j'allais tu allais il allait nous allions vous alliez ils allaient	j'avais tu avais il avait nous avions vous aviez ils avaient	je buvais tu buvais il buvait nous buvions vous buviez ils buvaient	je conduisais tu conduisais il conduisait nous conduisions vous conduisiez ils conduisaient
FUTUR	j'irai tu iras il ira nous irons vous irez ils iront	j'aurai tu auras il aura nous aurons vous aurez ils auront	je boirai tu boiras il boira nous boirons vous boirez ils boiront	je conduirai tu conduiras il conduira nous conduirons vous conduirez ils conduiront
CONDITIONNEL	j'irais tu irais il irait nous irions vous iriez ils iraient	j'aurais tu aurais il aurait nous aurions vous auriez ils auraient	je boirais tu boirais il boirait nous boirions vous boiriez ils boiraient	je conduirais tu conduirais il conduirait nous conduirions vous conduiriez ils conduiraient
SUBJONCTIF PRÉSENT	que j'aille que tu ailles qu'il aille que nous allions que vous alliez qu'ils aillent	que j'aie que tu aies qu'il ait que nous ayons que vous ayez qu'ils aient	que je boive que tu boives qu'il boive que nous buvions que vous buviez qu'ils boivent	que je conduise que tu conduises qu'il conduise que nous conduisions que vous conduisiez qu'ils conduisent

Verb Charts

VERBES IRRÉGULIERS

INFINITIF	connaître *to know*	croire *to believe*	dire *to say*	dormir *to sleep*
PRÉSENT	je connais tu connais il connaît nous connaissons vous connaissez ils connaissent	je crois tu crois il croit nous croyons vous croyez ils croient	je dis tu dis il dit nous disons vous dites ils disent	je dors tu dors il dort nous dormons vous dormez ils dorment
IMPÉRATIF	connais connaissons connaissez	crois croyons croyez	dis disons dites	dors dormons dormez
PASSÉ COMPOSÉ	j'ai connu tu as connu il a connu nous avons connu vous avez connu ils ont connu	j'ai cru tu as cru il a cru nous avons cru vous avez cru ils ont cru	j'ai dit tu as dit il a dit nous avons dit vous avez dit ils ont dit	j'ai dormi tu as dormi il a dormi nous avons dormi vous avez dormi ils ont dormi
IMPARFAIT	je connaissais tu connaissais il connaissait nous connaissions vous connaissiez ils connaissaient	je croyais tu croyais il croyait nous croyions vous croyiez ils croyaient	je disais tu disais il disait nous disions vous disiez ils disaient	je dormais tu dormais il dormait nous dormions vous dormiez ils dormaient
FUTUR	je connaîtrai tu connaîtras il connaîtra nous connaîtrons vous connaîtrez ils connaîtront	je croirai tu croiras il croira nous croirons vous croirez ils croiront	je dirai tu diras il dira nous dirons vous direz ils diront	je dormirai tu dormiras il dormira nous dormirons vous dormirez ils dormiront
CONDITIONNEL	je connaîtrais tu connaîtrais il connaîtrait nous connaîtrions vous connaîtriez ils connaîtraient	je croirais tu croirais il croirait nous croirions vous croiriez ils croiraient	je dirais tu dirais il dirait nous dirions vous diriez ils diraient	je dormirais tu dormirais il dormirait nous dormirions vous dormiriez ils dormiraient
SUBJONCTIF PRÉSENT	que je connaisse que tu connaisses qu'il connaisse que nous connaissions que vous connaissiez qu'ils connaissent	que je croie que tu croies qu'il croie que nous croyions que vous croyiez qu'ils croient	que je dise que tu dises qu'il dise que nous disions que vous disiez qu'ils disent	que je dorme que tu dormes qu'il dorme que nous dormions que vous dormiez qu'ils dorment

VERBES IRRÉGULIERS			
INFINITIF	**écrire** *to write*	**envoyer** *to send*	**être** *to be*	**faire** *to do, to make*
PRÉSENT	j'écris tu écris il écrit nous écrivons vous écrivez ils écrivent	j'envoie tu envoies il envoie nous envoyons vous envoyez ils envoient	je suis tu es il est nous sommes vous êtes ils sont	je fais tu fais il fait nous faisons vous faites ils font
IMPÉRATIF	écris écrivons écrivez	envoie envoyons envoyez	sois soyons soyez	fais faisons faites
PASSÉ COMPOSÉ	j'ai écrit tu as écrit il a écrit nous avons écrit vous avez écrit ils ont écrit	j'ai envoyé tu as envoyé il a envoyé nous avons envoyé vous avez envoyé ils ont envoyé	j'ai été tu as été il a été nous avons été vous avez été ils ont été	j'ai fait tu as fait il a fait nous avons fait vous avez fait ils ont fait
IMPARFAIT	j'écrivais tu écrivais il écrivait nous écrivions vous écriviez ils écrivaient	j'envoyais tu envoyais il envoyait nous envoyions vous envoyiez ils envoyaient	j'étais tu étais il était nous étions vous étiez ils étaient	je faisais tu faisais il faisait nous faisions vous faisiez ils faisaient
FUTUR	j'écrirai tu écriras il écrira nous écrirons vous écrirez ils écriront	j'enverrai tu enverras il enverra nous enverrons vous enverrez ils enverront	je serai tu seras il sera nous serons vous serez ils seront	je ferai tu feras il fera nous ferons vous ferez ils feront
CONDITIONNEL	j'écrirais tu écrirais il écrirait nous écririons vous écririez ils écriraient	j'enverrais tu enverrais il enverrait nous enverrions vous enverriez ils enverraient	je serais tu serais il serait nous serions vous seriez ils seraient	je ferais tu ferais il ferait nous ferions vous feriez ils feraient
SUBJONCTIF PRÉSENT	que j'écrive que tu écrives qu'il écrive que nous écrivions que vous écriviez qu'ils écrivent	que j'envoie que tu envoies qu'il envoie que nous envoyions que vous envoyiez qu'ils envoient	que je sois que tu sois qu'il soit que nous soyons que vous soyez qu'ils soient	que je fasse que tu fasses qu'il fasse que nous fassions que vous fassiez qu'ils fassent

Verb Charts

VERBES IRRÉGULIERS

INFINITIF	lire *to read*	mettre[1] *to put*	ouvrir[2] *to open*	partir[3] *to leave*
PRÉSENT	je lis tu lis il lit nous lisons vous lisez ils lisent	je mets tu mets il met nous mettons vous mettez ils mettent	j'ouvre tu ouvres il ouvre nous ouvrons vous ouvrez ils ouvrent	je pars tu pars il part nous partons vous partez ils partent
IMPÉRATIF	lis lisons lisez	mets mettons mettez	ouvre ouvrons ouvrez	pars partons partez
PASSÉ COMPOSÉ	j'ai lu tu as lu il a lu nous avons lu vous avez lu ils ont lu	j'ai mis tu as mis il a mis nous avons mis vous avez mis ils ont mis	j'ai ouvert tu as ouvert il a ouvert nous avons ouvert vous avez ouvert ils ont ouvert	je suis parti(e) tu es parti(e) il est parti nous sommes parti(e)s vous êtes parti(e)(s) ils sont partis
IMPARFAIT	je lisais tu lisais il lisait nous lisions vous lisiez ils lisaient	je mettais tu mettais il mettait nous mettions vous mettiez ils mettaient	j'ouvrais tu ouvrais il ouvrait nous ouvrions vous ouvriez ils ouvraient	je partais tu partais il partait nous partions vous partiez ils partaient
FUTUR	je lirai tu liras il lira nous lirons vous lirez ils liront	je mettrai tu mettras il mettra nous mettrons vous mettrez ils mettront	j'ouvrirai tu ouvriras il ouvrira nous ouvrirons vous ouvrirez ils ouvriront	je partirai tu partiras il partira nous partirons vous partirez ils partiront
CONDITIONNEL	je lirais tu lirais il lirait nous lirions vous liriez ils liraient	je mettrais tu mettrais il mettrait nous mettrions vous mettriez ils mettraient	j'ouvrirais tu ouvrirais il ouvrirait nous ouvririons vous ouvririez ils ouvriraient	je partirais tu partirais il partirait nous partirions vous partiriez ils partiraient
SUBJONCTIF PRÉSENT	que je lise que tu lises qu'il lise que nous lisions que vous lisiez qu'ils lisent	que je mette qu tu mettes qu'il mette que nous mettions que vous mettiez qu'ils mettent	que j'ouvre que tu ouvres qu'il ouvre que nous ouvrions que vous ouvriez qu'ils ouvrent	que je parte que tu partes qu'il parte que nous partions que vous partiez qu'ils partent

[1] *Verbes similaires:* **permettre, remettre**
[2] *Verbes similaires:* **couvrir, découvrir, offrir, souffrir**
[3] *Verbe similaire:* **sortir**

VERBES IRRÉGULIERS

INFINITIF	pouvoir *to be able to*	prendre[4] *to take*	recevoir *to receive*	savoir *to know*
PRÉSENT	je peux tu peux il peut nous pouvons vous pouvez ils peuvent	je prends tu prends il prend nous prenons vous prenez ils prennent	je reçois tu reçois il reçoit nous recevons vous recevez ils reçoivent	je sais tu sais il sait nous savons vous savez ils savent
IMPÉRATIF	(pas d'impératif)	prends prenons prenez	reçois recevons recevez	sache sachons sachez
PASSÉ COMPOSÉ	j'ai pu tu as pu il a pu nous avons pu vous avez pu ils ont pu	j'ai pris tu as pris il a pris nous avons pris vous avez pris ils ont pris	j'ai reçu tu as reçu il a reçu nous avons reçu vous avez reçu ils ont reçu	j'ai su tu as su il a su nous avons su vous avez su ils ont su
IMPARFAIT	je pouvais tu pouvais il pouvait nous pouvions vous pouviez ils pouvaient	je prenais tu prenais il prenait nous prenions vous preniez ils prenaient	je recevais tu recevais il recevait nous recevions vous receviez ils recevaient	je savais tu savais il savait nous savions vous saviez ils savaient
FUTUR	je pourrai tu pourras il pourra nous pourrons vous pourrez ils pourront	je prendrai tu prendras il prendra nous prendrons vous prendrez ils prendront	je recevrai tu recevras il recevra nous recevrons vous recevrez ils recevront	je saurai tu sauras il saura nous saurons vous saurez ils sauront
CONDITIONNEL	je pourrais tu pourrais il pourrait nous pourrions vous pourriez ils pourraient	je prendrais tu prendrais il prendrait nous prendrions vous prendriez ils prendraient	je recevrais tu recevrais il recevrait nous recevrions vous recevriez ils recevraient	je saurais tu saurais il saurait nous saurions vous sauriez ils sauraient
SUBJONCTIF PRÉSENT	que je puisse que tu puisses qu'il puisse que nous puissions que vous puissiez qu'ils puissent	que je prenne que tu prennes qu'il prenne que nous prenions que vous preniez qu'ils prennent	que je reçoive que tu reçoives qu'il reçoive que nous recevions que vous receviez qu'ils reçoivent	que je sache que tu saches qu'il sache que nous sachions que vous sachiez qu'ils sachent

[4] *Verbes similaires:* **apprendre, comprendre**

Verb Charts

INFINITIF	servir[5] *to serve*	suivre *to follow*	venir[6] *to come*	vivre *to live*
PRÉSENT	je sers tu sers il sert nous servons vous servez ils servent	je suis tu suis il suit nous suivons vous suivez ils suivent	je viens tu viens il vient nous venons vous venez ils viennent	je vis tu vis il vit nous vivons vous vivez ils vivent
IMPÉRATIF	sers servons servez	suis suivons suivez	viens venons venez	vis vivons vivez
PASSÉ COMPOSÉ	j'ai servi tu as servi il a servi nous avons servi vous avez servi ils ont servi	j'ai suivi tu as suivi il a suivi nous avons suivi vous avez suivi ils ont suivi	je suis venu(e) tu es venu(e) il est venu nous sommes venu(e)s vous êtes venu(e)(s) ils sont venus	j'ai vécu tu as vécu il a vécu nous avons vécu vous avez vécu ils ont vécu
IMPARFAIT	je servais tu servais il servait nous servions vous serviez ils servaient	je suivais tu suivais il suivait nous suivions vous suiviez ils suivaient	je venais tu venais il venait nous venions vous veniez ils venaient	je vivais tu vivais il vivait nous vivions vous viviez ils vivaient
FUTUR	je servirai tu serviras il servira nous servirons vous servirez ils serviront	je suivrai tu suivras il suivra nous suivrons vous suivrez ils suivront	je viendrai tu viendras il viendra nous viendrons vous viendrez ils viendront	je vivrai tu vivras il vivra nous vivrons vous vivrez ils vivront
CONDITIONNEL	je servirais tu servirais il servirait nous servirions vous serviriez ils serviraient	je suivrais tu suivrais il suivrait nous suivrions vous suivriez ils suivraient	je viendrais tu viendrais il viendrait nous viendrions vous viendriez ils viendraient	je vivrais tu vivrais il vivrait nous vivrions vous vivriez ils vivraient
SUBJONCTIF PRÉSENT	que je serve que tu serves qu'il serve que nous servions que vous serviez qu'ils servent	que je suive que tu suives qu'il suive que nous suivions que vous suiviez qu'ils suivent	que je vienne que tu viennes qu'il vienne que nous venions que vous veniez qu'ils viennent	que je vive que tu vives qu'il vive que nous vivions que vous viviez qu'ils vivent

---

[5] *Verbe similaire:* **desservir**

[6] *Verbes similaires:* **devenir, revenir, se souvenir**

	VERBES IRRÉGULIERS		VERBES IMPERSONNELS	
INFINITIF	voir *to see*	vouloir *to want*	falloir *to be necessary*	pleuvoir *to rain*
PRÉSENT	je vois tu vois il voit nous voyons vous voyez ils voient	je veux tu veux il veut nous voulons vous voulez ils veulent	il faut	il pleut
IMPÉRATIF	vois voyons voyez	veuille veuillons veuillez		
PASSÉ COMPOSÉ	j'ai vu tu as vu il a vu nous avons vu vous avez vu ils ont vu	j'ai voulu tu as voulu il a voulu nous avons voulu vous avez voulu ils ont voulu	il a fallu	il a plu
IMPARFAIT	je voyais tu voyais il voyait nous voyions vous voyiez ils voyaient	je voulais tu voulais il voulait nous voulions vous vouliez ils voulaient	il fallait	il pleuvait
FUTUR	je verrai tu verras il verra nous verrons vous verrez ils verront	je voudrai tu voudras il voudra nous voudrons vous voudrez ils voudront	il faudra	il pleuvra
CONDITIONNEL	je verrais tu verrais il verrait nous verrions vous verriez ils verraient	je voudrais tu voudrais il voudrait nous voudrions vous voudriez ils voudraient	il faudrait	il pleuvrait
SUBJONCTIF PRÉSENT	que je voie que tu voies qu'il voie que nous voyions que vous voyiez qu'ils voient	que je veuille que tu veuilles qu'il veuille que nous voulions que vous vouliez qu'ils veuillent	qu'il faille	qu'il pleuve

Verb Charts

VERBES AVEC ÊTRE AU PASSÉ COMPOSÉ

aller *(to go)*	je suis allé(e)
arriver *(to arrive)*	je suis arrivé(e)
descendre *(to go down, to get off)*	je suis descendu(e)
entrer *(to enter)*	je suis entré(e)
monter *(to go up)*	je suis monté(e)
mourir *(to die)*	je suis mort(e)
naître *(to be born)*	je suis né(e)
partir *(to leave)*	je suis parti(e)
passer *(to go by)*	je suis passé(e)
rentrer *(to go home)*	je suis rentré(e)
rester *(to stay)*	je suis resté(e)
retourner *(to return)*	je suis retourné(e)
revenir *(to come back)*	je suis revenu(e)
sortir *(to go out)*	je suis sorti(e)
tomber *(to fall)*	je suis tombé(e)
venir *(to come)*	je suis venu(e)

This *French-English Dictionary contains all productive and receptive vocabulary from Levels I and II. The numbers following each productive entry indicate the chapter and vocabulary section in which the word is introduced. For example, **2.2** in dark print means that the word first appeared in this textbook, **Chapitre 2, Mots 2.** A light print number means that the word first appeared in the Level 1 textbook. **BV** refers to the introductory **Bienvenue** lessons in Level 1. **L** refers to the optional literary readings. If there is no number or letter following an entry, the word or expression is there for receptive purposes only.*

A

à at, in, to, 3.1
  à l'avance ahead of time; in advance, **9.1**
  À bientôt! See you soon!, BV
  à bord (de) on board, 8.2
  à cause de because of
  à côté de next to, **11.1**
  À demain. See you tomorrow., BV
  à destination de to *(destination)*, 8.1
  à domicile to the home
  à l'extérieur outside, outside the home
  à l'heure on time, 8.1
  à mon avis in my opinion, 7.2
  à nouveau again
  à peu près about, approximately
  à pied on foot, 4.2
  à point medium-rare *(meat)*, 5.2
  À tout à l'heure. See you later., BV
l' **abbé** *(m.)* priest
abondant(e) plentiful
absolument absolutely, **9.1**
accéder to access

accélérer to accelerate
l' **accès** access; admission
l' **accessoire** *(m.)* accessory
accompagner to accompany, to go with
l' **achat** *(m.)* purchase
  faire des achats to shop
acheter to buy, 3.2
  acheter à crédit to buy on credit
l' **acteur** *(m.)* actor, **1.1**
actif, active active
l' **actrice** *(f.)* actress, **1.1**
actuel(le) of today
actuellement nowadays
l' **addition** *(f.)* check, bill, 5.2
l' **administration publique** *(f.)* public office
adorer to love
l' **adresse** *(f.)* address, **5.2**
s' **adresser à** to speak to
l' **adversaire** *(m. et f.)* adversary, opponent
adverse opposing, 10.1
aérien(ne) air, flight *(adj.)*
l' **aérogare** *(f.)* airport terminal, 8.1
l' **aéroport** *(m.)* airport, 8.1
les **affaires** *(f. pl.)* business, **11.1**
l' **affiche** *(f.)* poster
l' **âge** *(m.)* age, 4.1
  Tu as quel âge? How old are you?, 4.1

âgé(e) old
l' **agent** *(m.)* **de police** police officer, **11.1**
l' **agglomération** *(f.)* urban area, (built up) 7.2
agité(e) choppy, rough *(sea)*
l' **agneau** *(m.)* lamb, 6.1, **6.2, 11.2**
agréable pleasant
agricole agricultural, farm *(adj.)*, **11.2**
l' **agriculteur, l'agricultrice** farmer, **11.2**
l' **aide** *(f.)* aid, help
  à l'aide de with the help of
aider to help, 3.2
aigu(ë) acute, severe, **2.2**
l' **ail** *(m.)* garlic, 6.1
ailleurs elsewhere
aimer to like, love, 3.1
  aimer mieux to prefer, 7.2
l' **aîné(e)** older, L1
ainsi thus, so
  ainsi que as well as
l' **air** *(m.)* air, **7.1;** melody
  l'air climatisé air conditioning, **9.2**
  avoir l'air to look, **13.2**
aisé(e) well-to-do
ajouter to add, **6.2**
l' **aliment** *(m.)* food, 6.1

l' **alimentation** *(f.)* nutrition, diet

l' **Allemagne** *(f.)* Germany

l' **allemand** *(m.)* German *(language)*, 2.2

aller to go, 5.1

aller chercher to go (and) get, 6.1

aller mieux to feel better, **2.2**

l' **aller (simple)** one-way ticket, 9.1

l' **alliance** *(f.)* wedding ring, **12.2**

allô hello *(telephone)*

allonger to stretch out

allumer to turn on *(appliance)*, 12.2, **3.1;** to light, **12.2**

l' **allure** *(f.): à toute allure* at full speed, **L1**

alors so, then, well then, BV

ambitieux (ambitieuse) ambitious

s' **améliorer** to get better; to improve

l' **amende** *(f.)* fine

l' **amerrissage** *(m.)* landing at sea

l' **Amérique** *(f.)* **du Sud** South America

l' **ami(e)** friend, 1.2

l' **amour** *(m.)* love, L4

amoureux, amoureuse in love, **L1**

ample large, full

amusant(e) funny; fun, 1.1

s' **amuser** to have fun, 12.2

l' **an** *(m.)* year, 4.1

avoir... ans to be ... years old, 4.1

ancien(ne) old, ancient; former

l' **âne** *(m.)* donkey

l' **anesthésie** *(f.)* anesthesia, **8.2**

faire une anesthésie to anesthetize, **8.2**

l' **angine** *(f.)* throat infection, tonsillitis, **2.1**

l' **anglais** *(m.)* English *(language)*, 2.2

anglais(e) English

l' **Angleterre** *(f.)* England

l' **année** *(f.)* year

l'année dernière last year

l' **anniversaire** *(m.)* birthday, 4.1

Bon anniversaire! Happy birthday!

l' **annonce** *(f.)* announcement, 8.2

la petite annonce classified ad, 14.2

annoncer to announce, 9.1

l' **annuaire** *(m.)* telephone directory, **3.2**

annuler to cancel, **4.2**

l' **anorak** *(m.)* ski jacket, 7.1

Antilles: la mer des Antilles Caribbean Sea

l' **apothicaire** *(m.)* apothecary, **L4**

l' **appareil** *(m.)* apparatus; machine, **10.2;** appliance

l' **appartement** *(m.)* apartment, 4.2

l' **appel** *(m.)* (phone) call, **3.2**

l'appel interurbain toll call

l'appel téléphonique phone call, **3.2**

l'appel urbain local call

appeler to call

s' **appeler** to be called, be named, 12.1

applaudir to applaud

appliquer to apply

apporter to bring, 11.1

apprécier to appreciate

apprendre (à) to learn (to), 5; to teach

appuyer sur to press, push, 3.1

s'appuyer contre to lean against, **10.2**

après after, 3.2

d'après according to

l' **après-midi** *(m.)* afternoon, 3.2

l' **aqueduc** *(m.)* aquaduct

l' **arabe** *(m.)* Arabic *(language)*

l' **arbitre** *(m.)* referee, 10.1

l' **arbre** *(m.)* tree, L3

l'arbre de Noël Christmas tree, **12.2**

les **arènes** *(f. pl.)* amphitheater

l' **argent** *(m.)* money, 5.2

l'argent liquide cash, **5.1**

l'argent de poche pocket money

l' **argument** *(m.)* plot

l' **arme** *(f.)* weapon

l' **armée** *(f.)* army, L3

arranger to fix, set right

l' **arrêt** *(m.)* stop, 9.2, **10.2**

l'arrêt d'autobus bus stop, **10.2**

arrêter to stop; to arrest

s'arrêter to stop, 10

les **arrhes** *(f. pl.)* deposit, **9.1**

l' **arrière** *(m.)* rear, back, 8.2, **10.2**

l' **arrière-garde** *(f.)* rear guard

l' **arrivée** *(f.)* arrival, 8.1

arriver to arrive, 3.1; to happen, **8.1**

arriver à (+ *inf.*) to manage to, to succeed in, 9.1

l' **arrobase** *(f.)* "at" symbol

l' **arrondissement** *(m.)* district (in Paris)

artistique artistic

l' **ascenseur** *(m.)* elevator, 4.2

asiatique Asian

l' **aspirine** *(f.)* aspirin, **2.1**

assez fairly, quite; enough, 1.1

l' **assiette** *(f.)* plate, 5.2

ne pas être dans son assiette to be feeling out of sorts, **2.1**

assis(e) seated, 9.2

l' **assistante sociale** (f.) social worker, **14.1**

assister à to attend

assurer to ensure, to carry out

l' **atelier** (m.) studio (artist's)

l' **athlétisme** (m.) track and field, 10.2

atroce atrocious

attacher to fasten, 8.2

attaquer to attack

attendre to wait (for), 9.1

Attention! Careful! Watch out!, 4.2

atterrir to land, 8.1

l' **atterrissage** (m.) landing, **4.2**

attraper to catch

attraper un coup de soleil to get a sunburn, 11.1

au bord de la mer by the ocean; seaside, 11.1

au contraire on the contrary

au fond in the background

au revoir good-bye, BV

l' **auberge** (f.) **de jeunesse** youth hostel

aucun(e) no, not any, **4.2**

au-dessous (de) below, 7.2

au-dessus (de) above, 7.2

la taille au-dessus the next larger size, 7.2

aujourd'hui today, BV

auprès de with

ausculter to listen with a stethoscope, **2.2**

aussi also, too, 1.1; as (comparisons), 7; so

autant de as many

l' **auteur** (m.) author (m. and f.), **L1**

l'auteur (m.) **dramatique** playwright

l' **autobus** (m.) bus, **10.2**

l' **autocar** (m.) bus, coach

l' **auto-école** (f.) driving school, **7.1**

l' **automne** (m.) autumn, 11.2

l' **automobiliste** (m. et f.) driver, **7.1**

l' **autoroute** (f.) highway, **7.2**

autour de around, 4.2

autre other, L1

autre chose something else, 6.2

d'autres some other, 2.2

l'un... l'autre one . . . the other

autrement dit in other words

avaler to swallow, **2.2**

avance: à l'avance ahead of time; in advance, **9.1**

en avance early, ahead of time, 9.1

l' **avancement** (m.) advancement; promotion

avant before

avant de (+ inf.) before (+ verb)

avant J.-C. (Jésus-Christ) B.C.

l' **avant** (m.) front, 8.2, **10.2**

l' **avantage** (m.) advantage

l' **avant-bras** forearm, **13.1**

avant-hier the day before yesterday, 10.2

avec with, 3.2

Avec ça? What else? (shopping), 6.1

l' **avenir** (m.) future, L2

l' **aventure** (f.) adventure

aveugle blind

l' **aviateur, l'aviatrice** aviator

l' **avion** (m.) plane, 8.1, **L3**

en avion by plane

l' **avis** (m.) opinion, 7.2

à mon avis in my opinion, 7.2

avoir to have, 4.1

avoir l'air to look, 13.2

avoir... ans to be . . . years old, 4.1

avoir besoin de to need, 10.1

avoir de la chance to be lucky, to be in luck

avoir envie de to want (to), to feel like

avoir faim to be hungry, 5.1

avoir une faim de loup to be very hungry

avoir lieu to take place, **12.1**

avoir mal à to have a(n) . . . -ache, to hurt, 2.1

avoir peur to be afraid, L1, **13.2**

avoir du retard to be late (plane, train, etc.), 8.1

avoir soif to be thirsty, 5.1

l' **avocat(e)** lawyer, **14.1**

B

le **baccalauréat** French high school exam

la **bactérie** bacterium

bactérien(ne) bacterial, **2.1**

les **bagages** (m. pl.) luggage, 8.1

le bagage à main carry-on bag, 8.1

le coffre à bagages baggage compartment, 8.2

la **baguette** loaf of French bread, 6.1

le **baigneur, la baigneuse** bather

le **bain** bath, 12.1

la **balance** scale, 5.2

le **ballon** ball (soccer, etc.), 10.1

la **banlieue** suburbs, **4.1, 11.1**

la **banque** bank, 5.1

bas(se) low

la **base** base; basis

à base de based on

le **basilic** basil

la **basilique** basilica

la **basket** sneaker; running shoe, 7.1

le **basket(-ball)** basketball, 10.2

la **bataille** battle, L3

  le champ de bataille battlefield, L3

le **bateau** boat, L4

le **bâtiment** building, **11.1**

le **bâton** ski pole, 11.2

  battre to beat; to defeat

  bavarder to chat

  beau (bel), belle beautiful, handsome, 4.2

  beaucoup de a lot of, 3.1

le **beau-père** stepfather, father-in-law, 4.1

la **beauté** beauty

  de toute beauté of great beauty

le **bébé** baby, **L2**

  belge Belgian

la **Belgique** Belgium

la **belle-mère** stepmother, mother-in-law, 4.1

  ben (slang) well

  ben oui yeah

le/la **bénévole** volunteer

la **béquille** crutch, **8.1**

  berbère Berber

le **berger, la bergère** shepherd, shepherdess

le **besoin** need

  avoir besoin de to need, 10.1

la **bêtise** stupid thing, nonsense

le **beurre** butter, 6.1

le **bicentenaire** bicentennial

la **bicyclette** bicycle, 10.2

  bien fine, well, good, BV

  bien cuit(e) well-done (meat), 5.2

  bien élevé(e) well-behaved; well-mannered, **13.1**

  bien sûr of course

  bientôt soon

À bientôt! See you soon! BV

le/la **bienvenu(e)** welcome

  bigarré(e) mottled

le **billet** ticket, 8.1; bill, **5.1**

  le billet aller (et) retour round-trip ticket, 9.1

  blanc, blanche white, 7.2

le **blé** wheat, **11.2**

  blessé(e) wounded, L3

se **blesser** to hurt oneself, **8.1**

la **blessure** wound, injury, **8.1**

  bleu(e) blue, 7.2

  bleu marine (inv.) navy blue, 7.2

le **bloc-notes** notepad, 3.2

  blond(e) blond, 1.1

  bloquer to block, 10.1

le **blouson** (waist-length) jacket, 7.1

le **blue-jean** (pair of) jeans

le **bœuf** beef, 6.1, **6.2**; ox, **11.2**

le **bogue** (computer) bug

  bohème bohemian

  boire to drink, 10.2

le **bois** wood

la **boisson** beverage, drink, 5.1

la **boîte: la boîte de conserve** can of food, 6.2

  la boîte crânienne skull

  la boîte aux lettres mailbox, 5.2

  boiteux, boiteuse lame

le **bol** bowl

  bon(ne) correct; good, 6.2

  bon marché (inv.) inexpensive

  Bonne Année! Happy New Year!, **12.2**

  Bonne santé! Good health!, **12.2**

  de bonne heure early

  bondé(e) packed, **10.1**

le **bonheur** happiness, joy

le **bonhomme de neige** snowman

  bonjour hello, BV

le **bonnet** ski cap, hat, 11.2

la **bonté** goodness

le **bord: à bord (de)** aboard (plane, etc.), 8.2

  au bord de la mer by the ocean, seaside, 11.1

  border to border

la **bosse** mogul (ski), 11.2

la **botanique** botany

le **boubou** boubou (long, flowing garment)

la **bouche** mouth, **2.1, 13.1**

le **boucher, la bouchère** butcher

la **boucherie** butcher shop, 6.1

le **bouchon** traffic jam, **7.2**

la **bougie** candle, 4.1, **12.2**

  bouillant(e) boiling, **6.2**

  bouillir to boil, **6.2**

la **boulangerie-pâtisserie** bakery, 6.1

  bourguignon(ne) of or from Burgundy

  bousculer to push and shove, **13.1**

le **bout** end, tip

la **bouteille** bottle, 6.2

le **bouton** button, 10.2

la **boutique** shop, boutique, 7.1

le **brancard** stretcher, **8.1**

la **branche** branch, **12.2**

le **bras** arm, **8.1**

le **break** station wagon, **7.1**

la **brebis** ewe

le **Brésil** Brazil

le/la **Brésilien(ne)** Brazilian (person)

la **Bretagne** Brittany

  breton(ne) Breton, from Brittany

  briller to shine

la **brioche** sweet roll

la **brique** brick

  briser to break, L3

se **briser** to break

  britannique British

la **bronche** bronchial tube

  bronzer to tan, 11.1

la **brosse** brush, 12.1

    la brosse à dents toothbrush, 12.1

se **brosser** to brush, 12.1

la **brousse** bush *(wilderness)*

le **bruit** noise, L3, **13.1**

    brûler to burn

    brûler un feu rouge to run a red light, **7.2**

    brun(e) brunette; dark-haired, 1.1

    bruyant(e) noisy, **13.1**

la **bûche de Noël** cake in the shape of a log

le **buffet** train station restaurant, 9.1

le **bungalow** bungalow

le **bureau** office, **11.1, 14.1**

    le bureau de change foreign exchange office, **5.1**

    le bureau de placement employment office, **14.2**

    le bureau de poste post office, **5.1**

    le bureau de tabac tobacco shop

    le bureau de (du) tourisme tourist office

le **bus** bus, 5.2

le **but** goal, 10.1

    marquer un but to score a goal, 10.1

le **buveur, la buveuse** drinker

ça that, BV

    Ça fait... euros. It's (That's) . . . euros., 6.2

    Ça fait mal. It (That) hurts., **2.1**

    Ça va. Fine., Okay., BV

    Ça va? How's it going?, How are you? *(inform.)*, BV; How does it look?, 7.2

C'est ça. That's right., That's it.

la **cabine** cabin *(plane)*, 8.1

    la cabine d'essayage fitting room

    la cabine téléphonique telephone booth, **3.2**

    cacher to hide, L3

le **cadeau** gift, present, 4.1

le **cadet, la cadette** younger, L1

le **cadre** manager, executive, **14.1**

le **café** café BV; coffee, 5.1

le **cahier** notebook, 3.2

la **caisse** cash register, checkout counter, 3.2

le **caissier, la caissière** cashier, **5.1**

le **calcul** arithmetic, 2.2

    le calcul différentiel differential calculus

    le calcul intégral integral calculus

la **calculatrice** calculator, 3.2

le **calendrier** calendar, schedule

le **calligramme** picture-poem

le **camembert** Camembert cheese

le **camion** truck, **7.1**

la **camionnette** small truck, van

le **camp** side *(in a sport or game)*, 10.1

    le camp adverse opponents, other side, 10.1

la **campagne** country(side), **11.2**; campaign

le **canard** duck

le/la **candidat(e) à un poste** job applicant, **14.2**

la **candidature: poser sa candidature** to apply for a job, **14.2**

la **canne à sucre** sugar cane

la **canneberge** cranberry

le **canoë** canoe

le **canot** (open) boat

la **cantine** school dining hall, 3.1

le **canton** canton (Swiss state)

    capable able

le **car** bus *(coach)*

    Caraïbes: la mer des Caraïbes Caribbean Sea

la **carbonnade** charcoal-grilled meat

le **carnaval** carnival *(season)*, **12.1**

le **carnet** booklet; book of ten subway tickets, 10.1

la **carotte** carrot, 6.2

le **carrefour** intersection, **11.1**

la **carrière** career; *(employment)* field, **14.2**

la **carte** menu, 5.1; map; card

    la carte d'adhésion membership card

    la carte de crédit credit card, **9.2**

    la carte de débarquement landing card, 8.2

    la carte d'embarquement boarding pass, 8.1

    la carte postale postcard, 9.1, **5.2**

    la carte (routière) road map, **7.2**

    la carte de vœux greeting card, **12.2**

le **carton** cardboard

le **cas** case

    en cas de in case of

le **casque** helmet, **7.1**

la **casquette** cap, baseball cap, 7.1

    casse-pieds pain in the neck *(slang)*

se **casser** to break (one's leg, etc.), **8.1**

la **casserole** pot, 6.2

la **cassette** cassette, tape 3.1

    la cassette vidéo videocassette, 12.2

cause: à cause de because of

causer to cause

la cave cellar

ce (cet), cette this, that, 9
  ce soir tonight

céder la place to give way

la ceinture belt, L3
  la ceinture de sécurité seat belt, 8.2, **7.1**

cela this, that

célèbre famous

célébrer to celebrate, L4

la cellule cell, L4

celte Celtic

celui-là, celle-là this/that one, **11.2**

cent hundred, 2.2
  pour cent percent

les centaines (f. pl.) hundreds

le centre center; downtown
  le centre commercial shopping center, mall, 7.1

le centre-ville downtown, **11.1**

le cercle circle

les céréales (f. pl.) cereal, grain(s), **11.2**

certainement certainly

certains (pron.) some

le cerveau brain

cesser to stop, cease

c'est it is, it's, BV
  C'est combien? How much is it?, 3.2
  C'est quel jour? What day is it? BV
  C'est tout. That's all., 6.1

c'est-à-dire that is

chacun(e) each (one), 5.2

la chaîne chain; TV channel, 12.2

la chaise chair

la chaleur heat

la chambre room (hotel), 9.1
  la chambre à coucher bedroom, 4.2

le champ field, L1, **11.2, L2**

le champ de bataille battlefield, L3

champêtre pastoral

le champignon mushroom, **6.1**

le/la champion(ne) champion

la chance luck

le chandelier candelabra, **12.2**

le changement change
  changer to exchange, 5.1
  changer (de) to change, 9.2

la chanson song

le chant de Noël Christmas carol, **12.2**

chanter to sing, **1.1**

le chanteur, la chanteuse singer, **1.1**

chaque each, every, **4.1**

le char float, **12.1**

la charcuterie deli(catessen), 6.1

chargé(e) de in charge of

charger to load
  se charger de to be in charge of

le chariot shopping cart, 6.2; baggage cart, 9.1

charmant(e) charming

le charpentier carpenter

chasser to chase away, blow away

le chasseur, la chasseuse hunter

le chat cat, 4.1

le château castle, mansion

chaud(e) warm, hot

le chauffeur driver

la chaussette sock, 7.1

la chaussure shoe, 7.1
  les chaussures de ski ski boots, 11.2

le chef head, boss
  le chef de service department head, **14.1**

le chemin route; road; path
  le chemin de fer railroad

la cheminée chimney, **12.2**

la chemise shirt, 7.1

le chemisier blouse, 7.1

le chèque check, **5.1**
  le chèque de voyage traveler's check

cher, chère dear; expensive, 7.1

chercher to look for, seek
  aller chercher to go (and) get, 6.1

le cheval horse, **11.2**
  faire du cheval to go horseback riding, **11.2**

le chevalier knight

les cheveux (m. pl.) hair, 12.1

la cheville ankle, 8.1

chez at (to) the home (business) of, 3.2

le chien dog, 4.1

la chimie chemistry, 2.2

chimique chemical

chinois(e) Chinese

le chirurgien surgeon (m. and f.), 8.2

le chirurgien-orthopédiste orthopedic surgeon, 8.2

le chœur choir

choisir to choose, 8.1

le choix choice

le chômage unemployment, **14.2**
  être au chômage to be unemployed, **14.2**

le chômeur, la chômeuse unemployed person, **14.2**

la chose thing

la choucroute sauerkraut, **6.1**

ciao good-bye (inform.), BV

ci-dessous below

le ciel sky, 11.1, **L3**
  le Ciel heaven

la cigale cicada

le/la cinéaste filmmaker, **14.1**

le cinéma movie theater, movies, **1.1**

le cintre hanger, 9.2

le cirque circus

la circulation circulation; traffic, **7.2**

circuler to move about, get around; to make its rounds, **11.1**

citer to cite, mention

le **citron** lemon, **6.1**

le **citron pressé** lemonade, 5.1

clair(e) light (color)

clairement clearly

la **classe** class, 2.1

la **classe économique** coach class (plane)

le **classement** ranking

le **classeur** loose-leaf binder, 3.2

classifier to classify

le **clavier** keyboard, **3.1**

la **clé** key, **7.1**

le **clignotant** turn signal, **7.2**

le **climat** climate

climatique climatic

climatisé(e) air conditioned, **9.2**

la **clinique** clinic

cliquer to click, **3.1**

le **club d'art dramatique** drama club

le **coca** cola, 5.1

le **cochon** pig, **11.2**

le **code** code, 4.2

le **code postal** zip code, **5.2**

le **code de la route** the rules of the road, **11.1**

le **coéquipier, la coéquipière** teammate

le **cœur** heart

le **coffre** chest, L4; trunk, **7.1**

le **coffre à bagages** (overhead) baggage compartment, 8.2

le **coin** corner, **10.1, 11.1**

du coin neighborhood (adj.)

le **colis** package, 5.2

la **collation** snack, **4.2**

le **collège** junior high, middle school, 1.2

le/la **collégien(ne)** middle school/junior high student

le **combat** fight, battle, L3

combien (de) how much, how many, 3.2

C'est combien? How much is it (that)?, 3.2

comble packed (stadium), 10.1

la **comédie** comedy, **1.1**

comique comic; funny, **1.1**

le **film comique** comedy, **1.1**

commander to order, 5.1

comme like, as; for; since

comme ci, comme ça so-so

commémorer to commemorate

commencer to begin, 9.2

comment how, what, 1.1

Comment ça? How is that?

le/la **commerçant(e)** shopkeeper, 14.1

le **commerce** trade

commettre to commit

commun(e) common

en commun in common

les transports en commun mass transit

la **communauté** community

communiquer to communicate

la **compagnie aérienne** airline, 8.1

la **comparaison** comparison

le **compartiment** compartment, **4.1**

la **compétition** contest

le **complet** suit (man's), 7.1

complet, complète full; complete, **4.1**

complètement completely, totally

compléter to complete

compliqué(e) complicated

comploter to conspire

comporter to call for, to behave

composer to dial (phone number), **3.2**

composter to stamp, validate (a ticket), 9.1

comprendre to understand, 5

le **comprimé** pill, **2.2**

compris(e) included, 5.2, **9.1**

tout compris all included, **9.1**

la **comptabilité** accounting

le/la **comptable** accountant, **14.1**

le **compte** account

le **compte courant** checking account, **5.1**

le **compte d'épargne** savings account, **5.1**

être à son compte to be self-employed, **14.2**

compter to count, **5.1**

le **comptoir** counter, 8.1

le **comte** count, L4

le/la **concierge** doorkeeper

le **concombre** cucumber

le **concours** competition, contest

le **conducteur, la conductrice** driver, 7.1

conduire to drive, **7.1, 11.1**

confier to entrust

la **confiture** jam, 6.2

confortable comfortable

le **congé(lateur)** freezer, **6.1**

la **connaissance** acquaintance

faire la connaissance de to meet, **13.2**

connaître to know, **1.2**; to meet, 13.2

se connaître to be acquainted, to know one another, **13.2**

connu(e) well-known; famous, **1.1**

conquérir to conquer

se **consacrer** to devote oneself

le **conseiller, la conseillère** counselor, adviser

la **conserve: la boîte de conserve** can of food, 6.2

conserver to preserve, save

la **consommation** drink, beverage, 5.1

conspirer to plot

construire to build

la **consultation** medical visit

donner des consultations to have office hours *(doctor)*

consulter to consult

le **contact** contact

être en contact avec to be in touch with

contenir to contain

content(e) happy, glad, **13.2**

continuer to continue

le **contraire** opposite

la **contravention** traffic ticket, **7.2**

contre against, 10.1

par contre on the other hand, however

le **contremaître, la contremaîtresse** foreman, forewoman

le **contrôle** check, control

le **contrôle des passeports** passport check, **4.2**

le **contrôle de sécurité** security *(airport)*, 8.1

contrôler to check; to control, **4.1**

le **contrôleur** conductor *(train)*, 9.2

le **copain** friend, pal *(m.)*, 2.1

la **copine** friend, pal *(f.)*, 2.1

le **coq** rooster

le **cor** horn, L3

sonner du cor to blow a horn, L3

la **cornemuse** bagpipes

le **corps** body, **8.1**

le **corps médical** the medical profession

la **correspondance** correspondence; connection *(between trains)*, 9.2, **10.1**

corriger to correct

cosmopolite cosmopolitan

la **côte** coast

la **Côte d'Azur** French Riviera

la **Côte d'Ivoire** Ivory Coast

le **côté** side, **4.1**

à côté de next to, **11.1**

côté couloir aisle *(seat)*, 8.1

côté fenêtre window *(seat)*, 8.1

la **côtelette de porc** pork chop, **6.2**

se **coucher** to go to bed, 12.1

la **couchette** berth *(on a train)*

le **coude** elbow, **13.1**

couler to flow

avoir le nez qui coule to have a runny nose, **2.1**

la **couleur** color, 7.2

le **couloir** aisle, corridor, 8.2

le **coup de chapeau** tip of the hat

le **coup de soleil** sunburn, 11.1

le **coup de téléphone** telephone call, 3.2

le **coup de fil** phone call, **3.2**

le **coup (de pied, de tête, etc.)** a hit, a kick, 10.1

la **coupe** winner's cup, 10.2

couper to cut, 6.2

se **couper** to cut (one's finger, etc.), **8.1**

la **cour** courtyard, 3.2; court

courageux, courageuse courageous, brave

courant(e) fluent; common; current

le **coureur, la coureuse** runner, 10.2

le **coureur (la coureuse) cycliste** racing cyclist, 10.2

le **courrier** mail, **5.2**

le **cours** course, class, 2.1

en cours de (français, etc.) in (French, etc.) class

le **cours du change** exchange rate, **5.1**

la **course** race, 10.2

la **course cycliste** bicycle race, 10.2

les **courses** *(f. pl.)*: **faire des courses** to go shopping, 6.1

court(e) short, 7.1

le **couscous** couscous

le **couteau** knife, 5.2

coûter to cost, 3.2

Ça coûte combien? How much does this cost?, 3.1

coûter cher to be expensive

le **couturier** designer *(of clothes)*

le **couvent** convent

le **couvercle** lid, **6.2**

couvert(e) covered

le **couvert** table setting; silverware, 5.2

la **couverture** blanket, **4.2**

couvrir to cover

la **cravate** tie, 7.1

le **crayon** pencil, 3.2

créer to create

la **crème** cream

la **crème solaire** suntan lotion, 11.1

le **crème** coffee with cream *(in a café)*, 5.1

la **crémerie** dairy store, 6.1

le **créole** Creole *(language)*

la **crêpe** crepe, pancake, BV

creuser to dig, L4

crevé(e) exhausted

crever to die, **L4**

la **crevette** shrimp, 6.1

crier to shout, L4

la **critique** review

croire to believe, think, 7.2

le **croisement** intersection, **7.2**

se **croiser** to cross, intersect, **10.1**

la **croissance** growth

le **croissant** croissant, crescent roll, 5.1

le **croque-monsieur** grilled ham and cheese sandwich, 5.1

la **crosse** hockey stick

la **cuillère** spoon, 5.2

cuire to cook, **6.2**

la **cuisine** kitchen, 4.2; cuisine (food)

faire la cuisine to cook, 6

le **cuisinier, la cuisinière** cook, **6.2**

la **cuisinière** stove, **6.1**

cuit(e) cooked

bien cuit(e) well-done (meat), 5.2

le **cuivre** copper

cultiver to cultivate; to grow; to farm (land), **11.2**

la **culture** culture, growing

culturel(le) cultural

curieux, curieuse odd

le **curriculum vitae (C.V.)** résumé, **14.2**

le **cyclisme** cycling, bicycle riding, 10.2

le/la **cycliste** cyclist, bicycle rider

cycliste bicycle, cycling (adj.), 10.2

les **cymbales** (f. pl.) cymbals, **12.1**

D

d'abord first, 12.1

d'accord okay, all right (agreement)

être d'accord to agree, 2.1

la **dame** lady

les **dames** checkers

dangereux, dangereuse dangerous

dans in, 1.2

la **danse** dance

danser to dance, **1.1**

le **danseur, la danseuse** dancer, **1.1**

la **danseuse** ballerina, **1.1**

d'après according to

dater de to date from

la **datte** date

le **dattier** date palm

d'autres some other, 2.2

de from, 1.1; of, belonging to, 1.2; about

de bonne heure early

de près close, **11.1**

de temps en temps from time to time, occasionally

le **débarquement** landing, deplaning

débarquer to get off (plane), **4.2**

débarrasser la table to clear the table, 12.2

debout standing, 9.2

le **début** beginning

au début in the beginning

le/la **débutant(e)** beginner, 11.2

débuter to begin

le **décalage horaire** time difference

la **décapotable** convertible, **7.1**

le **déchet** waste

décider (de) to decide (to)

déclarer to declare, call

le **décollage** takeoff (plane), **4.2**

décoller to take off (plane), 8.1

décorer to decorate

la **découverte** discovery

découvrir to discover

décrire to describe

décrocher (le téléphone) to pick up the (telephone) receiver, **3.2**

dedans into it

dédié(e) dedicated

défaire to unpack, **9.1**

le **défilé** parade, **12.1**

défiler to march, **12.1**

définir to define

déformer to distort

se **dégager** to be given off

dehors outdoors

au dehors de outside

déjà already; ever; yet, BV

déjeuner to eat lunch, 3.1

le **déjeuner** lunch, 5.2

le **petit déjeuner** breakfast, 5.2

délicieux, délicieuse delicious

demain tomorrow, BV

À demain. See you tomorrow., BV

demander to ask, to ask for, 3.2

demeurer d'accord to agree, **L4**

demi(e) half

et demie half past (time), BV

le **demi-cercle** semi-circle; top of the key (on a basketball court), 10.2

le **demi-frère** half brother, 4.1

la **demi-heure** half hour

la **demi-sœur** half sister, 4.1

le **demi-tarif** half price

le **demi-tour** about-face

faire demi-tour to turn around, **11.1**

la **demoiselle d'honneur** maid of honor, **12.2**

le **dénouement** ending

la **dent** tooth, 12.1

le **dentifrice** toothpaste, 12.1

le **départ** departure, 8.1

le **département d'outre-mer** French overseas department

dépasser to pass, **L1**

se **dépêcher** to hurry, 12.1

dépendre (de) to depend (on)

dépenser to spend
(*money*), **5.1**

depuis since, for, 9.2, **10.2**

le **dérangement** disturbance

dernier, dernière last,
10.2

derrière behind, **11.1**

désagréable disagreeable,
unpleasant

descendre to get off (*train,
bus, etc.*), 9.2; to take
down, 9; to go down, 9;
to take downstairs, 9; to
stay at (*hotel*)

descendre à la prochaine
to get off at the next
station, **10.1**

la **descente** getting off, **10.2**

le **désert** desert

désert(e) deserted

désespéré(e) desperate, **L4**

le **désir** desire; wish

désirer to want, **5.1**

désolé(e) sorry, **3.2, 13.2**

désormais from then on

le **dessert** dessert

desservir to serve, go to
(*transp.*), **4.1**

le **dessin** drawing,
illustration; design

le **dessin animé** cartoon,
1.1

dessiner to design, draw

dessus on it

le/la **destinataire** addressee

la **destination** destination

à destination de to
(*destination*), **8.1**

destiné(e) à intended for

la **destinée** destiny

déterrer to unearth

détester to hate, **3.1**

déverser to spill

**deux: tous (toutes) les
deux** both

deuxième second, **4.2**

devant in front of, **8.2, 11.1**

développer to develop

devenir to become, **4**

deviner to guess

la **devinette** riddle

la **devise** currency

le **devoir** homework
(*assignment*)

faire ses devoirs to do
homework, **6**

devoir to owe, 10; must, to
have to (+ *verb*), **10.2**

dévoué(e) devoted

d'habitude usually, **12.2**

le **diagnostic** diagnosis, **2.2**

le **diamant** diamond

dicter to dictate

le **dictionnaire** dictionary

difficile difficult, **2.1**

la **difficulté** problem,
difficulty

être en difficulté to be in
trouble

diffuser to spread, to
propagate

la **dinde** turkey

le **dindon** turkey

le **dîner** dinner, **5.2**

dîner to eat dinner, **5.2**

le **diplôme** diploma

**diplômé(e): être
diplômé(e)** to graduate

dire to say, tell, **9.2**

Ça me dit! I'd like that!

le **directeur (la directrice)
des ressources
humaines (D.R.H.)**
director of human
resources, **14.2**

diriger to manage, **14.1**

le **discours** speech

discuter to discuss

disparaître to disappear

disparu(e) disappeared,
lost

disponible available, **4.1**

le **disque** record

la **disquette** diskette, **3.1**

distinguer to distinguish,
to tell apart

distribuer to distribute,
5.2

le **distributeur automatique**
ATM, **5.1**; stamp
machine, **5.2**; ticket
machine, **10.1**

divers(e) various

diviser to divide

la **djellaba** djellaba (*long,
loose garment*)

le **doigt** finger, **8.1, 13.1**

le **doigt de pied** toe, **8.1**

le **dolmen** dolmen

le **domaine** domain, field

le **domicile: à domicile** to
the home

dominer to overlook

donc so, therefore

les **données** (*f. pl.*) data, **3.1**

donner to give, **4.1**

donner à manger à to
feed

donner un coup de fil
to call on the phone,
3.2

donner un coup de pied
to kick, **10.1**

donner une fête to
throw a party, **4.1**

donner sur to face,
overlook, **4.2**

dont of which, whose

doré(e) golden

dormir to sleep, **8.2**

le **dortoir** dormitory

le **dos** back, **L2**

le **dossier du siège** seat
back, **4.2**

la **douane** customs, **4.2**

doublé(e) dubbed
(*movies*), **1.1**

doubler to pass, **7.2**

la **douche** shower, **12.1**

douloureux, douloureuse
painful

le **doute** doubt

douter to doubt, **14**

la **douzaine** dozen, **6.2**

le **drame** drama, **1.1**

le **drap** sheet, **9.2**

le **drapeau** flag, **12.1**

dribbler to dribble *(basketball),* 10.2
le **droit** right
droite: à droite right, **7.2**
la **drôle de tête** strange expression
du coin neighborhood *(adj.)*
dur(e) hard
la **durée** duration
durer to last

E

l' **eau** *(f.)* water, 6.2
l'eau minérale mineral water, 6.2
l' **échange** *(m.)* exchange
échanger to exchange
s' **échapper** to escape
l' **écharpe** *(f.)* scarf, 11.2
éclaté(e) burst
l' **école** *(f.)* school, 1.2
l'école primaire elementary school
l'école secondaire secondary school, 1.2
écologique ecological
l' **économie** *(f.)* economics, 2.2
faire des économies to save money, **5.1**
économiser to save money
écouter to listen (to), 3.1
l' **écouteur** *(m.)* earphone, headphone, **L3**
l' **écran** *(m.)* screen, 8.1, **3.1**
écrasé(e) crushed
écrire to write, 9.2
l' **écriture** *(f.)* writing
l' **écrivain** *(m.)* writer *(m. and f.),* **L2**, **14.1**
l' **édifice** *(m.)* building
efficace efficient
égal(e): Ça m'est égal. I don't care.; It's all the same to me., **1.1**
également as well, also

égaliser to tie *(score)*
l' **église** *(f.)* church, **11.1, 12.2**
égoïste egotistical, 1.2
égyptien(ne) Egyptian
l' **électricien(ne)** electrician, **14.1**
l' **électroménager** *(m.)* home appliances
l' **élevage** *(m.):* **faire de l'élevage de chevaux** to raise horses
l' **élève** *(m. et f.)* student, 1.2
élevé(e) high
bien élevé(e) well-behaved, **13.1**
mal élevé(e) impolite, **13.1**
éliminer to eliminate
éloigné(e) distant, remote
éloigner to distance
l' **embarquement** *(m.)* boarding, leaving
embarquer to board *(plane, etc.),* **4.2**
s' **embrasser** to kiss (each other), **12.2, 13.1**
l' **émission** *(f.)* program, show *(TV),* 12.2
emmagasiner to store
emmener to send, **L4**; to take, **8.1**
l' **emploi** *(m.)* use; job, **14.2**
l'emploi du temps schedule
l' **employé(e)** employee, **14.1**
l'employé(e) des postes postal employee, **5.2**
l' **employeur, l'employeuse** employer, **14.2**
emprisonné(e) imprisoned
l' **emprunt** *(m.)* loan
emprunter to borrow, **5.1**
en in, 3.2; by, 5.2; as; on
en avance early, ahead of time, 9.1
en avion plane *(adj.),* by plane
en ce moment right now
en classe in class

en face de across from, **11.1**
en fait in fact
en général in general
en l'honneur de in honor of
en particulier in particular
en plein air outdoors
en plus (de) besides, in addition
en première (seconde) in first (second) class, 9.1
en provenance de arriving from *(flight, train),* 8.1
en retard late, 9.1
en solde on sale, 7.1
en vain in vain
en voiture by car, 5.2
encaisser to cash
l' **enceinte de résidences** compound, **L2**
enchanté(e) delighted, **13.2**
encore still, 11; another; again
s' **endetter** to go into debt
s' **endormir** to fall asleep
l' **endroit** *(m.)* place
énervé(e) irritable
l' **enfance** *(f.)* childhood
l' **enfant** *(m. et f.)* child, 4.1
enfermer to shut up
enfin finally, at last, 12.1
l' **ennemi(e)** *(m. et f.)* enemy
ennuyeux, ennuyeuse boring
l' **enquête** *(f.)* inquiry, survey
enragé(e) rabid
enregistrer to tape, 12.2
(faire) enregistrer to check *(baggage),* 8.1
enrhumé(e): être enrhumé(e) to have a cold, **2.1**
l' **ensemble** *(m.)* outfit; whole, entirety
ensemble together, 5.1
ensuite then *(adv.),* 12.1

entendre to hear, 9.1

enthousiaste enthusiastic, 1.2

entier, entière entire, whole

l' **entracte** (m.) intermission, **1.1**

entre between, among, 3.2

l' **entrée** (f.) entrance, 4.2; admission

entreposer to store, **11.2**

l' **entreprise** (f.) firm, company, **14.2**

entrer to enter, 7.1

l' **entretien** (m.) interview, **14.2**

l' **enveloppe** (f.) envelope, 5.2

environ about

envoyer to send, 10.1, **3.1**

l' **épée** (f.) sword, L3

épeler to spell

éperdument madly

l' **épice** (f.) spice

épicé(e) spicy

l' **épicerie** (f.) grocery store, 6.1

les **épinards** (m. pl.) spinach, 6.2

éplucher to peel, **6.2**

l' **époque** (f.) period, times

épuisé(e) exhausted

épurer to purify

l' **équateur** (m.) equator

l' **équilibre** (m.) balance

équilibré(e) balanced

l' **équipe** (f.) team, 10.1

l' **équipement** (m.) equipment

l' **erreur** (f.) error; wrong number (phone), **3.2**

l' **escale** (f.) stopover, 4.2

l' **escalier** (m.) staircase, 4.2

l'escalier mécanique escalator, **10.1**

l' **escalope** (f.) **de veau** veal cutlet, **6.2**

l' **espace** (m.) space

les grands espaces open spaces

l' **espagnol** (m.) Spanish (language), 2.2

les **espèces** (f. pl.): **payer en espèces** to pay cash, **9.2**

espérer to hope, **6.2**

l' **esprit** (m.) spirit; mind

essayer to try on, 7.2; to try

l' **essence** (f.) gas(oline), **7.1**

essuyer to wipe, L2

s'essuyer la bouche to wipe one's mouth, **13.1**

et and, BV

l' **étable** (f.) cow shed, **11.2**

établir to establish

l' **établissement** (m.) establishment

l' **étage** (m.) floor (of a building), 4.2

l' **étal** (m.) stand, stall

l' **étape** (f.) stage, lap

l' **état** (m.) state

les **États-Unis** (m. pl.) United States

l' **été** (m.) summer, 11.1

en été in summer, 11.1

éteindre to turn off (appliance), 12.2, **3.1**

éternuer to sneeze, 2.1

étonné(e) surprised, 13.2

étonner to surprise

s'étonner to be surprised

étranger, étrangère foreign, **1.1**

être to be, 1.1

être d'accord to agree, 2.1

être enrhumé(e) to have a cold, **2.1**

ne pas être dans son assiette to be feeling out of sorts, **2.1**

l' **être** (m.) being

l'être humain human being

l' **étudiant(e)** (university) student

l' **étude** (f.) study

étudier to study, 3.1

l' **euro** (m.) euro, 6.2

s' **évader** to escape, L4

l' **événement** (m.) event

évidemment evidently

évident(e) obvious, **14**

l' **évier** (m.) kitchen sink, 12.2

éviter to avoid, 12.2

évoquer to evoke

exagérer to exaggerate

l' **examen** (m.) test, exam, 3.1

passer un examen to take a test, 3.1

réussir à un examen to pass a test

examiner to examine, 2.2

l' **excursion** (f.) excursion, outing

excuser to excuse

exécuter to execute, carry out

l' **exemple** (m.): **par exemple** for example

l' **exercice** (m.) exercise

exigeant(e) demanding

exister to exist, to be

l' **expéditeur, l'expéditrice** sender

expliquer to explain

exposer to exhibit

l' **exposition** (f.) exhibit, show, **1.2**

l' **express** (m.) espresso, black coffee, 5.1

exprimer to express

expulser to expel, banish

exquis(e) exquisite

l' **extrait** (m.) excerpt

F

la **fable** fable

la **fabrication** manufacture

fabriquer to build

fabuleux, fabuleuse fabulous

la **face** side (of paper), 3.1

face écrite non visible face down (paper), **3.1**

face écrite visible face up (paper), **3.1**

se **fâcher** to quarrel

facile easy, 2.1

facilement easily

faciliter to facilitate

la **façon** way, manner

d'une façon générale generally speaking

le **facteur, la factrice** mail carrier, **5.2**

la **facture** bill

facultatif, facultative optional

faible weak, L1

faim: avoir faim to be hungry, 5.1

faire to do, make, 6.1

s'en faire to worry, **8.1**

Ça fait mal. It (That) hurts., **2.1**

faire du (+ nombre) to take size (+ number), 7.2

faire des achats to shop

faire un appel to make a (phone) call, **3.2**

faire attention to pay attention, 6; to be careful, 11.1

faire du cheval to go horseback riding, **11.2**

faire des courses to go shopping, 7.2

faire les courses to do the grocery shopping, 6.1

faire la cuisine to cook, 6

faire ses devoirs to do homework, 6

faire des économies to save money, **5.1**

faire enregistrer to check (luggage), 8.1

faire escale to stop (*plane*), **4.2**

faire des études to study

faire du français (des maths, etc.) to study French (math, etc.), 6

faire du jogging to jog

se faire mal to hurt oneself, **8.1**

faire la monnaie de to make change for (*bill*), **5.1**

faire la navette to go back and forth, make the run

faire le numéro to dial the number, **3.2**

faire une ordonnance to write a prescription, **2.2**

faire un pansement to bandage, **8.1**

faire partie de to be a part of

faire un pas to take a step, **L2**

faire de la planche à voile to go windsurfing, 11.1

faire le plein to fill up the gas tank, **7.1**

faire une promenade to take a walk, 11.1

faire la queue to wait in line, 9.1

faire du ski nautique to water-ski, 11.1

faire un stage to intern, **14.2**

faire du surf to go surfing, 11.1

faire la vaisselle to do the dishes, 12.2

faire les valises to pack (suitcases), 8.1

faire un voyage to take a trip, 8.1

Il fait quel temps? What's the weather like?, 11.1

Vous faites quelle pointure? What size shoe do you take?, 7.2

Vous faites quelle taille? What size do you take (wear)?, 7.2

fait(e) à la main handmade

la **famille** family, 4.1

le nom de famille last name

le/la **fana** fan

la **fanfare** brass band, **12.1**

la **farce** stuffing

la **farine de sorgo** sorghum flour

fatigué(e) tired

fauché(e) (*slang*) broke, **5.1**

faut: il faut (+ *inf.*) one must, it is necessary to, 8.2

il faut que one must, it is necessary to, **12.2**

la **faute** fault, mistake

le **fauteuil roulant** wheelchair, **8.1**

faux, fausse false

le faux pas social blunder

favori(te) favorite, 7.2

le **fax** fax; fax machine, **3.1**

la **femelle** female

la **femme** woman, 7.1; wife, 4.1

la femme de chambre maid (*hotel*), **9.2**

la **fenêtre** window

côté fenêtre window (seat) (*adj.*), 8.1

la **fente** slot, **3.2**

la **ferme** farm, 11.2

fermer to close, 9.1

fermer à clé to lock, **9.1**

le **fermier, la fermière** farmer, **11.2**

la **fête** party, 4.1; holiday, **12.1**

de fête festive

la fête des Lumières Festival of Lights, Chanouka, **12.2**

le **feu** heat, 6.2; traffic light, **7.2, 11.1**; fire, **L2**

le feu doux low heat, 6.2

le feu vif high heat, 6.2

le feu d'artifice fireworks, **12.1**

la **feuille de papier** sheet of paper, 3.2

le **feutre** felt-tip pen, 3.2

les **fiançailles** (*f. pl.*) engagement, L4

la **fiche** registration card, **9.1**

le **fichier** file (*computer*)

fictif, fictive fictional

fier, fière proud

la **fièvre** fever, **2.1**

  avoir de la fièvre to have a fever, **2.1**

la **figue** fig

la **figure** face, 12.1

la **file de voitures** line of cars, 7.2

le **filet** net (*tennis, etc.*), 10.2; string bag

  le filet de sole fillet of sole, **6.2**

la **fille** girl, 1.1; daughter, 4.1

le **film** film, movie, **1.1**

  le film d'amour love story, **1.1**

  le film d'aventures adventure movie, **1.1**

  le film comique comedy, **1.1**

  le film étranger foreign film, **1.1**

  le film d'horreur horror film, **1.1**

  le film policier detective movie, **1.1**

  le film de science-fiction science-fiction movie, **1.1**

  le film en vidéo movie video, **1.1**

le **fils** son, 4.1

la **fin** end

financier, financière financial

la **fine herbe** herb, **6.1**

finir to finish, 8.2

fixe fixed

fixement: regarder fixement to stare at

fixer un rendez-vous to make an appointment

la **flèche** arrow, 7.2

la **fleur** flower, 4.2

fleuri(e) in bloom, L2; decorated with flowers

fleurir to bloom

le **fleuve** river

la **flûte** flute

le **foie** liver

  avoir mal au foie to have indigestion

la **fois** time (*in a series*), 10.2

  à la fois at the same time

  deux fois twice

la **fonction** function

le/la **fonctionnaire** civil servant, **14.1**

le **fonctionnement** functioning

fond: au fond in the background

  respirer à fond to breathe deeply, **2.2**

  au fond de at the bottom of

fonder to found

le **foot(ball)** soccer, 10.1

  le football américain football

la **force** strength

forcément necessarily

le **forgeron** blacksmith, **L2**

former to form; to train

le **formulaire** form, **8.2**

la **formule** phrase

fort hard (*adv.*); very

fort(e) strong, 2.2

  fort(e) en maths good in math, 2.2

fou, folle crazy; insane

la **fouille** dig (*archaeol.*)

se **fouler** to sprain, 8.1

le **four** oven, 6.1

  le four à micro-ondes microwave oven, **6.1**

la **fourchette** fork, 5.2

la **fourmi** ant

la **fourniture** supply

  les fournitures scolaires school supplies, 3.2

la **fracture** fracture (*of bone*), **8.2**

  la fracture compliquée compound fracture, **8.2**

frais: Il fait frais. It's cool. (*weather*), 11.2

les **frais** (*m. pl.*) expenses; charges, **9.2, 13.1**

la **fraise** strawberry, 6.2

le **français** French (*language*), 2.2

francophone French-speaking

frapper to hit, L3; to knock, L4, **L2**

freiner to break (*slow down*), **7.1**

fréquemment frequently

fréquenter to frequent, patronize

le **frère** brother, 1.2

la **fresque** fresco

le **fric** (*slang*) money, **5.1**

le **frigidaire** refrigerator, 12.2, **6.1**

le **frigo** "fridge," **6.1**

les **frissons** (*m. pl.*) chills, **2.1**

les **frites** (*f. pl.*) French fries, 5.1

froid(e) cold

  Il fait froid. It's cold. (*weather*), 11.2

le **fromage** cheese, 5.1

la **frontière** border

frugal(e) light, simple

le **fruit** fruit, 6.2, **6.1**

  les fruits de mer seafood, 6.2

la **fumée** smoke

fumer to smoke, 4.2

le **funiculaire** funicular

furieux, furieuse furious, **13.2**

le **futur** future, L2

le/la **gagnant(e)** winner, 10.2

gagner to earn; to win, 10.1

la **gamme** range

le **gant** glove, 11.2

  le gant de toilette washcloth, 12.1, **9.2**

le **garage** garage, 4.2

le **garçon** boy, 1.1

    le garçon d'honneur best man, **12.2**

    garder to guard, watch; to keep

le **gardien** guard, L4

    le gardien de but goalie, 10.1

la **gare** train station, 9.1

    la gare routière bus terminal (Africa)

se **garer** to park, **7.1**

    gastronomique gastronomic, gourmet

le **gâteau** cake, 4.1

    gâter to spoil

    gauche: à gauche left, **7.2**

le **gaz** gas

    le gaz carbonique carbon dioxide

    le gaz GPL liquefied petroleum gas

le/la **géant(e)** giant

    geler to freeze

    Il gèle. It's freezing. *(weather)*, 11.2

le **genou** knee, 8.1

le **genre** type, kind, **1.1;** genre

les **gens** *(m. pl.)* people

    gentil(le) nice *(person)*, 6.2

    gérer to manage

le **gigot d'agneau** leg of lamb, **6.2**

le **gilet de sauvetage** life vest, **4.2**

la **glace** ice cream, 5.1; ice, 11.2; mirror, 12.1

    glisser to slip, **8.1**

la **gomme** eraser, 3.2

le **gommier** Caribbean flat-bottomed fishing boat

la **gorge** throat, 2.1

    avoir mal à la gorge to have a sore throat, 2.1

la **gousse d'ail** clove of garlic, **6.1**

le **goût** taste

le **gouvernement** government

    gouverner to govern

    grâce à thanks to

le **gradin** bleacher *(stadium)*, 10.1

la **graisse** fat

le **gramme** gram, 6.2

    grand(e) tall, big, 1.1; great

    le grand magasin department store, 7.1

    de grand standing luxury *(adj.)*

    la grande surface large department store; large supermarket

    grandir to grow (up) *(children)*

la **grand-mère** grandmother, 4.1

le **grand-père** grandfather, 4.1

les **grands-parents** *(m. pl.)* grandparents, 4.1

la **grange** barn, 11.2

    gratter to scratch, **2.1**

    gratuit(e) free

    grave serious, 3.2

    Ce n'est pas grave. It's not serious., **3.2**

le **grec** Greek *(language)*

la **Grèce** Greece

la **griffe** label

le **griot** griot *(African musician-entertainer)*

la **grippe** flu, **2.1**

    gris(e) gray, 7.2

    gros(se) big, large, **14.2**

la **grotte** cave, L4

    guérir to cure, **L4**

la **guerre** war, L3

le **guerrier** warrior, L3

le **guichet** ticket window, 9.1, **10.1;** box office, **1.1;** counter window *(post office)*, **5.2**

le **guide** guidebook; guide

guillotiné(e) guillotined

le **gymnase** gymnasium

la **gymnastique** gymnastics, 2.2

H

habillé(e) dressy, 7.1

s' **habiller** to get dressed, 12.1

l' **habitant(e)** inhabitant

    habiter to live *(in a city, house, etc.)*, 3.1

    hacher to grind, 6.2

le **hall** lobby, 8.1, **9.1**

le **hameau** hamlet

    handicapé(e) handicapped

le **hangar** shed, 11.2

    Hanouka Hanukkah, 12.2

les **haricots** *(m. pl.)* **verts** green beans, 6.2, **6.1**

la **harpe** harp

    haut(e) high, 11.1

    en haut de at the top of

    haut de gamme state of the art

le **hautbois** oboe

l' **herbe** *(f.)* grass, 11.2

    la fine herbe herb, **6.1**

le **héros** hero

l' **heure** *(f.)* time *(of day)*, BV; hour, 3.2

    à l'heure on time, 8.1

    à quelle heure? at what time?, 2

    À tout à l'heure. See you later., BV

    de bonne heure early

    les heures de pointe rush hour, **10.1**

    heureusement fortunately

    heureux, heureuse happy, **13.2**

    hier yesterday, 10.1

    avant-hier the day before yesterday, 10.2

hier matin yesterday morning, 10.2

hier soir last night, 10.2

l' **histoire** (*f.*) history, 2.2; story

l' **hiver** (*m.*) winter, 11.2

l' **H.L.M.** low-income housing

le **homard** lobster, 6.2

l' **homme** (*m.*) man, 7.1

honnête honest

les **honoraires** (*m. pl.*) fees (*doctor*)

l' **hôpital** (*m.*) hospital, 8.1

l' **horaire** (*m.*) schedule, timetable, 9.1

l' **horloger, l'horlogère** clockmaker

l' **horodateur** (*m.*) time-stamp machine, 11.1

l' **horreur** (*f.*) horror

l' **hôtel** (*m.*) hotel, 9.1

l'hôtel de ville city hall

l' **Hôtel-Dieu** hospital

l' **hôtesse** (*f.*) **de l'air** flight attendant (*f.*), 8.2

l' **huile** (*f.*) oil, 6.1

l'huile d'olive olive oil, **6.1**

l' **huître** (*f.*) oyster, **6.2**

humain(e) human

la **hutte** hut

l' **hydrate** (*m.*) **de carbone** carbohydrate

l' **hymne** (*m.*) anthem, **12.1**

hyper: J'ai hyper faim. I'm super hungry.

l' **hypermarché** (*m.*) large department store, supermarket

l' **hypothèque** (*f.*) mortgage

l' **icône** (*f.*) icon

idéal(e) ideal

l' **idée** (*f.*) idea

idée fixe fixed idea; obsession

identifier to identify

il: il y a there is, there are, 4.1

il y a dix ans ten years ago

l' **île** (*f.*) island, L4

illisible illegible

l' **immeuble** (*m.*) apartment building, 4.2

s' **implanter** to be established

impoli(e) impolite

impressionné(e) impressed

les **impressionnistes** (*m. pl.*) Impressionists (*painters*)

l' **imprimante** (*f.*) printer, **3.1**

imprimer to print

inaugurer to inaugurate

inconnu(e) unknown

l' **inconvénient** (*m.*) disadvantage

incroyable incredible

l' **indicatif** (*m.*): **l'indicatif du pays** country code, **3.2**

l'indicatif régional area code, **3.2**

l' **indication** (*f.*) cue

indiquer to indicate, to show

l' **individu** (*m.*) individual

inférieur(e) lower

infini(e) infinite

l' **infirmier, l'infirmière** nurse, **8.1**

l' **informaticien(ne)** computer expert, **14.1**

l' **information** (*f.*) information; data

les informations (*f. pl.*) news (*TV*)

l' **informatique** (*f.*) computer science, 2.2

l' **ingénieur** (*m.*) engineer (*m. and f.*), **14.1**

innombrable countless

l' **inquiétude** (*f.*) worry

s' **installer** to settle

l' **instant** (*m.*) moment, 3.2

l' **institut** (*m.*) institute

l'instrument (*m.*) **à clavier** keyboard instrument

l'instrument à cordes string instrument

l'instrument à vent wind instrument

interdit(e) forbidden, **4.2**

intéressant(e) interesting, 1.1

intéresser to interest

s'intéresser à to be interested in

l' **intérêt** (*m.*) interest

intérieur(e) domestic (*flight*), 8.1

interne internal

l' **interprète** (*m. et f.*) interpreter

l' **interro(gation)** (*f.*) quiz

interurbain(e): appel interurbain toll call

intervenir to step in

l' **intervention chirurgicale** operation

intime intimate

intitulé(e) entitled

introduire to insert

inventer to make up; to invent

l' **invité(e)** guest

inviter to invite, 4.1

isoler to isolate

l' **issue** (*f.*) **de secours** emergency exit

l' **italien** (*m.*) Italian (*language*), 2.2

l' **Ivoirien(ne)** (*m. et f.*) Ivorian (*inhabitant of Côte d'Ivoire*)

J

jaloux, jalouse jealous

jamais ever

ne... jamais never, 11.2

la **jambe** leg, **8.1**

le **jambon** ham, 5.1

janvier (*m.*) January, BV

japonais(e) Japanese

le **jardin** garden, 4.2

jaune yellow, 7.2

Je vous en prie. You're welcome. *(form.)*, BV

le **jean** jeans, 7.1

jeter to throw, L4

le **jeu** game

jeune young

les **jeunes** *(m. pl.)* young people

la **jeunesse** youth

le **jogging: faire du jogging** to jog

la **joie** joy

joli(e) pretty, 4.2

la **joue** cheek, 13.1

jouer to play, 3.2; to show *(movie);* to perform, **1.1**

jouer à (un sport) to play (a sport), 10.1

jouer de to play a musical instrument

le **jouet** toy

le **joueur, la joueuse** player, 10.1

le **jour** day, BV

huit jours a week

le jour de l'An New Year's Day, **12.2**

de nos jours today, nowadays

quinze jours two weeks

tous les jours every day, **1.2**

le **journal** newspaper, 9.1

le journal télévisé TV news, **6.1**

le/la **journaliste** reporter, 14.1

la **journée** day, 3.1

Belle journée! What a nice day!, 4.2

joyeux, joyeuse joyous

Joyeux anniversaire! Happy birthday!

Joyeux Noël! Merry Christmas!

le/la **juge** judge, 14.1

juif, juive Jewish, **12.2**

le **jumeau, la jumelle** twin, L1

la **jupe** skirt, 7.1

le **jus** juice, 5.1

jusqu'à (up) to, until, 10.2

jusqu'où? how far?

juste just, 2.1

juste à sa taille fitting (him/her) just right

juste là right there

tout juste just barely

jusques ici up to now

justement exactly

le **kilo(gramme)** kilogram, 6.2

le **kilomètre** kilometer

le **kiosque** newsstand, 9.1

le **kleenex** tissue, **2.1**

là there; here, **3.2**

là-bas over there, **10.1**

là-haut up there

le **lac** lake

la **lagune** lagoon

laisser to leave *(something behind),* 5.2; to let, allow

le **lait** milk, 6.1

la **laitue** lettuce

lancer to throw, to shoot *(ball),* 10.2, **12.1**

le **langage: en langage courant** commonly known as

la **langue** language, 2.2

la langue maternelle mother tongue

le **lapin** rabbit, **11.2**

large loose, wide, 7.2

la **larme** tear, **L2**

le **laurier** bay (leaves), **6.1**

le **lavabo** (bathroom) sink

la **lavande** lavender

laver to wash, 12

se **laver** to wash oneself, 12.1

le **lave-vaisselle** dishwasher, 12.2

la **leçon** lesson, 11.1

la leçon de conduite driving lesson, **7.1**

le **lecteur, la lectrice** reader

le lecteur de disquettes diskette drive, **3.1**

la **lecture** reading

le **légume** vegetable, 6.2, **6.1**

lever to raise, 3.1

lever la main to raise one's hand, 3.1

se lever to get up, 12.1

la **lèvre** lip, **13.1**

libérer to free; to vacate, **9.2**

la **liberté** freedom

libre free, 5.1; available, **14.2**

le **lieu** place; setting, **14.1**

au lieu de instead of

avoir lieu to take place, **12.1**

le lieu de travail workplace, **14.1**

la **ligne** line, 4.1

les grandes lignes main lines *(train),* **4.1**

les lignes de banlieue commuter trains, **4.1**

la **limitation de vitesse** speed limit, **7.2**

la **limite** limit

la **limonade** lemon-lime drink, BV

le **lipide** fat

le **liquide** liquid

l'argent liquide cash, **5.1**

en liquide in cash, **9.2**

lire to read, 9.2

le **lit** bed, **9.1, L2**

le **litre** liter, 6.2

la **livre** pound, 6.2

le **livret de caisse d'épargne** savings passbook

le **livre** book, 3.2

le **logement** housing
    loger to house
le **logiciel** software, **3.1**
    loin far (away)
        loin de far from, 4.2
        plus loin further
le **long: le long de** along
    long(ue) long, 7.1
    longtemps (for) a long
        time, 11.1
        trop longtemps (for) too
            long, 11.1
la **longueur** length
le **look** style
    louer to rent, **1.1**; to
        reserve
les **lunettes** (*f. pl.*) **de soleil**
    sunglasses, 11.1
la **lutte** fight, battle, L3
    lutter to fight, L3
    luxueux, luxueuse
        luxurious
le **lycée** high school, 2.1
le/la **lycéen(ne)** high school
    student

M

la **machine** machine, **10.2**
    Madame (Mme) Mrs.,
        Ms., BV
    Mademoiselle (Mlle)
        Miss, Ms., BV
le **magasin** store, 3.2, **14.1**
    le grand magasin
        department store, 7.1
le **magazine** magazine, 9.1
le **Maghreb** Maghreb
le **magnétoscope** VCR, 12.2
    magnifique magnificent
le **mail** e-mail, **3.1**
le **maillot** jersey
    le maillot de bain
        bathing suit, 11.1
la **main** hand, 3.1, **13.1**
    fait(e) à la main
        handmade
    maintenant now, 2.2

le **maire** mayor, **12.1**
la **mairie** town hall, **12.2, 14.1**
    mais but, 2.1
        Mais oui (non)! Of
            course (not)!
la **maison** house, 3.1
    la maison d'édition
        publishing house
la **maisonnette** cottage
le **maître, la maîtresse**
    elementary school teacher
la **majorité** majority
    mal badly, 2.1
        avoir mal à to have
            a(n) . . . -ache, to hurt,
            2.1
        Ça fait mal. It (That)
            hurts., **2.1**
        Pas mal. Not bad., BV
le/la **malade** sick person,
    patient, **2.2**
    malade ill, sick, L1, **2.1**
la **maladie** illness, disease
le **mâle** male
    malheureusement
        unfortunately
    malheureux, malheureuse
        unhappy
    **malin, maligne: C'est
        malin!** Very clever! (*ironic*)
la **maman** mom
la **mamie** grandma
la **Manche** English Channel
la **manche** sleeve, 7.1
    **à manches longues
        (courtes)** long- (short-)
        sleeved, 7.1
le **mandat** money order
    manger to eat, 5.1
la **manifestation culturelle**
    cultural event
la **manœuvre: instructions
    pour la manœuvre**
    operating instructions
le **manteau** coat, 7.1
se **maquiller** to put on
    makeup, 12.1
le/la **marchand(e) (de fruits et
    légumes)** (produce)
    seller, merchant, 6.2

la **marchandise** merchandise
le **marché** market, 6.2
    bon marché inexpensive
    le marché aux puces flea
        market
    marcher to walk, 8.1
le **mari** husband, 4.1
le **mariage** marriage;
    wedding, **12.2**
le **marié** groom, **12.2**
la **mariée** bride, **12.2**
se **marier** to get married, L4,
    12.2
le **marin** sailor, L4
le **Maroc** Morocco
    marocain(e) Moroccan
la **marque** brand, **7.1**; sign, L4
    marquer un but to score a
        goal, 10.1
    marron (*inv.*) brown, 7.2
    marseillais(e) from
        Marseille
    martiniquais(e) from or of
        Martinique
le **masque à oxygène** oxygen
    mask, **4.2**
    masqué(e) masked, **12.1**
    un groupe masqué group
        of masqueraders, **12.1**
le **mat** (*fam.*) morning
le **match** game, 10.1
le **matériel** equipment, **11.2**
la **matière** subject (*school*),
    2.2; matter
le **matin** morning, BV
    du matin A.M. (*time*), BV
    mauvais(e) bad; wrong, 2.2
    Il fait mauvais. It's bad
        weather., 11.1
le **médecin** doctor (*m. and
    f.*), **2.2**
    chez le médecin at (to)
        the doctor's office, **2.2**
le **médicament** medicine, **2.1**
    meilleur(e) better, 8
le **mélange** mixture
    même (*adj.*) same; very,
        2.1; (*adv.*) even

tout de même all the same, 5.2

mener to lead

mensuel(le) monthly

le **menuisier** carpenter, **14.1**

la **mer** sea, 11.1

    la **mer des Antilles** Caribbean Sea

    la **mer des Caraïbes** Caribbean Sea

    la **mer Méditerranée** Mediterranean Sea

merci thank you, thanks, BV

la **mère** mother, 4.1

la **merveille** marvel, wonder

    merveilleux, merveilleuse marvelous

le **messager, la messagère** messenger

la **messe de minuit** midnight mass, **12.2**

la **mesure** measurement

    mesurer to measure

le **métier** trade, profession, **14.1**

le **mètre** meter

le **métro** subway, 4.2, **10.1**

    la **station de métro** subway station, 4.2, **10.1**

mettre to put (on), to place, 7.1; to turn on (appliance), 7

    mettre le contact to start the car, **7.1**

    mettre de côté to save, to put aside, **5.1**

    mettre une lettre à la poste to mail a letter, **5.2**

    mettre la table to set the table, 7

les **meubles** (m. pl.) furniture

le **microbe** microbe, germ

la **micropuce** microchip

midi (m.) noon, BV

le **miel** honey

    mieux better, 7.2

    aimer mieux to prefer, 7.2

aller mieux to feel better, **2.2**; to be better, **8.1**

    il vaut mieux it is better, **13.2**

le **milieu** middle, **10.2**

mille (one) thousand, 3.2

le **million** million

    mimer to mime

le **ministère** ministry

    minuit (m.) midnight, BV

la **minute** minute, 9.2

la **mi-temps** halftime (sporting event)

la **mode: à la mode** in style

le **mode** means

la **moelle épinière** spinal cord

    moi de même the same with me, **13.2**

    moi-même myself

moins less, fewer, 7.1; minus

le **mois** month, BV

le **monde** world

    beaucoup de monde a lot of people, 10.1

    tout le monde everyone, everybody, 1.2

le **moniteur** (computer) monitor

le **moniteur, la monitrice** instructor, 11.1

la **monnaie** change (money); currency, **5.1**

    la **pièce de monnaie** coin

Monsieur (m.) Mr., sir, BV

le **mont** mount, mountain

la **montagne** mountain, 11.2

monter to go up, 4.2; to get on, get in, 9.2; to take (something) upstairs, **9.1**

    monter une pièce to put on a play, **1.1**

la **montre** watch, L1

    montrer to show

le **morceau** piece, **6.2**

le **morse** Morse code

la **mort** death

la **mosquée** mosque

le **mot** word

    le **mot apparenté** cognate

le **motard** motorcycle cop, **7.2**

la **moto** motorcycle, **7.1**

le **mouchoir** handkerchief, **2.1**

la **moule** mussel, **6.2**

    mourir to die, 11

la **moutarde** mustard, 6.2

le **mouton** mutton; sheep, **11.2**

    moyen(ne) average, intermediate

le **moyen de transport** mode of transportation

    multicolore multicolored

la **multinationale** multinational corporation, **14.2**

    multiplier to multiply

    muni(e) de with

la **municipalité** city government

les **munitions** (f. pl.) ammunition

le **mur** wall, L4

le **musée** museum, **1.2**

la **musique** music, 2.2

    musulman(e) Moslem

    mystérieux, mystérieuse mysterious

nager to swim, 11.1

le **nageur, la nageuse** swimmer

    naître to be born, 11

la **nappe** tablecloth, 5.2

la **natation** swimming, 11.1

    nature plain (adj.), 5.1

    naturel(le) natural

le **navarin** mutton stew

la **navette: faire la navette** to go back and forth, make the run

    naviguer sur Internet to surf the Net

ne: ne... jamais never, 11.2

ne... pas not, 1.2

ne... personne no one, nobody, 11

ne... plus no longer, no more, 6.1

ne... que only

ne... rien nothing, 11

né(e): elle est née she was born

la **nécessité** necessity

de première nécessité essential

la **négritude** black pride

la **neige** snow, 11.2

Il neige. It's snowing., 11.2

nerveux, nerveuse nervous

n'est-ce pas? isn't it?, doesn't it (he, she, etc.)?, 2.2

le **neveu** nephew, 4.1

le **nez** nose, 2.1

avoir le nez qui coule to have a runny nose, 2.1

ni... ni neither . . . nor

niçois(e) of or from Nice

la **nièce** niece, 4.1

le **niveau** level, 7.1

Noël Christmas, 12.2

noir(e) black, 7.2

le **nom** name; noun

le nom de famille last name

le **nombre** number

nombreux, nombreuse numerous, many

peu nombreux few

nommer to name, mention

non no; not

non plus either, neither

non-fumeurs non-smoking (section), 8.1

le **nord** north

nord-africain(e) North African

les **notables** (m. pl.) dignitaries, **12.1**

la **note** note; grade; bill (hotel), **9.2**

nourrir to feed

la **nourriture** food, nutrition

nouveau (nouvel), nouvelle new, 4.2

à nouveau again

la **nouvelle** short story

les nouvelles news, **L3**

la **Nouvelle-Angleterre** New England

la **Nouvelle-Orléans** New Orleans

le **nuage** cloud, 11.1

la **nuit** night

nul(le) (slang) bad

le **numéro** number, 5.2

le bon numéro right number, 3.2

composer/faire le numéro to dial the number, 3.2

le mauvais numéro wrong number, 3.2

numéroté(e) numbered

O

ô oh

l' **objet** (m.) object

obligatoire mandatory

obtenir to obtain, get

l' **occasion** (f.) opportunity

occidental(e) western

occupé(e) occupied, taken, 5.1; busy

Ça sonne occupé. The line's busy, 3.2

occuper to occupy, take up

s'occuper de to take care of

l' **œuf** (m.) egg, 6.1

l'œuf à la coque poached egg

l'œuf brouillé scrambled egg

l'œuf sur le plat fried egg

l' **œuvre** (f.) work(s) (of art or literature), **1.1**

offrir to offer

l' **oignon** (m.) onion, 5.1, **6.1**

l' **oiseau** (m.) bird

l' **omelette** (f.) omelette, 5.1

l'omelette aux fines herbes omelette with herbs, 5.1

l'omelette nature plain omelette, 5.1

on we, they, people, 3.2

On y va? Let's go.; Shall we go?

l' **oncle** (m.) uncle, 4.1

opérer to operate

l' **or** (m.) gold, L4

l' **oranger** (m.) orange tree, L2

l' **ordinateur** (m.) computer, **3.1**

l' **ordonnance** (f.) prescription, **2.2**

faire une ordonnance to write a prescription, 2.2

l' **ordre** (m.) order

l' **oreille** (f.) ear, 2.1

avoir mal aux oreilles to have an earache, 2.1

l' **oreiller** (m.) pillow, **4.2**

organiser to organize

l' **orgue** (m.) organ (musical instrument)

oriental(e) eastern

originaire de native of

l' **origine** (f.): **d'origine américaine (française, etc.)** from the U.S. (France, etc.)

orner to decorate

l' **os** (m.) bone, **8.2**

ou or, 1.1

où where, 1.1

d'où from where, 1.1

oublier to forget, 7.2

l' **ouest** (m.) west

oui yes, BV

l' **outil** (m.) tool

ouvert(e) open, 1.2

l' **ouvrage** *(m.)* work

l' **ouvrier, l'ouvrière** worker, **11.1**

ouvrir to open, **2.2, 13.2**

le **paiement** payment

le **pain** bread, 6.1

le **pain complet** whole-wheat bread

le **pain grillé** toast

la **tartine de pain beurré** slice of bread and butter

la **paire** pair, 7.1

la **paix** peace

le **palais** palace

le **palet** puck

le **palmier** palm tree

le **pamplemousse** grapefruit, **6.1**

le **panier** basket, 10.2

réussir un panier to make a basket, 10.2

la **panne** breakdown, **7.1**

le **panneau** road sign, **7.2**

le **pansement** bandage, **8.1**

le **pantalon** pants, 7.1

la **papeterie** stationery store, 3.2

le **papier** paper, 3.2

la **feuille de papier** sheet of paper, 3.2

le **papier hygiénique** toilet paper, **9.2**

Pâques Easter

le **paquet** package, 6.2

par by, through

par conséquent as a result

par exemple for example

par semaine a (per) week, 3.2

le **parc** park

parce que because

le **parcmètre** parking meter, **11.1**

par-dessus over *(prep.)*, 10.2

le **pare-brise** windshield, **7.1**

paresseux, paresseuse lazy

parfait(e) perfect

le **parfum** flavor

le **parking** parking lot, **11.1**

parler to speak, talk, 3.1

parler au téléphone to talk on the phone, 3.2, **L3**

parmi among

les **paroles** *(f. pl.)* words, lyrics

la **part:**

C'est de la part de qui? Who's calling?, **3.2**

d'autre part on the other hand

de part et d'autre on each side

de sa part on his (her) part

partager to share, **13.1**

particulier, particulière private *(room, house, etc.)*

la **partie** part

faire partie de to be a part of

partir to leave, 8.1

partout everywhere

pas not, 2.1

pas du tout not at all, 3.1

Pas mal. Not bad., BV

Pas question! Out of the question! Not a chance!

le **pas** step, **L2**

faire un pas to take a step, **L2**

le **passage pour piétons** crosswalk, **11.1**

le **passager, la passagère** passenger, 8.1

la **passe** pass

le **passeport** passport, 8.1

passer to spend *(time)*, 3.1; to go (through), 8.1; to pass, 10.1

passer à la douane to go through customs, **4.2**

passer un examen to take an exam, 3.1

se passer to happen

se **passionner** to become enthusiastic

la **patate douce** sweet potato

les **pâtes** *(f. pl.)* pasta, **6.1**

le **patin** skate; skating, 11.2

faire du patin à glace to ice-skate, 11.1

la **patinoire** skating rink, 11.2

le/la **patron(ne)** boss

le **pâturage** pasture

pauvre poor, L1, **2.1**

le **pavillon** small house, bungalow

payer to pay, 3.2

le **pays** country, 8.1

le **paysage** landscape, 4.1

le/la **paysan(ne)** peasant, L1

le **péage** toll, **7.2**

la **pêche** fishing

le **pêcheur, la pêcheuse** fisherman (-woman)

le **peigne** comb, 12.1

se **peigner** to comb one's hair, 12.1

peindre to paint

le **peintre** painter, artist *(m. and f.)*, **1.2**

le **peintre (en bâtiment)** (house) painter, **14.1**

la **peinture** painting, 1.2

pendant during, for *(time)*, 3.2

la **péniche** barge

penser to think

la **pente** slope

perdre to lose, 9.2

le **père** father, 4.1

le **Père Noël** Santa Claus, **12.2**

perfectionner to perfect

la **période** period

la **périphérie** outskirts

la **perle** pearl

permettre to permit, allow, let

le **permis de conduire** driver's license, **7.1**

le **persil** parsley, **6.1**

le **personnage** character *(in a story)*

la **personne** person

  ne... personne no one, nobody, 11

le **personnel de bord** flight crew, 8.2

peser to weigh, **5.2**

petit(e) short, small, 1.1

  le petit ami boyfriend

  la petite amie girlfriend

  le petit déjeuner breakfast, 5.2

  les petits pois *(m.)* peas, 6.2

la **petite-fille** granddaughter, 4.1

le **petit-fils** grandson, 4.1

les **petits-enfants** *(m. pl.)* grandchildren, 4.1

le **pétrole** oil

le **pétrolier** oil tanker

peu (de) few, little

  à peu près about, approximately

  un peu a little, 2.1

  en très peu de temps in a short time

  très peu seldom, 5.2

peur: avoir peur to be afraid, L1, **13.2**

peut-être perhaps, maybe

le/la **pharmacien(ne)** pharmacist, **2.2**

la **phrase** sentence

le/la **physicien(ne)** physicist

la **physique** physics, 2.2

  physique physical

la **pie** magpie

la **pièce** room, 4.2; play, **1.1**; coin, **5.1**

le **pied** foot, 10.1, **8.1**

  à pied on foot, 4.2

  donner un coup de pied to kick, 10.1

  être vite sur pied to be better soon, **2.1**

la **pierre** stone

  la pierre précieuse gem, L4

le **piéton, la piétonne** pedestrian, **11.1**

le/la **pilote** pilot, 8.2

  piloter to pilot, to fly

le **pilotis** piling

  piquer to sting, **2.1**

la **piqûre** injection, 8.2

la **pirogue** pirogue (dugout canoe)

la **piscine** pool, 11.1

la **piste** runway, 8.1; track, 10.2; ski trail, 11.2

  pittoresque picturesque

le **placard** closet, 9.2

la **place** seat *(plane, train, movie, etc.)*, 8.1; place; square

  à ta place if I were you, **7.1**

la **plage** beach, 11.1

la **plaine** plain

le **plaisir** pleasure

le **plan** street map, 7.2

  le plan du métro subway map, **10.1**

la **planche à voile: faire de la planche à voile** to windsurf, 11.1

le **plat** dish *(food)*; serving dish, **6.1**

le **plateau** tray, 8.2

le **plâtre** cast, 8.2

  plâtrer to put in a cast, **8.2**

  plein(e) full, 10.1, **13.1**

  avoir plein d'argent *(slang)* to have a lot of money, **5.1**

  pleurer to cry, L1

  pleut *(inf. **pleuvoir**)*: **Il pleut.** It's raining., 11.1

  plissé(e) pleated, 7.1

le **plombier** plumber, **14.1**

le **plongeon** dive

  plonger to dive, 11.1

la **pluie** rain

la **plupart (des)** most (of), 9.2

plus plus; more, 7.1

  de plus en plus more and more

  en plus de in addition to

  ne... plus no longer, no more, 6.1

  plus ou moins more or less

  plus tard later

plusieurs several

plutôt rather

le **pneu** tire, 7.1

  le pneu à plat flat tire, **7.1**

la **poêle** frying pan, 6.2

la **poésie** poetry

le **poids** weight

le **poignet** wrist, 13.1

le **point** period; dot

  le point de suture stitch, **8.2**

  à point medium-rare *(meat)*, 5.2

la **pointure** size *(shoes)*, 7.2

  Vous faites quelle pointure? What (shoe) size do you take?, 7.2

la **poire** pear, 6.2

le **poisson** fish, 6.1, **6.2**

la **poissonnerie** fish store, 6.1

la **poitrine** chest

le **poivre** pepper, 6.1

le **poivron rouge** red pepper, **6.1**

  poli(e) polite, **13.1**

  malpoli(e) impolite, **13.1**

la **police** police

  appeler police secours to call 911, **8.1**

  poliment politely, 9.2

la **politesse** courtesy, politeness, BV

  polluant(e) polluting

  pollué(e) polluted

le **polo** polo shirt, 7.1

la **pomme** apple, 6.2

  la tarte aux pommes apple tart, 6.1

la **pomme de terre** potato, 6.2, **6.1**

le/la **pompiste** gas station attendant, **7.1**
le **pont** bridge
le **porc** pork, 6.1, **6.2**
le **portable** mobile phone, laptop computer, **3.2**
la **porte** gate (*airport*), 8.1; door, L4, **9.1, L2**
le **porte-monnaie** change purse, **5.1**
  porter to wear, 7.1; to bear, carry, **L2**
  porter un toast à to toast
  se porter bien to be in good health, **L4**
  portugais(e) Portuguese
  poser sa candidature to apply for a job, **14.2**
  poser une question to ask a question, 3.1
  posséder to possess, own
la **poste** mail; post office, **5.2**
  le bureau de poste post office, **5.2**
  mettre une lettre à la poste to mail a letter, **5.2**
  la poste par avion airmail
le **poste** job, **14.2**
le **pot** jar, 6.2; drink
le **pouce** thumb, **13.1**
la **poule** hen, **11.2**
le **poulet** chicken, 6.1
le **pouls** pulse, **8.2**
le **poumon** lung
  pour for, 2.1; in order to
  pour cent percent
le **pourboire** tip (*restaurant*), 5.2
  pourquoi why, 6.2
  pourquoi pas? why not?
  pousser to push, **10.2**
  pouvoir to be able to, can, 6.1
  pratique practical
la **pratique** practice
  pratiquer to practice
le **pré** meadow, **11.2**
  précaire precarious
  précis(e) specific

  préféré(e) favorite
  préférer to prefer, 6
  premier, première first, 4.2
  en première in first class, 9.1
  prendre to have (*to eat or drink*), 5.1; to take, 5.2; to buy
  prendre un bain (une douche) to take a bath (shower), 12.1
  prendre un bain de soleil to sunbathe, 11.1
  prendre des kilos to gain a few pounds
  prendre le petit déjeuner to eat breakfast, 5.2
  prendre possession de to take possession of
  prendre rendez-vous to make an appointment
  prendre le métro to take the subway, 5.2
le **prénom** first name
  près: de près close, 11.1
  près de near, 4.2
  prescrire to prescribe, **2.2**
la **présentation** introduction, **13.2**
  présenter to present; to introduce, **13.2**
  se présenter to occur
  presque almost
la **pression** pressure, **7.1**
  prestigieux, prestigieuse prestigious
  prêt(e) ready
  prêter to lend, **5.1**
  prie: Je vous en prie. You're welcome., BV
  primaire: l'école (*f.*) **primaire** elementary school
le **printemps** spring, 11.1
  au printemps in the spring
le **prisonnier, la prisonnière** prisoner, L4
  privé(e) private
le **prix** price, cost, 7.1

  le prix forfaitaire flat fee
le **processus** process
  prochain(e) next, 9.2
  descendre à la prochaine to get off at the next station, **10.1**
  proche close
  procurer to provide
  se procurer to obtain, get
le **produit** product
le/la **prof** teacher (*inform.*), 2.1
le **professeur** teacher (*m. and f.*), 2.1
  profiter de to take advantage of
la **programmation** programming
le **progrès** progress; improvement
le **projet** plan
  se prolonger to be prolonged, **L3**
la **promenade: faire une promenade** to take a walk, 11.1
la **promesse** promise
  promotion: en promotion on special, on sale
  prononcer to pronounce
  propos: à propos de on the subject of
  proposer to suggest
  propre clean, 9.2
le/la **propriétaire** owner
la **propriété** property
  protéger to protect
  provenance: en provenance de arriving from (*train, plane, etc.*), 8.1
  provençal(e) of or from Provence
la **province** province
  en province outside Paris
les **provisions** (*f. pl.*) food
  prudemment carefully, **7.2**
la **publicité** commercial (*TV*), 12.2; advertisement
  publier to publish
les **puces** (*f. pl.*): **le marché aux puces** flea market

le **pull** sweater, 7.1
punir to punish
purifié(e) purified

le **quai** platform *(railroad)*, 9.1, **10.1**
quand when, 4.1
la **quantité** amount, number
le **quart: et quart** a quarter past *(time)*, BV
moins le quart a quarter to *(time)*, BV
le **quartier** neighborhood, district, 4.2, **11.1**
le quartier d'affaires business district, **11.1**
quatrième fourth
québécois(e) from or of Quebec
quel(le) which, what
Quel(le)…! What a . . . !
quelque some *(sing.)*
quelque chose something, 11
quelque chose de spécial something special
quelque chose à manger something to eat, 5.1
quelque part somewhere
quelquefois sometimes, 5.2
quelques some, a few *(pl.)*, 9.2
quelqu'un somebody, someone, 10.1
quelqu'un d'autre someone else, **L3**
qu'est-ce que what, 8
qu'est-ce qui what, 8
la **question** question, 3.1
Pas question! Out of the question! Not a chance!
poser une question to ask a question, 3.1
la **queue** line, 9.1
faire la queue to wait in line, 9.1

qui who, 1.1; whom, 10; which, that
qui que ce soit anyone at all
quitter to leave *(a room, etc.)*, 3.1
Ne quittez pas. Please hold. *(telephone)*, **3.2**
quoi what *(after prep.)*
quotidien(ne) daily, everyday

raccrocher to hang up *(telephone)*, **3.2**
raconter to tell (about)
radieux, radieuse dazzling
la **radio** radio, 3.2; X-ray, **8.2**
la **radiographie** X-ray, **8.2**
le **raisin** grape(s), **6.1**
le raisin sec raisin
la **raison** reason
ralentir to slow down, 7.1
ramasser to pick up, 8.2
le **randonneur, la randonneuse** hiker
le **rang** row, **12.1**
le **rap** rap *(music)*
râper to grate, **6.2**
rapide quick, fast
rapidement rapidly, quickly
rappeler to call back; to call again, **3.2**
se rappeler to remember
le **rapport** relationship; report
rapporter to bring back
se **raser** to shave, 12.1
le **rasoir** razor, shaver, 12.1
se **rassembler** to gather
rassurer to reassure
rater to miss *(train, etc.)*, 9.2
ravager to devastate
le **rayon** department *(in a store)*, 7.1
le rayon des manteaux coat department, 7.1

réaliser to achieve; to create
récemment recently
la **réception** front desk, **9.1**
le/la **réceptionniste** desk clerk, **9.1**
la **recette** recipe, **6.1**
recevoir to receive, 10.2
la **recherche** research
à la recherche de in search of
la **récolte** harvest, **11.2**
recommander to recommend
reconnaître to recognize
la **récré** recess, 3.2
la **récréation** recess, 3.2
recueillir to pick up
récupérer to claim *(luggage)*, 4.2
le **recyclage** recycling
la **rédaction** composition
la **réduction** discount
réfléchir to think
le **réfrigérateur** refrigerator, 12.2, **6.1**
le/la **réfugié(e)** refugee
regarder to look at, 3.1
regarder fixement to stare at
le **régime** diet
faire un régime to follow a diet
réglable adjustable, **4.1**
la **règle** ruler, 3.2; rule
régler to order, plan; to set, **L1**
régler la circulation to direct traffic, **11.1**
regretter to be sorry, 6.1, **13.2**
la **reine** queen
la **relation** relationship
le **relevé** statement *(bank)*
se **relever** to get up (again)
relier to connect
religieux, religieuse religious, **12.2**
remarquer to notice

rembourser to pay back, reimburse

remercier to thank

remettre un os en place to set a bone, **8.2**

le **rempart** rampart

remplacer to replace

remplir to fill out, 8.2, **8.2**

remuer to stir, **6.2**

rencontrer to meet

le **rendez-vous** meeting, appointment, **10.2**

  prendre rendez-vous to make an appointment

rendre to give back, **5.1**

  rendre bien service to be a big help

  rendre visite à to visit

renommé(e) renowned

rénover to renovate

les **renseignements** (*m. pl.*) information

  rentrer to go home; to return, 3.2

  renvoyer to return (*a ball*), 10.2

  réparer to repair

le **repas** meal, 5.2

  répéter to repeat

le **répondeur automatique** answering machine, 3.2

  répondre (à) to answer, 9.2

la **réponse** answer

le **reportage** news article

  reposer to lie

  réputé(e) reputed

le **réseau** network

la **réserve: mettre en réserve** to store

  réservé(e) reserved

  réserver to reserve, **9.1;** to have in store

le **réservoir** gas tank, 7.1

  respecter to abide by, **7.2, 11.1**

la **respiration** breathing; respiration

  respirer to breathe, **2.2**

respirer à fond to take a deep breath, **2.2**

resquiller to cut in line, **13.1**

ressembler à to resemble

ressortir to leave

le **restaurant** restaurant, 5.2

la **restauration** food service

  la restauration rapide fast food

  rester to stay, remain, 11.1

  il reste there remains

  rester en contact to keep in touch

les **restes** (*m. pl.*) leftovers

le **restoroute** roadside restaurant

le **résultat** result(s)

le **retard** delay

  avec une heure de retard one hour late, **4.2**

  avoir du retard to be late (*plane, train, etc.*), 8.1

  en retard late, 9.1

  retirer to remove; to take out, **3.1;** to withdraw, **5.1**

le **retour** return

la **retraite** retreat, retirement

se **retrouver** to get together, **13.1**

  réuni(e) reunited

  réussir to succeed, 10.2

  réussir un panier to make a basket, 10.2

  réussir à un examen to pass an exam

le **rêve** dream

  réveillé(e) awake

se **réveiller** to wake up, 12.1

le **réveillon** Christmas Eve or New Year's Eve dinner, **12.2**

  réveillonner to celebrate Christmas Eve or New Year's Eve, **12.2**

  revenir to come back, 4

la **revue** magazine, L2

le **rez-de-chaussée** ground floor, 4.2

le **rhume** cold (*illness*), **2.1**

rien nothing

  ne... rien nothing

  rien à voir avec nothing to do with

rigoler to joke around, 3.2

  Tu rigoles! You're kidding!, 3.2

rigolo(tte) funny, 4.2

la **rigueur** harshness

la **rime** rhyme

  rincer to rinse

  risquer to risk

la **rivière** river, **L2**

le **riz** rice

la **robe** dress, 7.1

le **rocher** rock, boulder, L3

le **roi** king, L3

le **rôle** role

  romain(e) Roman

le **roman** novel, **L1**

  le roman policier mystery

le **romancier, la romancière** novelist, **L1**

le **romanche** Romansh

le **romarin** rosemary

  rond(e) round

la **rondelle** round, slice (piece), **6.2**

le **rond-point** traffic circle, **7.2, 11.1**

  rose pink, 7.2

le **rôti de bœuf** roast beef, **6.2**

la **roue de secours** spare tire, **7.1**

  rouge red, 7.2

le **rouleau de papier hygiénique** roll of toilet paper, **9.2**

  rouler (vite) to go, drive, ride (fast), 10.2, **7.2**

la **route** road, 7.2

le **rubis** ruby

la **rue** street, 3.1, **5.2, 11.1**

  la rue à sens unique one-way street, **11.1**

  russe Russian

S

le **sable** sand

le **sac** bag, 6.1

    le **sac à dos** backpack, 3.2

    sage wise; well-behaved, **12.2**

    saignant(e) rare *(meat)*, 5.2

la **saison** season

la **salade** salad, 5.1; lettuce, 6.2

le **salaire** salary, **14.2**

    sale dirty, **9.2**

la **salle** room

    la **salle à manger** dining room, 4.2

    la **salle d'attente** waiting room, 9.1

    la **salle de bains** bathroom, 4.2

    la **salle de cinéma** movie theater, **1.1**

    la **salle de classe** classroom, 2.1

    la **salle d'opération** operating room, **8.2**

    la **salle de séjour** living room, 4.2

    saluer to greet, **L1**

    Salut. Hi.; Bye. BV

la **salutation** greeting

les **sandales** *(f. pl.)* sandals, 7.1

le **sandwich** sandwich, BV

le **sang** blood

    sans without

    sans escale nonstop *(flight)*, **4.2**

    sans que without

la **santé** health, **2.1**

le **sapin** fir tree, **12.2**

    satisfaire to satisfy

la **saucisse** sausage, **6.1**

    la **saucisse de Francfort** hot dog, BV

le **saucisson** salami, 6.1

    sauf except (for), **1.2**

le **saumon** salmon, **6.2**

sauvegarder to safeguard; to save, **3.1**

    sauver to save

le **savant** scientist

    savoir to know *(information)*, **1.2**

le **savoir-vivre** good manners

le **savon** soap, 12.1, **9.2**

    scintiller to sparkle

    scolaire school *(adj.)*, 3.2

la **scolarité** schooling, education

le **sculpteur** sculptor *(m. and f.)*, **1.2**

la **séance** show(ing) *(movie)*, **1.1**

    sec, sèche dry

    sécher to dry

    se sécher to dry oneself, **9.2**

le **secours** help, aid, **8.1**

le/la **secouriste** paramedic, **8.1**

le **séjour** stay, 9.1

le **sel** salt, 6.1

    selon according to

la **semaine** week, 3.2; allowance

    la **semaine dernière** last week, 10.2

    la **semaine prochaine** next week

    par semaine a (per) week, 3.2

    semblable similar, L1

le/la **Sénégalais(e)** Senegalese *(person)*

le **sens** direction, **7.2**; meaning

    dans le bon (mauvais) sens in the right (wrong) direction, **11.1**

le **sentiment** feeling

se **sentir** to feel *(well, etc.)*, 2.1

    séparer to separate

    sérieux, sérieuse serious, 7

le **serpentin** streamer, 12.1

    serré(e) tight, 7.2

se **serrer la main** to shake hands, **13.1**

le **serveur, la serveuse** waiter, waitress, 5.1

le **service** service, 5.2

    le **service radio** radiology department

    le **service des urgences** emergency room, **8.1**

    Le service est compris. The tip is included., 5.2

la **serviette** napkin, 5.2, **13.1;** towel, 11.1, **9.2**

    servir to serve, 8.2; 10.2

    se servir de to use, **3.2, L4**

    seul(e) alone, 5.2; single; only *(adj.)*

    tout(e) seul(e) all alone, by himself/herself, 5.2

    seulement only *(adv.)*

le **shampooing** shampoo, 12.1

le **shopping** shopping, 7.2

le **short** shorts, 7.1

    si if; yes *(after neg. question)*, 7.2; so *(adv.)*

le **sida (syndrome immuno-déficitaire acquis)** AIDS

le **siècle** century, **L4**

le **siège** seat, 8.2

    siffler to (blow a) whistle, 10.1, **L1**

le **sifsari** type of veil worn by Tunisian women

la **signification** meaning, significance

    signifier to mean

    simplement simply

    sinon or else, otherwise, 9.2

la **sinusite** sinus infection, **2.2**

le **sirop** syrup, **2.1**

le **site** site; Web site

    situé(e) located

le **ski** ski, skiing, 11.2

    faire du ski to ski, 11.2

    faire du ski nautique to water-ski, 11.1

    le **ski alpin** downhill skiing, 11.2

    le **ski de fond** cross-country skiing, 11.2

le **skieur, la skieuse** skier, 11.2

le **snack-bar** snack bar, 9.2

sociable sociable, outgoing, 1.2

la **société** company; corporation, **14.2**

    la grosse société large corporation, **14.2**

la **sœur** sister, 1.2

soi oneself, himself, herself

soif: avoir soif to be thirsty, 5.1

soigner to take care of, **8.1, L4**

soigneusement carefully, **9.1**

le **soin** care

    de soins polyvalents general care (adj.)

    prendre soin de to take care of, **L4**

le **soir** evening , BV

    ce soir tonight

    du soir in the evening, P.M. (time), BV

    le soir in the evening, 5.2

le **sol** ground, 10.2

le **soldat** soldier, L3, **12.1**

le **solde** balance

les **soldes** sale (in a store), 7.1

la **sole** sole, **6.2**

le **soleil** sun, 11.1

    au soleil in the sun, 11.1

    Il fait du soleil. It's sunny., 11.1

sombre dark

la **somme** sum

le **sommet** summit, mountaintop, 11.2

le **son** sound, L3

le **sondage** survey, opinion poll

sonner to ring (telephone), **3.2**

    Ça sonne occupé. The line's busy, **3.2**

sonner du cor to blow a horn, L3

la **sonnerie** ringing

la **sorte** sort, kind, type

la **sortie** exit, **7.2**

sortir to go out; to take out, 8.2

    sortir victorieux (victorieuse) to win (the battle)

la **souche** tree stump

    dormir comme une souche to sleep like a log

soudain suddenly

souffrir to suffer; to be hurt, to be in pain, **2.2**

souhaiter to wish, **9.1, 12.2**

le **souk** North African market

soulever to lift up

le **soulier** shoe, **12.2**

la **soupe** soup, 5.1

    la soupe à l'oignon onion soup, 5.1

la **source** source; spring

la **souris** mouse, **3.1**

sous under, 8.2

les **sous-titres** (m. pl.) subtitles, **1.1**

soustraire to subtract

souterrain(e) underground

le **souvenir** memory

souvent often, 5.2

    le sport collectif team sport

    le sport d'équipe team sport, 10.2

sport (inv.) casual (clothes), 7.1

sportif, sportive athletic

le **squelette** skeleton

le **stade** stadium, 10.1

le **stage** internship, **14.2**

    faire un stage to intern, **14.2**

le/la **stagiaire** intern, **14.2**

standing: de grand standing luxury

la **station** station, 4.2, **10.1;** resort

    la station balnéaire seaside resort, 11.1

    la station de métro subway station, 4.2

    la station de sports d'hiver ski resort, 11.2

    la station thermale spa

stationner to park, **11.1**

la **station-service** gas station, **7.1**

la **statue** statue, **1.2**

le **steak frites** steak and French fries, 5.2

le **steward** flight attendant (m.), 8.2

stimuler to stimulate

stocker to store

le **studio** studio (apartment)

le **stylo-bille** ballpoint pen, 3.2

le **sucre** sugar

le **sud** south

suffisant(e) enough

suggérer to suggest

suivant(e) following

suivre to follow, **11.1**

    suivre une voiture de trop près to tailgate, **11.1**

le **sujet** subject

    au sujet de about

super terrific, super

supérieur(e) higher

le **supermarché** supermarket, **6.2**

le **supplément** additional charge

supporter to tolerate

sur on, 4.2

sûr(e) sure, certain

le **surf: faire du surf** to go surfing, 11.1

le **surfeur, la surfeuse** surfer, 11.1

surgelé(e) frozen, **6.2**

surtout especially, above all; mostly

surveiller to watch, keep an eye on, **7.2**

le **survêtement** warmup suit, 7.1

la **survie** survival

survoler to fly over

le **sweat-shirt** sweatshirt, 7.1

sympa (*inv.*) nice (*abbrev. for* **sympathique**), 1.2

sympathique nice (*person*), 1.2

le **symptôme** symptom

le **syndicat d'initiative** tourist office

T

le **tabac: le bureau de tabac** tobacco shop

la **table** table, 5.1

à table at the table, **13.1**

le **tableau** painting, **1.2**; chart; arrival/departure board (*train*), **4.1**

le **tableau noir** blackboard

la **taille** size (*clothes*), 7.2

juste à sa taille fitting (him/her) just right

la taille au-dessous next smaller size, 7.2

la taille au-dessus next larger size, 7.2

Vous faites quelle taille? What size do you take/wear?, 7.2

le **tailleur** suit (*woman's*), 7.1

le **tambour** drum, 12.1

la **tante** aunt, 4.1

taper to type; to keyboard, **3.1**

tard late, 12.1

plus tard later

le **tarif** fare

la **tarte** pie, tart, 6.1

la tarte aux pommes apple tart, 6.1

la **tartine** slice of bread with butter or jam

la **tasse** cup, 5.2

le **taux** level

le taux d'intérêt interest rate

la **techno** techno (*music*)

la **télécarte** phone card, **3.2**

télécharger to download

la **télécommande** remote control, 12.2

la **télécopie** fax, **3.1**

le **télécopieur** fax machine, **3.1**

le **téléphone** telephone, 3.2, **3.1**

le numéro de téléphone telephone number

le téléphone à cadran rotary phone

le téléphone à touches touch-tone telephone, **3.2**

téléphoner to call (on the telephone)

le **télésiège** chairlift, 11.2

la **tempe** temple

tempéré(e) temperate

temporaire temporary

le **temps** weather, 11.1; time; tense

de temps en temps from time to time, 11.1

l'emploi (*m.*) **du temps** schedule

en très peu de temps in a short time

Il fait quel temps? What's the weather like?, 11.1

se **tenir** to behave, **13.1**

la **tension** blood pressure, **8.2**

le **terme** term

le **terminus** last stop, **10.2**

le **terrain de football** soccer field, 10.1

la **terrasse** terrace, patio, 4.2

la terrasse d'un café sidewalk café, 5.1

la **terre** earth, land, **11.2**

à terre on the ground

tester to test

la **tête** head, 10.1

avoir mal à la tête to have a headache, **2.1**

le **TGV (train à grande vitesse)** high-speed train, **4.1**

thaïlandais(e) Thai

le **thé** tea

le **théâtre** theater, **1.1**

le **thon** tuna

le **thym** thyme, **6.1**

le **ticket** bus or subway ticket, **10.1**

tiens! hey!

timide shy, timid, 1.2

le **timbre** stamp, 5.2

tirer to take, to draw

la **toilette: faire sa toilette** to wash

les toilettes (*f. pl.*) bathroom, toilet, 4.2

le **toit** roof

le toit de chaume thatched roof

tomber to fall, 11.2, **8.1**

tomber malade to get sick, L1

tomber en panne to break down, **7.1**

la **tonalité** dial tone, **3.2**

se **tordre** to twist (one's knee, etc.), **8.1**

tôt early, 12.1

totalement totally

la **touche** button, key, **3.1**

toucher to touch, 10.2; to cash, 5.1

toujours always, 4.2; still, **10.2**

la **tour** tower, **11.1**

le **tour: à son tour** in turn

À votre tour. (It's) your turn.

tourner to turn, 7.2

tourner en rond to go around in a circle

le **tourniquet** turnstile, **10.1**

tous, toutes (*adj.*) all, every, 2.1, 8

tous (toutes) les deux
both

tous les jours every day,
1.2

tousser to cough, 2.1

tout *(pron.)* all, everything
C'est tout. That's all., 6.1
en tout in all
pas du tout not at all, 3.1
tout droit straight ahead,
7.2
tout le monde everyone,
everybody, 1.2
toutes les cinq minutes
every five minutes, **10.1**

tout *(adv.)* very,
completely, all, 4.2
À tout à l'heure. See you
later., BV
tout autour de all
around *(prep.)*
tout compris all inclusive,
9.1
tout de même all the
same, 5.2
tout près de very near,
4.2
tout(e) seul(e) all alone,
all by himself/herself,
5.2
tout de suite right away

toxique toxic

la **tradition** tradition

traditionnel(le) traditional

la **tragédie** tragedy, **13.1**

tragique tragic

le **train** train, **9.1**

le **trait** characteristic

la **traite** monthly payment

le **traitement** treatment

traiter to treat

le **trajet** trip, **10.2**

la **tranche** slice, 6.2

tranquillement peacefully

transmettre to transmit, **3.1**

les **transports en commun**
mass transit

transporter to transport

le **travail** work

travailler to work, 3.1,
14.2; to practice
travailler à mi-temps to
work part-time, **14.2**
travailler à plein temps
to work full-time, **14.2**

traverser to cross, **11.1**

très very, BV

le **trésor** treasure, L4

le **tribunal** court, **14.1**

la **tribune** grandstand, **12.1**

triste sad, L1, **13.2**

troisième third, 4.2

le **tronc cérébral** brain stem

le **trône** throne

trop too *(excessive)*, 2.1
trop de too many, too
much

le **trottoir** sidewalk, **11.1**

le **trou** hole, L4

le **trouble digestif**
indigestion, upset
stomach

se **troubler** to become
flustered, **L3**

le **troupeau** flock, herd, **11.2**
trouver to find, 5.1; to
think *(opinion)*, 7.2
se trouver to be located

le **t-shirt** T-shirt, 7.1

tuer to kill

le **tutoiement** the use of *tu*,
13.1

tutoyer to call someone *tu*,
13.1

le **type** type; guy *(inform.)*

typique typical

U

l' **un(e)... l'autre** one . . . the
other
un(e) à un(e) one by one
unique single, only one
uniquement solely, only

l' **unité** *(f.)* unit

l' **université** *(f.)* university

urbain(e): appel urbain
local call

l' **urgence** *(f.)* emergency

l' **usine** *(f.)* factory, **11.1**

utile useful

utiliser to use, 3.1

V

les **vacances** *(f. pl.)* vacation
en vacances on vacation
les grandes vacances
summer vacation

la **vache** cow, **11.2**

la **vague** wave, 11.1

le **vaisseau sanguin** blood
vessel

la **vaisselle** dishes, 12.2
faire la vaisselle to do
the dishes, 12.2
valable valid

la **valeur** value
valider to validate, **10.1**

la **valise** suitcase, 8.1
faire les valises to pack,
8.1

la **vallée** valley

la **vanille: à la vanille**
vanilla *(adj.)*, 5.1
vaut: il vaut mieux it is
better, 13.2

le **veau** veal, 6.2; calf, **11.2**

la **veille** eve, 12.2

la **veine** vein

le **vélo** bicycle, bike, 10.2

le **vélomoteur** lightweight
motorcycle, **7.1**

la **vendange** grape harvest

le **vendeur, la vendeuse**
salesperson, 7.1
vendre to sell, 9.1
vengé(e) avenged

la **vengeance** vengence

se **venger** to get revenge
venir to come, 4.2
**venir chercher
(quelqu'un)** to meet; to
pick up, 4.2

venir de to have just (done something), **10**

le **vent** wind, 11.1

Il y a du vent. It's windy., 11.1

le **ventre** abdomen, stomach, **2.1**

avoir mal au ventre to have a stomachache, **2.1**

vérifier to check, verify, 8.1

vérifier les niveaux to check under the hood, **7.1**

véritable real

la **vérité** truth

le **verre** glass, 5.2

vers toward

le **vers** verse

verser to deposit, **5.1**; to pour, **6.2**

verser des arrhes to pay a deposit, **9.1**

le **verso** back (of a paper)

vert(e) green, 5.1

la **veste** (sport) jacket, 7.1

les **vestiges** (m. pl.) remains

les **vêtements** (m. pl.) clothes, 7.1

la **viande** meat, 6.1, **6.2**

vide empty, **7.1**

la **vidéo** video, 3.1

la **cassette vidéo** videocassette, 12.2

le **film en vidéo** movie video, **1.1**

la **vie** life

en vie alive

vieux (vieil) vieille old, 4.2

mon vieux buddy

le **vignoble** vineyard, 11.2

la **villa** house

le **village** village, small town

la **ville** city, town, 8.1, **5.2**, **11.1**

en ville in town, in the city, **11.1**

le **vin** wine

le **vinaigre** vinegar, 6.1

la **virgule** comma

visionner to view

visiter to visit (a place), **1.2**

vite fast (adv.), 10.2

la **vitesse** speed, 4.1

à grande vitesse high-speed, **4.1**

la **vitrine** (store) window, 7.1

vivant(e) living

Vive… ! Long live . . . !, Hooray for . . . !

vivre to live, **11**

voici here is, here are, 4.1

la **voie** track (railroad), 9.1; lane (highway), **7.2**

voilà there is, there are; here is, here are (emphatic), 1.2

le **voile** veil

voir to see, 7.1

rien à voir avec nothing to do with

voir en rose to look on the bright side

le/la **voisin(e)** neighbor, 4.2

la **voiture** car, 4.2

en voiture by car, 5.2; "All aboard!"

la **voix** voice

le **vol** flight, 8.1

le **vol intérieur** domestic flight, 8.1

le **vol international** international flight, 8.1

le **vol sans escale** nonstop flight, **4.2**

voler to fly, **L3**

le **volley(-ball)** volleyball, 10.2

le/la **volontaire** volunteer

la **volonté** willpower

vouloir to want, 6.1

le **vouvoiement** the use of *vous*

le **voyage** trip, 8.1; voyage

faire un voyage to take a trip, 8.1

voyager to travel, 8.1

le **voyageur, la voyageuse** traveler, passenger, 9.1

vrai(e) true, real, 2.2

vraiment really, 1.1

la **vue** view

W

le **wagon** (railroad) car, 9.2

le **wagon-restaurant** dining car

le **week-end** weekend

le **western** Western movie

le **wolof** Wolof (West African language)

Y

le **yaourt** yogurt, 6.1

les **yeux** (m. pl; sing. œil) eyes, L1, **2.1**

avoir les yeux qui piquent to have itchy eyes, **2.1**

Z

zapper to zap, to channel surf, 12.2

la **zone** zone

la **zone de conflit** war zone

Zut! Darn!, BV

This English-French Dictionary contains all productive vocabulary from the text. The numbers following each entry indicate the chapter and vocabulary section in which the word is introduced. For example, **2.2** in dark print means that the word first appeared in this textbook, **Chapitre 2, Mots 2.** A number in light print means that the word first appeared in the Level 1 textbook. **BV** refers to the introductory **Bienvenue** lessons in Level 1. **L** refers to the optional literary readings. If there is no number or letter following an entry, the word or expression is there for receptive purposes only.

A

a lot beaucoup, 3.1
able capable
to **be able to** pouvoir, 6.1
aboard à bord (de), 8.2
about (on the subject of) de, au sujet de; (approximately) à peu près
about-face le demi-tour
above au-dessus (de)
  above all surtout
absolutely absolument, 9.1
access l'accès (m.)
to **access** accéder
accident l'accident (m.), 8.1
to **accompany** accompagner
according to d'après; selon
account le compte
  checking account le compte courant, 5.1
  savings account le compte d'épargne, 5.1
accountant le/la comptable, 14.1
accounting la comptabilité
to **accuse** accuser
to **achieve** réaliser
acquaintance la connaissance
acquainted: to be acquainted (se) connaître, 13.2
across from en face de, 11.1
act l'acte, (m.), 1.1
action l'action (f.)

active actif, active
activity l'activité (f.)
actor l'acteur (m.), 1.1
actress l'actrice (f.), 1.1
acute aigu(ë), 2.2
to **add** additionner; ajouter, 6.2
adjustable réglable, 4.1
administrative assistant l'assistant administratif, l'assistante administrative, 14.1
to **admire** admirer
admission l'entrée (f.); l'accès (m.)
adolescent l'adolescent(e)
address l'adresse (f.)
addressee le/la destinataire
adult l'adulte (m. et f.)
advance: in advance à l'avance, 9.1
advancement l'avancement (m.)
advantage l'avantage (m.)
  to take advantage of profiter de
adventure l'aventure (f.)
adversary l'adversaire (m. et f.)
advertisement la publicité
afraid: to be afraid avoir peur, L1, 13.2
Africa l'Afrique (f.)
African africain(e)
African-American afro-américain(e)

after après, 3.2
afternoon l'après-midi (m.), 3.2
again encore; à nouveau
against contre, 10.1
age l'âge (m.), 4.1
agent (m. and f.) l'agent (m.), 8.1
ago: ten years ago il y a dix ans
to **agree** être d'accord, 2.1
agricultural agricole, 11.2
ahead of time à l'avance, 9.1
aid l'aide (f.); le secours, 8.1
AIDS le sida
air l'air (m.), 7.1; (adj.) aérien(ne)
  air conditioning l'air climatisé; la climatisation, 9.2
airline la compagnie aérienne, 8.1
airplane l'avion (m.), 8.1, L3
airport l'aéroport (m.), 8.1
  airport terminal l'aérogare (f.), 8.1
aisle le couloir, 8.2
  aisle seat (une place) côté couloir, 8.1
album l'album (m.)
algebra l'algèbre (f.), 2.2
Algeria l'Algérie (f.)
Algerian algérien(ne)
alive en vie
all tout(e), tous, toutes, 2.1

All aboard! En voiture!

all alone tout(e) seul(e), 5.2

all around tout autour de

all inclusive tout compris, **9.1**

all the same tout de même, 5.2

in all en tout

all right (*agreement*) d'accord, 2.1

not at all pas du tout

That's all. C'est tout., 6.1

allergic allergique, **2.1**

allergy l'allergie (*f.*), **2.1**

to **allow** laisser; permettre

almost presque

alone seul(e), 5.2

all alone tout(e) seul(e), 5.2

along le long de

already déjà, BV

also aussi, 1.1; également

always toujours, 4.2

A.M. du matin, BV

ambitious ambitieux, ambitieuse

ambulance l'ambulance (*f.*), **8.1**

American (*adj.*) américain(e), 1.1

ammunition les munitions (*f. pl.*)

among entre, 3.2; parmi

amount la quantité

to **analyse** analyser

analysis l'analyse (*f.*)

and et, BV

anesthetist l'anesthésiste (*m. et f.*)

to **anesthetize** faire une anesthésie, **8.2**

animal l'animal (*m.*), **11.2**

ankle la cheville, **8.1**

to **announce** annoncer, 9.1

announcement l'annonce, (*f.*), 8.2

anonymous anonyme

another un(e) autre; encore

to **answer** répondre (à), 9.2

answering machine le répondeur automatique, **3.2**

anthem l'hymne (*f.*), **12.1**

antibiotic l'antibiotique (*m.*), **2.1**

Anything else? Avec ça?, 6.1; Autre chose?, 6.2

apartment l'appartement (*m.*), 4.2

apartment building l'immeuble (*m.*), 4.2

apothecary l'apothicaire (*m.*), **L4**

apparatus l'appareil (*m.*)

to **applaud** applaudir

apple la pomme, 6.2

apple tart la tarte aux pommes, 6.1

appliance l'appareil (*m.*)

home appliances l'électroménager (*m.*)

to **apply for a job** poser sa candidature, 14.2

appointment le rendez-vous

to make an appointment prendre rendez-vous; fixer un rendez-vous

to **appreciate** apprécier

April avril (*m.*), BV

arrival l'arrivée (*f.*), 8.1

arrival/departure board le tableau, **4.1**

Arab arabe

Arabic (*language*) l'arabe (*m.*)

archaeologist l'archéologue (*m. et f.*)

archaeology l'archéologie (*f.*)

architect l'architecte (*m. et f.*), **14.1**

area code l'indicatif régional, 3.2

arithmetic le calcul

to **arrest** arrêter

arm le bras, **8.1**

army l'armée (*f.*), L3

around autour de, 4.2

to **arrive** arriver, 3.1

arriving from (*flight*) en provenance de, 8.1

arrow la flèche, **7.2**

art l'art (*m.*), 2.2

artery l'artère (*f.*)

article l'article (*m.*)

artist l'artiste (*m. et f.*); le/la peintre (*painter*)

artistic artistique

Asian asiatique

as aussi (*comparisons*), 7; comme

as . . . as aussi... que, 7

as many autant de

as well également

as well as ainsi que

the same . . . as le (la, les) même(s)... que

to **ask (for)** demander, 3.2

aspirin l'aspirine (*f.*), **2.1**

at à, 3.1; chez, 3.2

at last enfin, 12.1

at the home (business) of chez, 3.2

"at" symbol l'arrobase (*f.*)

athletic sportif, sportive

Atlantic Ocean l'océan Atlantique

ATM le distributeur automatique (de billets), **5.1**

atrocious atroce

to **attach** attacher

to **attack** attaquer

to **attend** assister à

attention l'attention (*f.*)

attitude l'attitude (*f.*)

August août, (*m.*), BV

aunt la tante, 4.1

author l'auteur (*m.*), **L1**

automatic automatique

autumn l'automne (*m.*), 11.2

available disponible, **4.1**; libre, **14.2**

avenged vengé(e)

avenue l'avenue (*f.*), **11.1**

average moyen(ne)

aviator l'aviateur (*m.*), l'aviatrice (*f.*)

to **avoid** éviter, 12.2

B

baby le bébé, **L2**

back l'arrière (*m.*), 8.2, **10.2**; le dos, **L2**

  seat back le dossier du siège, **4.2**

background le fond

backpack le sac à dos, 3.2

bacon le bacon

bacterial bactérien(ne), **2.1**

bad mauvais(e), 2.2; nul(le) (*slang*)

  Not bad. Pas mal., BV

badly mal, **2.1**

bag le sac, 6.1

baggage les bagages (*m. pl.*), 8.1

  baggage cart le chariot, 9.1

  baggage compartment le coffre à bagages, 8.2

bagpipes la cornemuse

bakery la boulangerie-pâtisserie, 6.1

balance l'équilibre (*m.*); le solde

balcony le balcon, 4.2

ball (*soccer, etc.*) le ballon, 10.1

ballerina la danseuse, **1.1**

ballet le ballet

ballpoint pen le stylo-bille, 3.2

banana la banane, 6.2

band (brass) la fanfare, **12.1**

bandage le pansement, **8.1**

to **bandage** faire un pansement, **8.1**

bank la banque, 5.1

barn la grange, **11.2**

base la base

baseball le base-ball, 10.2

baseball cap la casquette, 7.1

based on à base de

basil le basilic

basilica la basilique

basis la base

basket le panier, 10.2

basketball le basket(-ball), 10.2

bath le bain, 12.1

  to take a bath prendre un bain, 12.1

bather le baigneur, la baigneuse

bathing suit le maillot (de bain), 11.1

bathroom la salle de bains, les toilettes (*f. pl.*), 4.2

battle la bataille, L3

battlefield le champ de bataille, L3

bay (leaves) le laurier, 6.1

B.C. avant J.-C. (Jésus-Christ)

to **be** être, 1.1

  to be able to pouvoir, 6.1

  to be afraid avoir peur, L1, **13.2**

  to be better soon être vite sur pied, **2.1**

  to be born naître, 11

  to be called s'appeler, 12.1

  to be careful faire attention, 11.1

  to be early être en avance, 9.1

  to be hungry avoir faim, 5.1

  to be in luck avoir de la chance

  to be late être en retard, 9.1; avoir du retard (*plane, train, etc.*), 8.1

  to be lucky avoir de la chance

  to be on time être à l'heure, 8.1

  to be part of faire partie de

  to be sorry regretter, 6.1, **13.2**

  to be thirsty avoir soif, 5.1

  to be . . . years old avoir… ans, 4.1

beach la plage, 11.1

bean: green beans les haricots verts (*m. pl.*), 6.2

to **beat** battre

beautiful beau (bel), belle, 4.2

beauty la beauté

because parce que

  because of à cause de

to **become** devenir, 4

bed le lit, **9.1, L2**

  to go to bed se coucher, 12.1

bedroom la chambre à coucher, 4.2

beef le bœuf, 6.1, **6.2**

  roast beef le rôti de bœuf, **6.2**

beet la betterave, **L1**

before avant; avant de

to **begin** commencer, 9.2; débuter

beginner le/la débutant(e), 11.2

beginning le début

  in the beginning au début

to **behave** se tenir, **13.1**

beige beige (*inv.*), 7.2

being l'être (*m.*)

  human being l'être humain (*m.*)

Belgian belge

Belgium la Belgique

to **believe** croire, 7.2

below au-dessous (de); ci-dessous

belt la ceinture, L3

  seat belt la ceinture de sécurité, 8.2, **7.1**

best (*adj.*) le (la, les) meilleur(e)(s), **8**; (*adv.*) le mieux, 8

  best man le garçon d'honneur, **12.2**

better (*adv.*) mieux, 7.2; (*adj.*) meilleur(e), **8**

  it is better il vaut mieux, **13.2**

  to feel better aller mieux, **2.2**

between entre, 3.2

beverage la boisson; la consommation, **5.1**

bicycle la bicyclette, **10.2**; le vélo, **10.2**

  bicycle race la course cycliste, **10.2**

  bicycle racer le coureur cycliste, **10.2**

big grand(e), **1.1**; gros(se), **14.2**

bike le vélo, **10.2**

  to go for a bike ride faire une promenade à vélo

bill *(money)* le billet, **5.1**; *(invoice)* la facture; *(hotel)* la note, **9.2**

biological biologique

biologist le/la biologiste

biology la biologie, **2.2**

bird l'oiseau *(m.)*

birthday l'anniversaire *(m.)*, **4.1**

  Happy birthday! Bon (Joyeux) anniversaire!

black noir(e), **7.2**

  black pride la négritude

blacksmith le forgeron, **L2**

blanket la couverture, **4.2**

bleacher le gradin, **10.1**

blind aveugle

to **block** bloquer, **10.1**

blond blond(e), **1.1**

blood le sang

  blood pressure la tension, **8.2**

  blood vessel le vaisseau sanguin

  bloom: in bloom fleuri(e), **L2**

blouse le chemisier, **7.1**

to **blow a whistle** siffler, **10.1**

to **blow a horn** sonner du cor, **L3**

blue bleu(e), **7.2**

  navy blue bleu marine *(inv.)*, **7.2**

to **board** *(plane)* embarquer, **4.2**

  boarding l'embarquement *(m.)*

  boarding pass la carte d'embarquement, **8.1**

boat le bateau, **L4**

body le corps, **8.1**

to **boil** bouillir, **6.2**

  boiling bouillant(e), **6.2**

bone l'os *(m.)*, **8.2**

book le livre, **3.2**

booklet le carnet

border la frontière

to **border** border

boring ennuyeux, ennuyeuse

to **borrow** emprunter, **5.1**

boss le chef; le/la patron(ne)

botany la botanique

both tous (toutes) les deux

bottle la bouteille, **6.2**

boulevard le boulevard, **11.1**

boutique la boutique, **7.1**

bowl le bol

box office le guichet, **1.1**

boy le garçon, **1.1**

boyfriend le petit ami

brain le cerveau

branch la branche, **12.2**

brand la marque, **7.1**

brass band la fanfare, **12.1**

brave courageux, courageuse; brave

Brazil le Brésil

Brazilian (person) le/la Brésilien(ne)

bread le pain, **6.1**

  loaf of French bread la baguette, **6.1**

  slice of bread and butter la tartine de pain beurré

  whole-wheat bread le pain complet

to **break** briser; casser, **8.1**; *(slow down)* freiner, **7.1**

to **break down** tomber en panne, **7.1**

  breakdown la panne, **7.1**

  breakfast le petit déjeuner, **5.2**

to **breathe** respirer, **2.2**

  to breathe deeply respirer à fond, **2.2**

Breton breton(ne)

bride la mariée, **12.2**

  bride and groom les mariés, **12.2**

bridge le pont

to **bring** apporter, **11.1**

brick la brique

British britannique

Brittany la Bretagne

broke fauché(e) *(slang)*, **5.1**

brother le frère, **1.2**

brown brun(e), marron *(inv.)*, **7.2**

brunette brun(e), **1.1**

brush la brosse, **12.1**

to **brush (one's teeth, hair, etc.)** se brosser (les dents, les cheveux, etc.), **12.1**

bug *(computer)* le bogue

to **build** construire; fabriquer

  building le bâtiment, **11.1**; l'édifice *(m.)*

  built up area l'agglomération *(f.)*, **7.2**

bungalow le bungalow

to **burn** brûler

  burst éclaté(e)

  bus le bus; l'autocar *(m.)*; l'autobus *(m.)*, **10.2**

  bus stop l'arrêt *(m.)* d'autobus, **10.2**

  bus terminal la gare routière (Africa)

  by bus en bus

bush *(wilderness)* la brousse

business les affaires *(f. pl.)*, **11.1**

busy occupé(e)

  I'm getting a busy signal. Ça sonne occupé., **3.2**

but mais, **2.1**

butcher le boucher, la bouchère

  butcher shop la boucherie, **6.1**

butter le beurre, **6.1**

button le bouton, **10.2**; la touche, **3.1**

to **buy** acheter, **3.2**

  to buy on credit acheter à crédit

by par

Bye. Salut., BV

C

cabaret le cabaret
cabin (*plane*) la cabine, 8.1
café le café, BV
cafeteria la cafétéria
cake le gâteau, 4.1
calcium le calcium
calculator la calculatrice, 3.2
calendar le calendrier
calf le veau, 11.2
call (*telephone*) l'appel (*m.*), 3.2
  local call l'appel urbain
  toll call l'appel interurbain
to call appeler; (*on the telephone*) téléphoner; donner un coup de fil, 3.2
  to call a penalty déclarer un penalty
  to call back rappeler, 3.2
  to call 911 appeler police secours, 8.1
calm calme
calorie la calorie
Camembert cheese le camembert
campaign la campagne
can pouvoir, 6.1
can of food la boîte de conserve, 6.2
Canadian (*adj.*) canadien(ne), 6
to cancel annuler, 4.2
candelabra le chandelier, 12.2
candle la bougie, 4.1, 12.2
cap la casquette, 7.1
capital la capitale
car la voiture, 4.2; (*railroad*) le wagon
  by car en voiture, 5.2
  dining car le wagon-restaurant
  sleeping car le wagon-couchettes (lits)
carbohydrate la glucide; l'hydrate (*m.*) de carbone

carbon dioxide le gaz carbonique
card la carte
  credit card la carte de crédit, 9.2
  greeting card la carte de vœux, 12.2
cardboard le carton
cardiac cardiaque
care le soin
to care: I don't care. Ça m'est égal., 1.1
career la carrière, 14.2
Careful! Attention!, 4.2
carefully prudemment, 7.2; soigneusement
Caribbean Sea la mer des Caraïbes, la mer des Antilles
carnival (*season*) le carnaval, 12.1
carpenter le charpentier; le menuisier, 14.1
carrot la carotte, 6.2
to carry porter, L2
  carry-on luggage les bagages (*m. pl.*) à main, 8.1
to carry out exécuter; assurer
cartoon le dessin animé, 1.1
case le cas
  in case of en cas de
cash l'argent liquide, 5.1
  cash register la caisse, 3.2
  in cash en liquide, 9.2
  to pay cash payer en espèces, 9.2
to cash toucher, 5.1
  cashier le caissier, la caissière, 5.1
cassette la cassette, 3.1
cast le plâtre, 8.2
  to put in a cast plâtrer, 8.2
castle le château
casual (*clothes*) sport, 7.1
cat le chat, 4.1
catalog le catalogue
to catch attraper
to cause causer
cave la grotte, L4
CD le CD, 3.1

CD-ROM le CD-ROM, 3.1
to celebrate célébrer, L4
  to celebrate Christmas Eve or New Year's Eve réveillonner, 12.2
cell la cellule, L4
Celtic celte, celtique
center le centre
century le siècle, L4
cereal les céréales (*f. pl.*)
ceremony la cérémonie, 12.2
certainly certainement
chairlift le télésiège, 11.2
champion le/la champion(ne)
change (*money*) la monnaie, 5.1
  change purse le porte-monnaie, 5.1
  to make change for faire la monnaie de, 5.1
to change changer (de), 9.2
channel (*TV*) la chaîne, 12.2
  to channel surf zapper, 12.2
character (*in a story*) le personnage
characteristic la caractéristique; le trait
charge: in charge of chargé(e) de
charges les frais (*m. pl.*), 9.2, 13.1
charm le charme
charming charmant(e)
to chat bavarder
check le chèque, 5.1; (*in restaurant*) l'addition (*f.*), 5.2
  traveler's check le chèque de voyage
to check vérifier, 8.1; contrôler, 4.1
  to check (*luggage*) (faire) enregistrer, 8.1
  to check under the hood vérifier les niveaux, 7.1
cheek la joue, 13.1
cheese le fromage, 5.1

chemical chimique

chemist le/la chimiste

chemistry la chimie, 2.2

chest la poitrine; le coffre, L4

chewing gum le chewing-gum

chic chic *(inv.)*

chicken le poulet, 6.1

child l'enfant *(m. et f.)*, 4.1

childhood l'enfance *(f.)*

chills les frissons *(m. pl.)*, 2.1

chimney la cheminée, 12.2

Chinese chinois(e)

chocolate le chocolat; *(adj.)* au chocolat, 5.1

choir le chœur

to **choose** choisir, 8.1

choppy *(sea)* agité(e)

Christmas le Noël, 12.2

  Christmas carol le chant de Noël, 12.2

  Christmas Eve dinner le réveillon, 12.2

  Christmas gift le cadeau de Noël, 12.2

  Christmas tree l'arbre *(m.)* de Noël, 12.2

church l'église *(f.)*, 11.1, 12.2

circle le cercle

  traffic circle le rond-point, 7.2, 11.1

circuit le circuit

circus le cirque

to **cite** citer

city la ville, 8.1, 5.2, 11.1

  city hall l'hôtel *(m.)* de ville

  in the city en ville, 11.1

civil civil(e)

  civil servant le/la fonctionnaire, 14.1

civilization la civilisation

civilized civilisé(e)

to **claim** *(luggage)* récupérer, 4.2

clarinet la clarinette

class *(people)* la classe, 2.1; *(course)* le cours, 2.1

in class en classe

in (French, etc.) class en cours de (français, etc.)

classical classique

classified ad la petite annonce, 14.2

classroom la salle de classe, 2.1

clean propre, 9.2

clearly clairement

to **clear the table** débarrasser la table, 12.2

clever: Very clever! *(ironic)* C'est malin!

to **click** cliquer, 3.1

climate le climat

clinic la clinique

close *(adv.)* de près, 11.1; *(adj.)* proche

to **close** fermer, 9.1

closet le placard, 9.2

clothes les vêtements *(m. pl.)*, 7.1

cloud le nuage, 11.1

clove of garlic la gousse d'ail, 6.1

clown le clown

coach l'autocar *(m.)*

coast la côte

coat le manteau, 7.1

code le code, 4.2

coffee le café, 5.1

  black coffee l'express *(m.)*, 5.1

  coffee with cream *(in a café)* le crème, 5.1

coin la pièce, 5.1

cola le coca, 5.1

cold froid(e) *(adj.)*; *(illness)* le rhume, 2.1

  to have a cold être enrhumé(e), 2.1

collection la collection

color la couleur, 7.2

  What color is . . . ? De quelle couleur est… ?, 7.2

comb le peigne, 12.1

to **comb one's hair** se peigner, 12.1

to **come** venir, 4.2

  to come back revenir, 4

Come on! Allez!, 9.2

comedy la comédie, 1.1; le film comique, 1.1

  musical comedy la comédie musicale, 1.1

comfortable confortable

comic comique, 1.1

commercial *(TV)* la publicité, 12.2

to **commit** commettre

common commun(e); courant(e)

  in common en commun

to **communicate** communiquer

communication la communication

community la communauté

commuter trains les lignes de banlieue, 4.1

company la société, 14.2; l'entreprise, 14.2

  in the company of en compagnie de

to **compare** comparer

compartment le compartiment, 4.1

complete complet, complète

to **complete** compléter

completely complètement

complicated compliqué(e)

composed of composé(e) de

composer le compositeur, la compositrice

composition la composition; la rédaction

compound enceinte de résidences, L2

compound fracture la fracture compliquée, 8.2

computer l'ordinateur *(m.)*, 3.1

  computer expert l'informaticien(ne), 14.1

  computer science l'informatique *(f.)*, 2.2

concept le concept

concert le concert

concisely brièvement
condition la condition
conductor *(train)* le contrôleur, 9.2
to **connect** connecter; relier
connection *(between trains)* la correspondance, 9.2, **10.1**
to **conspire** comploter
to **consult** consulter
contamination la contamination
to **contain** contenir
contest la compétition, le concours
continent le continent
to **continue** continuer
contrary: on the contrary au contraire
to **control** contrôler, **4.1**
convent le couvent
conversation la conversation, **L3**
to **converse** converser
convertible la décapotable, **7.1**
cook le cuisinier, la cuisinière, **6.2**
to **cook** faire la cuisine, 6; cuire, **6.2**
cooked cuit(e)
cool frais, fraîche 11.2
copper le cuivre
corner le coin, **10.1, 11.1**
on the corner au coin, **11.1**
corporation la société, **14.2**
large corporation la grosse société, **14.2**
correspondence la correspondance
corridor le couloir, 8.2
cosmopolitan cosmopolite
cost le prix, 7.1
to **cost** coûter, 3.2
to **cough** tousser, 2.1
counselor le conseiller, la conseillère
count le comte, **L4**
to **count** compter, **5.1**
counter le comptoir, 8.1

counter window *(post office)* le guichet, **5.2**
country le pays, 8.1
country code *(tel.)* l'indicatif *(m.)* du pays, **3.2**
country(side) la campagne, **11.2**
courage le courage
courageous courageux, courageuse
course le cours, 2.1
of course bien sûr; mais oui
of course not mais non
court la cour; le tribunal, **14.1**
courtesy la politesse, BV
courtyard la cour, 3.2
cousin le/la cousin(e), 4.1
to **cover** couvrir
covered couvert(e)
cow la vache, **11.2**
crab le crabe, 6.1, **6.2**
crazy fou, folle
cream la crème
coffee with cream *(in a café)* le crème, 5.1
to **create** créer; réaliser
credit card la carte de crédit, 9.2
Creole *(language)* le créole
crepe la crêpe, BV
criminal le/la criminel(le), **L4**
critic le/la critique
croissant le croissant, 5.1
to **cross** traverser, **11.1;** se croiser, **10.1**
crosswalk le passage pour piétons, **11.1**
crushed écrasé(e)
crutch la béquille, **8.1**
to **cry** pleurer, L1
cucumber le concombre
to **cultivate** cultiver, **11.2**
cultural culturel(le)
cultural event la manifestation culturelle
culture la culture
cup la tasse, 5.2

winner's cup la coupe, 10.2
to **cure** guérir, **L4**
currency la devise; la monnaie, **5.1**
current courant(e)
customer le/la client(e)
customs la douane, 4.2
to go through customs passer à la douane, **4.2**
to **cut** couper, **6.2**
to cut (one's finger, etc.) se couper, **8.1**
to cut in line resquiller, **13.1**
cycling le cyclisme, 10.2; *(adj.)* cycliste
cyclist *(in race)* le coureur (la coureuse) cycliste, 10.2
cymbals les cymbales *(f. pl.),* **12.1**

D

dad papa
daily quotidien(ne)
dairy store la crémerie, 6.1
dance la danse
to **dance** danser, **1.1**
dancer le danseur, la danseuse, **1.1**
dangerous dangereux, dangereuse
dangerously dangereusement, **7.2**
dark sombre
dark haired brun(e), 1.1
Darn! Zut!, BV
data les données *(f. pl.),* 3.1
date la date; *(fruit)* la datte
date palm le dattier
What is today's date? Quelle est la date aujourd'hui?, BV
to **date from** dater de
daughter la fille, 4.1
day le jour, BV; la journée, 3.1
the day before yesterday avant-hier, 10.2

every day tous les jours
What a nice day! Belle journée!, **4.2**
dear cher, chère
death la mort
debt: to go into debt s'endetter
December décembre (*m.*), BV
to **decide (to)** décider de
decision la décision
the decision is made la décision est prise
to **declare** déclarer
to **decorate** orner; décorer
dedicated dédié(e)
to **defeat** battre
delay le retard
delicatessen la charcuterie, **6.1**
delicious délicieux, délicieuse
delighted enchanté(e), **13.2**
demanding exigeant(e)
dentist le/la dentiste
deodorant le déodorant
department (*in a store*) le rayon, **7.1**; (*in a company*) le service
coat department le rayon des manteaux, **7.1**
department head le chef de service, **14.1**
department store le grand magasin, **7.1**
departure le départ, **8.1**
to **depend (on)** dépendre (de)
deplaning le débarquement
deposit les arrhes (*f. pl.*), **9.1**
to pay a deposit verser des arrhes, **9.1**
to **deposit** verser, **5.1**
descendant le/la descendant(e)
to **describe** décrire
description la description
desert le désert
deserted désert(e)
to **design** dessiner

designer (*clothes*) le couturier
to **desire** désirer, **3.2**
desk clerk le/la réceptionniste, **9.1**
desparate désespéré(e), L4
dessert le dessert
destination la destination
destiny la destinée
detail le détail
to **devastate** ravager
to **develop** développer
devoted dévoué(e)
diagnosis le diagnostic, **2.2**
to **dial** (*phone number*) composer, **3.2**; faire le numéro, **3.2**
dial tone la tonalité, **3.2**
dialect le dialecte
diamond le diamant
dictionary le dictionnaire
to **die** mourir, 11; crever, **L4**
diet l'alimentation (*f.*); le régime
to follow a diet faire un régime
difference la différence
different différent(e), **8.1**
difficult difficile, **2.1**
difficulty la difficulté
with difficulty difficilement
dig (*archaeol.*) la fouille
to **dig** creuser, L4
dignitaries les notables (*m. pl.*), **12.1**
dining car la voiture-restaurant
dining hall (*school*) la cantine, **3.1**
dining room la salle à manger, **4.2**
dinner le dîner, **5.2**
to eat dinner dîner, **5.2**
diploma le diplôme
direction la direction, **10.1**; le sens, **7.2**
in the right (wrong) direction dans le bon (mauvais) sens, **11.1**
directly directement

director of human resources le directeur (la directrice) des ressources humaines (D.R.H.), **14.2**
to **direct traffic** régler la circulation, **11.1**
dirty sale, **9.2**
disadvantage l'inconvénient (*m.*)
disagreeable désagréable
to **disappear** disparaître
discount la réduction
to **discover** découvrir
discovery la découverte
to **discuss** discuter
disease la maladie
dish (*food*) le plat
dishes la vaisselle, **12.2**
to **do the dishes** faire la vaisselle, **12.2**
dishwasher le lave-vaisselle, **12.2**
diskette la disquette, **3.1**
diskette drive le lecteur de disquettes, **3.1**
to **distinguish** distinguer
to **distribute** distribuer, **5.2**
district le quartier, **4.2**, **11.1**; (*Paris*) l'arrondissement (*m.*)
business district le quartier d'affaires, **11.1**
dive le plongeon
to **dive** plonger, 11.1
to **divide** diviser
to **do** faire, 6.1
to do the grocery shopping faire les courses, 6.1
doctor le médecin (*m. et f.*), **2.2**
at (to) the doctor's office chez le médecin, **2.2**
document le document, **3.1**
documentary le documentaire, **1.1**
dog le chien, **4.1**
domain le domaine
domestic (*flight*) intérieur(e), **8.1**
donkey l'âne (*m.*)

door la porte, L4, **9.1, L2**
dormitory le dortoir
to **doubt** douter, **14**
to **download** télécharger
downtown le centre-ville, **11.1**
dozen la douzaine, 6.2
drama le drame, **1.1**
  drama club le club d'art dramatique
drawing le dessin
dream le rêve
dress la robe, 7.1
dressed: to get dressed s'habiller, 12.1
dressy habillé(e), 7.1
to **dribble** (*basketball*) dribbler, 10.2
to **drink** boire, 10.2
  drink la boisson; la consommation, 5.1; le pot
to **drive** conduire, **7.1, 11.1**
  driver l'automobiliste (*m. et f.*), **7.1**; le conducteur, la conductrice, **7.1**; le chauffeur
  driver's license le permis de conduire, **7.1**
  driving lesson la leçon de conduite, **7.1**
  driving school l'auto-école (*f.*), **7.1**
drugstore la pharmacie, **2.2**
druid le druide
drum le tambour, **12.1**
dry sec, sèche
to **dry** sécher
dubbed (*movie*) doublé(e), **1.1**
duck le canard
duration la durée
during pendant, 3.2
dynamic dynamique, 1.2

each (*adj.*) chaque, **4.1**
each (one) chacun(e), 5.2
ear l'oreille (*f.*), 2.1

earache: to have an earache avoir mal aux oreilles, **2.1**
early en avance, 9.1; de bonne heure; tôt, 12.1
to **earn** gagner
earphone l'écouteur (*m.*), L3
earth la terre, **11.2**
easily facilement
Easter Pâques
eastern oriental(e)
easy facile, 2.1
to **eat** manger, 5.1
ecological écologique
ecology l'écologie (*f.*)
economics l'économie (*f.*), 2.2
egg l'œuf (*m.*), 6.1
  fried egg l'œuf sur le plat
  poached egg l'œuf à la coque
  scrambled egg l'œuf brouillé
egotistical égoïste, 1.2
Egyptian égyptien(ne)
elbow le coude, **13.1**
electric électrique
electrician l'électricien(ne), **14.1**
electronic électronique
element l'élément (*m.*)
elevator l'ascenseur (*m.*), 4.2
to **eliminate** éliminer
elsewhere ailleurs
e-mail l'e-mail (*m.*), le mail, **3.1**
emergency l'urgence (*f.*)
  emergency exit l'issue (*f.*) de secours
  emergency medical technician le/la secouriste, **8.1**
  emergency room le service des urgences, **8.1**
emission l'émission (*f.*)
emotion l'émotion (*f.*), **13.2**
employee (*m. and f.*) l'employé(e), **14.1**

employer l'employeur, l'employeuse, **14.2**
employment office le bureau de placement, **14.2**
empty vide, **7.1**
encyclopedia l'encyclopédie (*f.*)
end la fin; le bout
ending le dénouement
enemy l'ennemi(e) (*m. et f.*)
energetic énergique, 1.2
energy l'énergie (*f.*)
engagement les fiançailles (*f. pl.*), L4
engineer l'ingénieur (*m.*), **14.1**
England l'Angleterre (*f.*)
English anglais(e)
English (*language*) l'anglais (*m.*), 2.2
English Channel la Manche
enormous énorme
enough assez, 1.1
to **ensure** assurer
enriched enrichi(e)
to **enter** entrer, 7.1
  enthusiastic enthousiaste, 1.2
  entire entier, entière
  entitled intitulé(e)
  entrance l'entrée (*f.*), 4.2
  envelope l'enveloppe (*f.*)
  equipment l'équipement (*m.*); le matériel, **11.2**
  equivalent l'équivalent (*m.*)
eraser la gomme, 3.2
escalator l'escalier mécanique, **10.1**
to **escape** s'échapper; s'évader, L4
  especially surtout
  espresso l'express (*m.*), 5.1
  essential essentiel(le); de première nécessité, indispensable
to **establish** établir
  establishment l'établissement (*m.*)
  euro l'euro (*m.*)
  Europe l'Europe (*f.*)

European *(adj.)* européen(ne)

eve la veille, **12.2**

evening le soir, BV

event l'événement *(m.)*

ever jamais

every tous, toutes, 2.1, 8; chaque, **4.1**

  every day *(adj.)* tous les jours, **1.2**

  every five minutes toutes les cinq minutes, **10.1**

everybody tout le monde, 1.2

everyday *(adj.)* quotidien(ne)

everyone tout le monde, 1.2

everything tout

everywhere partout

evidently évidemment

exact exact(e)

exactly exactement; justement

to **exaggerate** exagérer

exam l'examen *(m.)*, 3.1

  to pass an exam réussir à un examen

  to take an exam passer un examen, 3.1

to **examine** examiner, 2.2

example: for example par exemple

excellent excellent(e)

except excepté(e); sauf, **1.2**

exception l'exception *(f.)*

exceptional exceptionnel(le)

exchange l'échange *(m.)*

  exchange rate le cours du change, **5.1**

to **exchange** échanger; changer, **5.1**

excursion l'excursion *(f.)*

exclusively exclusivement

to **excuse** excuser

  excuse me pardon

to **execute** exécuter

exercise l'exercice *(m.)*

exhausted crevé(e); épuisé(e)

to **exist** exister

exhibit l'exposition *(f.)*, **1.2**

existence l'existence *(f.)*

exit la sortie, **7.2**

to **expel** expulser

expenses les frais *(m. pl.)*, **9.2, 13.1**

expensive cher, chère, 7.1

experience l'expérience *(f.)*

expert *(adj.)* expert(e)

to **explain** expliquer

explanation l'explication *(f.)*

explosion l'explosion *(f.)*

to **express** exprimer

expression l'expression *(f.)*

exquisite exquis(e)

exterior l'extérieur *(m.)*

extraordinary extraordinaire

extreme extrême

extremely extrêmement

eye l'œil *(m., pl. yeux)*, 2.1

  to have itchy eyes avoir les yeux qui piquent, 2.1

eyes les yeux *(m. pl.)*, L1

F

fable la fable

fabulous fabuleux, fabuleuse

face la figure, 12.1

  face down *(paper)* face écrite non visible, **3.1**

  face up *(paper)* face écrite visible, **3.1**

to **face** donner sur, 4.2

to **facilitate** faciliter

factory l'usine *(f.)*, **11.1**

fairly assez, 1.1

fall *(season)* l'automne *(m.)*, 11.2

to **fall** tomber 11.2, **8.1**

  to fall asleep s'endormir

false faux, fausse

to **falsify** falsifier

family la famille, 4.1

famous célèbre; connu(e), **1.1**

fan le/la fana

fantastic fantastique

far (away) loin

  far from loin de, 4.2

fare le tarif

farm la ferme, **11.2**; *(adj.)* agricole, **11.2**

to **farm** *(land)* cultiver, **11.2**

farmer l'agriculteur, l'agricultrice, **11.2**; le fermier, la fermière, **11.2**

fast *(adj.)* rapide; *(adv.)* vite 10.2

to **fasten** attacher, 8.2

fast-food *(adj.)* de restauration rapide

  fast-food restaurant le fast-food

fat la graisse; le lipide

father le père, 4.1

fault la faute

favorite favori(te); préféré(e)

fax le fax; la télécopie, **3.1**

  fax machine le fax; le télécopieur, **3.1**

February février *(m.)*, BV

to **feed** nourrir; donner à manger

to **feel (well, etc.)** se sentir, **2.1**

  to feel better aller mieux, **2.2**

  to feel like avoir envie de

  to feel out of sorts ne pas être dans son assiette, **2.1**

feeling le sentiment; la sensation

fees *(doctor)* les honoraires *(m. pl.)*

felt-tip pen le feutre, 3.2

female la femelle

festival le festival

  Festival of Lights la fête des Lumières, **12.2**

festive de fête

festivity la festivité

fever la fièvre, 2.1

  to have a fever avoir de la fièvre, 2.1

few peu (de); peu nombreux

a few quelques, 9.2

fiancé(e) le/la fiancé(e), L4

fictional fictif, fictive

field le champ, L1, **11.2**, **L2**; le domaine; (*employment*) la carrière, **14.2**

fig la figue

fight le combat, L3; la lutte, L3

to **fight** lutter, L3

file le fichier (*computer*)

fillet of sole le filet de sole, **6.2**

to **fill out** remplir, 8.2, **8.2**

to **fill up the gas tank** faire le plein, **7.1**

film le film, 1.1

  adventure film le film d'aventures, **1.1**

  detective film le film policier, **1.1**

  foreign film le film étranger, **1.1**

  horror film le film d'horreur, **1.1**

  science fiction film le film de science-fiction, **1.1**

filmmaker le/la cinéaste, **14.1**

finally enfin, 12.1; finalement

financial financier, financière

to **find** trouver, 5.1

fine ça va, bien, BV

fine l'amende (*f.*)

finger le doigt, **8.1, 13.1**

to **finish** finir, 8.2

fir (tree) le sapin, **12.2**

fire le feu, **L2**

fireworks le feu d'artifice, **12.1**

firm l'entreprise (*f.*), **14.2**

first premier, première (*adj.*), 4.2; d'abord (*adv.*), 12.1

  in first class en première, 9.1

fish le poisson, 6.1, **6.2**

  fish store la poissonnerie, 6.1

fishing la pêche

fitting room la cabine d'essayage

to **fix** réparer; arranger

flag le drapeau, **12.1**

flat tire le pneu à plat, **7.1**

flavor le parfum

flea market le marché aux puces

flight le vol, 8.1

  domestic flight le vol intérieur, 8.1

  flight attendant l'hôtesse (*f.*) de l'air, le steward, 8.2

  flight crew le personnel de bord, 8.2

  international flight le vol international, 8.1

float le char, **12.1**

flock (*sheep*) le troupeau, **11.2**

floor (of a building) l'étage (*m.*), 4.2

  ground floor le rez-de-chaussée, 4.2

flower la fleur, 4.2

flu la grippe, **2.1**

fluent courant(e)

flute la flûte

to **fly** (*plane*) piloter; voler, **L3**

  to fly over survoler

to **follow** suivre, **11.1**

  following suivant(e)

food la nourriture; l'aliment (*m.*); les provisions (*f. pl.*)

  food service la restauration

foot le pied, 10.1, **8.1**

  on foot à pied, 4.2

football le football américain

for pour; (*time*) pendant, 3.2; depuis, 9.2

  for example par exemple

forbidden interdit(e), **4.2**

forearm l'avant-bras (*m.*), **13.1**

foreign étranger, étrangère, **1.1**

foreign exchange office le bureau de change, **5.1**

foreman, forewoman le contremaître, la contremaîtresse

to **forget** oublier, **7.2**

fork la fourchette, 5.2

form la forme; le formulaire, **8.2**

to **form** former

formality la formalité

format le format

former ancien(ne)

fortune la fortune

fortunately heureusement

to **found** fonder

fracture la fracture, **8.2**

  compound fracture la fracture compliquée, **8.2**

free libre, 5.1; gratuit(e)

to **free** libérer

freedom la liberté

freezer le congé(lateur), **6.1**

French français(e) (*adj.*), 1.1; (*language*) le français, 2.2

  French fries les frites (*f. pl.*), 5.1

French-speaking francophone

to **frequent** fréquenter

frequently fréquemment

Friday vendredi (*m.*), BV

friend l'ami(e), 1.2; (*pal*) le copain, la copine, 2.1; le/la camarade

from de, 1.1

  from then on désormais

front l'avant (*m.*), 8.2, **10.2**

  front desk la réception, **9.1**

  in front of devant, 8.2, **11.1**

frozen surgelé(e), 6.2

fruit le fruit, 6.2, **6.1**

frying pan la poêle, **6.2**

full plein(e), 10.1, **13.1**; complet, complète, **4.1**

  at full speed à toute allure, **L1**

fun amusant(e), 1.1

to **have fun** s'amuser, 12.2
function la fonction
funny amusant(e), 1.1; rigolo, 4.2; comique, **1.1**
furious furieux, furieuse, **13.2**
furniture les meubles (*m. pl.*)
further plus loin
future l'avenir (*m.*), le futur, L2

to **gain a few pounds** prendre des kilos
game le match, 10.1; le jeu
garage le garage, 4.2
garden le jardin, 4.2
garlic l'ail (*m.*), **6.1**
   gas station la station-service
   gas station attendant le/la pompiste, **7.1**
   gas tank le réservoir, **7.1**
gasoline l'essence (*f.*), **7.1**
gate (*airport*) la porte, 8.1
to **gather** se rassembler
gem la pierre précieuse, L4
general le général
generally généralement
   generally speaking d'une façon générale
generosity la générosité
genre le genre
geography la géographie, 2.2
geometry la géométrie, 2.2
germ le microbe
German (*language*) l'allemand (*m.*), 2.2
Germany l'Allemagne (*f.*)
to **get** recevoir, 10.2; obtenir; se procurer
   to get dressed s'habiller, 12.1
   to get married se marier, L4, **12.2**
   to get sick tomber malade, L1

to **get a sunburn** attraper un coup de soleil, 11.1
to get off a plane débarquer, **4.2**
to get off (*bus, train, etc.*) descendre, 9.2
to get off at the next station descendre à la prochaine, **10.1**
to get on (board) monter, 9.2
to get together se retrouver, **13.1**
to get up se lever, 12.1
getting off la descente, **10.2**
gift le cadeau, 4.1
gigantic gigantesque
girl la fille, 1.1
girlfriend la petite amie
to **give** donner, 4.1
   to give back rendre, 5.1
   to give change for faire la monnaie de, **5.1**
   to give way céder la place
glad content(e), 13.2
glass le verre, 5.2
glove le gant, 11.2
to **go** aller, 5.1
   to go down descendre, 9
   to go fast rouler vite, 10.2, **7.2**
   to go (and) get aller chercher, 6.1
   to go home rentrer, 3.2
   to go out sortir, 8.2
   to go surfing faire du surf, 11.1
   to go to (*transp.*) desservir, **4.1**
   to go to bed se coucher, 12.1
   to go up monter, 4.2
   to go windsurfing faire de la planche à voile, 11.1
   to go with accompagner
   Should we go? On y va?
goal le but, 10.1
   to score a goal marquer un but, 10.1
goalie le gardien de but, 10.1

God bless you! À tes souhaits!, **2.1**
gold l'or (*m.*), L4
golden doré(e)
good bon(ne), 6.2
   Good health! Bonne santé!, **12.2**
   good manners le savoir-vivre
   good in math fort(e) en maths, 2.2
good-bye au revoir; ciao (*inform.*), BV
goodness la bonté
goods les produits
gourmet le gourmet
government le gouvernement
grade la note
to **graduate** être diplômé(e)
grain(s) les céréales (*f. pl.*), **11.2**
gram le gramme, 6.2
grammar la grammaire
granddaughter la petite-fille, 4.1
grandfather le grand-père, 4.1
grandmother la grand-mère, 4.1
grandparents les grands-parents (*m. pl.*), 4.1
grandson le petit-fils, 4.1
grandstand la tribune, **12.1**
grape(s) le raisin, **6.1**
grapefruit le pamplemousse, **6.1**
to **grate** râper, 6.2
grass l'herbe (*f.*), **11.2**
gray gris(e), 7.2
great grand(e)
Greece la Grèce
green vert(e), 5.1
   green beans les haricots (*m. pl.*) verts, 6.2
to **greet** saluer, **L1**
   greeting card la carte de vœux, **12.2**
   grilled ham and cheese sandwich le croque-monsieur, 5.1

to **grind** hacher, **6.2**

grocery store l'épicerie (f.), **6.1**

groom le marié, **12.2**

ground le sol, 10.2

ground floor le rez-de-chaussée, **4.2**

on the ground à terre

group le groupe

to **grow** (crop) cultiver, **11.2**

to grow (up) grandir

growth la croissance

guard le gardien, L4

to **guard** garder

to **guess** deviner

guest l'invité(e)

guide le guide

guidebook le guide

guillotined guillotiné(e)

guitar la guitare

guitarist le/la guitariste

guy le type

gymnasium le gymnase

gymnastics la gymnastique, **2.2**

H

habitual habituel(le)

hair les cheveux (m. pl.), 12.1

Haitian haïtien(ne)

halftime (sporting event) le mi-temps

half demi(e)

half brother le demi-frère, **4.1**

half hour la demi-heure

half past (time) et demie, BV

half price le demi-tarif

half sister la demi-sœur, 4.1

ham le jambon, 5.1

hamburger le hamburger

hamlet le hameau

hand la main, 3.1, **13.1**

handicapé(e) handicapped

handkerchief le mouchoir, **2.1**

handmade fait(e) à la main

handsome beau (bel), 4.2

hanger le cintre, **9.2**

to **hang up** raccrocher, **3.2**

Hanukkah la Hanouka, **12.2**

to **happen** arriver, **8.1;** se passer

happiness le bonheur

happy content(e), **13.2;** heureux, heureuse, **13.2**

Happy birthday! Bon (Joyeux) anniversaire!

Happy New Year! Bonne Année!, **12.2**

harbor le port

hard dur(e); (adv.) fort

hardware (computer) le hardware

harshness la rigueur

harp la harpe

harvest la récolte, **11.2**

hat (ski) le bonnet, 11.2

to **hate** détester, 3.1

to **have** avoir, 4.1; (to eat or drink, in café or restaurant) prendre, 5.1

to have a(n) . . . -ache avoir mal à (aux)… , **2.1**

to have just (done something) venir de, 10

head la tête, 10.1; (of department or company) le chef

headphones les écouteurs (m. pl.), **4.2**

health la santé, **2.1**

to **hear** entendre, 9.1

heart le cœur

heat: high heat le feu vif, **6.2**

low heat le feu doux, 6.2

heaven le Ciel

hen la poule, **11.2**

herb la fine herbe, 6.1

herd le troupeau, 11.2

high élevé(e); haut(e), **11.1**

high-speed train le TGV, **4.1**

highway l'autoroute (f.), **7.2**

hello bonjour, BV; (telephone) allô

helmet le casque, **7.1**

to **help** aider, **3.2**

help l'aide (f.); le secours, **8.1**

to be a big help rendre bien service

with the help of à l'aide de

hemisphere l'hémisphère (m.)

here is, here are voici, 4.1; (emphatic) voilà, 1.2

hero le héros

hey! tiens!

hi salut, BV

to **hide** cacher, L3

high élevé(e)

high school le lycée, 2.1

higher supérieur

hiker le randonneur, la randonneuse

history l'histoire (f.), 2.2

to **hit** frapper, L3; donner un coup (de pied, de tête, etc.), 10.1

hockey le hockey

hockey stick la crosse

hold: Please hold. (telephone) Ne quittez pas., **3.2**

hole le trou, L4

holiday la fête, **12.1**

home: at (to) the home of chez, 3.2

to go home rentrer, 3.2

homework (assignment) le devoir

to do homework faire ses devoirs, 6

honest honnête

honey le miel

to **hope** espérer, 6.2

horn le cor, L3

horrible horrible

horror l'horreur (f.)

horse le cheval, 11.2

horseback: to go horseback riding faire du cheval, 11.2

hospital l'hôpital (m.), **8.1;** (adj.) hospitalier, hospitalière

hot chaud(e)

hot dog la saucisse de Francfort, BV

hotel l'hôtel (m.), **9.1**

house la maison, 3.1; la villa

publishing house la maison d'édition

small house le pavillon

to **house** loger

housing le logement

how comment, 1.1

how far? jusqu'où?

How's it going? Ça va?, BV

How is that? Comment ça?

how many, how much combien (de), 3.2

human humain(e)

human being l'être humain (m.)

hundred cent, 2.2

hungry: to be hungry avoir faim, 5.1

hunter le chasseur, la chasseuse

to **hurry** se dépêcher, 12.1

to **hurt** avoir mal à, **2.1**

to hurt oneself se faire mal, **8.1;** se blesser, **8.1**

It (That) hurts. Ça fait mal., **2.1**

husband le mari, 4.1

I

ice la glace, 11.2

ice cream la glace, 5.1

icon l'icône (f.)

idea l'idée (f.)

ideal idéal(e)

identify identifier

if si

if I were you à ta place, **7.1**

ill malade, L1, **2.1**

illegible illisible

illness la maladie

illustration le dessin

to **imagine** imagine

immediate immédiat(e)

immediately immédiatement, **14.2**

immense immense

impolite mal élevé(e), **13.1;** malpoli(e), **13.1**

important important(e), **13**

impossible impossible, **13**

impressed impressionné(e)

Impressionists les impressionnistes (m. pl.)

imprisoned emprisonné(e)

to **improve** s'améliorer

improvement le progrès

in dans, 1.2; à, 3.1; en, 3.2

in addition to en plus de

in fact en fait

in first (second) class en première (seconde), 9.1

in front of devant, 8.2, **11.1**

in general en général

in particular en particulier

in search of à la recherche de

in vain en vain

In what month? En quel mois?, BV

included compris(e), 5.2, **9.1**

The tip is included. Le service est compris., 5.2

incredible incroyable

to **indicate** indiquer

indigestion le trouble digestif

to have indigestion avoir mal au foie

indiscreet indiscret, indiscrète

indispensable indispensable

individual l'individu (m.); (adj.) individuel(le)

industrial industriel(le)

inexpensive bon marché (inv.)

infection l'infection (f.), **2.1**

influence l'influence (f.)

information l'information (f.); les renseignements (m. pl.)

ingredient l'ingrédient (m.)

inhabitant l'habitant(e)

injection la piqûre, **8.2**

to give an injection faire une piqûre, **8.1**

injury la blessure, **8.1**

innocent innocent(e)

insane fou, folle

to **insist** insister

instead of au lieu de

institute l'institut (m.)

instructions les instructions (f. pl.)

instructor le moniteur, la monitrice, 11.1

instrument l'instrument (m.)

keyboard instrument l'instrument à clavier

percussion instrument l'instrument à percussion

string instrument l'instrument à cordes

wind instrument l'instrument à vent

intellectual intellectuel(le)

intelligent intelligent(e), 1.1

intended for destiné(e) à

interest l'intérêt (m.)

interest rate le taux d'intérêt

interested: to be interested in s'intéresser à

interesting intéressant(e), 1.1

intermediate moyen(ne)

intermission l'entracte (m.), **1.1**

intern le/la stagiaire, **14.2**

to **intern** faire un stage, **14.2**

internal interne

international international(e), 8.1

Internet Internet, 3.1

internship le stage, **14.2**
interpreter l'interprète (*m. et f.*)
to **intersect** se croiser, **10.1**
intersection le croisement, **7.2**; le carrefour, **11.1**
intimate intime
introduction la présentation, **13.2**
to **introduce** présenter, **13.2**
to **invent** inventer
invitation l'invitation (*f.*)
to **invite** inviter, **4.1**
irritable énervé(e)
to **irritate** irriter
island l'île (*f.*), L4
Italian (*adj.*) italien(ne)
Italian (*language*) l'italien (*m.*), **2.2**
to **itch** piquer, **2.1**
Ivory Coast la Côte d'Ivoire

jacket le blouson, **7.1**
 (sport) jacket la veste, **7.1**
 ski jacket l'anorak (*m.*), **7.1**
jam la confiture, **6.2**
January janvier (*m.*), BV
Japanese japonais(e)
jar le pot, **6.2**
jazz le jazz
jealous jaloux, jalouse
jeans le jean, **7.1**; le blue-jean
jersey le maillot
Jewish juif, juive, **12.2**
job l'emploi (*m.*), **14.2**; le poste, **14.2**
job applicant le/la candidat(e) à un poste, **14.2**
to **jog** faire du jogging
to **joke around** rigoler, **3.2**
joy la joie, le bonheur
judge le/la juge, **14.1**
juice le jus, **5.1**
July juillet (*m.*), BV

June juin (*m.*), BV
junior high student le/la collégien(ne)
just juste, **2.1**
 fitting (him/her) just right juste à sa taille
 just barely tout juste

to **keep** garder
 to keep an eye on surveiller, **7.2**
 to keep in touch rester en contact
key la clé, **7.1**; le demi-cercle (*basketball*), **10.2**; (*button*) la touche, **3.1**
keyboard le clavier, **3.1**
to **keyboard** taper, **3.1**
to **kick** donner un coup de pied, **10.1**
to **kid: You're kidding!** Tu rigoles!, **3.2**
to **kill** tuer
kilo(gram) le kilo(gramme), **6.2**
kilometer le kilomètre
kind la sorte; le genre, **1.1**
king le roi, L3
to **kiss (each other)** s'embrasser, **12.2**, **13.1**
kitchen la cuisine, **4.2**
 kitchen sink l'évier (*m.*), **12.2**
knife le couteau, **5.2**
knight le chevalier
knee le genou, **8.1**
to **knock** frapper, L4, **L2**
to **know** connaître (*be acquainted with*); savoir (*information*), **1.2**

label la griffe
laboratory le laboratoire
lagoon la lagune
lake le lac

lamb l'agneau (*m.*), **6.1**
lame boiteux, boiteuse
land la terre, **11.2**
to **land** atterrir, **8.1**
landing l'atterrissage (*m.*) **4.2**
landing card la carte de débarquement, **8.2**
landscape le paysage, **4.1**
lane la voie, **7.2**
language la langue, **2.2**
lap (*race*) l'étape (*f.*)
large grand(e); ample; gros(se), **14.2**
last dernier, dernière, **10.2**
 last name le nom de famille
 last night hier soir, **10.2**
 last stop le terminus, **10.2**
 last week la semaine dernière, **10.2**
 last year l'année (*f.*) dernière
to **last** durer
late en retard, **9.1**; (*adv.*) tard, **12.1**
 to be late être en retard, **9.1**; avoir du retard (*plane, train, etc.*), **8.1**
 one hour late avoir une heure de retard, **4.2**
later plus tard
 See you later. À tout à l'heure., BV
Latin le latin, **2.2**
 Latin American latino-américain(e)
lavender la lavande
lawyer l'avocat(e), **14.1**
lazy paresseux, paresseuse
to **lead** mener
to **lean against** s'appuyer contre, **10.2**
to **learn (to)** apprendre (à), 5
to **leave** partir, **8.1**
 to leave (a room, etc.) quitter, **3.1**
 to leave (something behind) laisser, **5.2**
left à gauche, **7.2**
leftovers les restes (*m. pl.*)

leg la jambe, **8.1**
  leg of lamb le gigot d'agneau, **6.2**
legend la légende
lemon le citron, **6.1**
lemonade le citron pressé, 5.1
lemon-lime drink la limonade, BV
to **lend** prêter, **5.1**
length la longueur
less moins, 7.1
  less than moins de
lesson la leçon, 11.1
to **let** laisser; permettre
letter la lettre, **5.2**
lettuce la salade, 6.2; la laitue
level le taux; le niveau, 7.1
liaison la liaison
lid le couvercle, 6.2
life la vie
  life vest le gilet de sauvetage, 4.2
to **lift up** soulever
light (*color*) clair(e)
light (*traffic*) le feu, **7.2, 11.1**
to **light** allumer, **12.2**
like comme
to **like** aimer, 3.1
  I'd like that! Ça me dit!
  I would like je voudrais, 5.1
  What would you like? (*café, restaurant*) Vous désirez?, 5.1
limit la limite
line la ligne, **4.1;** (*of people*) la queue, 9.1
  line of cars la file de voitures, **7.2**
  main lines (*trains*) les grandes lignes, **4.1**
  to wait in line faire la queue, 9.1
lip la lèvre, 13.1
liquid le liquide
to **listen (to)** écouter, 3.1
  to listen with a stethoscope ausculter, **2.2**

literature la littérature, 2.2
little: a little un peu, 2.1; un peu de
to **live** vivre, **11;** (*in a city, house, etc.*) habiter, 3.1
liver le foie
living vivant(e)
  living room la salle de séjour, 4.2
to **load** charger
loan l'emprunt (*m.*)
lobby le hall, 8.1, **9.1**
lobster le homard, **6.2**
local local(e)
  local call l'appel urbain
located situé(e)
  to be located se trouver
to **lock** fermer à clé, **9.1**
lonely solitaire
long long(ue), 7.1
  (for) a long time longtemps, 11.1
  (for) too long trop longtemps, 11.1
  Long live . . . ! Vive… !
longer: no longer ne… plus, 6.1
to **look** (*seem*) avoir l'air, **13.2**
to **look at** regarder, 3.1
to **look for** chercher
loose (*clothing*) large, 7.2
loose-leaf binder le classeur, 3.2
to **lose** perdre, 9.2
  to lose patience perdre patience, 9.2
lot:
  a lot of beaucoup de, 3.2
  a lot of people beaucoup de monde, 10.1
to **love** aimer, 3.1; adorer
love l'amour (*m.*), L4
  in love amoureux, amoureuse, **L1**
low bas(se)
lower inférieur(e)
low-income housing l'H.L.M.
luck la chance
  to be in luck avoir de la chance

luggage les bagages (*m. pl.*), 8.1
lunch le déjeuner, 5.2
lung le poumon
luxurious luxueux, luxueuse
luxury (*adj.*) de grand standing
lyrics les paroles (*f. pl.*)

M

ma'am madame, BV
machine la machine, **10.2;** l'appareil (*m.*), **10.2**
magazine le magazine, L2, 9.1; la revue, L2
Maghreb le Maghreb
magnificent magnifique
maid (*hotel*) la femme de chambre, **9.2**
  maid of honneur la demoiselle d'honneur, **12.2**
mail la poste; le courrier, 5.2
  mail carrier le facteur, la factrice, 5.2
to **mail** mettre à la poste, 5.2
mailbox la boîte aux lettres, **5.2**
main principal(e)
majority la majorité
to **make** faire, 6.1; fabriquer
  to make a basket réussir un panier (*basketball*), 10.2
  to make its rounds circuler, **11.1**
  to make up inventer
male le mâle
mall le centre commercial, 7.1
man l'homme (*m.*), 7.1
to **manage** diriger, 14.1
  to manage to arriver à, 9.1
manager le cadre, 14.1
mandatory obligatoire
manner la façon

good manners le savoir-vivre

manufacture la fabrication

many beaucoup de, 3.2

map la carte

  road map la carte routière, **7.2**

  street map le plan, **7.2**

  subway map le plan du métro, **10.1**

to **march** défiler, **12.1**

March mars (m.), BV

market le marché, **6.2**

  flea market le marché aux puces

marriage le mariage, **12.2**

married marié(e)

  to get married se marier, L4, **12.2**

marvelous merveilleux, merveilleuse

masculine masculin(e)

masked masqué(e), **12.1**

mass transit les transports (m. pl.) en commun

math les maths (f. pl.), 2.2

mathematics les mathématiques (f. pl.), 2.2

matter: What's the matter with you? Qu'est-ce que tu as?, 10

May mai (m.), BV

maybe peut-être

mayor le maire, **12.1**

meadow le pré, **11.2**

meal le repas, 5.2

to **mean** signifier

meaning la signification; le sens

means le mode

to **measure** mesurer

measurement la mesure

meat la viande, 6.1, **6.2**

medical médical(e), 2.1

  the medical profession le corps médical

medicine (medical profession) la médecine; (remedy) le médicament, **2.1**

medina la médina

Mediterranean Sea la mer Méditerranée

medium-rare (meat) à point, 5.2

to **meet** rencontrer; retrouver (get together with); faire la connaissance de, **13.2**; connaître, **13.2**; venir chercher (quelqu'un), **4.2**

melody l'air (m.)

melon le melon, 6.2

member le membre

membership card la carte d'adhésion

memory le souvenir; la mémoire

menorah la menorah, **12.2**

to **mention** citer; mentionner

menu la carte, 5.1

merchandise la marchandise

merchant le/la marchand(e), 6.2

  produce merchant le/la marchand(e) de fruits et légumes, 6.2

message le message, **3.1**

messenger le messager, la messagère

metal le métal

meter le mètre

metric system le système métrique

microbe le microbe

microchip la micropuce

microprocessor le microprocesseur

microscope le microscope

microwave oven le four à micro-ondes, **6.1**

middle le milieu

  middle school student le/la collégien(ne)

midnight minuit (m.), BV

  midnight mass la messe de minuit, **12.2**

military militaire

milk le lait, 6.1

mineral le minéral

mineral water l'eau (f.) minérale, 6.2

minus moins

minute la minute, 9.2

miracle le miracle

mirror la glace, 12.1

Miss (Ms.) Mademoiselle (Mlle), BV

to **miss** (train, etc.) rater, 9.2

mistake la faute

mixture le mélange

mobile phone le portable, **3.2**

model le modèle

modem le modem

modern moderne

modest modeste

mogul la bosse, 11.2

mom la maman

moment le moment; l'instant (m.)

Monday lundi (m.), BV

money l'argent (m.), 5.2; le fric (slang), **5.1**

  to have a lot of money avoir plein d'argent (slang), **5.1**

  money order le mandat

  pocket money l'argent (m.) de poche

monitor (computer) le moniteur

monster le monstre

month le mois, BV

monthly mensuel(le)

  monthly payment la traite

monument le monument

more (comparative) plus, 7.1

  more or less plus ou moins

  more and more de plus en plus

  no more ne... plus, 6.1

  more . . . than plus... que, 7

morning le matin, BV; le mat (fam.)

  in the morning le matin

mortgage l'hypothèque (f.)

Morocco le Maroc

Moroccan marocain(e)

Moslem musulman(e)'

mosque la mosquée

most (of) la plupart (des), 9.2

mother la mère, 4.1

  mother tongue la langue maternelle

motorcycle la moto, **7.1**

  lightweight motorcycle le vélomoteur, **7.1**

  motorcycle cop le motard, **7.2**

mountain le mont; la montagne, 11.2

mountaintop le sommet, 11.2

mouse la souris, 3.1

mouth la bouche, 2.1, 13.1

movement le mouvement

movie le film, **1.1**

  detective movie le film policier, **1.1**

  movies le cinéma, **1.1**

  movie theater le cinéma, la salle de cinéma, **1.1**

  movie video le film en vidéo, **1.1**

  science-fiction movie le film de science-fiction, **1.1**

Mr. Monsieur (*m.*), BV

Mrs. (Ms.) Madame (Mme), BV

multicolored multicolore

multinational corporation la multinationale, 14.2

to **multiply** multiplier

municipal municipal(e)

muscle le muscle

muscular musculaire

museum le musée, **1.2**

mushroom le champignon, **6.1**

music la musique, 2.2

musical comedy la comédie musicale, **1.1**

musician le/la musicien(ne)

mussel la moule, **6.2**

must devoir, 10.2

  one must il faut, 8.2

mustard la moutarde, 6.2

myself moi-même

mysterious mystérieux, mystérieuse

mystery (*novel*) le roman policier

myth le mythe

name le nom

  first name le prénom

  last name le nom de famille

  My name is . . . Je m'appelle… , BV

napkin la serviette, 5.2, **13.1**

nationality la nationalité

native of originaire de

natural naturel(le)

  natural sciences les sciences naturelles (*f. pl.*), 2.1

nature la nature

navy blue bleu marine (*inv.*), **7.2**

near près de, 4.2

  very near tout près, 4.2

necessarily nécessairement; forcément

necessary nécessaire

  it is necessary il faut, 8.2; il faut que, **12.2**; il est nécessaire que, 13

need le besoin

to **need** avoir besoin de, 10.1

neighbor le/la voisin(e), 4.2

neighborhood le quartier, 4.2, **11.1**; (*adj.*) du coin

nephew le neveu, 4.1

nervous nerveux, nerveuse

net le filet, 10.2

network le réseau

never ne… jamais, 11.2

new nouveau (nouvel), nouvelle, 4.2

  New England la Nouvelle-Angleterre

New Orleans la Nouvelle-Orléans

New Year's Day le jour de l'An, **12.2**

New Year's Eve dinner le réveillon, **12.2**

news les nouvelles (*f. pl.*), L3

  news article le reportage

  TV news les informations (*f. pl.*); le journal télévisé, **6.1**

newspaper le journal, 9.1

newsstand le kiosque, 9.1

next prochain(e), 9.2

  next to à côté de, **11.1**

nice (*person*) sympa, 1.2; aimable; sympathique; gentil(le), 6.2

niece la nièce, 4.1

night la nuit

  last night hier soir, 10.2

no non; aucun(e), **4.2**

  no longer ne… plus, 6.1

  no more ne… plus, 6.1

  no one ne… personne, 11; personne ne… , 5

  no smoking (section) (la zone) non-fumeurs, 8.1

nobody ne… personne, 11; personne ne… , 5

noise le bruit, L3, **13.1**

noisy bruyant(e), **13.1**

non-smoking (*section*) non-fumeurs, 8.1

nonstop (*flight*) sans escale, **4.2**

noon midi (*m.*), BV

north le nord

North African nord-africain(e), maghrébin(e)

nose le nez, **2.1**

  not any aucun(e), **4.2**

  not at all pas du tout, 3.1

  not bad pas mal, BV

note la note

notebook le cahier, 3.2

notepad le bloc-notes, 3.2

nothing ne… rien, 11; rien ne… , 5

nothing to do with rien à voir avec

to **notice** remarquer

novel le roman, **L1**

novelist le romancier, la romancière, **L1**

November novembre *(m.)*, BV

now maintenant, 2.2

right now en ce moment

nowadays de nos jours; actuellement

number le nombre; le numéro, **5.2**

right number le bon numéro, **3.2**

telephone number le numéro de téléphone

wrong number l'erreur *(f.)*; le mauvais numéro, **3.2**

numbered numéroté(e)

numerous nombreux, nombreuse

nurse l'infirmier, l'infirmière, **8.1**

O

oboe le hautbois

object l'objet *(m.)*

to **oblige** obliger

to **observe** observer

obsession l'idée *(f.)* fixe

to **obtain** obtenir; se procurer

obvious évident(e), **14**

occupied occupé(e)

to **occupy** occuper

ocean l'océan *(m.)*

o'clock: It's . . . o'clock. Il est… heure(s)., BV

October octobre *(m.)*, BV

odd curieux, curieuse

of *(belonging to)* de, 1.2

of course bien sûr

Of course (not)! Mais oui (non)!

to **offer** offrir

office le bureau, **11.1, 14.1**

official officiel(le)

often souvent, 5.2

oil l'huile *(f.)*, 6.1; le pétrole

oil tanker le pétrolier

okay *(health)* Ça va.; *(agreement)* d'accord, BV

Okay! Bon!, 6.1

old vieux (vieil), vieille, 4.2; âgé(e); ancien(ne)

How old are you? Tu as quel âge? *(fam.)*, 4.1

older l'aîné(e), L1

olive oil l'huile *(f.)* d'olive, **6.1**

omelette (with herbs/plain) l'omelette *(f.)* (aux fines herbes/nature), 5.1

on sur, 4.2

on board à bord de, 8.2

on foot à pied, 4.2

on sale en solde, 7.1

on time à l'heure, 8.1

on Tuesdays le mardi, 1.2

one by one un(e) à un(e)

oneself soi

one-way street la rue à sens unique, **11.1**

one-way ticket l'aller simple *(m.)*, 9.1

onion l'oignon *(m.)*, 5.1, **6.1**

only seulement; uniquement; *(adj.)* seul(e)

open ouvert(e), 1.2

to **open** ouvrir, **2.2, 13.2**

opera l'opéra *(m.)*

comic light opera l'opéra bouffe

light opera l'opéra comique

to **operate** opérer

operating room la salle d'opération, **8.2**

operation l'opération *(f.)*; l'intervention *(f.)* chirurgicale

opinion l'avis *(m.)*, 7.2

in my opinion à mon avis, 7.2

opponent l'adversaire *(m. et f.)*

opponents le camp adverse, 10.1

opportunity l'occasion *(f.)*

to **oppose** opposer, 10.1

opposing adverse, 10.1

opposite le contraire

optional facultatif, facultative

or ou, 1.1

or else sinon, 9.2

orange *(fruit)* l'orange *(f.)*, 6.2, **6.1**; *(color)* orange *(inv.)*, 7.2

orange tree l'oranger *(m.)*, L2

orchestra l'orchestre *(m.)*

symphony orchestra l'orchestre symphonique

order: in order to pour

to **order** commander, 5.1

ordinary ordinaire

organ *(of the body)* l'organe *(m.)*; *(musical instrument)* l'orgue *(m.)*

to **organize** organiser

orthopedic surgeon le chirurgien-orthopédiste, **8.2**

other autre

in other words autrement dit

on the other hand par contre; d'autre part

some others d'autres, 2.2

otherwise sinon, 9.2

outing l'excursion *(f.)*

outdoors en plein air; dehors

outgoing sociable, 1.2

outfit l'ensemble *(m.)*

outside *(n.)* l'extérieur *(m.)*; *(adv.)* à l'extérieur, dehors; *(prep.)* au dehors de

to work outside the home travailler à l'extérieur

outskirts la périphérie

oven le four, **6.1**

microwave oven le four à micro-ondes, **6.1**

over *(prep.)* par-dessus, 10.2

over there là-bas, **10.1**

to **overlook** donner sur, 4.2; dominer

overseas (adj.) d'outre-mer

ox le bœuf, **11.2**

oxygen l'oxygène (m.)

    oxygen mask le masque à oxygène, **4.2**

to owe devoir, 10

to own posséder

    owner le/la propriétaire

oyster l'huître (f.), **6.2**

P

to pack (suitcases) faire les valises, **8.1**

    package le paquet, **6.2**; le colis, **5.2**

    packed (stadium) comble, **10.1**; (train) bondé(e), **10.1**

    pain in the neck (slang) casse-pieds

    painful douloureux, douloureuse

to paint peindre

    painter l'artiste peintre (m. et f.), le/la peintre, **1.2**

    house painter le peintre en bâtiment, **14.1**

    painting la peinture, **1.2**; le tableau, **1.2**

    pair la paire, **7.1**

pal le copain, la copine, **2.1**

palace le palais

palm tree le palmier

pancake la crêpe, BV

pants le pantalon, **7.1**

paper le papier, **3.2**

    sheet of paper la feuille de papier, **3.2**

parade le défilé, **12.1**

paragraph le paragraphe

parents les parents (m. pl.), **4.1**

Parisian (adj.) parisien(ne)

park le parc

to park se garer, **7.1**; stationner, **11.1**

    parking lot le parking, **11.1**

    parking meter le parcmètre, **11.1**

parsley le persil, **6.1**

part la partie

    to be part of faire partie de

to participate (in) participer (à)

    party la fête, **4.1**

    to throw a party donner une fête, **4.1**

pass la passe

to pass passer, **10.1**; doubler, **7.2**

    to pass an exam réussir à un examen

passage le passage

passageway le passage

passbook (bank) le livret de caisse d'épargne

passenger le passager, la passagère, **8.1**

passport le passeport, **8.1**

    passport check le contrôle des passeports, **4.2**

past passé(e)

pasta les pâtes (f. pl.), **6.1**

pasture le pâturage

pâté le pâté

patience la patience, **9.2**

    to lose patience perdre patience, **9.2**

patient le/la malade, **2.2**; (adj.) patient(e), **1.1**

patio la terrasse, **4.2**

to pay payer, **3.2**

    to pay attention faire attention

    to pay back rembourser

    to pay cash payer en espèces, **9.2**

    to pay a deposit verser des arrhes, **9.1**

payment le paiement

peace la paix

pear la poire, **6.2**

peas les petits pois (m. pl.), **6.2**

peasant le/la paysan(ne), L1

pedestrian le piéton, la piétonne, **11.1**

to peel éplucher, **6.2**

pen: ballpoint pen le stylo-bille, **3.2**

felt-tip pen le feutre, **3.2**

penalty (soccer) le penalty

pencil le crayon, **3.2**

penicillin la pénicilline, **2.1**

people les gens (m. pl.)

pepper le poivre, **6.1**

percent pour cent

perfect parfait(e)

to perfect perfectionner

perfectly parfaitement

to perform jouer, **1.1**

perhaps peut-être

period l'époque (f.); la période; le point

to permit permettre

person la personne

personal personnel(le)

personality la personnalité

personally personnellement, **1.2**

pharmacist le/la pharmacien(ne), **2.2**

pharmacy la pharmacie, **2.2**

phenomenon le phénomène

phone card la télécarte, **3.2**

photograph la photo

physical physique

physicist le/la physicien(ne)

physics la physique, **2.2**

to pick up ramasser, **8.2**; recueillir; venir chercher (quelqu'un), **4.2**

    to pick up the (telephone) receiver décrocher (le téléphone), **3.2**

pickup truck le pick-up

picnic le pique-nique

picturesque pittoresque

pie la tarte, **6.1**

piece le morceau, **6.2**

pig le cochon, **11.2**

pill le comprimé, **2.2**

pillow l'oreiller (m.), **4.2**

pilot le/la pilote, **8.2**

pink rose, **7.1**

pizza la pizza, BV

place l'endroit (m.); la place, le lieu

to take place avoir lieu, **12.1**
to **place** mettre, 7.1
plain la plaine
plan le projet
plane l'avion (m.), 8.1, **L3**
 by plane en avion
plant la plante
plastic le plastique
plate l'assiette (f.), 5.2
platform (railroad) le quai, 9.1, **10.1**
to **play** jouer, 3.2
 to play (a sport) jouer à, 10.1, jouer de (instrument), **12.1**
play la pièce (de théâtre), **1.1**
 to put on a play monter une pièce, **1.1**
player le joueur, la joueuse, 10.1
playwright l'auteur (m.) dramatique
pleasant agréable
please s'il vous plaît (form.), s'il te plaît (fam.), BV
pleasure le plaisir
pleated plissé(e), 7.1
plot l'argument (m.)
plumber le plombier, 14.1
plus plus
p.m. de l'après-midi; du soir, BV
pocket money l'argent (m.) de poche
poem le poème
poet (m. and f.) le poète
police la police
 police officer l'agent (m.) de police, **11.1**
polite poli(e), **13.1**
politely poliment
politeness la politesse, BV
political politique
polluted pollué(e)
pollution la pollution
polo shirt le polo, 7.1
pool la piscine, 11.1
poor pauvre, L1, **2.1**
pop (music) pop

popular populaire, 1.2
pork le porc, 6.1, **6.2**
 la côtelette de porc pork chop, **6.2**
port le port
Portuguese portugais(e)
position la position
to **possess** posséder
possession la possession
possibility la possibilité
possible possible
postal postal(e)
 postal employee l'employé(e) des postes, **5.2**
postcard la carte postale, 9.1, **5.2**
poster l'affiche (f.)
post office la poste, 5.2; le bureau de poste, **5.2**
pot la casserole, **6.2**
potato la pomme de terre, 6.2, **6.1**
pound la livre, 6.2
practical pratique
to **practice** pratiquer; travailler
to **prefer** préférer, 6
prehistoric préhistorique
to **prepare** préparer
to **prescribe** prescrire, 2.2
 prescription l'ordonnance (f.), **2.2**
 to write a prescription faire une ordonnance, **2.2**
present le cadeau, 4.1
to **present** présenter
to **press** appuyer sur, **3.1**
pressure la pression, 7.1
prestigious prestigieux, prestigieuse
pretty joli(e), 4.2
price le prix, 7.1
priest l'abbé (m.)
principal principal(e)
to **print** imprimer
printer l'imprimante (f.), **3.1**
prison la prison, L4

prisoner le prisonnier, la prisonnière, L4
private individuel(le); privé(e)
problem le problème; la difficulté
product le produit
profession la profession
professional professionnel(le)
program le programme; (TV) l'émission (f.), 12.2; (computer) le logiciel
programming la programmation
progress le progrès
promise la promesse
promotion l'avancement (m.)
to **pronounce** prononcer
property la propriété
protein la protéine
proud fier, fière
public public, publique
to **publish** publier
pulse le pouls, 8.2
to **punish** punir
purchase achat (m.)
to **push** pousser, **10.2**; (button, etc.) appuyer sur, **3.1**
 to push and shove bousculer, **13.1**
to **put (on)** mettre, 7.1
 to put on makeup se maquiller, 12.1
 to put on a play monter une pièce, **1.1**

Q

quality la qualité
to **quarrel** se fâcher
Quebec: from or of Quebec québécois
queen la reine
question la question, 3.1
 to ask a question poser une question, 3.1
quick rapide
quickly rapidement

quite assez, 1.1
quiz l'interro(gation) *(f.)*

R

rabbit le lapin, **11.2**
race *(human population)* la race; *(competition)* la course, 10.2
  bicycle race la course cycliste, 10.2
radio la radio, 3.2
railroad le chemin de fer
rain la pluie
to **rain: It's raining.** Il pleut., 11.1
to **raise** lever
  to raise one's hand lever la main, 3.1
raisin le raisin sec
rap *(music)* le rap
rapidly rapidement
rare *(meat)* saignant(e), 5.2; rare
rather plutôt
razor le rasoir, 12.1
to **read** lire, 9.2
reading la lecture
ready prêt(e)
real vrai(e), 2.2; véritable
reality la réalité
really vraiment, 1.1
rear l'arrière *(m.)*, 8.2, **10.2**
  rear guard l'arrière-garde *(f.)*
reason la raison
to **reassure** rassurer
to **receive** recevoir, 10.2
recently récemment
recess la récré(ation), 3.2
recipe la recette, **6.1**
to **recognize** reconnaître
to **recommend** recommander
record le disque
recycling le recyclage
red rouge, 7.1
referee l'arbitre *(m.)*, 10.1
refrigerator le frigidaire, 12.2; le réfrigérateur, 12.2, **6.1**; le frigo *(slang)*, **6.1**

region la région
registration card la fiche, **9.1**
  police registration card la fiche de police, **9.1**
regular régulier, régulière
to **reimburse** rembourser
religious religieux, religieuse, **12.2**
to **remain** rester, 11.1
remains les vestiges *(m. pl.)*
to **remember** se rappeler
remote éloigné(e)
  remote control la télécommande, 12.2
to **renovate** rénover
renowned renommé(e)
to **rent** louer, **1.1**
to **repair** réparer
to **replace** remplacer
reporter le/la journaliste, **14.1**
to **represent** représenter
research la recherche
to **resemble** ressembler à
to **reserve** réserver, **9.1**
respective respectif, respective
respiratory respiratoire
responsible responsable
restaurant le restaurant, 5.2; le resto *(inform.)*
result le résultat
  as a result par conséquent
résumé le curriculum vitae (C.V.), **14.2**
return le retour
to **return** rentrer, 3.2; *(volleyball)* renvoyer, 10.2
reunited réuni(e)
revolution la révolution
revolutionary révolutionnaire
rhyme la rime
rhythm le rythme
rice le riz
rich riche
ridiculous ridicule
right le droit; *(adv.)* à droite, **11.1**
  right away tout de suite

right there juste là
to **ring** *(telephone)* sonner, **3.2**
ringing la sonnerie
to **rinse** rincer
river le fleuve; la rivière, **L2**
Riviera *(French)* la Côte d'Azur
road la route, 7.2; le chemin
  road map la carte (routière), 7.2
  road sign le panneau, 7.2
roast beef le rôti de bœuf, **6.2**
rock le rocher, L3; *(music)* le rock
role le rôle
roll of toilet paper le rouleau de papier hygiénique, 9.2
Roman romain(e)
romantic romantique
roof le toit
  thatched roof le toit de chaume
room *(in house)* la pièce, 4.2; la salle; *(in hotel)* la chambre, **9.1**
  dining room la salle à manger, 4.2
  living room la salle de séjour, 4.2
rooster le coq
rosemary le romarin
round rond(e)
  round (piece) la rondelle, 6.2
  round-trip ticket le billet aller-retour, 9.1
route le chemin
routine la routine, 12.1
row le rang, 12.1
royal royal(e)
ruin la ruine
to **ruin** ruiner
rule la règle
  rules of the road le code de la route, **11.1**
ruler la règle, 3.2
to **run a red light** brûler un feu rouge, 7.2
runner le coureur, 10.2

running shoe la basket, 7.1
runway la piste, 8.1
rural rural(e)
rush hour les heures (f.) de pointe, **10.1**
Russian (language) le russe

S

sad triste, L1, **13.2**
sailor le marin, L4
salad la salade, 5.1
salami le saucisson, 6.1
salary le salaire, **14.2**
sale: on sale en solde, 7.1; en promotion
salesperson le vendeur, la vendeuse, 7.1
salmon le saumon, **6.2**
salt le sel, 6.1
same même, 2.1
   all the same tout de même, 5.2
   It's all the same to me. Ça m'est égal., **1.1**
   the same goes for me moi de même, **13.2**
sand le sable
sandals les sandales (f. pl.), 7.1
sandwich le sandwich, BV
Santa Claus le Père Noël, **12.2**
sardine la sardine
to **satisfy** satisfaire
Saturday samedi (m.), BV
sauce la sauce, **6.2**
sauerkraut la choucroute, **6.1**
sausage la saucisse, **6.1**
to **save** sauver; sauvegarder, **3.1**; (money) faire des économies, **5.1**; économiser; mettre de côté, **5.1**
saxophone le saxophone
to **say** dire, 9.2
scale la balance, **5.2**
scarf l'écharpe (f.), 11.2
scene la scène, **1.1**

schedule l'emploi (m.) du temps; l'horaire (m.), 9.1
school l'école (f.), 1.2; (adj.) scolaire, 3.2
   elementary school l'école primaire
   junior high/high school l'école secondaire, 1.2
   high school le lycée, 2.1
   school supplies la fourniture scolaire, 3.2
schooling la scolarité
science les sciences (f. pl.), 2.1
   natural sciences les sciences naturelles, 2.1
   social sciences les sciences sociales, 2.1
scientific scientifique
scientist le savant
to **score a goal** marquer un but, 10.1
to **scratch** gratter, **2.1**
screen l'écran (m.), 8.1, **3.1**
sculptor le sculpteur (m. et f.), **1.2**
sculpture la sculpture, **1.2**
sea la mer, 11.1
   by the sea au bord de la mer, 11.1
seafood les fruits de mer, **6.2**
seashore le bord de la mer, 11.1
seaside resort la station balnéaire, 11.1
season la saison
seat le siège, 8.2; la place (plane, train, movie, etc.), 8.1
   seat back le dossier du siège, **4.2**
   seat belt la ceinture de sécurité, 8.2, **7.1**
seated assis(e), 9.2
second (adj.) deuxième, 4.2; second(e)
   in second class en seconde, 9.1
secret (adj.) secret, secrète; (noun) le secret
secretary le/la secrétaire, **14.1**, L3

security (airport) le contrôle de sécurité, 8.1
to **see** voir, 7.1
   See you later. À tout à l'heure., BV
   See you soon! À bientôt!, BV
   See you tomorrow. À demain., BV
seldom très peu
self-employed: to be self-employed être à son compte, **14.2**
to **sell** vendre, 9.1
to **send** envoyer, 10.1, **3.1**; emmener, L4
   sender l'expéditeur, l'expéditrice
   separate séparer
September septembre (m.), BV
serious sérieux, sérieuse, 7; grave, **3.2**
to **serve** servir, 8.2; 10.2; (go to) desservir, **4.1**
   service le service, 5.2
   serving dish le plat, **6.1**
to **set** régler, **L1**
   to set a bone remettre un os en place, 8.2
   to set the table mettre la table, 7; mettre le couvert
to **settle** s'installer
several plusieurs
to **shake hands** se serrer la main, 13.1
   Shall we go? On y va?
shampoo le shampooing, 12.1
shape la forme
to **share** partager, 13.1
to **shave** se raser, 12.1
   shaver le rasoir, 12.1
shed le hangar, **11.2**
sheep le mouton, **11.2**
sheet le drap, 9.2
   sheet of paper la feuille de papier, 3.2
shepherd le berger
to **shine** briller
shirt la chemise, 7.1

shoe la chaussure, 7.1; le soulier, **12.2**

to **shoot** *(ball)* lancer, 10.2

shop la boutique, 7.1

to **shop** faire des achats

shopkeeper le/la commerçant(e), **14.1**

shopping le shopping, 7.2

to do the grocery shopping faire les courses, 6.1

to go shopping faire des courses, 7.2

shopping cart le chariot, 6.2

shopping center le centre commercial, 7.1

short petit(e), 1.1; court(e), 7.1

in a short time en très peu de temps

short story la nouvelle

shorts le short, 7.1

to **shout** crier, L4

show *(TV)* l'émission *(f.)*, 12.2

show(ing) *(movies)* la séance, **1.1**

to **show** montrer; *(movie)* jouer

shower la douche, 12.1

to take a shower prendre une douche, 12.1

shrimp la crevette, 6.1

shy timide, 1.2

sick malade, **2.1**, L1

to get sick tomber malade, L1

sick person le/la malade, **2.2**

side le côté, **4.1**; *(in a sporting event)* le camp, 10.1

sidewalk le trottoir, **11.1**

sidewalk café la terrasse (d'un café), 5.1

sign le signal; la marque, **L4**

to **sign** signer

signal le signal

similar semblable, L1

simply simplement

since *(time)* depuis, 9.2, **10.2**

to **sing** chanter, **1.2**

singer le chanteur, la chanteuse, **1.1**

single unique; seul(e)

sink *(kitchen)* l'évier *(m.)*, 12.2; *(bathroom)* le lavabo

sinus infection la sinusite, **2.2**

sir monsieur, BV

sister la sœur, 1.2

to **sit: Where would you like to sit?** Qu'est-ce que vous voulez comme place?, 8.1

site le site

size *(clothes)* la taille; *(shoes)* la pointure, 7.2

the next larger size la taille au-dessus, 7.2

the next smaller size la taille au-dessous, 7.2

to wear size (number) faire du (nombre), 7.2

What size do you wear? Vous faites quelle taille (pointure)?, 7.2

skate le patin, 11.2

to **skate** *(ice)* faire du patin (à glace), 11.1

to go skating faire du patin, 11.1

skating rink la patinoire, 11.2

skeleton le squelette

ski le ski, 11.2

ski boot la chaussure de ski, 11.2

ski cap le bonnet, 11.2

ski jacket l'anorak *(m.)*, 7.1

ski pole le bâton, 11.2

ski resort la station de sports d'hiver, 11.2

ski trail la piste, 11.2

to **ski** faire du ski, 11.2

skier le skieur, la skieuse, 11.2

skiing le ski, 11.2

cross-country skiing le ski de fond, 11.2

downhill skiing le ski alpin, 11.2

skirt la jupe, 7.1

skull la boîte crânienne

sky le ciel, 11.1

to **sleep** dormir, 8.2

sleeping car le wagon-couchette

sleeve la manche, 7.1

long-(short-)sleeved à manches longues (courtes), 7.1

slice la tranche, 6.2

slice of bread with butter or jam la tartine

to **slip** glisser, 8.1

slope la pente

slot le fente, 3.2

to **slow down** ralentir, **7.1**

small petit(e), 1.1

smoke la fumée

to **smoke** fumer, 4.2

snack la collation, 4.2

snack bar *(train)* le snack-bar, 9.2

sneaker la basket, 7.1

to **sneeze** éternuer, 2.1

snow la neige, 11.2

to **snow: It's snowing.** Il neige., 11.2

snowman le bonhomme de neige

so alors, BV; donc; si *(adv.)*

soap le savon, 12.1, **9.2**

soccer le foot(ball), 10.1

soccer field le terrain de football, 10.1

sociable sociable, 1.2

social social(e)

social blunder le faux pas

social sciences les sciences sociales *(f. pl.)*, 2.1

social worker l'assistant(e) social(e), **14.1**

sock la chaussette, 7.1

software le software, 3.1; le logiciel, **3.1**

soldier le soldat, L3, **12.1**

sole le sole, 6.2

solely uniquement

solid solide

solution la solution

some quelques, 9.2; certains

some other d'autres, 2.2

somebody quelqu'un, 10.1

someone quelqu'un, 10.1

someone else quelqu'un d'autre, **L3**

something quelque chose, 11

something else autre chose

something special quelque chose de spécial

sometimes quelquefois, 5.2

somewhere quelque part

son le fils, 4.1

song la chanson

soon bientôt

See you soon. À bientôt., BV

sore throat: to have a sore throat avoir mal à la gorge, 2.1

sorry désolé(e), 3.2, 13.2

to be sorry regretter, 6.1, **13.2**

I'm sorry. Désolé(e)., **3.2**

so-so comme ci, comme ça

sound le son, L3

soup la soupe, 5.1

source la source

south le sud

south-east le sud-est

South America l'Amérique (f.) du Sud

space l'espace (m.)

open spaces les grands espaces

spaghetti les spaghettis (m. pl.)

Spanish espagnol(e)

Spanish (language) l'espagnol (m.), 2.2

spare tire la roue de secours, **7.1**

to **sparkle** scintiller

to **speak** parler, 3.1

to speak to s'adresser à

special spécial(e)

specialty la spécialité

specific précis(e)

spectator le spectateur, la spectatrice, 10.1

speech le discours

speed la vitesse, **4.1**

speed limit la limitation de vitesse, **7.2**

to **spell** épeler

to **spend** (time) passer, 3.1; (money) dépenser, **5.1**

spice l'épice (f.)

spicy épicé(e)

to **spill** déverser

spinach les épinards (m. pl.), 6.2

spinal cord la moelle épinière

spirit l'esprit (m.)

splendid splendide, **4.1**

to **spoil** gâter

spoon la cuillère, 5.2

sport le sport, 10.2

sports car la voiture de sport, **7.1**

team sport le sport collectif; le sport d'équipe, 10.2

to **sprain one's ankle** se fouler la cheville, **8.1**

spring (season) le printemps, 11.1; (water) la source

square la place

stable l'étable (f.), **11.2**

stadium le stade, 10.1

stage (of a race) l'étape (f.)

staircase l'escalier (m.), 4.2

stall (market) l'étal (m.)

stamp le timbre 5.2

stamp machine le distributeur automatique (de timbres), **5.2**

to **stamp (a ticket)** composter, 9.1

stand l'étal (m.)

standing debout, 9.2

to **stare at** regarder fixement

to **start** commencer, 9.2

to start the car mettre le contact, **7.1**

state l'état (m.)

state of the art haut de gamme

statement (bank) le relevé

station la station, 4.2, **10.1**

gas station la station-service, **7.1**

station wagon le break, **7.1**

subway station la station de métro, 4.2

stationery store la papeterie, 3.2

statue la statue, **1.2**

stay le séjour, **9.1**

to **stay** rester, 11.1

steak and French fries le steak frites, 5.2

step le pas, **L2**

to take a step faire un pas, **L2**

to **step in** intervenir

stepfather le beau-père, 4.1

stepmother la belle-mère, 4.1

still toujours, 10.2; encore, 11

to **stir** remuer, 6.2

stitch le point de suture, **8.2**

stomach le ventre, **2.1**

stone la pierre

stop l'arrêt (m.), 9.2, **10.2**

bus stop l'arrêt d'autobus, 10.2

to **stop** s'arrêter, 10.1; cesser; (plane) faire escale, **4.2**

stopover l'escale (f.), **4.2**

store le magasin, 3.2, **14.1**

department store le grand magasin, 7.1

to **store** stocker; emmagasiner; entreposer, **11.2**; mettre en réserve

story l'histoire (f.)

short story la nouvelle

stove la cuisinière, **6.1**

straight ahead tout droit, **7.2**

strategy la stratégie

strawberry la fraise, 6.2

streamer le serpentin, **12.1**

street la rue, 3.1, **5.2**, **11.1**
  one-way street la rue à sens unique, **11.1**
  street map le plan, **7.2**
strength la force
stretcher le brancard, **8.1**
to **stretch out** allonger
strict strict(e), 2.1
strong fort(e), 2.2
student l'élève *(m. et f.)*, 1.2; l'étudiant(e) *(university)*
studio (artist's) l'atelier *(m.)*
studio (apartment) le studio
study l'étude *(f.)*
to **study** étudier, 3.1; faire des études
  to study French (math, etc.) faire du français (des maths, etc.), 6
stuffing la farce
stupid stupide
  stupid thing la bêtise
style le look
  in style à la mode
subject le sujet; *(in school)* la matière, 2.2
  on the subject of à propos de
subtitles les sous-titres *(m. pl.)*, **1.1**
to **subtract** soustraire
suburbs la banlieue, **4.1**, **11.1**
subway le métro, 4.2, **10.1**
  subway map le plan du métro, **10.1**
  subway station la station de métro, 4.2, **10.1**
to **succeed in (doing)** arriver à (+ *inf.*), 9.1
success le succès
suddenly soudain
to **suffer** souffrir, **2.2**
sugar le sucre
to **suggest** proposer; suggérer
suit *(men's)* le complet; *(women's)* le tailleur, 7.1

suitcase la valise, 8.1
sum la somme
summer l'été *(m.)*
  in summer en été, 11.1
summit le sommet, 11.2
sun le soleil, 11.1
to **sunbathe** prendre un bain de soleil, 11.1
sunburn le coup de soleil, 11.1
Sunday dimanche *(m.)*, BV
sunglasses les lunettes *(f. pl.)* de soleil, 11.1
sunny: It's sunny. Il fait du soleil., 11.1
suntan lotion la crème solaire, 11.1
super super
superbe superbe
supermarket le supermarché, 6.2
supply la fourniture
  school supplies les fournitures scolaires, 3.2
sure sûr(e)
surfer le surfeur, la surfeuse, 11.1
surfing le surf, 11.1
  to go surfing faire du surf, 11.1
to **surf the Net** naviguer sur Internet
surgeon le chirurgien, 8.2
  orthopedic surgeon le chirurgien-orthopédiste, 8.2
surprise la surprise
to **surprise** étonner
surprised étonné(e), **13.2**
survey le sondage, l'enquête *(f.)*
survival la survie
to **swallow** avaler, **2.2**
sweater le pull, 7.1
sweatshirt le sweat-shirt, 7.1
sweet potato la patate douce
to **swim** nager, 11.1
  swimmer le nageur, la nageuse

swimming la natation, 11.1
sword l'épée *(f.)*, L3
symphony la symphonie
symptom le symptôme
syrup le sirop, **2.1**
system le système

T

table la table, 5.1
  table setting le couvert, 5.2
tablecloth la nappe, 5.2
to **tailgate** suivre une voiture de trop près, **11.1**
to **take** prendre, 5.2; *(someone somewhere)* emmener, **8.1**
  to take care of s'occuper de; soigner, **8.1**, L4; prendre soin de, **L4**
  to take down descendre, 9
  to take an exam passer un examen, 3.1
  to take the. . . line *(subway)* prendre la direction… , **10.1**
  to take off *(airplane)* décoller, 8.1
  to take out retirer, **3.1**
  to take place avoir lieu, **12.1**
  to take possession of prendre possession de
  to take size (number) faire du (nombre), 7.2
  to take the subway prendre le métro, 5.2
  to take a trip faire un voyage, 8.1
  to take up occuper
  to take (something) upstairs monter, **9.1**
  to take a walk faire une promenade, 11.1
  What size do you take? Vous faites quelle taille (pointure)?, 7.2
taken occupé(e)

takeoff (plane) le décollage, **4.2**

talent le talent

to **talk** parler, 3.1

  to talk on the phone parler au téléphone, 3.2, **L3**

tall grand(e), 1.1

to **tan** bronzer, 11.1

tape la cassette, 7.1

to **tape** enregistrer

tart la tarte, 6.1

  apple tart la tarte aux pommes, 6.1

taste le goût

tea le thé

to **teach (someone to do something)** apprendre (à quelqu'un à faire quelque chose)

teacher le/la prof (inform.), 2.1; le professeur, 2.1

  elementary school teacher le maître, la maîtresse

team l'équipe (f.), 10.1

teammate le coéquipier, la coéquipière, 10.1

tear la larme, **L2**

techno (music) la techno

technology la technologie

teenager l'adolescent(e)

telephone le téléphone, 3.2, **3.1**; (adj.) téléphonique, **3.2**

  telephone booth la cabine téléphonique, **3.2**

  telephone call l'appel (téléphonique), **3.2**; le coup de téléphone

  telephone card la télécarte, **3.2**

  telephone directory l'annuaire (m.), **3.2**

  telephone number le numéro de téléphone

  touch-tone telephone le téléphone à touches, **3.2**

to **tell** dire, 9.2

  to tell (about) raconter

temperate tempéré

temperature la température

temple la tempe

temporary temporaire

tendon le tendon

term le terme

terrace la terrasse, 4.2

terrible terrible

terrific super; terrible

test l'examen (m.), 3.1

  to take a test passer un examen, 3.1

  to pass a test réussir à un examen

text le texte, **3.1**

Thai thaïlandais(e)

thank you merci, BV

thanks merci, BV

  thanks to grâce à

that ça; ce (cet), cette; cela

  that is (to say) c'est-à-dire

  that one celui-là, celle-là, **11.2**

  That's all. C'est tout., 6.1

  That's it., That's right. C'est ça.

thatched roof le toit de chaume

theater le théâtre, **1.1**

theme le thème

then alors, BV; ensuite, 12.1

there là, 3.2

  over there là-bas, **10.1**

  there are il y a, 4.1

  there is il y a, 4.1

therefore donc

thing la chose

to **think** penser; croire, 7.2; (opinion) trouver, 7.2; réfléchir

thousand mille, 3.2

throat la gorge, **2.1**

  throat infection l'angine (f.), **2.1**

through par

to **throw** lancer, 10.2, **12.1**

  to throw a party donner une fête, 4.1

thumb le pouce, **13.1**

Thursday jeudi (m.), BV

thyme le thym, **6.1**

ticket le billet, 8.1

  bus or subway ticket le ticket, **10.1**

  one-way ticket l'aller (simple), 9.1

  round-trip ticket le billet aller (et) retour, 9.1

  ticket machine le distributeur automatique, **10.1**

  ticket window le guichet, 9.1, **10.1**

  traffic ticket la contravention, **7.2**

to **tie** (score) égaliser

tie la cravate, 7.1

tight serré(e), **7.2**

time (of day) l'heure (f.), BV; (in a series) la fois, 10.2; le temps

  (for) a long time longtemps, 11.1

  at the same time à la fois

  at what time? à quelle heure?, 2

  in a short time en très peu de temps

  it's time that il est temps que, **13**

  on time à l'heure, 8.1

  time difference le décalage horaire

  times l'époque (f.)

  What time is it? Il est quelle heure?, BV

timetable l'horaire (m.)

tip le bout; (restaurant) le pourboire, 5.2

  to leave a tip laisser un pourboire, 5.2

  The tip is included. Le service est compris., 5.2

tire le pneu, **7.1**

  flat tire le pneu à plat, **7.1**

  spare tire la roue de secours, **7.1**

tired fatigué(e)

tissue le kleenex, **2.1**

to à, 3.1; à destination de (plane, train, etc.), 8.1; (in order to) pour

  (up) to jusqu'à

toast le pain grillé

to **toast** porter un toast à

tobacco shop le bureau de tabac

today aujourd'hui, BV; de nos jours

toe le doigt de pied, **8.1**

together ensemble, **5.1**

to get together with retrouver

toilet paper le papier hygiénique, **9.2**

toll le péage, **7.2**

toll call l'appel interurbain

tomato la tomate, 6.2

tomorrow demain, BV

See you tomorrow. À demain., BV

tonight ce soir

tonsillitis l'angine (f.), **2.1**

too (also) aussi, 1.1; (excessive) trop, 2.1

tool l'outil (m.)

tooth la dent

toothbrush la brosse à dents, 12.1

toothpaste le dentifrice, 12.1

totally complètement; totalement

to **touch** toucher, 10.2

to be in touch with être en contact avec

touch-tone telephone le téléphone à touches, **3.2**

tourist le/la touriste

tourist office le bureau de (du) tourisme; le syndicat d'initiative

toward vers

towel la serviette, 11.1, **9.2**

tower la tour, **11.1**

town la ville, 8.1, **5.2, 11.1**; le village

in town en ville, **11.1**

small town le village

town hall la mairie, **12.2, 14.1**

toxic toxique

toy le jouet

track la piste, 10.2; (railroad) la voie, 9.1

track and field l'athlétisme (m.), 10.2

trade le métier, **14.1;** le commerce

tradition la tradition

traditional traditionnel(le)

traffic la circulation

traffic circle le rond-point, **7.2, 11.1**

traffic jam le bouchon, 7.2

traffic light le feu, **7.2, 11.1**

traffic ticket la contravention, **7.2**

tragedy la tragédie

tragic tragique

train le train, 9.1

train station la gare, 9.1

train station restaurant le buffet, 9.1

traitor le traître, la traîtresse

to **transform** transformer

to **transmit** transmettre, **3.1**

to **transport** transporter

transportation le transport

traveler le voyageur, la voyageuse, 9.1

tray le plateau, 8.2

treasure le trésor, L4

to **treat** traiter

treatment le traitement

tree l'arbre (m.), L3

trigonometry la trigonométrie, 2.2

trip le voyage, 8.1; le trajet, **10.2**

to take a trip faire un voyage, 8.1

trombone le trombone, **12.1**

tropical tropical(e)

trouble: to be in trouble être en difficulté

truck le camion, 7.1

small truck la camionnette

true vrai(e), 2.2

trumpet la trompette, **12.1**

truth la vérité

to **try on** essayer, 7.2

T-shirt le t-shirt, 7.1

Tuesday mardi (m.), BV

tuna le thon

tunic la tunique

Tunisian tunisien(ne)

tunnel le tunnel

turkey le dindon; la dinde

turn signal le clignotant, **7.2**

to **turn** tourner, 7.2

to turn around faire demi-tour, **11.1**

to turn off (appliance) éteindre, 12.2, **3.1**

to turn on (appliance) mettre, 7; allumer, 12.2, **3.1**

turnstile le tourniquet, **10.1**

TV la télé, 12.2

on TV à la télé, 12.2

twin le jumeau, la jumelle, L1

to **twist** (one's knee, etc.) se tordre, **8.1**

type le type, la sorte, le genre, **1.1**

to **type** taper

typical typique

typically typiquement

U

uncle l'oncle (m.), 4.1

under sous, 8.2

underground souterrain(e)

to **understand** comprendre, 5

to **unearth** déterrer

unemployed au chômage, **14.2**

unemployed person le chômeur, la chômeuse, **14.2**

unemployment le chômage, **14.2**

unfortunately malheureusement

unhappy malheureux, malheureuse

unit l'unité (f.)
United States les États-Unis (m. pl.)
university l'université (f.)
unknown inconnu(e)
to **unpack** défaire, **9.1**
until jusqu'à
up there là-haut
upset stomach le trouble digestif
use l'emploi (m.)
to **use** utiliser, **3.1;** se servir de, **3.2, L4**
useful utile
usually d'habitude, 12.2

V

to **vacate** libérer, **9.2**
vacation les vacances (f. pl.)
on vacation en vacances
summer vacation les grandes vacances
valid valable
to **validate** valider, **10.1**
valley la vallée; le val
value la valeur
vanilla (adj.) à la vanille, 5.1
varied varié(e)
variety la variété
various divers(e)
VCR le magnétoscope, 12.2
to **vary** varier
veal le veau, **6.2**
veal cutlet l'escalope (f.) de veau, **6.2**
vegetable le légume, 6.2, **6.1**
veil le voile
vein la veine
vengence la vengeance
to **verify** vérifier, 8.1
very très, BV; tout
very near tout près, 4.2
very well très bien, BV
victorious victorieux, victorieuse
victory la victoire

video la vidéo, 3.1
movie video le film en vidéo, **1.1**
videocassette la cassette vidéo, 12.2
Vietnamese vietnamien(ne), 6
view la vue
village le village
vinegar le vinaigre, 6.1
vineyard le vignoble, **11.2**
violin le violon
viral viral(e)
virus le virus
visit la visite
to **visit** (a place) visiter, **1.2;** (a person) rendre visite à
vitamin la vitamine
voice la voix
volleyball le volley(-ball), 10.2
volunteer le/la bénévole; le/la volontaire
voyage le voyage

W

to **wait (for)** attendre, 9.1
to wait in line faire la queue, 9.1
waiter le serveur, 5.1
waiting room la salle d'attente, 9.1
waitress la serveuse, 5.1
walk la promenade, 11.1
to take a walk faire une promenade, 11.1
to **walk** marcher, **8.1**
walkway le passage piéton
wall le mur, L4
to **want** désirer, vouloir, avoir envie de
war la guerre, L3
war zone la zone de conflit
warm chaud(e)
warmup suit le survêtement, 7.1

warrior le guerrier, L3
to **wash** se laver, 12.1; faire sa toilette
to wash one's hair (face, etc.) se laver les cheveux (la figure, etc.), 12.1
washcloth le gant de toilette, 12.1, **9.2**
waste le déchet
watch la montre, **L1**
to **watch** surveiller, 7.2
Watch out! Attention!, 4.2
water l'eau (f.), 6.2
to **water-ski** faire du ski nautique, 11.1
way la façon
weak faible, L1
weapon l'arme (f.)
to **wear** porter, 7.1
weather le temps, 11.1
Web site le site
wedding le mariage, **12.2**
wedding ring l'alliance (f.), **12.2**
Wednesday mercredi (m.), BV
week la semaine, 3.2
a week huit jours
a (per) week par semaine, 3.2
last week la semaine dernière, 10.2
next week la semaine prochaine
two weeks quinze jours
weekend le week-end
to **weigh** peser, **5.2**
weight le poids
welcome le/la bienvenu(e)
Welcome! Bienvenue!
You're welcome. Je t'en prie. (fam.), BV; Je vous en prie. (form.), BV
well bien, BV; eh bien; ben (slang)
well then alors, BV
well-behaved bien élevé(e), **13.1;** sage, **12.2**

well-done *(meat)* bien cuit(e), 5.2

well-known connu(e), **1.1**

well-mannered bien élevé(e), **13.1**

well-to-do aisé(e)

west l'ouest *(m.)*

western occidental(e)

western *(movie)* le western

wheat le blé, **11.2**

wheelchair le fauteuil roulant, **8.1**

when quand, 4.1

where où, 1.1

  from where d'où, 1.1

which quel(le), 6

to **whistle** siffler, 10.1, **L1**

white blanc, blanche, 7.2

who qui, 1.1

whole *(adj.)* entier, entière; *(n.)* l'ensemble *(m.)*

whole-wheat bread le pain complet

whom qui, 10

why pourquoi, 6.2

  why not? pourquoi pas?

wide large, 7.2

wife la femme, 4.1

to **win** gagner, 10.1; sortir victorieux (victorieuse)

wind le vent, 11.1

window *(seat)* *(une place)* côté fenêtre, 8.1

window *(store)* la vitrine, 7.1

windshield le pare-brise, **7.1**

windsurfing la planche à voile, 11.1

  to go windsurfing faire de la planche à voile, 11.1

windy: It's windy. Il y a du vent., 11.1

wine le vin

winner le/la gagnant(e), 10.2

  winner's cup la coupe, 10.2

winter l'hiver *(m.)*, 11.2

to **wipe** essuyer, **L2**

wise sage

wish le désir

to **wish** souhaiter, **9.1, 12.2**

with avec, 3.2; auprès de; muni(e) de

to **withdraw** retirer, **5.1**

without sans; sans que

woman la femme, 7.1

wood le bois

word le mot

  words *(of song, etc.)* les paroles *(f. pl.)*

work le travail; *(of art or literature)* l'œuvre *(f.)*, **1.1**; l'ouvrage *(m.)*

to **work** travailler, 3.1, **14.2**

  to work full-time (part-time) travailler à plein temps (à mi-temps), **14.2**

worker l'ouvrier, l'ouvrière, **11.1**

workplace le lieu de travail, **14.1**

world le monde

worry l'inquiétude *(f.)*

to **worry** s'en faire, **8.1**

wound la blessure, **8.1**

wounded blessé(e)

wrist le poignet, **13.1**

to **write** écrire, 9.2; rédiger

  to write a prescription faire une ordonnance, **2.2**

writer l'écrivain *(m.)*, L2, **14.1**

wrong mauvais(e), 2.2

What's wrong? Qu'est-ce qui ne va pas?

What's wrong with him? Qu'est-ce qu'il a?, **2.1**

wrong number l'erreur *(f.)*; le mauvais numéro, **3.2**

x-ray la radio(graphie), **8.2**

year l'an *(m.)*, 4.1; l'année *(f.)*

yellow jaune, 7.2

yes oui, BV; si *(after neg. question)*, 7.2

yesterday hier, 10.1

  the day before yesterday avant-hier, 10.2

yogurt la yaourt, 6.1

young jeune

  young people les jeunes *(m. pl.)*

younger le cadet, la cadette, L1

youth la jeunesse

  youth hostel l'auberge *(f.)* de jeunesse

Z

to **zap** zapper, 12.2

zero zéro

zip code le code postal, **5.2**

zone la zone

zoology la zoologie

Credits

COVER (top to bottom)Bro Brannhage/Panoramic Images, (b)Mark Segal/Panoramic Images, (c)Sylvain Gradadam, (students)Philippe Gontier; iv José Fuste/The Stock Market; v (l)K. N'Dour/Liaison Agency, (r)AFP/CORBIS; vi (tl)Timothy Fuller, (tr)Ch. Viojard/Liaison Agency, (b)Curt Fischer; vii (l)A. Schroeder/Reporters-DIAF, (r)P. Dannic/DIAF; viii (t)Marge/Sunset, (b)Aaron Haupt; ix (tl b)Larry Hamill, (tr)Michael Agliolo/International Stock; x (tl)Leyreloup/Wallis Phototheque, (tr)Larry Hamill, (b)J.D. Sudres/DIAF; xi Tom Craig/FPG; xii (l)Michael Krasovitz/FPG, (r)Winston Fraser; xiii (l)Macduff Everton/The Image Works, (r)Steven Ferry; xiv (l)Mark Antman, (r)Tony Savino/The Image Works; xv (t)Camille Moirenc/DIAF, (b)PhotoDisc; xvi (tl)Jacques Brinon/AP/Wide World Photos, (tr)A. Ramey/PhotoEdit, (b)Melissa Gerr; xvii (l)Stuart Cohen/The Image Works, (r)Timothy Fuller; xviii Coo Lwa-Dann Tardif/The Stock Market; xix Dave G. Houser; xxxvi–R1 Robert Fried; R2 (tl br)Catherine et Bernard Desjeux, (tr)Aaron Haupt, (cl cr bl)Curt Fischer; R3 (t)Wayne Rowe, (b)John Evans; R4 (t)José Fuste/The Stock Market, (b)Matt Meadows; R5 (l)Everton/The Image Works, (r)Sylva Villerot/DIAF; R6 The Purcell Team/CORBIS; R7 (t)Robert Fried, (b)Beryl Goldberg; R8 (t)Timothy Fuller, (b)Michael Franken/CORBIS; R9 (t)Michael Yamashita/CORBIS, (b)Tim Courlas; R10–R11 Guy Durand/DIAF; R12 (t)Stuart Cohen/The Image Works, (c)Jorge Ramirez/International Stock, (b)Michelle Chaplow; R13 (t)Pictor, (cl)Amanita Pictures, (cr)Curt Fischer; R14 (t)Morton Beebe, SF/CORBIS, (bl)Catherine et Bernard Desjeux, (br)Matt Meadows; R15 Duchene/Wallis Phototheque; R16 Mark Antman; R17 Steven Needham/Envision; R18 Beryl Goldberg; R20–R21 Michael Busselle/CORBIS; R22 (l)Robert Fried, (r)Catherine et Bernard Desjeux; R23 Robert Holmes/CORBIS; R24 (t)Roberto Soncin Gerometta/Photo 20–20/PictureQuest, (b)Matt Meadows; R25 Brooks Walker/Envision; R26 O. Baumgartner/Sygma CORBIS; R27 (t)Robert Fried, (b)Curt Fischer; R28–R29 SuperStock; R30 (t c)Larry Hamill, (bl)Icone/The Image Works, (br)Larry Hamill; R31 (l)courtesy Air France, (r)D. Cordier/Sunset; R32 (l)B.B. Holding/Sunset, (r)Larry Hamill; R33 Courtesy Air France; R34 Larry Hamill; R35 José Nicolas/Hèmisphéres Images; R36–R37 J. Langevin/Teamsport/Sygma CORBIS; R38 (tl)Pawel Wysocki/Hèmisphéres Images, (tr)Garufi/Wallis Phototheque, (c)Charlier/Wallis Phototheque, (bl)Amwell/Stone, (br)J. Christophe Pratt/DIAF; R39 (l)SuperStock, (tr)Patrick Somelet/DIAF, (br)Amwell/Stone; R40 (l)Larry Hamill, (r)Stone; R41 Alain Gaveau; R42 (t)Camille Moirenc/DIAF, (b)Tim Gibson/Envision; R43 Chris Harvey/Stone; R44 (t)Iconos/DIAF, (b)Ron Angle/Liaison Agency; R45 J.Ch. Gerard/DIAF; R46–R47 David Simson/Stock Boston/PictureQuest; R48 (tl tr)Larry Hamill, (b)R. Sidney/The Image Works; R49 (t)Stuart Cohen/The Image Works, (b)Larry Hamill; R50 Larry Hamill; R51 John Evans; R54 J. Sierpinski/DIAF; R56 (t)Rick Souders/Index Stock, (b)Larry Hamill; R58 British Museum, London/Bridgeman Art Library, London/SuperStock; R58–1 Mark Burnett; 2 Timothy Fuller; 3 (t)Timothy Fuller, (bl)SuperStock, (br)Pictor; 4 (t)Timothy Fuller, (b)John Evans; 5 Mark Burnett; 7 Timothy Fuller; 8 Giraudon/Art Resource, NY; 9 ©Photo RMN—Hervé Lewandowski/Musée D'Orsay; 10 Jacques Sierpinski/DIAF; 11 Scala/Art Resource, NY; 12 Timothy Fuller; 13 (l)file photo, (r)Monika Graff/The Image Works; 14 Yann Arthus-Bertrand/CORBIS; 15 (l)Monika Graff/The Image Works, (r)Peter McCabe/The Image Works; 16 (t)J. Marc Laccerand/Wallis Phototheque, (b)©Photo RMN—Hervé Lewandowski/Musée D'Orsay; 17 Vanni/Art Resource, NY; 18 Larry Hamill; 20 (l)Derek Croucher/The Stock Market, (r)Larry Hamill; 21 (t)AFP/CORBIS, (c)Ramsay/Wallis Phototheque, (b)Gérard Lacz/Sunset; 22 (t)Jason Laure, (b)Hilarie Kavanagh/Stone; 23 (tl)Neal Preston/CORBIS, (tr)Mark Burnett; 23 (tl)Neal Preston/CORBIS, (tr)Mark Burnett; 23 (tl)K. N'Dour/Liaison Agency; 24–25 (bkgd)Steve Cole/PhotoDisc; 25 (t)Robbie Jack/CORBIS, (c)AFP/CORBIS, (b)Stéphane Cardinale/Sygma CORBIS; 26 (t)Robert Fried, (b)Larry Hamill; 27 Timothy Fuller; 29 Curt Fischer; 30 (l)Robbie Jack/CORBIS, (tr)Mark Burnett, (br)Larry Hamill; 31 (tl bl)Greg Bond, videographer,

South Park Productions, Inc., (r)Zefa/Index Stock; 32 Roger-Viollet, Paris/Bridgeman Art Library; 32–33 Stefano Bianchetti/CORBIS; 34 (tr br)Aaron Haupt, (tc)John Evans, (others)Timothy Fuller; 35 Timothy Fuller; 36 Curt Fischer; 37 Mark Burnett; 38 Timothy Fuller; 39 (tl tr)Larry Hamill, (others)Timothy Fuller; 40 (t)John Evans, (b)Timothy Fuller; 42 (l r)Catherine et Bernard Desjeux, (c)Image Club Graphics; 44 (t)Timothy Fuller, (b)Larry Hamill; 47 Ken Karp; 49 (t)Adina Tovy/Photo 20-20, (bl)Monika Graff/The Image Works, (br)Ken Karp; 50 Timothy Fuller; 51 (l)Monika Graff/The Image Works, (r)Ken Karp; 52 54 Timothy Fuller; 55 (l)Ch. Vioujard/Liaison Agency, (r)SuperStock; 56 (cl)Curt Fischer, (cr)Mark Burnett, (b)Clasen/Wallis Phototheque; 56–57 (bkgd)Mitch Hrdlicka/PhotoDisc; 57 (t)Catherine Panchout/Stone, (b)Larry Hamill; 59 (t)Larry Hamill, (b)P. Wysocki/Explorer; 60 Curt Fischer; 62 (t)Timothy Fuller, (bl)John Evans, (br)Mark Burnett; 63 (tl bl)Greg Bond, videographer, South Park Productions, Inc., (r)Mark Burnett; 64 Galerie Daniel Malingue, Paris/Bridgeman Art Library; 64–65 P. Savin/CORBIS Sygma; 66 67 68 Larry Hamill; 69 (t)Curt Fischer, (b)Larry Hamill; 70 (cell phone)PhotoDisc, (coins)Mathias Kulka/The Stock Market, (others)Larry Hamill; 71 (t)Larry Hamill; 72 (t)Larry Hamill, (b)Mark Burnett; 73 A. Schroeder/Reporters-DIAF; 76 Travelpix/FPG; 77 (t)C. Vaisse/Hoa Qui, (b)Patrick Somelat/DIAF; 78 Aaron Haupt; 79 (t)Roger-Viollet, (b)Larry Hamill; 81 Grant V. Faint/The Image Bank; 82 83 Larry Hamill; 84 (l)Sylva Villerot/DIAF, (c r)Larry Hamill; 85 Larry Hamill; 86 (t)Hallé/Marco Polo, (c)Larry Hamill, (b)Suzanne Murphy-Larronde; 87 Larry Hamill; 88 file photo; 88–89 PhotoDisc; 89 (t c)P. Dannic/DIAF, (b)Larry Hamill; 90 (l)A. Schroeder/DIAF, (r)Larry Hamill; 91 Vincent Gauvreau; 92 (t)Curt Fischer, (b)Timothy Fuller; 95 (tl bl)Greg Bond, videographer, South Park Productions, Inc., (r)Duprat/Wallis Phototheque; 96 (b)Musée d'Orsay, Paris/AKG, Berlin/SuperStock; 96–97 Georgia Bowater/The Stock Market; 98 (t)Patrick Bedout, (c)Robert Fried, (b)Larry Hamill; 99 David Barnes/The Stock Market; 100 (t)Dave Bartruff/CORBIS, (b)Mark Burnett; 102 (t)Barret/Wallis Phototheque, (others)Larry Hamill; 103 Stéphane Frances/Hèmisphéres Images; 104 Larry Hamill; 105 Tom Hussey/The Image Bank; 106 Patrick Ward/CORBIS; 107 (t)Manfred Mehlig/Stone, (b)Mark Antman/The Image Works; 108 Andre Jenny/Focus Group/PictureQuest; 110 Andrew Payti; 112 Peetit/Wallis Phototheque; 114 (t)Michele Burgess/The Stock Market, (b)Alain Choisnet/The Image Bank; 115 Guido A. Rossi/The Image Bank; 116 (t)Peter Turnley/CORBIS, (bl br)Aaron Haupt; 117 Stéphane Frances/Hèmisphéres Images; 118 Marge/Sunset; 119 (t)Paul Almasy/AKG London, (b)Marge/Sunset; 120 (t)Art Wolfe/Stone, (c)Cosmo Condina/Stone, (b)Hans Wolf/The Image Bank; 121 (t)Stéphane Frances/Hèmisphéres Images, (b)Olivier Blaise/Liaison Agency; 122 D. Thierry/DIAF; 122–123 (bkgd)CORBIS; 123 (t)José F. Poblete/CORBIS, (bl)Roger Wood/CORBIS, (br)SuperStock; 124 (l)David Ball/Stone, (r)Larry Hamill; 127 Wayne Rowe; 128 (t)David Barnes/The Stock Market, (bl)Manfred Mehlig/Stone, (br)Alain Choisnet/The Image Bank; 129 (tl bl)Greg Bond, videographer, South Park Productions, Inc., (r)Index Stock Imagery; 130 Larry Hamill; 132 (l)Stuart Cohen/The Image Works, (r)Reunion des Musées Nationaux/Art Resource, NY; 135 Larry Hamill; 136 (tl)Bruno De Hogues/Stone, (tr)Todd Gipstein, National Geographic Image Collection, (bl)Bob Handelman/Stone, (br)Francois Ducasse/Rapho/Photo Researchers; 136–137 (bkgd)Bruce Dale, National Geographic Image Collection; 137 (t)Kell-/Mooney Photography, (b)Michael Busselle/CORBIS; 138 (t)Michael Busselle/Stone, (tr)Michel Viard/Peter Arnold, Inc., (bl)Herve Donnezan, (br)Michael Boys/Stone; 138–139 (bkgd)Pictor; 139 (l)Ric Ergenbright/Stone, (r)Pictor; 140 Kunsthaus, Zurich/Giraudon, Paris/SuperStock; 140–141 Matthieu Colin/Hèmisphéres Images; 142 (tl)Peter Weber/Stone, (tc tr bl)Larry Hamill, (br)Icone/The Image Works; 143 Larry Hamill; 144 (t)Larry Hamill, (b)William Whitehurst/The Stock Market; 145 (t)Larry Hamill, (b)Stéphane Frances/Hèmisphéres Images; 146 Larry Hamill; 147 (tl)Wayne Rowe, (tr bl br)Larry Hamill;

148 (tl)Curt Fischer, (tc b)Larry Hamill, (tr)Mark Burnett, (c)Catherine et Bernard Desjeux; 150 151 Larry Hamill; 152 (t)Sylvain Grandadam/Stone, (bl br)Monika Graf/The Image Works; 153 Robert Fried; 154 Aaron Haupt and Jeff Malony/PhotoDisc; 156 Richard Laird/FPG; 157 158 Larry Hamill; 159 Diagentur/Sunset; 160 Larry Hamill; 161 (l)Mark Burnett, (r)Larry Hamill; 162 (t)Paul Thompson/International Stock, (b)Michael Agliolo/International Stock; 163 (t)Stuart Cohen/The Image Works, (b)Larry Hamill; 164 (t)file photo, (b)Bernard Regent/DIAF; 164–165 (bkgd)file photo; 168 (tl tr)Peter Weber/Stone, (b)Larry Hamill; 170 Larry Hamill; 171 (tl bl)Greg Bond, videographer, South Park Productions, Inc., (r)Werner Forman/CORBIS; 172 Hermitage Museum, St. Petersburg/SuperStock; 172–173 Jean-Claude Amiel/Saula/Liaison Agency; 174 (t)Stan Ries/International Stock, (bl br)Larry Hamill; 175 Larry Hamill; 176 (t)Larry Hamill, (b)Rita Maas/The Image Bank; 177 178 179 Larry Hamill; 180 (l)Larry Hamill, (r)Tina Buckman/Index Stock; 181 (t)Larry Hamill, (b)Simeone Huber/Stone; 183 (t)Victor Scocozza/FPG, (b)Judy Buie/Bruce Coleman, Inc.; 184 J.D. Sudres/DIAF; 186 Larry Hamill; 188 Andrew Payti; 190 Catherine et Bernard Desjeux; 192 Larry Hamill; 193 (l)Larry Hamill, (r)J.D. Sudres/DIAF; 194 (l)Larry Hamill, (r)Michael Boys/CORBIS; 195 Larry Hamill; 196 (t)Hulton Archives/Stone, (b)Giraudon/Art Resource, NY; 196–197 (bkgd) file photo; 197 (t)Reunion des Musées Nationaux/Art Resource, NY, (b)H. Gyssels/DIAF; 198 Leyreloup/Wallis Phototheque; 199 Jeanetta Baker/Photobank/Sunset; 201 Rosine Mazin/DIAF; 202 Larry Hamill; 203 (tl bl)Greg Bond, videographer, South Park Productions, Inc., (r)Melissa Gerr; 204 AKG London; 204–205 Edouard Berne/Stone; 206 (tl)IPA/The Image Works, (tr)Dean Siracusa/FPG, (cl)Stuart Cohen/The Image Works, (cr)Alain Gaveau, (b)Larry Hamill; 207 Steven Ferry; 208 (cl)J.M. Leligny/DIAF, (others)Larry Hamill; 209 (t)T.H. Werbung/Sunset, (b)Mark Burnett; 211 Mark Burnett; 212 (tr)Hans Wolf/The Image Bank, (br)Gerard Gsell/DIAF, (others)Mark Burnett; 213 Mark Burnett; 215 (t)Gail Mooney/CORBIS, (b)Max Hunn/FPG; 218 Andrew Payti; 219 Mark Burnett; 221 Ken Karp; 222 Patrick Bedout; 223 Curt Fischer; 224 Joachim Messerschmidt/FPG; 225 (t)Mark Burnett, (b)Pete Turner/The Image Bank; 226 (t)Holt Studios/Sunset, (b)T.H. Werbung/Sunset; 227 (t)Bertrand Rieger/Hèmisphéres Images, (b)Lorne Resnick/Stone; 228–229 (bkgd) Kent Knudson/PhotoLink/PhotoDisc; 229 Tom Craig/FPG; 230 (t)Daniel Perret/La Photothéque, (b)Mark Burnett; 233 Wayne Rowe; 234 Larry Hamill; 235 (tl bl)Greg Bond, videographer, South Park Productions, Inc., (r)Yann Arthus-Bertrand/CORBIS; 236 (t)Steven Ferry, (b)Gilles Bassignac/Liaison Agency; 238 Joe Carini/The Image Works; 240 Arthur Beck/The Stock Market; 241 Xavier Yestelin/Liaison Agency; 242 (tl)Rohan/Stone, (tr)Hans Georg Roth/CORBIS, (bl)Lonely Planet Images, (br)Frances Linzee Gordon/Lonely Planet Images; 242–243 (bkgd)Wolfgang Kaehler/CORBIS; 243 (t)Paul Stepan-Vierow/Photo Researchers, (b)Sidi Brahim/Woodfin Camp & Associates; 244 (tl tr)Nik Wheeler/CORBIS, (bl)John Beatty/Stone, (br)Sandro Vannini/CORBIS; 244–245 (bkgd)Nicholas DeVore/Stone; 245 (t)G. Boutin, Explorer, (b)Glen Allison/Stone; 246 Giraudon/Art Resource, NY; 246–247 P. Moulu/Sunset; 248 Steven Ferry; 249 (t)John Evans, (bl br)Aaron Haupt; 251 J.P. Porcher/Sunset; 252 (tl tr)Steven Ferry, (others)Aaron Haupt; 253 (t)V. Audet/Sunset, (b)Yoav Levy/PhotoTake; 254 Michael Krasowitz/FPG; 255 B. Yarvin/Sunset; 257 Mark Burnett; 258 Curt Fischer; 259 (bl)Peter McCabe/The Image Works, (others) Ken Karp; 260 (l)Peter McCabe/The Image Works, (r)Ken Karp; 262 Larry Hamill; 263 TRIP/P. Rauter; 264 Steven Ferry; 265 (t)Steven Ferry, (b)Infra/La Photothéque; 266 (l)Ulrike Welsch, (r)Steven Ferry; 267 (b)Mark Burnett; 268 Frank Fournier/Contact Press/PictureQuest; 270 (t)Mark Burnett, (b)The Image Works; 270–271 (bkgd)PhotoLink/PhotoDisc; 271 (t)Jean-Loup Charmet/Science Photo Library/Photo Researchers, (b)Ch. Viojard/Liaison Agency; 272 Winston Fraser; 276 B. Yarvin/Sunset; 277 (tl bl)Greg Bond, videographer, South Park Productions, Inc., (r)Ch. Vioujard/Liaison Agency; 278 Portal

Gallery Ltd/Bridgeman Art Library; 278–279 Wolfgang Kaehler/CORBIS; 280 281 282 Steven Ferry; 284 (t)Catherine et Bernard Desjeux, (bl)Photo FERNAND/Sunset, (br)Steven Ferry; 285 Steven Ferry; 286 Peter Vanderwarker/Stock Boston; 287 (t)Macduff Everton/The Image Works, (b)M. Ajuria/Sunset; 289 Gerald Buthaud/Woodfin Camp & Associates; 290 Steven Ferry; 292 Photo Gabrielle/Treal/Liaison Agency; 294 Steven Ferry; 296 (t)Bruno Bebert/Liaison Agency, (b)Nik Wheeler/CORBIS; 297 (t)Joachim Messerschmidt/FPG, (b c)SuperStock; 298 Bruno Bebert/Liaison Agency; 299 Robert Fried/Stock Boston; 300 (l)Stuart Cohen/The Image Works, (r)Maurice Smith/La Photothéque SDP; 300–301 (bkgd)CORBIS; 301 (t)Mark Burnett, (bl)Beryl Goldberg, (br)David Barnes/La Photothéque SDP; 302 Camille Moirenc/DIAF; 303 Larry Hamill; 305 Mark Antman; 306 M. Ajuria/Sunset; 307 (tl bl)Greg Bond, videographer, South Park Productions, Inc., (r)Peter Menzel/Stock Boston; 308 Manu Sassoonian/Art Resource, NY; 308–309 Betty Press/Woodfin Camp & Associates/PictureQuest; 310 Steven Ferry; 311 (l)Robert Holmes/CORBIS, (r)Catherine et Bernard Desjeux; 312 (tl)Franck Dunouau/SDP-DIAF, (tr)Stephen Studd/Stone, (bl br)Larry Hamill; 314 Philippe Gontier/The Image Works; 315 (tl tr)Steven Ferry, (b)Catherine et Bernard Desjeux; 316 Larry Hamill; 317 (t)Larry Hamill, (bl)Rosine Mazin/DIAF, (bc)Tom Craig/FPG, (br)Marc Verin/DIAF; 319 (t)Larry Hamill, (b)Steven Ferry; 320 (t)Andrew Payti, (b)G. Martin Raget/Wallis Phototheque; 322 Larry Hamill; 323 SuperStock; 324 Curt Fischer; 325 (tl)Pierre Schwartz/Sunset, (tr)Gerard Gsell/DIAF, (bl)Toyohiro Yamada/FPG, (br)Jon Lawrence/Stone; 326 (l)Peter Gridley/FPG, (r)Jacques Kerebel/DIAF; 328 (t)Tony Savino/The Image Works, (b)Sandro Vannini/CORBIS; 329 Andrew Payti; 330 (t)F. Astier/Sygma CORBIS, (c)Doug Armand/Stone, (b)Larry Hamill; 330–331 (bkgd)Neil Beer/PhotoDisc; 331 332 Larry Hamill; 335 Mark Antman; 336 (l)Rosine Mazin/DIAF, (c)Philippe Gontier/The Image Works, (r)SuperStock; 337 (tl bl)Greg Bond, videographer, South Park Productions, Inc., (r)Steven Ferry; 338 Charles Lenars/CORBIS; 338–339 Joe Cornish/Stone; 340 (tl)P. Moulu/Sunset, (tr)S. Chatenay/Sunset, (c)D. Ermakoff/The Image Works, (b)Stuart Cohen/The Image Works; 341 (tl b)Timothy Fuller, (tr cl)Robert Fried, (cr)Paul Almasy/CORBIS; 342 Robert Fried; 343 (t)Telegraph Colour Library/FPG, (b)Gerard Lacz/Sunset; 344 (tl)B. Rowland/The Image Works, (tr)Serge Coupe/La Photothéque SDP, (bl)Ian Shaw/Stone, (br)Robert Fried; 345 (tl tr)Timothy Fuller, (c bl br)PhotoDisc; 346 (tl)Alain Marcay/La Photothéque, (b)STF/Sunset; 347 Leroy H. Mantell/The Stock Market; 349 (l)Esbin-Anderson/The Image Works, (r)Larry Hamill; 350 Suzanne & Nick Geary/Stone; 351 352 Larry Hamill; 353 (t)Capel/Sunset, (bl)Camille Moirenc/DIAF, (br)Walter Bibikow/FPG; 354 (l)Larry Hamill, (r)John Elk III; 355 (t)Lanthiez/Wallis Phototheque, (b)Frances S/Photo Researchers; 356 (l)Michael Dwyer/Stock Boston, (r)Gilles Rouget/La Photothéque; 357 (tl)Phillippe Renault/Hèmisphéres Images, (tr)Dave G. Houser, (b)SuperStock; 358 Camille Moirenc/DIAF; 358–359 Roger K. Burnard; 359 David Turnley/CORBIS; 360 Robert Fried; 361 (l)Earl Kogler/International Stock, (r)Farrell Grehan/CORBIS; 363 Curt Fischer; 364 (l)STF/Sunset, (r)Leroy H. Mantell/The Stock Market; 365 (tl bl)Greg Bond, videographer, South Park Productions, Inc., (r)Gerard Gsell/DIAF; 366 367 Timothy Fuller; 368 (t)Charlie Waite/Panoramic Images, (b)Aaron Haupt; 369 (t)Nik Wheeler/CORBIS, (b)John Elk III; 370 (tl)Michael Yada, (tr)Robin Hill/Southern Stock/PictureQuest, (bl)Philip Gould/CORBIS, (br)Andre Jenny/Focus Group/PictureQuest; 370–371 (bkgd)Andre Gallant/The Image Bank; 371 James P. Blair; 372 (tl)Philip Gould/CORBIS, (tr)Robert Fried/Stock Boston/PictureQuest, (bl)Paul Thompson/Eye Ubiquitous/CORBIS, (br)B. Stichelbaut/Masterfile; 372–373 (bkgd)Marc Garanger/CORBIS; 373 (t)Bob Krist/CORBIS, (b)Christopher Morris/Black Star/PictureQuest; 374 Bridgeman Art Library; 374–375 Kelly-Mooney Photography/CORBIS; 376 (tl)Remy de la Mauviniere/AP//Wide World Photos, (tr)Vince Streano/CORBIS, (cl)Curt Fischer, (cr)AFP/CORBIS, (b)Ary Diesendruck/

Stone; **377** (l)Reuters/Eric Gaillard/Archive Photos, (tr)TRIP/N. Ray, (br)Charles Lenars/CORBIS; **378** (tl)Phyllis Picardi/Stock Boston, (tc)Gail Mooney/CORBIS, (tr)Beryl Goldberg, (bl)PhotoDisc, (br)AFP/CORBIS; **379** (l)Philip Gould/CORBIS, (r)Rosine Mazin/DIAF; **380** (tl)Owen Franken/CORBIS, (tr)Patrick Somelet/DIAF, (c)Mark Antman, (b)M. Rougemont/Sygma CORBIS; **381** (rings)Bernsau/The Image Works, (others)Timothy Fuller; **382** (l)Japack/Sunset, (r)E. Rossolin/Wallis Phototheque; **383** (t)Michael Shay/FPG, (b)Tom McCarthy/PhotoEdit; **386** (t)G.Guittot/DIAF, (b)Bernard Boutrit/Woodfin Camp & Associates; **387** Chris Duranti/Wallis Phototheque; **389** O. Nicolas/Sygma CORBIS; **390** (t)J. Sierpinski/DIAF, (b)Timothy Fuller; **391** Bob Daemmrich/The Image Works; **392** (r)Robert Fried, (l)Mark Antman/The Image Works; **393** (t)A. Ramey/PhotoEdit, (b)Timothy Fuller; **394** (t)J.J.Ch. Gerard/DIAF, (b)Melissa Gerr; **395** (t)Nathan Benn/CORBIS, (c)Mark Antman/The Image Works, (b)Melissa Gerr; **396** (l)FPG, (r)Dave G. Houser; **396–397** (bkgd)Aaron Haupt; **397** (t)North Wind Picture Archives, (b)John Elk III; **398** (l)J.J.Ch. Gerard/DIAF, (r)D. Cordier/Sunset; **399** Jean du Boisberranger/Hèmisphéres Images; **400** (tl tr br)Mark Antman, (bl)Curt Fischer; **401** Jacques Brinon/AP/Wide World Photos; **402** (t)Philip Gould/CORBIS, (b)Bernsau/The Image Bank; **403** (tl bl)Greg Bond, videographer, South Park Productions, Inc., (r)Pratt-Pries/DIAF; **404** AKG London; **404–405** Larry Hamill; **406 407** Timothy Fuller; **408** (t)Timothy Fuller; **409** (t)Stuart Cohen/The Image Works, (b)Robert Fried; **411** Timothy Fuller; **412** (t)Stuart Cohen/The Image Works, (c)Timothy Fuller, (others)Mark Burnett; **413** Terry Sutherland; **415** (t)Timothy Fuller, (b)Thomas Jullein/DIAF; **417** (t)Mark Burnett, (b)Larry Hamill; **420** Timothy Fuller; **422** (l)Timothy Fuller, (r)Larry Hamill; **423** (t)Catherine et Bernard Desjeux, (b)Patrick Ward/Stock Boston/PictureQuest; **424** (t)David Hall/Masterfile, (b)Timothy Fuller; **425** Alex Wasinski/FPG; **426** Mark Burnett; **426–427** (bkgd)CORBIS; **429** (l)Larry Hamill, (r)Mark Burnett; **430 431** Wayne Rowe; **432** (t c)Timothy Fuller, (b)Stuart Cohen/The Image Works; **433** (tl bl)Greg Bond, videographer, South Park Productions, Inc., (r)Timothy Fuller; **434** SuperStock; **434–435** P. Thompson/Sunset; **436** (director) PhotoFest, (journalist)Beryl Goldberg, (others)Timothy Fuller; **437** Timothy Fuller; **439** (t)L. Zylberman/DIAF, (b)H. Gyssels/DIAF; **440 441** Timothy Fuller; **442** Coo Lwa-Dann Tardif/The Stock Market; **443** (t)Arnaud Fevrier/DIAF, (b)Timothy Fuller; **444** PhotoDisc; **445** (t)Ken Karp, (bl)Victor Englebert, (br)Owen Franken/CORBIS; **446** SuperStock; **447** Pierre Goraz/DIAF; **448** Fotografia, Inc./CORBIS; **450** Timothy Fuller; **451** Sygma CORBIS; **452** (l)Beryl Goldberg, (r)The Peace Corps; **453** The Peace Corps; **454** (l)Vince Streano/CORBIS, (r)Margot Granitsas/The Image Works; **455** (t)Timothy Fuller, (cl)Aaron Haupt, (cr)PhotoDisc, (b)Mark Steinmetz; **456** (l)Timothy Fuller, (r)Alaine Le Bot/DIAF; **456–457** (bkgd)John A. Rizzo/PhotoDisc; **457** (l)Alaine Le Bot/DIAF, (r)L. Wiame/Sunset; **458** TRIP/B. Turner; **461** Brigit Koch/DIAF; **462** (t)Timothy Fuller, (b)L. Zylberman/DIAF; **463** (tl bl)Greg Bond, videographer, South Park Productions, Inc., (r)Owen Franken/CORBIS; **464 465** Timothy Fuller; **467** Robert Fried; **468** Curt Fischer; **469** (t)Monika Graf/The Image Works, (b)Ken Karp; **470** (tl)Gerard Del

Vecchio/Stone, (tr)Macduff Everton, (bl)Rapa/Explorer, (br)Craig Aurness/CORBIS; **470–471** Tony Craddock/Stone; (t)Antoine Lorgnier/Masterfile, (b)Farrell Grehan/CORBIS; **472** (tl)Oliver Benn/Stone, (tr)Jodi Cobb, (bl)Cotton Coulson, (br)Alain Morovan/Liaison Agency; **472–473** Rapa/Explorer; **473** (l)Hideo Kurihara/Stone, (r)Wysocki/Explorer/Photo Researchers; **474–475** Dave G. Houser; **477** Henry Guttmann Collection/Hulton Archive; **478** file photo; **479** Timothy Fuller; **482** (t)file photo, (b)Marc & Evelyne Bernheim from Rapho-Guillumette/Woodfin Camp & Associates; **483** Chuck Cecil/Words & Pictures/PictureQuest; **484** Schomburg Center, The New York Public Library/Art Resource, NY; **484–485** Annabelle Lee Washington/SuperStock; **488** Hulton/Archive Photos; **489** Reuters New Media Inc./CORBIS; **490** Tom Hulce/PhotoFest; **491** Timothy Fuller; **493** Curt Fischer; **494** Bulloz; **495 496** Roger-Viollet; **497** (t)Larry Hamill, (b)Owen Franken/CORBIS; **498–H1** (bkgd)PhotoDisc, (bridge)SuperStock; **H2** (t)Timothy Fuller, (c)Pictor, (b)John Evans; **H3 H6 H7** Timothy Fuller; **H10** (t)Timothy Fuller, (cl cr)Larry Hamill, (bl br)Curt Fischer; **H12** (t c)Larry Hamill, (b)Icone/The Image Works; **H13** (t)Larry Hamill, (b)Stan Ries/International Stock; **H17** Larry Hamill; **H18** (t)Gerard/DIAF, (cr)Timothy Fuller, (cl bl br)PhotoDisc; **H19** Rosine Mazin/DIAF; **H20** (b)Timothy Fuller, (others)Mark Burnett; **H32** Sitki Tarlan/Panoramic Images.

In appreciation

Special thanks to the following for their cordial assistance and participation in the photo illustrations:

Aeroport Charles De Gaulle; Affinage du Val d'Yerres, Montgeron, Air Afrique, Air France, Banque de France, Café Les Deux Magots, Paris, Cafeteria Flunch Evry, Centre Commercial des Halles, Paris, Club Hyppique, Varennes Jarcy, Colleg de Montois, Donnemarie-Dontilly, College Pasteur de Brunoy, Cora Boussy Saint Antoine, Crep' Yerres, Creperie au Mystere de Carnac, Montgeron, Cuisines AJ, Yerres, Docteur Ponnoussamy, Electro Star, Bonneuil, Espace Photo, Vigneux, Fermelec de L'essonne, Galeries Lafayette, Hippopotamus, Horizon F.M., International School of Paris, Kosque du Palais Royal, Paris, Laboratoire d'Analyses Medicales des Godeaux, Le Restaurant Mona Lisa, Lycee Janson de Sailly, Lycee Louis-le-Grand, Maison de la Presse Montgeron, Maison de la Presse S.G.E.C., Evry, Marche des Champs Elysees, Musée d'Orsay, Paris, Musée du Louvre, Paris, Nicolas Dupont-Aignan/Depute Maire de Yerres, Pharmacie des Godeaux, Yerres, Pharmacie Laurence Dony, Yerres, Piscine de Brunoy, RATP, Relais-H Gare de Lyon, Restaurant Chez Paul, Restaurant le Clos Saint Jacques, Paris, Restaurant Procope, SAMU de Paris, SNCF-TGV, Yerres Ecole National de Musique et de Danse.

Glencoe would like to acknowledge the artists and agencies who participated in illustrating this program: Domenick D'Andrea; Fanny Mellet Berry represented by Anita Grien; Paul Casale; Jane McCreary; Ortelius Design; Shannon Stirnweis; Carol Strebel; Joseph Hammond, Susan Jaekel, Renate Lohmann, and DJ Simison represented by Ann Remen-Willis.